DIE RAMPE

PORTRÄT LUDWIG LAHER
Herausgegeben von Klaus Zeyringer

3
21

Impressum:

Medieninhaber:
Land Oberösterreich
Adalbert-Stifter-Institut/StifterHaus – Literatur und Sprache in Oberösterreich
Leiterin: Dr.ⁱⁿ Petra-Maria Dallinger
Adalbert-Stifter-Platz 1
4020 Linz

Band 03/2021

Projektbetreuung und Koordination:
Mag.ᵃ Claudia Lehner, Dr.ⁱⁿ Petra-Maria Dallinger

Herausgeber: Dr. Klaus Zeyringer

Lektorat: Dr. Klaus Zeyringer
Korrektorat: Mag.ᵃ Michaela Thoma-Stammler

Grafische Gestaltung: Mag.ᵃ Gertrude Plöchl
Titelfoto: Ludwig Laher 2018, © Literaturhaus Innsbruck

Herstellung: Plöchl Druck GmbH, Freistadt
Verlag: Plöchl Verlag GmbH, Freistadt

Die jeweilige Rechtschreibung folgt den Intentionen
der einzelnen Autor*innen.

ISBN: 978-3-903093-56-0

Einzelheft: Euro 7,90
Porträt- oder Sondernummer: Euro 14,90
Jahresabonnement (4 Ausgaben): Euro 38,60

Großvaters Tremor und ich

Ohne einen durch den Feind ausgelösten ungeheuren Felssturz an der italienischen Isonzofront, genauer gesagt, ohne den bei dieser Sprengattacke komplett verschütteten Großvater und sein lebenslanges Andenken daran hätte es mich nicht gegeben.

Das ist, außer für mich, nicht weiter von Bedeutung, weil es kaum etwas geben würde, das wir kennen, ohne den irrwitzigen Zufall, die unauslotbare Fügung oder was wir unvernunftbegabte Wesen an hilflosen Begriffen dafür sonst vorrätig haben mögen. Es gäbe uns alle nicht.

Für mich ist es freilich ein Gewinn, dass es mich gibt. Ich ziehe mein zwischenzeitliches Dasein einer möglichen, nüchtern betrachtet sogar höchstwahrscheinlichen Inexistenz eindeutig vor, auch wenn mir der direkte Vergleich fehlt.

Sie merken schon: In diesem Text geht es um die große weite Welt in erster Linie insofern, als ihre jeweilige, oft groteske und erbärmliche Befindlichkeit sich stets ins Private verästelt und dort Blüten treibt wie letztlich mich.

Dem Großvater blieb es erspart, sich zu den Hunderttausenden zu gesellen, die in einem vollen Dutzend Isonzoschlachten oder im sinnlosen Stellungskrieg an der südlichen Front vorzeitig in die Nichtexistenz zurückschnellten. Er war noch nicht einmal großjährig, hatte sich noch nicht fortgepflanzt, konnte also, genau genommen, gar nicht fallen, denn immerhin bin ich als sein Enkel heute imstande, von diesen Geschehnissen Mitteilung zu machen.

Das heißt, er fiel schon, in eine tiefe Ohnmacht nämlich, als sie ihn irgendwann im Laufe des Jahres 1917 mit vielen Schicksalsgefährten ausgebuddelt hatten, die meisten davon tot. Eigentlich rechneten sie auch mit ihm nicht mehr, aber er kam wider Erwarten doch zurück und sah seine Hände mächtig zittern. Er wollte ihnen Einhalt gebieten, aber sie weigerten sich, ihrem Besitzer von Stund an so unbedingt zu gehorchen, wie er seinen Vorgesetzten gehorcht hatte. Seine Hände sollten ihm nie mehr gehorchen.

Ein halbes Jahrhundert später sah ich sie zittern, als er mir von damals erzählte. Sie zitterten nicht durchgehend, aber der Großvater hatte keinen Einfluss darauf, wann es wieder so weit sein würde. Mehrmals am Tag jedenfalls für längere Zeit, bei Aufregung, Anstrengung, wenn er müde war oder sehr gerührt, aber auch ohne bestimmten Anlass konnte ihn der Tremor überfallen. Durch den Großvater lernte ich auch dieses meinen Mitschülern unbekannte Wort kennen, das mich unangenehm an Tumor erinnerte. Mit ihm hatte ich schon früher Bekanntschaft gemacht.

Nach dem menschenverachtenden Weltkrieg, der noch nicht als Erster bezeichnet werden musste, sei diese Nervenkrankheit bei den heimgekehrten Veteranen ein durch die Greuel im Feld ausgelöstes Massenphänomen gewesen, wusste der Großvater zu berichten. Und viele hätten, so wie er, ihren angestammten Beruf nicht mehr weiter ausüben können.

Er war nach der Bürgerschule in die große Stadt aufgebrochen, um das Bäckerhandwerk zu erlernen. Die Lehre hatte er bereits abgeschlossen, als er eingezogen wurde, und er wäre sicherlich ein Leben lang dabei geblieben, denn für den Hausgebrauch kochte und buk er bis zum Schluss mit hingebungsvoller Leidenschaft, auch wenn er häufig im Wortsinn patzte.

Der Teig selbst sei aber gar nicht so sehr das Problem gewesen, vielmehr hätte sich das zufriedenstellende Formen der Zöpfe, Brezen, Kipferl und Semmeln mit seinem Handikap als völlig unmöglich erwiesen, erklärte er mir. Schweren Herzens habe ihn der Meister ziehen lassen müssen, und dabei konnte er noch von Glück reden, dass er in den Hungerjahren überhaupt einen neuen Arbeitsplatz fand. Gut hundert Kilometer von der Backstube entfernt, in einem verschlafenen Grenzstädtchen, wo er später die Großmutter kennenlernen sollte, kuppelte der Zwanzigjährige bei Wind und Wetter nun Güter- wie Reisezugwagen an und ab, verschwenkte er bei Tag und Nacht Gusseisenweichenhebel. Deren schweres Handgewicht verbat ihm für den Moment das Zittern.

Als Eisenbahner konnte der Großvater immerhin billige Reisen unternehmen. Mindestens einmal in der Woche löste er nach seiner Pensionierung eine Regieretourfahrkarte und kam mit einem graugrünen Rucksack voller Gemüse aus dem eigenen Schrebergarten fast hundert Zugkilometer zu uns. Für seine prächtigen Blumenbeete im eigenen Schrebergarten holte er seltene Tulpenzwiebeln direkt aus den Niederlanden, und häufig besuchte er bei diesen Gelegenheiten gleich seinen Bruder in Norddeutschland. Mit seinen guten Weinen hatte es ihm das Elsass von der Schweizer Grenze bis hin nach Straßburg besonders angetan, obwohl gerade in dieser Gegend, an den Hängen der Vogesen, die bis an den Sichthorizont reichenden Soldatenfriedhöfe aus dem Ersten Weltkrieg wie jene in Norditalien aus allen Nähten platzten.

Aber die Franzosen hatten ihm persönlich eben nichts getan. Die südlichen Nachbarn dagegen mied der Großvater, an sich besonnen und zurückhaltend, überzeugter Sozialdemokrat und Internationalist der alten Schule, er scheute sie für den großen Rest seines Lebens wie der Teufel das Weihwasser, nie wieder setzte er einen Fuß auf italienischen Boden. Er, dem gewöhnlich kaum je ein schlechtes Wort über die Lippen kam, nannte die Menschen dort übrigens demonstrativ und verächtlich Welsche oder, weit häufiger noch, Katzelmacher. Was dieses komische Wort bedeutet, wusste ich lange nicht, und als ich einmal nachfragte, meinte die Mutter ausweichend, es habe etwas mit dem Kinderkriegen zu tun. Das stimmt zwar nicht, aber es stimmt dann doch wieder, denn seine wahre Herkunft wollten die meisten Leute nicht wahrhaben.

Ich getraute mich nicht, dem Großvater, meiner wichtigsten männlichen Bezugsperson, laut zu widersprechen, wenn er an Italien kein gutes Haar ließ, obwohl Inter Mailand die Fußballmannschaft der Stunde war und meine Schulkollegen vom Adriaurlaub in Jesolo schwärmten. Ich spürte, solche Argumente würden die Schrecknisse nie aufwiegen können, die ihn traumatisiert hatten, die er nicht und nicht hinter sich lassen konnte und die er mir durch seine Schilderungen auf eine Weise nahebrachte, wie das nur einem Zeitzeugen möglich ist, heute also niemandem mehr. Um Ausgewogenheit konnte es dabei freilich nicht gehen.

In einer uralten Schachtel hütete er seine Sammlung neuwertiger Militärpostkarten, die allesamt den italienischen Kriegsschauplatz zum Thema haben, wie ihn die Schlachtenmaler der Habsburgermonarchie sehen wollten. Mich ekelte es vor diesen bunten Bildern, gleichzeitig faszinierten sie mich aber auch, weit mehr übrigens als die Karl-May-Bildchen mit Lex Barker und Pierre Brice, die ich eigentlich nur sammelte, weil alle in der Schule sie sammelten.

Ein einziger übriggebliebener österreichischer Soldat mit abgebrochenem, blutigem Degen in der einen und zerschlissener Regimentsfahne in der anderen

Hand steht da zum Beispiel aufrecht inmitten von Leichenbergen vor dräuenden Gewitterwolken am Isonzoufer. Darunter lese ich: *So lang ein Tropfen Blut noch glüht, / Noch eine Faust den Degen zieht, / Bewachen wir an diesem Strand / Das vielgeliebte Vaterland!*

Ein paar Gesellschaftsetagen höher reicht der italienische König auf einer anderen Postkarte den beiden Kaisern von Deutschland und Österreich gerissen die Linke zum Dreibund, während er mit der Rechten hinter dem Rücken, aber im zentralen Bildvordergrund, den eben unterzeichneten Vertrag zerknüllt: *Ihr Völker merkt für jetzt und später, / So schwor zum Dreibund der Verräter.* Es fiel mir erst Jahrzehnte später auf, dass diese dummen Sprüche immer noch präsent sind in mir wie die dummen Schlagertexte aus dem Radiowunschkonzert: *Nun komm heran du falsche welsche Brut!*

Als ich vierzehn war und er sich ans Sterben machte, schenkte der Großvater mir diese Schachtel samt Inhalt, denn er wusste um meine Neugier, mein noch ganz naives Nachspüren, was es mit den beiden Weltkriegen wohl auf sich gehabt hatte, die als Andeutung unterschwellig immer präsent waren und doch kaum je wirklich zur Sprache kamen. Den Vater, ein paar Tage nach Ausbruch des Ersten geboren und im Zweiten selbst Soldat, konnte ich dazu nicht mehr befragen, er war schon Jahre zuvor unfreiwillig an einem Nierentumor aus dem Leben geschieden.

Diese Weltkriegspostkarten sind das einzige, was ich vom Großvater besitze. Und auch die Überbleibsel von der Großmutter, die, erst vierzig, mitten im nächsten Krieg einem Gehirntumor erlag, nehmen sich bescheiden aus: ein vergilbtes Passfoto und eine rote, weißgepunktete Teetasse samt Unterteller sowie ein liniertes Schulheft. In Großmutters mir sonst unbekannter Handschrift stehen da ihr lediger Name und *Mit Gott, 16. XI. 1916* auf dem Umschlag. Fünf Tage später starb Langzeitkaiser Franz Joseph der Erste, und der Untergang der Habsburgermonarchie war längst absehbar. In diesen Wirrnissen begann die Vierzehnjährige, während ihr künftiger Ehemann, den sie noch nicht kannte, an der Front seinen Kopf hinhalten musste, romantische Gedichte und Lieder zu notieren: *Ach wie ist's möglich dann, / dass ich dich lassen kann*, heißt es da gleich auf der ersten Seite, *hab' dich von Herzen lieb, / das glaube mir! / Du hast die Seele mein / so ganz genommen ein, / daß ich keine and're lieb / als dich allein.*

Der Großvater muss furchtbar gezittert haben, als er ihr einige Jahre danach seine Zuneigung gestand. Sie hat es ihm nachgesehen. Auch deshalb gibt es mich.

(Erstveröffentlichung: Passauer Pegasus. Zeitschrift für Literatur. Nr. 50, Passau 2015, S. 218–222)

Gedichte

fix gekuppelt an
zugkräftige bewegt sich
anhänger für anhänger
auf glatt polierten schienen
eisern in dieselbe richtung
wohin wird sich weisen

–

alle wissen
wo der ball liegt
nämlich bei wem
anderen

alle würden
gerne handeln
aber leider
geht das nicht

wer den ball hat
muss beginnen
sagt die regel
klipp und klar

alle wissen
wo der ball liegt
es kann losgehn
gestern schon

–

in mich
horche ich
hinein

in mich
gehe ich

in mir
irre ich

    mich nicht

        mehr so oft

Käfer mit dem Rücken zum Boden
EINE HÖRVERSTÄNDNISÜBUNG ZU ADALBERT STIFTER

Sprecherin

wenn ein käfer auf dem rücken liegt, kommt der dann wieder hoch oder stirbt der, wenn kein luftzug / keine hilfe kommt? ist das von der natur nicht irgendwie geregelt? ich mein, das passiert doch bestimmt oft. [xx-girl-xx IQ Rang: Nobelpreisträgerin]

Sprecher eins

Es begab sich, dass aufmerksamen Beobachtern an einem nasskalten, trüben Spätnovemberabend des Jahres 1861 auf dem harten Perron unmittelbar neben den blanken Geleisen des Bahnhofs Frankenmarkt, auf welchen ein bereits zur Weiterfahrt bereitstehender, kraftstrotzend schnaubender Eisenbahnzug auf die Abfertigung durch den Stationsvorsteher wartete, trotz längst eingefallener Dunkelheit die Umrisse eines feisten, pelzigen Käfers von ungeheuren Ausmaßen ins Auge gefallen sein mochten, der, durch ein Unglück auf dem Rücken zu liegen gekommen, in heftigem Strampeln begriffen war. Dieser, wie es allen Anschein hatte, bestürzend hilflosen Kreatur haftete, obschon es sich eigentlich verbat, derlei in einem solchen Momente zu empfinden, zugleich etwas unsäglich Komisches, ja beinahe Groteskes an, war sie doch ohne jeden Zweifel unsanft aus jenen ehernen Gesetzmäßigkeiten geworfen worden, die ihr nach wiederholtem eigenen Bekunden einen bestimmten, wohlgefügten Platz zuwiesen in der Ordnung der Dinge.

Sprecherin

Wißt ihr, warum euch die Käfer, die Butterblumen so glücken? Weil ihr die Menschen nicht kennt, weil ihr die Sterne nicht seht! Schautet ihr tief in die Herzen, wie könntet ihr schwärmen für Käfer? [Friedrich Hebbel]

Sprecher zwei

Das habt ihr sicher schon gehört, daß die Spinnen Wetterverkündiger sind und daß die Ameisen den Regen vorhersagen. Man muß das Leben dieser kleinen Dinge betrachten, ihre häuslichen Einrichtungen anschauen, oft zu ihnen kommen, sehen, wie sie ihre Zeit hinbringen, erforschen, welche Grenzen ihre Gebiete haben, welche die Bedingungen ihres Glücks sind und wie sie denselben nachkommen. [Adalbert Stifter, *Der Nachsommer*]

Sprecherin

Mit Vergnügen und Rührung gedenke ich noch des Tages, da ich als kleines Büblein in der ersten Klasse der Volksschule saß und die festliche Schulprüfung an mir und meinen Altergenossen vorgenommen wurde. Vor uns saßen in schwarzem Festkleid die geladenen Patrone des Schulwesens, mancher mit einem bunten Bändchen im Knopfloch, und unter diesen ein behäbiger, umfangreicher, lebhafter Herr mit blatternarbigem, großzügigem, aber vor Freundlichkeit, Wohlwollen und Vergnügen glänzendem Gesicht; ein Herr, der die Aufmerksamkeit aller Herren Lehrer, der Eltern und Kinder auf sich lenkte, denn dieser Herr war die Berühmtheit der Stadt. Die Stadt hieß Linz an der Donau, der freundliche Herr Adalbert Stifter und die Zeit der Handlung war ungefähr das Jahr 1860. Ja, er war sehr freundlich, denn als wir einige leichte Rechnungen in unseren Heften auszurechnen hatten, half er wacker mit und verhinderte so viele Böcke, ohne sich im mindesten ein Gewissen daraus zu machen, das Resultat der Schauprüfung dadurch in das Günstigere zu fälschen. [Richard Kralik]

Sprecher zwei

Kinder sind die Krone einer glücklichen Ehe, und wohlgeratene Kinder dürften die höchste Freude eines Menschen in seinem Alter sein. Da sie mir versagt sind, so ist es natürlich, daß ich den Überschuß an Liebe gegen Kinder auf die meiner Freunde übertrage. [Adalbert Stifter]

Sprecherin

Eine riesengroße, blutrote Scheibe erhob sich an dem Schneesaume in den Himmel, und in dem Augenblicke errötete der Schnee um die Kinder, als wäre er mit Millionen Rosen überstreut worden. „Sanna, wir werden jetzt da weiter vorwärts gehen, bis wir an den Rand des Berges kommen und hinuntergehen", sagte der Knabe. Sie gingen nun in den Schnee hinaus. Er war in der heiteren Nacht noch trockener geworden und wich den Tritten noch besser aus. Sie wateten rüstig fort. Ihre Glieder wurden sogar geschmeidiger und stärker, da sie gingen. Allein sie kamen an keinen Rand und sahen nicht hinunter. Schneefeld entwickelte sich aus Schneefeld, und am Saume eines jeden stand alle Male wieder der Himmel. Sie gingen deßohngeachtet fort. Da kamen sie wieder in das Eis. Sie wußten nicht, wie das Eis daher gekommen sei, aber unter den Füßen empfanden sie den glatten Boden, und waren gleich nicht die fürchterlichen Trümmer, wie an jenem Rande, an dem sie die Nacht zugebracht hatten, so sahen sie doch, daß sie auf glattem Eise fortgingen, sie sahen hie und da Stücke, die immer mehr wurden, die sich näher an sie drängten und die sie wieder zu klettern zwangen. Aber sie verfolgten doch ihre Richtung. [Adalbert Stifter, *Bergkristall*, aus: *Bunte Steine*]

Sprecher zwei

Bei der Stadt Frankfurt aß ich gestern etwas Weniges zu Mittag, dann fuhr ich auf den Bahnhof, und um halb zwei auf der Eisenbahn dahin. Ich saß in meinem Pelze ganz allein in einer Abteilung, tat meinen grauen Hut weg, setzte die Haushaube, die ich in der Pelztasche hatte, auf, und schlief bis Lambach. [Adalbert Stifter]

Sprecherin

Die von ihm erhaltenen Photographien zeigen einen in zunehmendem Maße melancholischen und morosen Menschen, der sich, aller Wahrscheinlichkeit nach, emotional systematisch zugrunde gerichtet hat. Die längst überfällige pathographische Darstellung Stifters ist freilich nicht leicht zu leisten, weil er sich ja bis zuletzt an seine positiven Präzepte gehalten hat und von seinen Alpträumen kaum etwas laut werden ließ. [W. G. Sebald]

Sprecher zwei

Nach jener Zeit hob sich der Nebel, und ich sah allerlei schwere Wolken. In Vöcklabruck hörte ich ein seltsames Geräusch, als wir hielten. In Timmelkam hörte ich beim Halten das Geräusch wieder, es schien auf dem Dach oben. In Redel war es mir ganz deutlich. Es war ein entsetzlicher Regen auf das Wagendach. In Vöcklamarkt goß es, in Frankenmarkt goß es noch mehr. Es war bereits finster. [Adalbert Stifter]

Sprecherin

Bei Stifter glückt alles. Außer seinem eigenen Leben. Das ist das Besondere, daß er diese Utopie, dieses Glücksverlangen niemals aufgibt und als diesseitige, innerweltliche Utopie bestehen läßt. Erst ganz zuletzt hat er aufgegeben und hat Ja gesagt, das heißt Nein – zu seinem Leben, wie es war und geworden war. Das war ein ungeheurer Akt der Verneinung, als wäre es eine Verneinung aller Sanften Gesetze. [Arnold Stadler]

Sprecher zwei

Ein ganzes Leben voll Gerechtigkeit, Einfachheit, Bezwingung seiner selbst, Verstandesmäßigkeit, Wirksamkeit in seinem Kreis, Bewunderung des Schönen, verbunden mit einem heiteren gelassenen Sterben, halte ich für groß: mächtige Bewegungen des Gemütes, furchtbar einherrollenden Zorn, die Begier nach Rache, den entzündeten Geist, der nach Tätigkeit strebt, umreißt, ändert, zerstört und in der Erregung oft das eigene Leben hinwirft, halte ich nicht für größer, sondern für kleiner. [Adalbert Stifter, *Vorrede*, aus: *Bunte Steine*]

Sprecherin

Auffällig ist, daß die positiven Konstruktionen Stifters, also etwa seine viel-zitierte christliche Demut, sein weltfrommer Pantheismus, die Behauptung der sanften Gesetzmäßigkeit des natürlichen Lebens sowie der rigide Moralismus der von ihm erzählten Geschichten, nirgends in seinem Werk entwickelt oder reflektiert werden. Letzte Rudimente einer Natur und Geschichte einbegrei-fenden Philosophie des Heils, sind sie vor der Desintegration nur dadurch zu bewahren, daß sie einmal ums andere invariant behauptet werden. Von Anfang an rumort in der Weltbeschreibung Stifters der ungute Verdacht, den später der von Kafka erfundene, von einem perversen Forschungsdrang umgetriebene Hund aussprechen sollte: daß nämlich „seit jeher etwas nicht stimmte, daß eine Bruchstelle vorhanden war" und daß an dieser Bruchstelle der ganze Irrsinn des natürlichen und gesellschaftlichen Lebens offenbar werde. [W. G. Sebald]

Sprecher zwei

„Station Frankenmarkt", rief der Kondukteur, öffnete meinen Wagenschlag und ging davon. Ich stieg rückwärts aus, fand mit dem Fuße nicht den zweiten Tritt, meinte, es sei gar keiner, und mein Fuß müsse daher schon fast am Boden sein. Ich ließ oben mit der Hand aus, der Fuß war aber noch so weit vom Boden, daß er, als er ihn endlich berührte, ausglitschte, und ich rücklings auf das harte Pflaster des Bahnhofs niederfiel. Das rechte Schienbein schlug ich mir an die Trittbretter an, der Rücken dröhnte, und der Kopf klang mir, als wäre er hohl. [Adalbert Stifter]

Sprecherin

Als Gregor Samsa eines Morgens aus unruhigen Träumen erwachte, fand er sich in seinem Bett zu einem ungeheueren Ungeziefer verwandelt. Er lag auf seinem panzerartig harten Rücken und sah, wenn er den Kopf ein wenig hob, seinen gewölbten, braunen, von bogenförmigen Versteifungen geteilten Bauch, auf dessen Höhe sich die Bettdecke, zum gänzlichen Niedergleiten bereit, kaum noch erhalten konnte. Seine vielen, im Vergleich zu seinem sonstigen Umfang kläglich dünnen Beine flimmerten ihm hilflos vor den Augen. Mit welcher Kraft er sich auch auf die rechte Seite warf, immer wieder schaukelte er in die

Rückenlage zurück. Er versuchte es wohl hundertmal, schloß die Augen, um die zappelnden Beine nicht sehen zu müssen, und ließ erst ab, als er in der Seite einen noch nie gefühlten, leichten, dumpfen Schmerz zu fühlen begann. [Franz Kafka, *Die Verwandlung*]

Sprecher eins

Die bedauernswerte Stiftersche Käfergestalt auf dem Frankenmarkter Bahnhofsperron musste sich in ihrem vollkommenen Elend bei nüchterner Betrachtung wohl lediglich den Drittteil oder, mag sein, die Hälfte einer Minute gedulden, bis sie ihren gewaltigen Schrecken einigermaßen verkraftet hatte, hierauf alsbald das gänzlich sinnlose Strampeln einstellte und stattdessen vermittels tolpatschiger Versuche, den Gesetzen der Schwerkraft durch Schwungnehmen entgegenzuwirken, nach manch vergeblichem Anlauf tatsächlich wieder auf die Beine gelangte, wenngleich nur mit äußerster Mühewaltung. Ihr selbst hingegen mochte das beschriebene Unternehmen wie eine halbe Ewigkeit vorkommen, während welcher Zeit der peitschende Regen so unablässig wie unbarmherzig auf sie einschlug, als wolle er ihr auf diese Weise etwas mit Gewalt austreiben, wenn sie, die mählich in den Hofrat Stifter sich zurückverwandelnde Käfergestalt, auch nicht zu sagen vermocht hätte, was. Wenig koordiniert und zweckmäßig schienen seine Bewegungen auch dann noch, als er, durchnässt bis auf die Haut, dazu schneckengleich langsam und Schlangenlinien beschreibend, zu Fuß den Schauplatz seines Missgeschicks unter vorläufiger Zurücklassung der mitgeführten Gepäckstücke endlich zu verlassen trachtete, weil sich, entgegen den schriftlich getroffenen Vereinbarungen, weit und breit kein Gefährt ausmachen ließ, das den Dichter, hier freilich als Schulinspektor angekommen, in sein Nachtquartier zu befördern sich anheischig machte.

Sprecher zwei

Ich stand auf und hinkte in das Bahnhofvorhaus. Dort warf ich den Pelz, den ich nach dem Falle aus dem Wagen genommen hatte, auf die Bank neben dem Eingange, und richtete mich, und befühlte mich, ob etwas ab oder ein sei. Das Schienbein blutete nicht, es war nichts ab und nichts ein, der Kopf klang nicht mehr, aber weh tat er. Der Bahnträger brachte ewig die Koffer nicht. Endlich kam er damit. Der Kutscher, den der Postmeister zu jedem Zug mit einem geschlossenen Wagen schickt, kümmerte sich um keinen Reisenden, sondern fuhr leer und ehrlich von dannen. Ich mußte Koffer und Mantel einem Bahnträger überlassen, der mir versprach, mir die Sachen später in den Markt hinaufzutragen. Ich trat also in der Finsternis allein meinen Weg an. Den Trost hatte ich, daß der Regen auf meinem grauen Hute bei weitem nicht so sehr trommelte als auf dem Dache des Eisenbahnwagens. In den einen Überschuh ging das Wasser hinein, den andern verlor ich immer, und trug ihn dann wie einen Krug in der Hand, und es regnete recht schön hinein. So kam ich endlich in der ziemlich weit oben liegenden Post an, und erfuhr dort, daß der Postknecht lange vor mir leer zurückgekommen ist. [Adalbert Stifter]

Sprecherin

Wenn wir die Menschheit in der Geschichte wie einen ruhigen Silberstrom einem großen ewigen Ziele entgegen gehen sehen, so empfinden wir das Erhabene, das vorzugsweise Epische. Aber wie gewaltig und in großen Zügen auch das

Tragische und Epische wirken, wie ausgezeichnete Hebel sie auch in der Kunst sind, so sind es hauptsächlich doch immer die gewöhnlichen, alltäglichen, in Unzahl wiederkehrenden Handlungen der Menschen, in denen dieses Gesetz am sichersten als Schwerpunkt liegt, weil diese Handlungen die dauernden, die gründenden sind, gleichsam die Millionen Wurzelfasern des Baumes des Lebens. So wie in der Natur die allgemeinen Gesetze still und unaufhörlich wirken, und das Auffällige nur eine einzelne Äußerung dieser Gesetze ist, so wirkt das Sittengesetz still und seelenbelebend durch den unendlichen Verkehr der Menschen, und die Wunder des Augenblickes bei vorgefallenen Taten sind nur kleine Merkmale dieser allgemeinen Kraft. So ist dieses Gesetz, so wie das der Natur das welterhaltende ist, das menschenerhaltende. [Adalbert Stifter, *Vorrede*, aus: *Bunte Steine*]

Sprecher zwei

Nachts etwas Schienbeinschmerz. Morgens schlechtes Obers zum Kaffee, dann Schulinspektion. Nach derselben Gabelfrühstück. Dann Schulinspektion. Um drei einsamer Spaziergang bei warmem wolkenlosen Wetter und der entzückendsten Aussicht in die duftblauen und schneebedeckten Gebirge (Traunstein schneelos, Höllengebirge oben Schnee, Ausseerberge voll Schnee). Um halb vier dieser Brief an dich. Dann folgt wieder Arbeit am Witiko bis neun Uhr, dann harrt meiner eine ganze Ente. Mich hungert aber jetzt schon so, daß ich glaube, ich esse zwei. Mein Fall hat gar keine andere Folge, als daß ich in Zukunft gar sehr achtgeben werde. [Adalbert Stifter]

Sprecher eins

Und so wird Adalbert Stifter vom nämlichen Momente an zwar peinlich darauf bedacht sein, nicht wieder rücklings aus Eisenbahnwagen zu stürzen, doch wird er weiterhin zu vorgerückter Stunde, ohne mit der Wimper zu zucken, ein bis zwei Enten verspeisen, drei Seidel Wein dazu trinken oder vier, das rechte Maß wird er unermüdlich predigen, und maßlos wird er essen und trinken, wie er maßlos Wort an Wort reihen wird und nichts zu bannen vermag damit. Noch als die vergiftete Leber und ihr Besitzer längst bis zur jeweiligen Unkenntlichkeit geschrumpft sein werden, wird der Dichter von der Grippe schwadronieren, die er verschleppt habe, und der dritt- oder viertletzte Satz, den er zu Papier bringt, bevor er sich das Messer ansetzt, hat den bestürzenden Wortlaut: Es wird sich ja alles wieder ausgleichen. Ganz und gar nicht beschaulich mutet aus diesem Blickwinkel per saldo sein imposantes Schaffen an, vielmehr wird man wohl kaum fehlgehen, es als eine einzige riesige, bruchstellendurchsetzte Beschwörungsformel vor dem klaffenden Abgrund zu deuten, als gespenstischen Ausdruck einer verzehrenden Sehnsucht nach der niemals enden wollenden Windstille vor den verleugneten Stürmen. Das monumentale Werk wie der massive Autor dahinter gehören zusammengenommen zum Schrecklichsten, zum Aufwühlendsten, zum Pathologischsten, was die österreichische Literatur zu bieten hat. Stifters Rang ist allein schon aus diesem Grund unbestritten. Und dennoch: Der Mann hätte wohl tatsächlich besser zum tüchtigen Käfer getaugt, zu einem glücklichen anonymen Vertreter jener höchst erfolgreichen Insektenordnung mit kauenden Mundwerkzeugen, die sich die Welt erobert hat, weil sie tatsächlich eins ist mit sich und es nicht nur verzweifelt behauptet.

Sprecherin

In der Nacht vom 27. auf den 28. Januar 1868 griff der kranke Hofrat Stifter, sinnlos vor Schmerz, nach dem Rasiermesser auf dem Nachtkästchen und schnitt sich den Hals durch. In Eile geholt, kam sein alter Freund, der Domherr Josef Schropp, aus der nahen Pfarrkirche gerade noch zurecht, um ihm das Sakrament zu spenden. Bevor es tagte, hatte der edle Mann ausgelitten. Am 30. Januar ist er mit allen einem Hofrat, dem verdienten Schulmann, dem vaterländischen Dichter schuldigen Ehren begraben worden. Die meisten in dem Leichenzug hatten ihn nur noch als kränkelnden, verärgerten, schon etwas wunderlichen alten Herrn gekannt, den man morgens in Holzschuhen an der Donau sein Hündchen äußerln führen und am Nachmittag bei schönem Wetter sich über den Freinberg bemühen sah. Manche wußten auch, daß er sich als Kaktuszüchter einen Namen gemacht hatte. Die paar Linzer Schöngeister aber waren ihm in den letzten Jahren eher ausgewichen: er hörte sich gar zu gern reden, sprach unerträglich breit und fand kein Ende. [Hermann Bahr]

Diese Hörverständnisübung wurde im ORF mit den Stimmen von Barbara Michel, Thomas Hölzl und Ludwig Laher am 16. April 2012 zum ersten Mal ausgestrahlt. Regie führte der Autor.

Wer schläft im Nu?

Als Laurin beteuert, er sei noch überhaupt nicht müde, meint die Großmutter nur: „Kein Kind schläft im Nu."
„Natürlich nicht", sagt Laurin grinsend, „Kinder schlafen im Bett."
„Manche Leute können aber gleichzeitig im Bett und im Nu schlafen", sagt die Großmutter, „zum Beispiel der Großvater, wenn er sich nach dem Essen zu Mittag kurz hinlegt."
„Wie schaut denn so ein Nu aus?" fragt Laurin.
„Gar nicht", antwortet die Großmutter, „aber er dauert, so wie die Zeit."
„Lang oder kurz?" will Laurin wissen.
„Sehr sehr kurz", erklärt die Großmutter, „ungefähr so kurz, wie man braucht, um die Hand umzudrehen. ‚Im Handumdrehen' bedeutet darum das gleiche wie ‚im Nu'."
„Im Nu will ich ein Stück Kuchen", sagt Laurin jetzt und dreht beide Hände um.

Ludwig Lahers Orthographie richtet sich mit Ausnahme der neuen ss/ß-Regelung weitgehend nach den Normen, die bis 1996 verbindlich waren. Die Originalzitate in *Käfer mit dem Rücken zum Boden* werden orthographisch unverändert wiedergegeben.

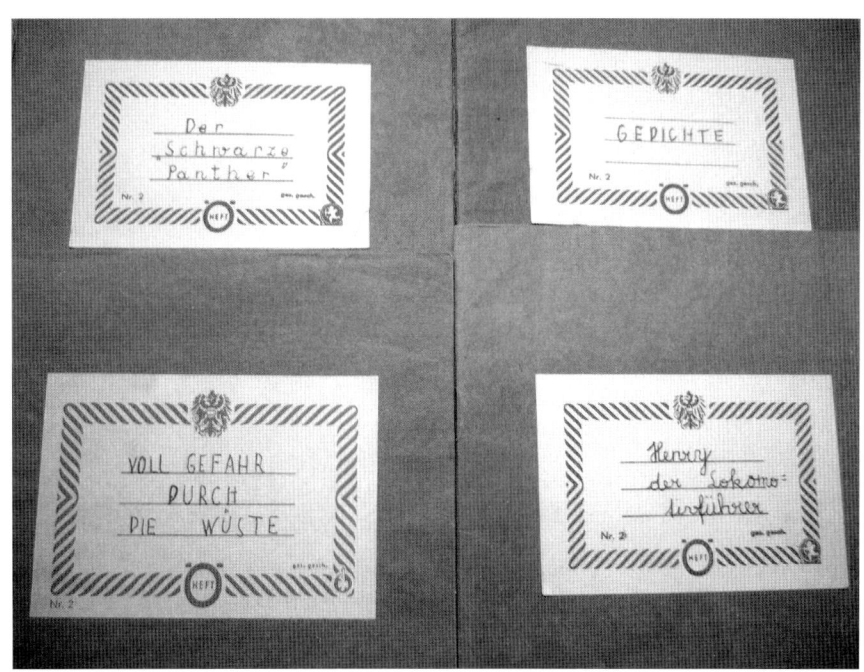

Vier frühe Werke (1963–1964)

Die Schwäne (aus dem Heft *Gedichte*, verfasst 1963 mit sieben Jahren)

Werkcharakter

Bücher schreibt bald wer. Versucht man einen Überblick darüber zu gewinnen, was Ludwig Laher in mehr als dreißig Jahren veröffentlicht hat, merkt man aber bald, dass dieser Autor es selbstbewusst und konsequent darauf anlegt, in der Abfolge seiner zahlreichen Bücher etwas zu schaffen, was man früher Werk genannt hat. Es gibt freilich hervorragende Autoren, die mit allen ihren Büchern stets neue Wege suchen und Wert darauf legen, dass ein jedes von ihnen gleichsam monolithisch für sich steht. Und umgekehrt hat schon mancher Autor seine Bücher zu Reihen und Gruppen geordnet, die deswegen nicht besser wurden. Im Falle Lahers hingegen ist der Werkcharakter seines Schaffens ebenso unübersehbar wie überzeugend.

Hier muss ich anfügen, dass ein Werk mehr ist als die Summe seiner Teile, nämlich deren innerer Zusammenhang. Ein Werk entsteht in der langsamen Entfaltung dieser Einheit, die sich oft erst im Nachhinein erschließt, aber doch in jedem einzelnen Band schon angelegt ist. Werk, das bedeutet, dass jemand schreibend entfaltet, was in ihm steckt, seine ureigene literarische Welterfahrung konsequent, um nicht zu sagen planmäßig weitertreibt, und seine Texte, gleich welchen Genres, in einer Beziehung stehen, sodass jeder einzelne von ihnen auf die anderen verweist, manchmal mehr, manchmal weniger, aber doch so, dass sie sich zu einem wachsenden Ganzen fügen.

Laher selbst hat etliche seiner Bücher zu Zyklen gefügt. Da ist die Trilogie der erzählenden Recherchen, die den Biographien dreier Künstler, eines Malers, eines Komponisten, eines Dichters, gewidmet sind. Durchaus mit Recht hat ihr Verfasser von seiner „Prosa des Verschwindens" gesprochen, weil die Protagonisten bereits ihrer Mitwelt abhanden zu kommen drohten und der Nachwelt völlig verloren gingen: der Hamburger Maler Victor Emil Janssen, den Laher in *Selbstakt mit Staffelei* aus dem Vergessen heraufholte; Franz Xaver Wolfgang Mozart, dessen Lebensunglück schon darin vorgeformt scheint, dass ihn die Familie als „W.A. Mozart Sohn" zur Nachfolge des Vaters bestimmte; und der Dichter Ferdinand Sauter, den es aus Werfen in die Wiener Vorstadt geweht hatte und der in sentimentalen Legenden und fehlerhaft tradierten Gedichten überlebte.

Die drei Romane wiederum, die Laher zwischen 2007 und 2011 veröffentlichte, wurden oft zu einer „Frauen-Trilogie" zusammengefasst. Die drei Protagonistinnen der formal übrigens jeweils anders konzipierten und sprachlich anders gefassten Texte verbindet jedoch mehr als nur ihr Geschlecht. Alle drei, die Romni aus der Slowakei, die sich gegen die Prostitution, die über sie verhängt wird, zu wehren hat und aus ihr herauszuarbeiten weiß; das Mädchen Steffi, das mit dem Down-Syndrom geboren wird und seinen Platz in der Familie, in der Gesellschaft finden muss; die Asylwerberin Jelena, eine Serbin aus dem Kosovo, die nicht nur mit ihrem Trauma zu leben, sondern auch die österreichische Asyljustiz zu überzeugen hat: sie haben sich, jede auf ihre Weise, gegen ihren Untergang in einer Welt zu behaupten, die ihnen feindselig, gewalttätig entgegentritt oder sie jedenfalls, im Falle Steffis, nicht von vornherein warmherzig willkommen heißt.

Zwei Trilogien – aber wie vielfältig sind sie mit den anderen Büchern Lahers verbunden! Der Autor hat etwa zwischen *Einleben*, dem Roman der verletzlichen Steffi, und *Überführungsstücke*, dem abgründigen Schelmenstück um einen bayerischen Justizverwaltungsinspektor und begnadeten Schwadroneur, eine Beziehung hergestellt. Auf den ersten Blick mutet das überraschend an, aber es handelt sich doch bei beiden Protagonisten um besondere Charaktere mit ihren ganz eigenen Talenten, Prägungen, Bedürfnissen. Je mehr man über die Frage grübelt, umso vielfältiger erscheinen einem die Bücher Lahers untergründig oder inwendig miteinander verbunden zu sein. Er greift fast alle ihm wichtigen Themen ein zweites, ein drittes Mal auf, er kehrt zu Orten zurück, die er bereits früher erkundet hat, oder entdeckt sie anderswo ein zweites Mal. Hier sammelt er die Selbstzeugnisse österreichischer Sintiza aus drei Generationen – in dem Band *Uns hat es nicht geben sollen: Rosa Winter, Gitta und Nicole Martl* –, dort entrollt er die Geschichte der Sinti in Oberösterreich zwei Jahre später in einem Filmessay, und im Jahr darauf veröffentlicht er den aus der Innenperspektive einer slowakischen Romni erzählten Roman *Und nehmen was kommt*, der am Ende auch nach Österreich führt. Die zwei Bücher und der Film haben miteinander zu tun, greifen ineinander, aber Laher präsentiert nicht dasselbe in neuer Verpackung, sondern arbeitet an einem Thema fort und gestaltet, was er recherchiert und imaginiert hat, in wechselnden Genres und aus verschiedenen Perspektiven. Oder er macht sich gar an die philologische Kärrnerarbeit, dem im Roman porträtierten Ferdinand Sauter, dessen Gedichte 150 Jahre in der immergleichen fragwürdigen Textgestalt präsentiert wurden, endlich zu einer verlässlichen Ausgabe zu verhelfen.

Im Gespräch mit Klaus Zeyringer erwähnt Laher, ein besonderes „Verständnis von Abrundung und Abgeschlossenheit" zu haben, das ihn häufig zu Stoffen zurückkehren lässt, die er „Jahre, ja Jahrzehnte zuvor schon bearbeitet" hat. Das ist keine Selbstverständlichkeit, viele Autoren schätzen es, eine Sache, mit der sie sich lange herumschlagen mussten, mit einem Buch ein für allemal abzuschließen. Ich selbst empfinde es nicht als reizvoll, sondern als quälend, wenn ich mir nach Jahren, durch äußere Anregungen dazu veranlasst, etwas früher Geschriebenes noch einmal vornehmen muss; habe ich ein Buch veröffentlicht, verspüre ich nämlich stets eine große Erleichterung, als hätte ich jetzt zu einer bestimmten Angelegenheit das Meine definitiv gesagt und müsste mich nicht weiter mit ihr auseinandersetzen.

Ganz nahe sind Laher und ich uns aber darin, dass wir beide keine Hierarchie der Gattungen und Genres anerkennen. Ob es sich um eine kleine politische Glosse, ein weitgespanntes Journal, eine Skizze von unterwegs, eine umfangreiche Reiseerzählung, eine Literaturkritik, das Vorwort für einen Fotoband oder das Porträt eines Autors handelt – was immer ich schreibe, ist mir gleich wichtig, und ich gehe an die Arbeit stets mit derselben Haltung heran. Ich bin mir sicher, Laher hat es schon immer gerade so gehalten. Ob er die Autobiographie des Emigranten Hans Reichenfeld herausgibt, der einst aus Österreich ums Überleben flüchten musste, einen Roman schreibt, der die Geschichte eines Lagers in Oberösterreich erzählt, von dem die Leute der Gegend schon 1945 nichts mehr wissen wollten und die nachkommenden Generationen auch tatsächlich nichts mehr wussten, oder ob er sich engagiert in Zeitungsartikeln zu Wort meldet: Stets geht er es mit demselben Ethos des Recherchierens und Formulierens an. Unübersehbar ist, dass Ludwig Laher mit jedem Buch aufs Ganze geht und jedes Buch dem wachsenden Ganzen seines Werks einfügt.

Eine Auswahl von Ludwig Lahers Buchpublikationen

Eine Auswahl von Übersetzungen der Bücher Ludwig Lahers

„Viel von meinem Schreiben ist eine Zeugenaussage im Ermittlungsverfahren gegen Unbekannt wegen unbefugter Inbetriebnahme der Menschheit" (Ludwig Laher)

EINE UNTERHALTUNG ZWISCHEN KLAUS ZEYRINGER UND DEM AUTOR

Das Erzählen ist eine Frage der Auswahl, der Perspektive, der Ordnung – auch das Erzählen aus dem eigenen Leben, bei dem zudem die Erinnerung zu einer eigenen Geschichte geformt wird. Dabei ist es verwunderlich, wie genau oft in autobiographischen Texten Episoden aus Kindheit und Jugend geschildert sind, welch scharfe Bilder und wörtliche Zitate das Gedächtnis den Memoirenschreibern oft zu liefern scheint. Welche Bilder, Episoden, Worte kommen dir in den Sinn, wenn du an deine frühesten Eindrücke denkst?

Zunächst einmal: Ich schöpfe gewöhnlich beim Schreiben verhältnismäßig wenig aus meiner Biographie. Das hat damit zu tun, dass ich lieber Geschichten auf der Straße auflese als mir solche auszudenken, was mir übrigens durchaus gelingt. Paradoxerweise fließen in meine fiktionalen Erzählungen in der Summe mehr biographische Elemente ein, als das bei Stoffen, die ich der vorgefundenen Realität entnehme, der Fall ist. Allerdings sah ich die persönliche Notwendigkeit, meine ersten Jahre noch einmal genau zu besichtigen, was ich in dem 2005 erschienenen Roman *Folgen* zu leisten versuchte.

Memoiren verbinde ich mit gefestigten Charakteren und einem klar strukturierten Blick aus der Distanz. Mir ging es vielmehr um Selbstvergewisserung und Klärung. Da mich meine frühe Jugend sehr forderte und wohl auch irritierte, habe ich für diesen Text als Erzählhaltung zum guten Teil eine scheinbare Dialogform mit meinem stummen Vater gewählt, der starb, als ich sechs war. So entstand jene Unmittelbarkeit, die ich mir wünschte.

Der Vater spielt auch die Hauptrolle in der ersten der beiden frühesten mir präsenten Erinnerungen. Beide haben übrigens mit dem Baden zu tun. Die mit dem Vater wiederholte sich etliche Samstage, wenn wir das Etagenbad benutzen durften und ich, zuvor mit ihm in der Wanne, bereits von der Mutter abgetrocknet wurde. Der Vater blieb partout noch im Wasser liegen, als er den Stoppel bereits herausgezogen hatte, und ich fürchtete ernsthaft, er würde durch den Ausguss verschwinden. Dabei geriet ich regelmäßig in Panik, schlug um mich, schrie und weinte. Seine genervten Beteuerungen, dass das völlig unmöglich sei, waren mir dabei herzlich egal.

Nahm ich, der vielleicht Zweijährige, damit unbewusst den frühen Verlust vorweg, hat das zweite Bild mit einem überraschenden Zuviel zu tun. Auch wiederholte sich diese Begebenheit nicht. Ich dürfte ähnlich alt gewesen sein, denn der hölzerne, ovale Waschzuber, in dem ich gewöhnlich am Abend gebadet wurde, war noch länger im Haus, und ich weiß, dass er nicht eben groß war. Einmal erschien an der Wasseroberfläche fast in Augenhöhe aus dem Nichts ein kleiner dunkler Ball, den ich im ersten Schreck nicht zuordnen konnte, bis ich begriff, das war Kot, und es musste von mir kommen. Die Freude der Mutter – ich musste zuvor wohl Verdauungsprobleme gehabt haben – kontrastierte dabei stark mit meinem Ekel und der Überraschung, dass solches möglich war. Ich weinte nicht nur heftig, sondern spürte auch die große emotionale Distanz zwischen der Mutter und mir als besonders unangenehm.

Deinem Roman Folgen *hast du als Motto die Worte des irischen Lyrikers Paul Durcan gegeben: „Bring me back to the dark school – to the dark school of childhood". Das Gedächtnis macht sich auf den Weg in eine dunkle Zeit. Erinnerungen ins Licht zu holen, bringt es jedenfalls mit sich, die Frage zu stellen, wie sie erzählt werden können. Deswegen steht im Hintergrund deines Romans die Reflexion über das Schreiben, deswegen der Rückbezug des Erzählers auf die Hauptfiguren eines Damals (das bis zur Vorgeschichte, bis zu den Großeltern zurückreicht), besonders die direkte Anrede des Vaters. Welches waren denn deine Grundüberlegungen bei der Schilderung früher Jahre, wie weit lässt du das Faktische in die Fiktion dringen und umgekehrt: Inwieweit werden Gedächtnisstücke des Faktischen zur Fiktion?*

Es ist ja mehr als lediglich eine Vermutung, dass wir immer nur an die letzte Erinnerung eines lange vergangenen Ereignisses anknüpfen. Dabei kann sich immer etwas verschieben, zum Beispiel, weil wir in einer Lebensphase sind, die einen gewisse Akzente setzen lässt. Ein Aspekt, der vielleicht bisher nur am Rande eine Rolle spielte, rückt plötzlich in den Mittelpunkt einer im Gedächtnis haftenden Szene und färbt sie ein. So entstehen diachron verschiedene Wirklichkeiten von früher, was völlig okay ist. Der unmittelbare Auslöser für *Folgen* war übrigens mein eigener bevorstehender 48. Geburtstag, einen Tag vor dem seinen war mein Vater als abgemagerter, schnell ergrauter Greis verstorben, wie es mir damals vorgekommen war.

Natürlich gibt es viele unverrückbare Fakten, die sich überprüfen lassen. Wenn mir manche an Jahresringen überlegene Kritiker nachsagten, der Roman würde ein so detailreiches, wiedererkennbares Bild der Stadt Linz in den späten 50ern und 60ern entwerfen wie kaum ein anderer Text, so ist mir das Indiz dafür, dass ich doch schon früh ein sehr guter Beobachter war.

Aber der Roman stützt sich wesentlich auf Reminiszierungsversuche von Gefühlswelten und verhehlt nicht, zwischen quasiauthentischen Details und Fiktionalisierung zu changieren, ausgewiesen etwa durch das grundsätzlich doch weitgehend entspannte Spazieren mit einem lange Toten auf längst inexistenten Kieswegen meiner frühen Kindheit. Das Erzähl-Ich ist dabei stets 48 und blickt zurück, schlüpft in sich zurück, in verschiedene Altersstufen, aber nicht durchgehend, erörtert vor allem auch unzählige Fiktionalisierungen der Tatsachen, die von der Erwachsenenwelt vorgenommen wurden, um mich, vor allem aber das mich umgebende Personeninventar selbst in falschen Sicherheiten von Gut und Böse, Norm und Abnormität, Zumutbarkeit und schambesetztem Verschweigen oder Umdichten zu wiegen.

Im Laufe des Schreibprozesses trat daher die Frage nach Fiktion und Faktizität des je Erzählten völlig in den Hintergrund, obwohl es dem Erzähler, wieder ein Paradoxon, doch sehr wohl darum geht, hinter dem, was gebetsmühlenartig als Geschichte und Gegenwart meiner Familie verkauft wurde, die Ritzen zu finden, durch die ein Vordringen zum Eigentlichen möglich ist, das aber natürlich vor allem für und durch das Erzähl-Ich als eigentlich identifiziert wird. Meine Schwester, fast drei Jahre jünger, erinnert sich in vielem anders, gut so.

Die Vermutungen der Erinnerung, die Reminiszenzen und das Erzählen: Frühes Erzählen erfahren wir mündlich, wir hören die Geschichten der Familie und ihrer Umgebung. Der wesentliche Entwicklungs- und Kulturschritt des Lesens öffnet andere Dimensionen, diese Wege der Kindheit und Jugend mögen später jenen, die sich als Schriftsteller der Sprachkunst verschreiben, trivial vorkommen:

Die Spatzenelf, Karl May, nicht zu reden von Hatschi Bratschi, *den du vermutlich auch vor Augen hattest? Wie verlief denn deine Lesesozialisation?*

Zunächst waren da schon traditionelle Kleinkinderbücher, Märchen, *Die lustigen Igelkinder, Christkinds Erdenreise*. Mir wurde viel vorgelesen. Die Zäsur von Vaters Tod fiel in die Wochen vor meiner Einschulung. Ich erbte sozusagen seine umfangreiche Bibliothek, und sobald ich lesen konnte, machte ich ausführlich davon Gebrauch.

Da gab's vierzig Bände Karl May, natürlich. Ich machte mich zunächst aber eher an bebilderte Bücher wie Hugo Bernatziks Völkerkundeschriften, in denen ich dem sehr Fremden mit Neugierde und Staunen begegnete, dem Nackten auch, aber das war nicht so aufregend, weil die Eltern ganz selbstverständlich damit umgingen. Ich brütete stundenlang über Rand McNallys Weltatlas, der reich illustrierten, ins Neuhochdeutsche übersetzten Ausgabe der *Nibelungen*, vor allem aber über den von Vater in einem eigenen kleinen Registerhefter penibel aufgelisteten Titeln, die auf dem päpstlichen Index standen, wie Rankes *Die Päpste*. Darin fanden sich die Verbrechen der Kirche versammelt, historische Folterabbildungen in den Kerkern der Inquisition, politische Ränkespiele, die mit Hinrichtungen endeten: Egmonts letzte Stunde. Da lag das Kind mit sieben, acht Jahren auf dem Wohnzimmerteppich und legte bald Distanz zwischen sich und der katholischen Sozialisation durch die Mutter, sodass mir später der frühestmögliche Kirchenaustritt leichtfiel. Die indizierten Bücher standen übrigens in den tiefen Regalen in der zweiten Reihe hinten.

Fasziniert war ich auch besonders von Depinys *Oberösterreichischem Sagenbuch*, in dem auf fünfhundert Seiten in Kapitel gegliedert und mit Nummern versehen kurze Absätze über unheimliche und unerklärliche Vorfälle standen, etwa so: „114. Die Exlin in Lichtenau bei Freistadt fuhr einmal auf einem Brotkadl durch den Rauchfang gegen St. Michael. Mit aller Wucht stieß sie an das Turmkreuz, daß sie mit zerbrochenen Gliedern herabfiel. Sie wurde an Ort und Stelle verbrannt."

Ja, da war viel Düsteres dabei, aber mir machte das wenig aus, phantasieanregend war es allemal. Altersgemäße Kinderbücher besaß ich höchstens eine Handvoll, ich hatte sie zumeist bei Lesewettbewerben in der Schule gewonnen. Was es noch gab, das war eine Zeit lang das Abo der *Wunderwelt*, einer Kinderzeitschrift mit extrem hohem Textanteil und auf der letzten Seite dem Comic von Zwerg Bumsti und der Maus, mit der er sonderbarerweise zusammen war. Und immer wieder einmal ein Micky-Maus-Heft.

Etwa achtzig Prozent von Vaters Bibliothek, auch alle Karl Mays, waren übrigens in Fraktur gedruckt. Ich las alles viel zu früh, Fontane, Victor Hugo, Zola, Tolstoi. Da war ich wohl zwölf oder so. Natürlich verstand ich viel nicht, aber ich tauchte in geographisch oder zeitlich fremde Welten, wunderbar. Mir genügte vollauf, was ich verstand. Selbst Gedichte las ich mit wirklicher Freude, bis zum heutigen Tag haben die von mir zwischen sieben und neun verfassten „Romane" und die ebenfalls in ein graues Schulheft eingetragene Gedichtsammlung überdauert. Eines meiner frühesten Gedichte, inspiriert durch meine Verwandtenbesuche am Traunsee, habe ich in den Roman *Folgen* aufgenommen: *Die Schwäne*.

Natürlich hatte viel mit Eskapismus zu tun, weg aus der mich belastenden Gegenwart. Aber ich setzte kaum Glitzerwelten, Science-Fiction und so dagegen, sondern – neben der in diesen Jahren vor allem durch die ungemein beliebten Filme allgegenwärtigen Welt von Karl May – oft ebenfalls tragische Schicksale, die meine eigenen Irritationen, meine Überforderung bis zu einem gewissen Grad zu relativieren geeignet waren. Das war tatsächlich erleichternd, so komisch das klingen mag.

Vom Lesen zum Schreiben – das erfolgte bei dir offenbar sehr früh. Wie können wir uns denn deine „Romane" vorstellen, die du als Kind verfasst hast? Sind es Erzählungen deines Eskapismus?

Es sind Geschichten aus dem Wilden Westen, dem Orient und der Ritterzeit. Die Karl-May-Lektüre und früh angelesenes Historisches schimmern deutlich durch. Alles natürlich kindlich schlicht, wenngleich ich formal schon erstaunlich viel probiert habe: Wiederholter Schauplatzwechsel innerhalb der Kapitel, abwechselnd lange Dialoge, die auch die Handlung weitertreiben, und klassisches Erzählen usw.

Ja, natürlich ging es um Fluchtbewegungen aus der realen Welt, aber da war auch sehr bald schon die unbändige Lust am Schreiben an sich. Etwas später, so mit neun, verfasste ich kurze Zeit mit der Hand auf zwei A4-Seiten sogar eine „Zeitung", in Spalten, mit Karikaturen, im Durchschlagverfahren mit zwei Exemplaren für eine alte, alleinstehende Dame über uns und für die Mutter. Davon hat sich aber nichts erhalten.

Und wie verlief dann zur Gymnasialzeit dein weiterer Weg vom Lesen zum Schreiben?

Ich hatte das Glück, schon in der ersten Klasse Volksschule neben Christoph Janacs zu sitzen, mit dem ich bis zum heutigen Tag befreundet bin und der ebenfalls Autor geworden ist. Wir haben uns regelmäßig ausgetauscht, einander Texte vorgelesen und sie besprochen. Fußball und Schach konnte ich nach unserem Umzug im Hof mit vielen anderen Kindern spielen, das Schreiben viele Jahre mit wenigstens einem teilen zu können, war wunderbar.

Im Linzer Akademischen Gymnasium unterrichteten damals alte Nazis und ehemalige KZ-Insassen Seite an Seite. Natürlich war mir das als Schüler nicht bewusst. Was ich allerdings sehr wohl registrierte, war ein ziemlich fader regulärer Deutschunterricht. Ich besuchte daneben das Literaturpflegeangebot bei einem kurz vor der Pensionierung stehenden Professor, der uns erstmals mit relevanter Nachkriegsliteratur konfrontierte. Dr. Georg Jungwirth, Deutsch-, Englisch- und Lateinlehrer, war im KZ Dachau inhaftiert, unterrichtete Ende der 1950er eine Zeit lang in Seattle und publizierte ab den 1990ern als sehr alter Herr eine Reihe von Büchern, Lyrik, philologisch-philosophische kritische Anmerkungen zum Christentum, Tagebücher. Ihm merkte man sein leidenschaftliches Engagement für die Aufklärung („Ich glaube an die Vernunft, die mutig forscht und mutig zweifelt") und gegen Nationalismen („der Volksegoismus, die Volksselbstsucht, die nationale Rücksichtslosigkeit und Leugnung internationaler Verpflichtungen") in jeder Faser an; Krieg und Militarismus waren ihm ein Greuel. Ich kannte keinen anderen Lehrer, der sich persönlich dermaßen ins Zeug warf, für oder gegen.

Mit 15, 16 schrieb ich selbst teils pathetische, teils lakonische Kurzgeschichten. Von Wolfgang Borchert hatte ich noch nie gehört, als ich einen knappen Text zu Papier brachte, der von zwei feindlichen Soldaten handelte, die im Gefecht starben und nebeneinander begraben wurden. Ich ließ einen Regenwurm sich an dem durch beide Leichen angereicherten Humus delektieren.

Als wir in der Schule die Lesebuchgeschichten Borcherts durchgingen, war ich geschockt, dass jemand vor mir diesen meinen Gedanken gefasst und in ein kleines Stück Literatur gegossen hatte. Nach dem Unterricht ging ich zu Prof. Jungwirth, gestand, selbst zu schreiben, und fragte ihn, wie das denn sein könne. Er meinte, es wäre eher verwunderlich, wäre diese wirksame, aber doch naheliegende Idee nur einem einzigen Schreibenden in den Sinn gekommen. Und dann bat er mich, ihn einige meiner Texte lesen zu lassen.

Das humanistische Elitegymnasium war um 1970 von den gesellschaftlichen Umwälzungen noch unbeeindruckt. Mädchen, die es wagten, statt im Rock im Hosenanzug zu erscheinen, wurden, wenn ich mich recht erinnere, postwendend nach Hause geschickt. Es gab bis dato frontalen Regelunterricht, sonst praktisch nichts. Jungwirth gefielen meine Arbeiten, er machte dreien aus meiner Klasse, die alle schrieben, wie ich ihm sagte, das Angebot, eine Lesung in der Schule zu veranstalten und im aufwendig gedruckten Jahresbericht einige Seiten zu bespielen. Ein paar Dutzend Schüler und sogar der eine oder andere Lehrer waren mein erstes Lesungspublikum.

Und wenig später kam er auf mich zu, meinte, er habe von einem Buchprojekt gehört, das ganz junge Schreibende versammeln soll, und ich möge unbedingt einreichen. Der Band erschien verspätet 1974, versammelte außer meinem kleinen Beitrag u. a. erste Arbeiten des nachmaligen Journalisten Joachim Riedl, der späteren Dramaturgin und Übersetzerin Ulrike Zemme oder des damals noch extrem jungen zukünftigen Regisseurs Wolfram Paulus, der leider wie Zemme früh verstorben ist. Die graphische Gestaltung des Covers stammte vom späteren Staatspolizeichef Oswald Kessler, in dessen Amtszeit ich mir meinen Stapo-Akt schicken ließ. Das waren damals alles natürlich No-Names, kein Grund also, sich aufgewertet zu fühlen. Das besorgte indes, so komisch das klingen mag, der mir zugeschickte Urheberrechtsvertrag. Mein Werk, ein in fünf Abschnitte gegliedertes Gedicht mit dem Titel *Leben…*, war einen Vertrag wert, dessen Gerichtsstand Wien war, der sich mit Nebenrechten wie der Verwertung im Rundfunk beschäftigte und neben meiner die Unterschrift meiner Mutter trug, weil ich ja erst 16 war. Dass ich auf Lebenszeit sämtliche Rechte abtrat und auf eine Honorierung jenseits eines Exemplars des Buches verzichtete, schmerzte mich zwar schon damals, aber die Freude überwog. Ich verdanke es eindeutig Georg Jungwirth, den Weg in eine Öffentlichkeit gewagt zu haben. Jetzt gab es kein Zurück mehr.

Bis zur ersten selbständigen Buchpublikation dauerte es noch ein paar Jahre. In Salzburg hast du Germanistik, Anglistik und Klassische Philologie studiert – in der Regel ist dabei eine andere Art des Lesens und Schreibens gefordert; oft haben Kollegen und Studentinnen erzählt, sie kämen nicht mehr zum „richtigen Lesen". Zudem werden auch an den Salzburger Instituten literarische Techniken des Erzählens und Dichtens nicht geübt worden sein, sondern eher wissenschaftliche Formen. Hat das Studium dein Lesen und Schreiben stark beeinflusst? Sind Projekte aus dieser Zeit in der Schublade geblieben oder im Papierkorb gelandet?

Ich habe die Gefahr schnell gespürt und ihr dadurch zu begegnen versucht, dass ich noch im Herbst 1974, als ich zu studieren begann, Anschluss an eine Gruppe junger Schreibender suchte, die sich eben gebildet hatte, um eine Literaturzeitschrift herauszugeben und einmal in der Woche einen langen Abend miteinander zu verbringen, an dem man sich gegenseitig eigene Texte vorstellte.

Die wurden dann gemeinsam diskutiert, und zwar schonungslos, was mir am Anfang unangenehm, letztlich aber sehr wertvoll war. Unter der Patronanz der etwas älteren Christine Haidegger kamen da etwa Erwin Einzinger, Gerhard Kofler, Franz Kabelka und der spätere Film- und Fernsehregisseur Wilhelm Engelhardt regelmäßig zusammen. Den Namen der Gruppe und der Zeitschrift *projekt-IL* (Projekt Ihre Literatur) fand ich übrigens nicht so prickelnd.

Damals galt die Salzburger Germanistik als die beste im Land, was dazu führte, dass ungefähr zur gleichen Zeit viele Leute dort studierten, die nachher in Österreichs Literaturszene eine Rolle spielen sollten. Da konnten einander in den Lehrveranstaltungen etwa Erich Hackl und Margit Schreiner, Kurt Palm und Elisabeth Reichart, Erwin Einzinger und Karl-Markus Gauß begegnen, dazu noch eine ganze Reihe weiterer Kolleginnen und Kollegen, die wie Christoph Janacs oder Fritz Popp ihre Arbeitsschwerpunkte dann doch lange Jahre eher im Unterrichten sahen.

Aus verschiedenen Gründen konnte auch ich mir anfangs eine hauptberufliche Existenz als Schriftsteller nicht vorstellen. Gleichzeitig wusste ich schnell, dass der Wissenschaftsbetrieb auf Dauer auch nicht meine Sache werden würde, und zwar vor allem aus dem Grund, den du ansprichst. Die dort geforderte Sprache beeinflusste mein literarisches Schreiben, da konnte ich machen, was ich wollte. Und zwar negativ. Gerade weil ich früh bemerkte, dass ich – abgesehen von der Lyrik – gerne Geschichten von der Straße auflas, dass mich recherchierbare Stoffe, die in der Wirklichkeit wurzelten, mehr anzogen als die Fiktion, dass ich daneben am Essayistischen großen Gefallen fand, musste ich schwer rudern, um diese Formen, die so weit weg vom wissenschaftlichen Schreiben ja nicht waren, mit eigenem Leben erfüllen zu können, mir eine mich befriedigende Ästhetik anzueignen.

Da ist natürlich viel im Papierkorb gelandet, und ich habe mich erst relativ spät getraut, die große Form, den Roman, anzugehen. Doch dazu später. Was ich an dieser Stelle noch kurz erwähnen möchte: Schon bald nach Gründung der *Rampe* ermöglichte mir Heimrad Bäcker, dem ich dann lange Jahre verbunden blieb, im ersten Heft 1977 die Publikation etlicher kurzer Texte, die auf acht Seiten in ihrer extremen Verschiedenartigkeit mein damaliges Tasten gut abbilden. Heimrad leitete dann auch die mit dieser Veröffentlichung verbundene Lesung im Linzer Ursulinenhof ein und hob diese Vielfalt zu meiner Freude als Vorzug hervor, während ich unsicher war und mich sehr auf der Suche befand. Bei dieser Gelegenheit lernte ich übrigens den nur wenig älteren Walter Kohl kennen, dem das *Rampe*-Porträt von vor zwei Jahren gewidmet ist.

Und noch ein Satz zu Heimrad Bäcker, auch wenn er chronologisch hier nicht ganz hineinpasst: Für mich war der erste Band der *nachschrift* eine der wichtigsten Leseerfahrungen überhaupt, wichtig auch für mein eigenes Schreiben, weil seine radikale Anwendung des Dokumentarischen mir Mut machte, bewies, dass sich selbst bei diesem Themenkomplex ein poetischer Mehrwert einstellen kann, der jenseits kognitiver Erkenntnis Wirkung entfaltet und sie trotzdem stützt. Als ich mein Geld noch als Gymnasiallehrer zusammen mit einzelnen Uni-Lehrveranstaltungen verdiente, holte ich regelmäßig Autorinnen und Autoren zu Dialogveranstaltungen an meine Schule, Ende der 1980er etwa Peter Turrini und Dorothea Zeemann, Josef Haslinger und eben Heimrad Bäcker. Der präsentierte eindrucksvoll die *nachschrift* und schenkte tatsächlich allen 25 Schülern meiner Klasse je ein Exemplar, unvergesslich ist mir das.

1984 erschien dein erstes Buch, der Gedichtband nicht alles fließt*; mit der Erzählung* Selbstakt vor der Staffelei, *die 1998 im Haymon Verlag herauskam, etabliertest du dich endgültig als Schriftsteller – danach folgte mindestens jedes zweite Jahr ein Buch. Wenn ich mit Autoren und Autorinnen unserer Generation über ihre Anfänge spreche, berichten alle über die Schwierigkeiten der Verlagssuche, über zig Ablehnungen, wenn überhaupt eine Antwort auf die eingesandten Manuskripte kam. Wie erging es denn dir? Hast du, der du ja in Salzburg lebtest, es etwa bei Residenz (damals gewiss die erste Adresse in Österreich) versucht?*

Die Zeitspanne, die du da ansprichst, war zunächst vor allem privat sehr herausfordernd. 1984 lernte ich Helga kennen, meine Frau. Mit ihr trat im Doppelpack der kleine Michael in mein Leben. 1986 kam unsere Tochter Katharina auf die Welt. Und dann hieß es bald auch Abschied nehmen von der Generation über uns. Mein Vater war ja lange schon tot, Helgas Eltern und meine Mutter starben alle relativ früh an schweren Erkrankungen in den 90ern. Wir kümmerten uns intensiv um sie.

Beide waren wir als Lehrer die meiste Zeit voll berufstätig, ich wollte endlich meine Dissertation schreiben, Umzüge standen an, zum Schluss jener in das von uns selbst geplante angenehme Haus, in dem wir noch heute einen Gutteil unserer Zeit verbringen, wo ich hauptsächlich arbeite.

Ich kam damals viel mit Schriftstellerinnen und Schriftstellern meiner Generation zusammen und nahm wahr, dass manche dem hauptberuflichen Schreiben unbedingte Priorität einräumten, schon bald mehr oder weniger Erfolg hatten und dem alles andere unterordneten. Das fand ich absolut okay, und manchmal, aber nur selten fragte ich mich, ob ich es nicht besser auch so hätte machen sollen. Aber ich entschied mich bewusst, einen anderen Weg zu gehen, wollte für die Kinder in ihren frühen Jahren intensiv da sein und die kranken Alten nicht abschieben. Selbstverständlich schrieb ich, aber die längeren Arbeiten dieser Zeit waren mit einer Ausnahme so angelegt, dass sie vor allem Disziplin verlangten, auch am späten Abend und in der Nacht erledigt werden konnten, wenn ich für Kreatives viel zu erschöpft war. Das waren fürs Handwerkliche intensive Lernjahre. Ich übersetzte, parallel zum Thema meiner Dissertation, aus den geographischen Randbereichen der englischen Sprache ins Deutsche, saß über den Schnittplänen für meine genau komponierten *Hörbilder*, die auf Ö1 und damals noch in der *Musicbox* auf Ö3 ausgestrahlt wurden. Auch verfasste ich Kommentare und Essayistisches für Zeitungen und Zeitschriften.

An Erzählprosa und Lyrik entstand relativ wenig. Es reichte für meine gelegentliche Präsenz in Literaturzeitschriften wie dem *Wespennest*. In diesem Wiener Umfeld kam es dann auch zu meiner ersten selbständigen Buchpublikation, dem schmalen Gedichtband *nicht alles fließt*, der bei Frischfleisch und Löwenmaul erschien.

Zu meinem Selbstverständnis als freischwebender, Autorensolidarität übender Linker gehörte es lange Jahre, mich nicht um Stipendien oder Literaturpreise zu bewerben, wusste ich doch, dass viele hauptberufliche Schriftsteller mit einem respektablen Werk kaum über die finanziellen Runden kamen. Ich hatte mein fixes Einkommen, da schien es mir nur konsequent, mich zurückzuhalten. Erst 1987, als ich mir endlich eingestand, dass Preise und Stipendien vom Literaturbetrieb als Qualitätsvisitenkarte wahrgenommen wurden, begann ich mitzumachen, vorerst mit kürzerer Prosa. Mit meiner ersten Einreichung

überhaupt gewann ich dann den Literaturpreis der Ernst-Koref-Stiftung, benannt nach dem langjährigen kulturaffinen Bürgermeister von Linz. Den zweiten und den dritten Preis erhielten damals übrigens zwei von mir geschätzte
Kollegen unterschiedlicher Generationen, nämlich Franz Rieger, dessen zwei
Jahre zuvor erschienener Roman *Schattenschweigen oder Hartheim* zumindest
inhaltlich von großer Bedeutung für mich war, und Margit Schreiner, der ich
kurz zuvor das Autofahren beigebracht hatte. Sie stand zwar auch erst am
Anfang, aber ich kannte Teile ihrer Produktion und mir war klar, dass sich da
eine unverwechselbare Stimme auf den Weg machte.

Schnell folgten Auszeichnungen wie die Talentförderungsprämie des Landes
Oberösterreich oder der Rauriser Förderungspreis. Ich durfte mir also Hoffnung
machen, dass, wenn ich mich einmal auf die große Form einlassen würde,
etwas entstehen könnte, das vielleicht in der Öffentlichkeit wahrgenommen
werden würde.

Das erste Buch, das halbwegs in diese Richtung ging, erschien 1989. Entstanden war es zum Großteil 1987/88. Ich blieb ein Schuljahr lang unbezahlt
bei meiner kleinen Tochter zu Hause, übernahm den Haushalt und fand dennoch Zeit genug für eine mir wichtige Prosa, deren Notizen in das Jahr 1983
zurückreichten, als ich einen ganzen Sommer lang in Grenada und Barbados
zubrachte. Barbados, der konservativ-britischste aller Karibikstaaten und die
mich faszinierenden nachrevolutionären Jahre in Grenada boten einen un-
glaublichen Gegensatz. Ich hatte für Ö3 eine Box vereinbart, interviewte nicht
nur den bald darauf ermordeten Ministerpräsidenten Maurice Bishop, sondern
auch zwei Dutzend andere wichtige Leute, darunter junge Schriftsteller, die den
Aufbruch im Land schilderten, vor allem den politischen Schwerpunkt Bildung,
Kultur und Kunst, von dem ich mich in diesen Monaten bei vielen Gelegenheiten
überzeugen konnte. Ich halte mir zugute, dass Autoren wie Jacob Ross, den ich
dann auch übersetzte, und Merle Collins, damals außerhalb ihrer Insel noch so
gut wie unbekannt, heute zu den gewichtigen literarischen Persönlichkeiten
Großbritanniens gehören, wohin sie nach der Invasion der USA in ihrem Land
ins Exil gingen. Ich widmete ihnen und anderen auch meine Dissertation über
grenadische Gegenwartsliteratur.

Wenige Wochen nach meiner Rückkehr nach Europa kam es zur völkerrechts-
widrigen Invasion der USA, die eine ebenso tragische Vorgeschichte hat. Ich
breite sie in *Always beautiful. Grenada. Vorstellung eines Landes im Hinterhof
der USA* aus. Das Wort „Vorstellung" wählte ich in seiner Doppeldeutigkeit,
um einerseits auf die darin verpackten Daten und Fakten, für Mitteleuropäer
tatsächlich abseitig, zu verweisen, andererseits auf mein Bild vom dort Erlebten,
das ich assoziativ und literarisch mit autobiographischen Bezügen in dieser
Reiseprosa skizzieren wollte.

Ich war 1988 auf ein dickes Buch gestoßen, das den konservativen Rollback
unter Ronald Reagan untersuchte, die Angst der US-Administration vor dem
guten Beispiel eines dritten Weges zwischen Kapitalismus und Staatssozialis-
mus vor der Haustür und die perfiden Strategien der Destabilisierung. Autor
war niemand Geringerer als der mir als gelerntem Germanisten wohlvertraute
Linguist Noam Chomsky. Die deutsche Ausgabe *Vom politischen Gebrauch
der Waffen* war in einem kleinen Verlag erschienen, der mir damals auch mit
einem zweiten für mich aus völlig anderen Gründen besonders interessan-
ten Titel über Leben und Werk von Eugenie Schwarzwald in die Quere kam.

Guthmann-Peterson, später auf für mich merkwürdige Schienen geraten, hatte einen Sitz in Mülheim an der Ruhr und eine Dependance in der Hietzinger Elßler-gasse. Ich schickte das Manuskript hin, man wollte es. Ich bekam die Ausstattung, die ich wollte, zugestanden, vor allem einen Fototeil mit eigenen Farbbildern. 1989 war *Always beautiful* in den Läden. Das Buch verkaufte sich, wohl auch angesichts der relativen Aktualität des verhandelten Gegenstandes, ganz gut und trug mir viele Einladungen zu Veranstaltungen ein. Bis 1993 erschienen dann noch eine meiner Übersetzungen und ein von mir edierter Sammelband bei Guthmann-Peterson.

Ich fing also recht bescheiden an und holte mir so auch keine Absagen. Mit einem wirklich großen Verlag kam ich erstmals in Berührung, als Rowohlt mir anbot, einen wunderbaren Roman der mauritischen Schriftstellerin Lindsey Collen ins Deutsche zu übertragen. Die Art dieser schwierigen Zusammenarbeit bewog mich freilich, als ich mit dem *Selbstakt* langsam auf meinen wirklichen Karrierepfad einschwenkte, wieder bei einem Verlag geringerer Dimension vor Anker zu gehen, dessen Programm ich zu schätzen wusste. Das war Haymon.

Residenz war für mich zu Schafflers Zeiten nie eine Option. Ich hatte in den 1980ern einfach keine Arbeiten vorzuweisen, die in das Profil dieses Verlags passten. Über den Weg zu Haymon kann ich gerne noch berichten.

Das alles, während du unterrichtet hast. Bis vor kurzem warst du pädagogisch engagiert, unlängst war aus dem Salzburger Doppler-Gymnasium zu vernehmen, wie toll dort eine Lesung von dir gewesen sei. Wie verlief denn über die Jahr-zehnte diese Doppelgleisigkeit – nicht nur im Sinne des abgesicherten Berufs, der allerdings das Schreiben in den Abend hinein verlegte, sondern im Hinblick auf gegenseitige Einflüsse oder auch Unvereinbarkeiten?

Da hilft es, zunächst einmal vorzugreifen und zu schildern, wie ich mich be-ruflich durch die folgenden dreißig Jahre hantelte. Als Lehrer am Gymnasium arbeitete ich hauptberuflich von 1979 bis 1998, davon die letzten sieben Jahre mit einer aus öffentlichem Interesse an meiner literarischen Arbeit reduzierten Lehrverpflichtung. Einige Semester als Lektor an der Germanistik (mit literatur-soziologischem Schwerpunkt) und an der Anglistik der Salzburger Uni mutete ich mir parallel ebenfalls noch zu, bis ich wenigstens das sein ließ.

Ab dem Sommer 1998 nahm ich mir dann zehn unbezahlte Urlaubsjahre vom Unterrichten. Ich plante, wenn ich denn als Autor Erfolg haben sollte, ab 2008 noch die letzten drei Jahre Stundenreduktion zu konsumieren und mit 55 in Frühpension zu gehen, mit großen Abschlägen natürlich. Der Lehrerjahrgang 1953 kam sogar noch in den Genuss eines goldenen Handshakes mit fünfzig, mein sehr geschätzter Kollege und Mitstreiter aus *projekt-IL*-Zeiten Erwin Einzinger zum Beispiel nutzte diese Möglichkeit. Ich hätte das natürlich auch gemacht. Mein Jahrgang 1955 dagegen wurde bereits hart von der Pensionsre-form getroffen, die während meines Langzeiturlaubs umgesetzt wurde. Da mir plötzlich bevorstand, bis 65 arbeiten zu müssen, wollte ich 2008 an sich kündigen.

Nun hatte ich mir in den Neunzehnneunzigern und den Nullerjahren neben meiner intensiven Schreibarbeit eine gewisse Reputation als Experte in kul-turpolitischen Zusammenhängen erworben. Anfragen des Ministeriums, zum Beispiel als Mitglied des Rates für deutsche Rechtschreibung zur Verfügung zu stehen, um die seit 1996 schwelende Rechtschreibkrise beheben zu helfen, oder für die Republik an führender Stelle die jahrelange Erarbeitung der für uns Künstler extrem wichtigen UNESCO-Konvention über den Schutz und die

Förderung der Vielfalt kultureller Ausdrucksformen gestaltend zu begleiten, konnte ich schlecht absagen, weil mir das persönlich große Anliegen waren. Ich komme später darauf zurück.

Jedenfalls rieten mir einflussreiche Leute im Ministerium dringend ab, zu kündigen und meine Ansprüche als pragmatisierter Lehrer ganz aufzugeben. Es gäbe andere Lösungen. Ein paar Jahre nach 2008 unterrichtete ich minimal an der Schule. Statt meine Beratertätigkeit extra zu honorieren, wurde sie mir jetzt als Differenz zur halben Lehrverpflichtung eingerechnet. Diese Option schaffte schließlich der Rechnungshof ab.

Robert Schindel, der mich unbedingt als Lektor für das neu gegründete Institut für Sprachkunst an der Wiener Angewandten gewinnen wollte, fragte just zu dieser Zeit an, und ich behalf mir die restliche Zeit mit Blockveranstaltungen an der Uni und an der Pädagogischen Hochschule Salzburg. Allerdings unterrichtete ich, die Sabbatical-Möglichkeiten nutzend, nur jedes zweite Jahr. Ich lebte ja vom Schreiben und war auf das solcherart geringe Lehrereinkommen nicht wirklich angewiesen. Ich tat mir das alles ja nur an, um im Alter eine Pension zu erhalten, die es mir erlauben würde, mit der Schriftstellerei aufzuhören, wenn ich genug haben sollte oder wenn mich die künstlerische Kraft verlassen würde.

Seit 1998 konnte ich also den wesentlich größeren Teil meiner Zeit fürs Schreiben verwenden. Nun war auch Zeit für größere Formen. Zudem ließen sich Recherche- und Lesereisen sowie andere Verpflichtungen problemlos absolvieren, band mich doch nur wenig an wöchentlich einzuhaltende Termine.

Dass ich mich durch mein kulturpolitisches Engagement dann selbst doch wieder etwas behinderte, wurde dadurch aufgewogen, dass ich wohl unglücklich gewesen wäre, meine Begabung für strukturelles Denken und meine Durchsetzungskraft in dieser Hinsicht ganz brachliegen zu lassen. Über die Jahre ist da schon einiges zusammengekommen, was ich in eine positive Richtung beeinflussen konnte.

Natürlich gab es da, um noch kurz zum letzten Teil deiner Frage zu kommen, immer wieder Wechselwirkungen. Ich habe es mir allerdings verkniffen, einen Schulroman zu schreiben. Wohl aber bewog mich etwa die Arbeit im Mannheimer Rechtschreibrat, einer Einladung der Universität Innsbruck zu einer Poetikvorlesung mit einem eher ungewöhnlichen Thema zu entsprechen. Ich machte mir nämlich Gedanken über Schriftsteller-„Hausorthographien" und amtliche Regelwerke, woraus mein großer Essay *Ixbeliebige Wahr-Zeichen?* entstand, der 2008 als Buch erschien.

Mit der Arbeit Elfriede Jelineks als rotem Faden (und im orthographisch ungewöhnlichen Titel) begegnete ich darin einerseits der Ignoranz eines Teils der Rechtschreibratskollegen jedweden Geschlechtes, die auch belletristische Texte rigoros der amtlichen Regelwelt unterordnen wollten. Das betraf vor allem Didaktiker, aber auch manche Linguisten. Andererseits machte es mir großen Spaß, die Literaturgeschichte wie die Gegenwartsliteratur ausschnitthaft im Hinblick auf orthographische Besonderheiten einzelner Autorinnen und Autoren zu durchforsten, dabei aber auch literatursoziologische Aspekte abzuhandeln. Elfriede Jelinek selbst stand mir übrigens als Korrespondenz- und Gesprächspartnerin sowie als Autorin des Vorworts zu meinem Buch intensiv zur Seite.

Kommen wir zu Haymon. Deine Erzählung Selbstakt vor der Staffelei *erschien dort, als der im Literaturbetrieb sehr anerkannte Michael Forcher den Verlag leitete.*

Ja, kommen wir zu Haymon. Das waren ausgefüllte sechzehn Jahre. Und sie begannen mit dem *Selbstakt*.

Konstanze Fliedl hatte mich 1993 eingeladen, in Klagenfurt beim Wettlesen mitzumachen. Ich stellte da den Anfang einer Prosa über das Verschwinden vor, die literarisierte Lebensgeschichte des Hamburger Malers Victor Emil Janssen. In der Stichwahl um einen der Preise (nicht den Bachmann-Preis selbst) wurde mir eine deutsche Kollegin, Sandra Kellein, vorgezogen.

Es sollte noch mehr als zwei Jahre dauern, bis ich das Buch fertig hatte. Haymon schien mir ob des differenzierten Programms und des engagierten Verlagschefs Michael Forcher eine wünschenswerte Adresse zu sein. Zwar hatte ich dann noch zwei weitere Jahre Vorlaufzeit in Kauf zu nehmen, weil das Programm schon verplant war, aber Forcher zeigte sich sehr an meinem Vorhaben interessiert, eine Künstlertrilogie zu erarbeiten, die neben dem Maler auch einem Komponisten und einem Schriftsteller gewidmet sein sollte. Indem er mir zusagte, den Folgebänden schnell hintereinander Programmplätze einzuräumen, schlug ich ein.

Alle drei Protagonisten, neben Janssen Mozarts jüngster Sohn Franz Xaver, den Mutter Konstanze nach Vaters Tod auf Wolfgang Amadeus umtaufen ließ, und Ferdinand Sauter, brachten ihre Leben zwischen 1791 und 1854, also binnen 63 Jahren hinter sich. Sie waren also Zeitgenossen.

Als *Selbstakt vor der Staffelei* im Frühjahr 1998 erschien, war *Wolfgang Amadeus junior: Mozart Sohn sein* schon in der Pipeline. Dieser Roman folgte gleich 1999 und wollte wie die anderen Teile mehr sein als eine simple Biographie. Es ist ein Buch über dominante Eltern, in diesem Fall eine Ikone an der Wand und eine geschäftstüchtige Mutter, die den durchaus begabten Sohn als musikalisches Wunderkind und Reinkarnation des Vaters vermarktete. Die auch heute noch aktuelle Grundfrage für diese meine Unternehmung lautete: Wie kann man mit solch einer Hypothek umgehen?

Mozart Sohn sein war schon um einiges erfolgreicher als der *Selbstakt*. Das verdankte sich wohl nicht zuletzt dem Protagonisten, einem unbekannten sehr Bekannten. Es ist auch das erste meiner Bücher, das in andere Sprachen übertragen wurde.

Und dann ging es Schlag auf Schlag, denn ich hatte soeben das Unterrichten hinter mir gelassen und endlich die nötige Zeit. Mit *Aufgeklappt* hatte ich bereits den dritten Trilogieteil begonnen, als mich ältere Damen aus dem Ort, in den ich sechs Jahre zuvor gezogen war, baten, ihnen zuzuhören und daraus eventuell etwas zu machen. Der Stoff, von dem sie nur einen winzigen Zipfel aus eigener Anschauung wissen konnten, nahm mich sofort gefangen, ich unterbrach die Arbeit am Sauter-Roman, recherchierte ein ganzes Jahr und schrieb dann *Herzfleischentartung*, einen Roman, der mit zigtausenden Exemplaren in mehreren Sprachen zum unerwarteten Bestseller wurde.

Der Reihe nach. Also zunächst Selbstakt vor der Staffelei *– dafür gleich drei Fragen auf einmal.*

Wie bist du denn ausgerechnet auf Victor Emil Janssen gekommen, eine – wie es seit Kanondebatten der 1990er Jahre gern heißt – „zu Unrecht vergessene" Künstlerfigur? In der Formulierung stimmt klarerweise das „vergessen" nicht, da der romantische Maler ja von dir aus der Tiefe der Zeit herausgeholt wurde. Und zwar so, dass nicht nur Rezensionen wie jene in der Neuen Zürcher

Zeitung *deiner Erzählung „hohe emotionale Authentizität" sowie „stilistische Brillanz" bescheinigen.*

Selbstakt vor der Staffelei gibt im Titel eine Perspektive an. Aber es bleibt eben nicht bei einem narrativen Selbstakt. Aus welchen Gründen (denen das Resultat völlig recht gibt) hast du denn die Erzählhaltung im raffinierten Wechsel der Perspektiven gestaltet?

Und wie siehst du nun, von heute zurückblickend, die Beziehung zwischen Bild und Wort, Malerei und Schrift, oder nach Lessings Laokoon: die Grenzen der Malerei und der Poesie?

Es gehört zum Gestaltungsprinzip dieser Prosa, die Beziehung des als Person teilweise auffällig präsenten Ich-Erzählers zu seinem Protagonisten laufend zu thematisieren, und zwar nicht nur immanent, sondern durchaus handfest. Eine chronologische Achse gibt es dabei nicht, dominant sind Assoziationen, und so findet sich die Passage zu meiner ersten Begegnung mit Janssen erst auf Seite 41. Meine Frau war Gymnasiallehrerin für Bildnerische Erziehung und Textiles Gestalten und malt auch selbst. Ihr Arbeitszimmer samt Atelier liegt gegenüber unserem Schlafzimmer. Manchmal blätterte ich vor dem Einschlafen in Kindlers vielbändigem *Lexikon der Malerei*. Dabei stieß ich auf jenes Bild Janssens, dessen Titel ich für das Buch übernahm: *Selbstakt vor der Staffelei.*

Es machte Eindruck auf mich, und zwar derart, dass ich sofort wusste, ich würde einen längeren Text zu der Gestalt, die sich in diesem Gemälde radikal exponierte, schreiben wollen. Gerade dass Janssen sich auch vor mir zu verstecken suchte, wie er sich gegen Ende seines kurzen Lebens aus Verbitterung und gezeichnet von der tödlichen Krankheit nicht zuletzt durch die eigenhändige Vernichtung großer Teile seines Werkes sowie von Hab und Gut auf Dauer zu verbergen glaubte, steigerte meinen Ehrgeiz, ihn überzeugen zu wollen, es mit mir zu versuchen. Ich bot dem auf unterschiedlichen Bedeutungsebenen Schwindsüchtigen an, das Bedürfnis, sich und sein Werk aus der Welt nehmen zu wollen, möglichst zu respektieren, ja die ganze Erzählung um diese aufgenötigte Sehnsucht aufzubauen, die durch objektive Umstände (Brand des Münchner Glaspalastes 1931 samt Vernichtung aller ausgestellten Bilder, darunter eines Hauptwerks von Janssen, des *Selbstporträts mit roter Mütze*; Zerstörung Dutzender seiner Arbeiten durch ein Hochwasser und den Brand von Hamburg 1943; verschollene Arbeiten, die nach 1945 als Beutekunst aus Bremen verschwanden; Zuschreibung seiner besten erhaltenen Bilder an andere Maler usw.) merkwürdig kongenial gestützt wurde. Die Kunstgeschichte hat in Sachen Janssen durch lange Jahre diesem Bedürfnis nach Ausradierung entsprochen, das, ich muss es nochmals betonen, natürlich ein reaktives war, gespeist von unzähligen Enttäuschungen und Rückschlägen.

Der Titel des Buches, und damit komme ich zu deiner zweiten Frage, soll keineswegs auf einen narrativen Selbstakt meiner Hauptgestalt verweisen, sondern auf die radikale Auseinandersetzung jemandes mit ihrem ebenso radikalen Sich-Ausziehen, das nicht aus Selbstverliebtheit erfolgt. Meine Prosa kommt immer wieder auf dieses eine zentrale Gemälde zurück. Zwischen Albrecht Dürer und Richard Gerstl finde ich in der deutsch-österreichischen Malerei keine so entblößende Auseinandersetzung eines Künstlers mit der eigenen Nacktheit wie in diesem Bild, wiewohl Janssens Unterleib bekleidet bleibt.

Darüber hinaus thematisiere ich die prekäre Künstlerexistenz an sich. Janssen musste sich ja zum Beispiel von blutleeren nazarenischen Kirchenausmalungen am Hof Ludwigs I. von Bayern ernähren und den aktuellen Kundengeschmack bedienen, der auf die präraffaelitische Bildauffassung abfuhr. Die war von Großbritannien bis Deutschland angesagt, blieb aber bei aller handwerklichen Brillanz epigonaler Aufguss. Einen größeren Gegensatz zu Janssens „wirklichem" Werk kann man sich gar nicht vorstellen.

Mein Janssen-Text ist gleichsam von vornherein als Antithese zu Lessings Überlegungen im *Laokoon* konzipiert, nämlich als eine von Reflexionen unterbrochene Art Bilderfolge, weitgehend ohne herkömmliche Handlung, als Hommage an die Verfahren der Malerei, die Welt zu erfassen: Es ist, was es durch meine Darstellung ist. Punkt. Oder in meinen Worten im *Selbstakt*: „Als Kind staune ich oft. Was Außergewöhnliches vorfällt, es ist da, allmählich erst lässt es sich erschließen und manchmal nie. Es ist da, niemand nimmt etwas weg davon, zerredet es, niemand müht sich, mir seine Auffälligkeit aus dem Kopf zu schlagen, es einzuordnen unter meine vertrauten Erfahrungen. Da ist es, nicht gut an sich, nicht schlecht, nur meist nicht ganz geheuer. Und mein Staunen beschäftigt mich, gräbt sich ein in mir mit einem Bild von ihm." Diese kindliche, in einem gespeicherten Bild kulminierende sinnliche Erkenntnis des Vorgefallenen und die ihr im Abstand vielleicht folgende produktive Auseinandersetzung damit übertrage ich bis zu einem gewissen Grad in die ästhetische Konzeption meiner Erzählung.

Hat dich bei Wolfgang Amadeus junior: Mozart Sohn sein *zunächst auch das Verschwinden oder Ersetzen einer Persönlichkeit interessiert? Für diesen Roman stelle ich mir ja die Spurensuche noch schwieriger vor; zudem stellst du Faktisches in den Vordergrund, indem du Dokumente einfügst. Und zwar in die hochinteressante Struktur, in der „Zwischenspiele" die besondere Funktion erhalten, das Geschehen auf eine andere Ebene zu heben. Es ist eine sprachkünstlerische, also literarische Anordnung, und wenn auch manche Rezensenten zwischen Essay und Roman schwanken – für mich ist es ein Roman. Welche Überlegungen haben denn zu dieser Erzählperspektive, zu dieser Struktur geführt?*

Janssen war eigentlich der Letzte der drei von mir zum Gegenstand einer größeren Prosa gemachten Künstler, dem ich begegnete. Bei Ferdinand Sauter war das schon der Fall, als ich etwa fünfzehn war, bei Mozart Sohn in den späten Achtzigern, als ich irgendwo las, dass er durch eine großzügige Schenkung den Grundstein für die Stiftung Mozarteum in Salzburg gelegt hatte, aber trotzdem nicht zu ihrem ersten Direktor bestellt wurde. Damals gab es noch kaum Einspielungen seines Werks, aber ich konnte mir eine CD seiner beiden Klavierkonzerte in C-Dur op. 14 und in Es-Dur op. 25 beschaffen. Ich hatte in meiner Jugend selbst musiziert, ein bisschen Irish Folk gemacht, vor allem aber Bass in einem durchaus respektablen Chor gesungen, der u. a. die erste Schallplattenaufnahme in der prächtigen Akustik des damals neuen Linzer Brucknerhauses realisierte, wo ich viel später mit wunderbaren Musikern und einem Mozart-Sohn-Kammermusik-und-Lese-Programm gastieren sollte.

Ich fand die Lieder, Sonaten, Konzerte von W. A. Mozart junior beeindruckend. Sie vermieden, abgesehen von denen des Kindes, Anklänge an den Vater, waren ihrer Zeit eher voraus denn epigonal. Ich wusste schnell, dass ich diesen Roman rund um die Frage entwickeln wollte, wie es jemandem gelingen kann, mit der Bürde fertig zu werden, von Kleinkind an konsequent in die Riesenfußstapfen eines solchen Vaters gestellt zu werden. Wolfgang

Hildesheimer bemerkt einmal klug, Mozart – der große Mozart – wäre beredt nur in der Ablenkung und vielsagend nur in seinem Werk gewesen. Hinter den Mozartschen Wortschwällen lasse sich im Allgemeinen nur wenig Substanz herausfiltern. Bei diesem seinem Sohn ist das ganz und gar nicht der Fall. Er hinterließ viele aufschlussreiche Briefe, vor allem aber ein unglaublich informatives Tagebuch seiner großen Europatournee von 1819 bis 1821. Es war für mich also weit leichter als bei Janssen, Primärquellen zu finden. Darauf ließ sich gut aufbauen.

Zwar gibt es in *Mozart Sohn sein* einen rudimentären chronologischen Faden, aber auch in diesem Buch beherrschen (wie in meiner gesamten Künstlertrilogie) die Assoziationen der Erzählfigur das Terrain. Der Protagonist findet sich umfassend in seine Zeit eingebettet, über die mindestens so viel vermittelt wird wie über ihn. Ein Vor- und etliche Zwischenspiele, auf die du in deiner Frage anspielst, ergänzen und unterbrechen die Erzählung. Das Vorspiel hat mit mir selbst zu tun, der ich den Namen meines Vaters trage, den auch ich sehr früh verlor. Übrigens befüllte ich bereits 1997/98, als ich diese Einleitung niederschrieb, einen Notizblock mit Überlegungen zu einem ganzen Buch über die frühen Jahre meines Lebens, aus denen sich später der autobiographische Roman *Folgen* entwickeln sollte. Die Zwischenspiele stellen auf knappstem Raum andere Söhne vor, solche berühmter und unbekannter Väter in Vergangenheit und Gegenwart.

Dieser Roman ist das einzige meiner Bücher, dessen Titel ich nicht allein und autonom fixiert habe. Ich kämpfte sehr darum, es nur *Mozart Sohn sein* zu übertiteln, aber Forcher versprach sich vom Vorsatz *Wolfgang Amadeus junior: Mozart Sohn sein* wesentlich mehr verkaufte Exemplare. Da der *Selbstakt* zwar zu einem veritablen Erfolg bei der Kritik wurde, sich aber nur schleppend verkaufte, schien es mir angebracht, dem Verleger diesmal entgegenzukommen. Seither gehört aber jeder Versuch meiner Verlage, mir einen Titel auszureden, zu den absoluten No-Gos.

Der Roman erschien als erstes deiner Bücher in anderer Sprache: auf Spanisch. Vermutlich bist du des Spanischen weniger mächtig als des Englischen. Wie ging und geht es dir, der du selbst übersetzt hast, mit Ser hijo de Mozart?

Als Altsprachler, der noch dazu Gräzistik studierte, sind mir die romanischen Sprachen passiv einigermaßen zugänglich, ich habe aber nur rudimentäre aktive Kompetenz. Meine Einschätzung der Qualität einer Übersetzung beziehe ich vor allem aus zwei Umständen: Da wäre einmal der persönliche Kontakt mit dem Übersetzer, der Übersetzerin. Ich hatte mit fast allen eine umfangreiche Korrespondenz, begegnete manchen persönlich. Mit meiner englischen Übersetzerin Susan Tebbutt bin ich befreundet. Sie kamen mit Problemen zu mir, und je stärker es um scheinbar beiläufige Nuancen ging, desto mehr gewann ich den Eindruck, dass da wer mit großer Genauigkeit und großem Einfühlungsvermögen ans Werk ging. Ich hatte es selbst früher nicht anders gehalten und als Übersetzer intensiv mit den Schöpfern der Bücher kooperiert.

Ja, und dann ist es die jeweils muttersprachliche Lesergemeinde, aus der ich zuweilen Rückmeldungen beziehe. Auch Leute wie du, lieber Klaus, die in einem anderen Land lange lebten und arbeiteten, gaben mir dazu das eine oder andere Mal Auskunft. Vielleicht magst du ja später ein paar Sätze zur Qualität der französischen Ausgabe von *Herzfleischentartung* verlieren.

Als *Mozart Sohn sein* in Georgien erschien, wollte der Verlag noch im selben Jahr einen Auswahlband meiner Lyrik edieren, weil ich zu einer Lesereise eingeladen war und auch bei einem Poesiefestival auftreten sollte. Ich bekam in Georgien brühwarm serviert, dass zwar der Mozart-Sohn-Roman gut, die Gedichte aber (von einer anderen Übersetzerin) zum Teil grottenschlecht übertragen worden waren. Bei Sprachen, die so wenig mit den mir bekannten zu tun haben, deren Schrift mir allein schon völlig unzugänglich ist, ist man als Autor natürlich hilflos.

Der Mozart-Sohn-Roman gab mir Gelegenheit, in verschiedenen Ländern gemeinsam mit Ensembles aufzutreten, die jeweils Musik des jungen Mozart einstudiert hatten. Daraus wiederum ergab sich die eine oder andere CD-Einspielung. Ich denke, in bescheidenem Maße hat mein Buch durchaus an einer beobachtbaren Renaissance des Mozart-Sohnes mitgewirkt. Heute gibt es fast alle seine Werke als Tonträger und im Stream.

„Quel titre!", welch ein Titel – so beginnt eine Pariser Rezension über Herzfleischentartung. *Olivier Mannoni, einer der Renommiertesten des Fachs, hat den Roman übersetzt,* Dégénérescence de la chair du Coeur *heißt er auf Französisch – und das zeigt ein unlösbares strukturelles Problem, da das Französische nicht das gleiche Baukastenprinzip zusammengesetzter Wörter verwendet wie das Deutsche. Dessen ungeachtet bleibt das literarische Konzept gut erhalten, denn Mannoni hat erkennbar als „sourcier" gearbeitet (er führt das Lesepublikum zur Textquelle, der „source") und nicht als „cibliste" (der den Text zum Publikum führen würde). Kurz: Priorität hat das Original. Und so schafft es die Übersetzung, die kalte Ironie mancher Passagen, vor allem die hohe Präzision zu transponieren.*

Zunächst interessiert mich die Genese des Romans, den ich für eine sehr gelungene Verbindung der so unterschiedlichen literarischen Konzepte von Heimrad Bäcker einerseits und Erich Hackl andererseits halte. Du schreibst ja, die „zeithistorische Authentizität" sei dir ein besonderes Anliegen, du habest dem Buch „tausend Seiten Originalakten aus den Jahren 1940 bis 1955 mit den unzähligen Querverweisen" zugrunde gelegt. Wie ging denn – von der Idee an – diese Arbeit vonstatten, dieses riesige Projekt, das so ein konzises Werk hervorgebracht hat?

Zunächst braucht es selbstverständlich die Begegnung mit dem Stoff. Als ich Salzburg 1993 verließ und keine dreißig Kilometer vor der Stadt, aber schon knapp hinter der Grenze zu Oberösterreich sesshaft wurde, habe ich mich, wie es meine Art ist, bald um die Gewordenheit der Gegend bekümmert und mir zum Beispiel die 1979 erschienene Hardcover-Ortschronik von St. Pantaleon besorgt. Daraus lässt sich unter anderem entnehmen, dass im Jahr 1150 ein gewisser Albertua iudex, also Richter, in Wildshut, dem ältesten Ortsteil, gewesen ist. 1756 wurde mit dem Kohleabbau begonnen, und zwischen 8. und 10. Dezember 1961 fand die erste Kleintierschau des Züchtervereins im Gasthaus Kaltenegger statt, also im Wirtshaus jenes Ex-NS-Bürgermeisters, der sich erfolgreich um die Errichtung des Arbeitserziehungslagers im Ort bemühte und zur Drehscheibe zahlreicher Verbrechen am Ort wurde. Von den beiden Lagern findet sich in der Ortschronik aber kein Sterbenswort. Es hat sie, scheint's, nie gegeben. 48 Gefallene und 16 Vermisste sind alles, was über den letzten Krieg zu erfahren ist. Und das schreckliche, überdimensionale, ganz der Naziästhetik verpflichtete Kriegerdenkmal eines in dieser Sekunde fallenden Wehrmachtssoldaten mit Dolch und Munitionsgürtel wird als eines der schönsten überhaupt gewürdigt.

Mit Weyer wurde ich so erst ein paar Jahre später bekannt. Wie schon kurz erwähnt, verdanke ich die ersten Hinweise auf die Existenz der NS-Terrorstätten zwei älteren Damen. Ich hatte mich gemeldet, einen Pensionistenausflug nach Passau zu begleiten, im Bus das Programm zu erläutern und die Damen- und Herrschaften nach jedem Aussteigen abzuzählen, auf dass niemand auf der Strecke bleibe. Meine Erwartung, bei dieser Gelegenheit etwas mehr über die Region zu erfahren, wurde nicht enttäuscht. Ich sei doch Schriftsteller, meinte die eine Dame auf dem Ausflugsschiff, das die Dreiflüssestadt abfuhr, sie beide könnten mir nämlich Geschichten erzählen, da ließen sich Bücher darüber schreiben. Dann machten sie lebendig von Blitzlichtern aus ihrer Jugend Mitteilung, schrecklichen Eindrücken, die sie auch nach Kriegsende nie thematisieren durften, weil die Männer nichts davon wissen wollten. Sie konnten sich lebenslang keinen wirklichen Reim auf die beobachteten Geschehnisse machen, die immer noch an ihnen nagten.

Zweimal waren an nicht leicht zugänglicher Stelle kleine, wenig ergiebige Aufsätze dazu publiziert worden, sollte ich später herausfinden, und das wichtige Werk *Widerstand und Verfolgung in Oberösterreich 1934–1945* des Dokumentationsarchivs des österreichischen Widerstands (DÖW) enthielt im zweiten Band etliche Quellenzitate. Ich begann zu recherchieren und fand an zunächst zwölf Orten, vom DÖW in Wien bis zum oberösterreichischen Landesarchiv, von Gemeindedachböden bis zum Linzer Landesgericht, von den Beständen des Kulturvereins österreichischer Roma bis zum Privatarchiv eines altersweisen, hochgebildeten Bauern, in vierzehn Monaten tausende Seiten Dokumente, die ich mir nahezu alle kopierte.

Die monströsen Ungeheuerlichkeiten, die sich da auftaten, gaben indirekt den Ausschlag für das ästhetische Verfahren, das ich schließlich wählte. Die beiden Frauen hatten mir zwar etliche weitere Zeitzeuginnen und auch einen Mann genannt, jenen alten Landwirt, der in seinem uralten Stadel ein bäuerliches Museum eingerichtet hatte. Dort stellte er auch all die Jahre Farbbilder aus dem Lager aus, garniert mit unmissverständlichen Angaben dazu. Herr Felber war nach meinem Wissen der einzige in der Gegend, der das Andenken an die Ermordeten konsequent hochhielt. Ich hatte indessen mittlerweile selbst festgestellt, dass einflussreiche Platzhirschen des örtlichen Kameradschaftsbundes alles als Erfindung abtaten oder gar von einem Sanatorium für Gewohnheitsverbrecher in Weyer sprachen, während sie im Feld den Kopf riskierten.

Es schien mir schnell undenkbar, für die angedachte Prosa Zeitzeugenberichten zu vertrauen, ja sie überhaupt zu nutzen. Ich musste einen Text vorlegen, der in jedem Detail auf schriftlichen Quellen fußte, die möglichst mehrfach denselben Sachverhalt thematisierten, und zwar in möglichst übereinstimmender Weise. Nur so würde ich erwartbare Anwürfe und Beschimpfungen parieren können.

Andererseits wollte ich natürlich kein Sachbuch schreiben, sondern Literatur, die einen mitnimmt, und das in mehrfachem Sinn. Ja, ich wollte erschüttern, aber auch, dass Leserinnen und Leser trotz der herausfordernden Inhalte möglichst nicht ablassen können von der Lektüre. Dem dient der Ansatz eines kollektiven Erzählers, der über den Überblick verfügt und dem das Publikum über die Schulter schaut. Sich ihm anzuschließen, der Verschüttetes freizulegen trachtet, bedeutet Erkenntnisgewinn, man darf als Leser mit dem Detektiv, dem Aufdecker, zusammenarbeiten. Und auch der eine oder andere Charakter im Buch, vornehmlich Oberstaatsanwalt Dr. Neuwirth, wirkt entschlossen mit, Licht ins Dunkel zu bringen. Das, so dachte ich, mag für die Brutalitäten, die schonungslos verhandelt werden, bis zu einem gewissen Grad entschädigen. Wie in der Kriminalliteratur ist die Enttarnung der Täter für den Leser mit Lustgewinn verbunden.

Ich hatte nie den Plan, einen Roman zu schreiben, der in der NS-Zeit spielt. Nun hatte ich zum ersten Mal einen Stoff vor mir, der in seinen vielen Facetten durchaus noch Neues zum Verständnis der Strukturen der Barbarei beitragen konnte und, so empfand ich es, mir zur Bewältigung aufgegeben war. Ich war entschlossen, mich dieser Herausforderung zu stellen.

Jetzt fehlte nur noch eine sprachliche Ästhetik, die ebenfalls höchsten Ansprüchen genügen musste, denn über die NS-Zeit waren schon damals viele gute und wichtige Bücher, freilich noch mehr gut gemeinte erschienen. Ich hatte den Ehrgeiz, nicht noch eines zu schreiben, sondern eines, das in dieser Art bisher noch gefehlt hatte, jedenfalls in der österreichischen Literatur.

Wie meistens schrieb ich den Text in drei stilistischen Varianten an, das heißt, ich nahm mich desselben inhaltlichen Ausschnitts auf unterschiedliche Weise an. Schließlich entschied ich mich für die radikalste Lösung: Ich hatte durch die unzähligen Dokumente eine merkwürdige Vertrautheit mit der Sprache der Nazis entwickelt, mit ihrem Utilitarismus, der zynischen Ellbogenbewehrtheit, den Mechanismen ihrer haarsträubenden Binnenlogik, der wortgewordenen Unmenschlichkeit. Sie, die LTI Victor Klemperers, wollte ich über weite Strecken nutzen, aber sie sollte sich offensiv zu all dem bekennen, was sie (mit) anrichtete, der kollektive Erzähler sollte zwischen scheinbar unkritischer Nachahmung und Dechiffrierung changieren. Aber das genügte nicht. Hätte ich diesen Gestus ungebrochen durchgehalten, wäre ich in eine Falle gegangen. Daher kontrastierte ich diese Erzählhaltung, die noch ein weiteres bisher nicht genanntes Element enthielt, nämlich Tempo, gespeist aus der Möglichkeit, ohne Rücksicht auf Verluste Dinge zack zack ins Werk zu setzen, mit retardierenden Momenten, kurzen Zoomblicken auf die von all dem Betroffenen und auf ihr maßloses Leid, wo plötzlich auch Empathie spürbar wird, bis die Geschwindigkeit der Abläufe den Erzähler wieder mit sich reißt.

Blieb noch ein letztes Problem: Was wähle ich aus diesem riesigen Materialberg? Ich war mir bewusst, dass eine mit derart vielen Strängen und Informationen gespickte Prosa 200 Seiten nicht übersteigen durfte, wollte ich anderes als ein reines Fachpublikum erreichen. Nun ist es ohnehin meine Art, bei solchen Büchern am Schluss kräftig zu kürzen, Überflüssiges zu streichen, Handlungen zu dynamisieren. Damit verbunden stellte sich die Frage: Welchen zeitlichen Rahmen gebe ich dem Roman? Es durfte jedenfalls nicht die vielzitierte Stunde null sein, der Mai 1945. Ein Drittel spielt, um die Kontinuitäten abzubilden, in den folgenden zehn Jahren. So schlug ich den zeitlichen Bogen von der Idee des Lagerkomplexes 1939 bis zum Tag meiner Geburt im Dezember 1955, was für mich bedingte, die Erzählfigur kurz vor dem Ende mutieren zu lassen. Aus dem starken kollektiven wird ein weit weniger selbstsicherer Ich-Erzähler, der dem Autor verdammt ähnelt.

Reaktionen auf künstlerische Beschäftigung mit lokaler und regionaler Ge-
schichtsvergessenheit kenne ich aus meinem mit dem Maler Josef Schützenhöfer
betriebenen internationalen Liberation Art Project. *Ich kann mir also gut vorstel-*
len, dass dein Werk in deinem Wohnort und Umgebung nicht unkommentiert
geblieben ist. Wir sollten ja im Schlussteil unseres Gesprächs auf die Rezeption
deiner Literatur und deines Engagements eingehen – hier nun gleich: Wie waren
die Reaktionen auf Herzfleischentartung?

Herzfleischentartung ist eines jener Bücher, die außerliterarisch viele Konsequenzen nach sich zogen. Ich hatte beispielsweise schon während der umfassenden Recherche dem Gemeinderat von St. Pantaleon ein knappes, aber mit
schaurigen Dokumenten gespicktes Dossier über die Vorgänge im Lager zur
Verfügung gestellt, verbunden mit der Bitte, eine Erinnerungsstätte ins Auge
zu fassen. Damals konstituierten sich gerade etliche Arbeitskreise im Rahmen
der Dorf- und Stadterneuerung (DOSTE), und einer davon versammelte bald
engagierte Bürgerinnen und Bürger, die meinen Vorschlag weitertrieben und
schließlich mit Mitteln des Landes Oberösterreich und der Gemeinde umsetzten.
Auch ich beteiligte mich aktiv daran, und so trat der Fall ein, dass die würdige
Erinnerungsstätte schon sieben Monate vor dem Erscheinen des Romans eröffnet werden konnte. Sogar die Freiheitlichen stellten sich im Gemeinderat nicht
gegen Planung, Textierung und Finanzierung.

   Mit der granitenen, von einer beeindruckenden, aber nicht großen Bronze-
skulptur gekrönten Säule im Zentrum eines mehrere hundert Quadratmeter
umfassenden Gedenkgeländes und dem Roman gab es nun plötzlich einen
manifesten realen und einen literarischen Ort, der sich dieses zeitgeschichtlichen
Kapitels annahm. Für viele Menschen im Dorf war das eine Herausforderung,
was ich gut verstehen kann.

   Etliche Platzhirschen aus den Vereinen gaben die Parole aus, den zugezo-
genen Nestbeschmutzer, der dafür verantwortlich war, möglichst zu ächten.
Es gab auch die eine oder andere unschöne Drohung per Brief oder Telefon,
auf die ich hier nicht näher eingehen möchte. Nur ein besonders anrührendes
Beispiel, das positive Teilnahme und negative Reaktion merkwürdig vereint, sei
hier kurz erzählt: Bald nach Erscheinen der *Herzfleischentartung* im Frühjahr
2001 wurde ich von der Hauptschule im Ort eingeladen, mit den Viertklasslern
einen Workshop zum Thema zu machen, der die jungen Leute offenbar tief
beeindruckt haben dürfte. Solche Veranstaltungen sind übrigens auch zwei
Dezennien später noch alljährlicher Brauch in etlichen Schulen des Bezirks
Braunau und weit darüber hinaus. Im Juni fand die Sonnwendfeier der Land-
jugend statt, bei der gewöhnlich reichlich Alkohol fließt. In einem Brief machten
mich kurz darauf etwa fünfzehn Kids aus der Hauptschule darauf aufmerksam,
sie wären Ohrenzeugen gewesen, wie ein Schüppel Burschen um die zwanzig
sich zu vorgerückter Stunde über mich in Rage geredet und Drohungen bis
zum Hausanzünden ausgestoßen habe. Ich möge in nächster Zeit gut auf mich
aufpassen. Darunter die fünfzehn Vornamenunterschriften, bei zwei Mädels
(Babsi, Ulli) mit Herzchen statt Punkten auf dem I.

   Andererseits gab es auch viel Zustimmung, vor allem von denen, die das
Buch wirklich lasen. Nicht nur einmal riefen mich mir bis dato unbekannte
Menschen aus einem der Ortsteile von St. Pantaleon an, um mich zu bitten, zu
ihnen zu kommen und in ihr Exemplar des Romans ein paar Widmungsworte
samt Unterschrift einzutragen. Vor meinem Haus wollten sie nämlich lieber nicht

gesehen werden. Für mein Entgegenkommen im buchstäblichen Sinn wurde mir dann ein Schnapserl kredenzt oder eine Jause aufgetischt. Und mehrmals kam es auch zu ausführlichen Gesprächen mit neuen Informationen, die sich meist gut überprüfen ließen, von denen einige schließlich in die *Schauplatzwunden* einflossen.

Sogar „Bekehrungen" konnte ich verzeichnen. Auch dafür ein Beispiel: Ein später tragisch verunglückter Fleischhauer aus St. Pantaleon gehörte anfangs zu jenen, die wenig Freude mit dem Buch hatten und damit auch nicht hinter dem Berg hielten, obwohl sie es nicht gelesen hatten. Als ich einmal Wurst und Fleisch besorgen wollte und den bis auf ihn leeren Laden betrat, drehte er sich grußlos um und verschwand aus dem Kundenbereich. Sekunden später tauchte er mit einem Exemplar der *Herzfleischentartung* wieder auf und meinte knapp, er müsse Abbitte leisten, er habe das Buch jetzt gelesen und seine Meinung geändert. Ob ich ihm ein Autogramm hineinschriebe?

Eine besondere Freude, wenn man das angesichts des Geschilderten überhaupt so sagen kann, mit dem Ergebnis ihrer Anregungen hatten meine ersten Auskunftspersonen, die älteren Damen und der famose Herr Felber. Manche davon kommen auch in meinem Fernsehfilm zum Thema und in einer späteren Kinoproduktion vor.

Aber man darf sich nichts vormachen. Die Mehrheit der Bevölkerung nahm kaum oder gar nicht Kenntnis von der Sache, obwohl die Zeitungen wiederholt voll waren mit der Berichterstattung zu *Herzfleischentartung* und der Erinnerungsstätte. Dazu kamen bald mein gleichnamiger Filmessay für den ORF, ein einstündiges Feature, das die zuständige Redaktion von Ö1 zum Roman produzierte, und etliche weitere öffentlichkeitswirksame Bezugnahmen auf das Buch, etwa als mir dafür der (damalige) österreichische BUCH.PREIS 2001 verliehen wurde, der u. a. von der Arbeiterkammer und dem Brucknerhaus gesponsert wurde.

Herzfleischentartung ist heute, ich darf es wohl so sagen, fast schon ein Klassiker geworden, über den viele Uniarbeiten entstanden sind, der als Schullektüre eingesetzt wird und nach wie vor neue Leser findet. Auch die Erinnerungsstätte ist längst nicht mehr umstritten, ganz im Gegenteil. 2011 wurde sie unter Denkmalschutz gestellt, im von der Gemeinde edierten Ortsplan und in Fremdenverkehrsprospekten der Tourismusregion Oberinnviertler Seenplatte wird sie als wichtige Sehenswürdigkeit prominent mit Bildern beworben. Apropos Bilder: Wer heute die Begriffe „Kriegerdenkmal" und „St. Pantaleon" googelt, wird dort weit mehr Fotos des ausdrucksstarken Denkmals für die Opfer der Lager finden als solche des martialischen Gefallenendenkmals.

Schließlich sei noch erwähnt, dass die Erinnerungsstätte bis zum heutigen Tag – ich möchte es nicht verschreien – noch nie beschädigt oder besprayt wurde. Immer wieder stellen Leute Grablichter davor auf, bringen Blumenschmuck mit. Der Erinnerungsverein organisiert jährliche Gedenkfeiern mit tollen Zusatzveranstaltungen im Anschluss, die Gemeinde hält die gesamte Anlage vorbildlich in Ordnung.

So erfuhrst du tatsächlich eine bessere Rezeption als Josef Schützenhöfer und ich, zusammen mit Künstlern und Künstlerinnen aus mehreren Ländern, mit dem Liberation Art Project *im Oststeirischen. Der Versuch, hier der Befreier 1945 zu gedenken (der als soziales Kunstprojekt Veranstaltungen und Ausstellungen auch in den USA, in Slowenien, in München, Wien, Graz, Gmunden u. a. durchführte), erfuhr vor Ort starke Ablehnung, insbesondere von der*

Gemeinde. Es ging so weit, dass der „Liberation Marker", ein großes Denkmal, mehrmals beschädigt und beschmiert wurde, schließlich sogar zwischen Gittern landete – die alliierten Befreier Österreichs zwischen Gittern im Pöllauer Kirchhof! Nachzulesen und nachzuschauen ist dies in zwei Liberation-Büchern, die im Leykam-Verlag erschienen sind.

Ich führe das hier auch deswegen aus, weil in der langen Unterstützungsliste nicht nur Friedrich Achleitner, Juri Andruchowytsch, Alfred Dorfer, Barbara Frischmuth, Karl-Markus Gauß, Arno Geiger, Josef Hader, Josef Haslinger, Peter Huemer, Adi Hütter, Drago Jančar, Dževad Karahasan, Daniel Kehlmann, Robert Menasse, Felix Mitterer, Heimo Pfeifenberger, Gilbert Prilasnig, Wolfgang Puschnig, Evelyn Schlag, Margit Schreiner, Franz Schuh, Ilija Trojanow, Peter Turrini, John Wray und hundert Andere stehen, sondern auch: „Laher Ludwig, Autor, St. Pantaleon, OÖ". Ein schönes, uns beiden gemeinsames Beispiel deines künstlerisch sozialen Engagements.

Wenn wir nun auf dein Werk zurückkommen, bleiben wir bei der Rezeption politischer (Sprach-)Kunst: Als nächster Roman erschien bei Haymon Aufgeklappt. Du setzt dem 2003 – als dein Buch rauskam – fast vergessenen Ferdinand Sauter ein literarisches Denkmal. Im Vormärz war er geradezu ein Gassenschlager: 1841 schrieb Alfred Meißner an Moritz Hartmann (zwei ebenfalls heute viel zu wenig rezipierte politische Lyriker der Zeit um 1848), er habe sich zwei Strophen merken können, die Furore gemacht hätten: Die Prager Poeten würden Ferdinand Sauter dringend um eine Abschrift seines genialen Gassenliedes bitten. Die Namen sind heute nicht einmal den meisten Germanisten bekannt; das Österreichische Literaturmuseum widmet der großartigen politischen Dichtung des Vormärz überhaupt keinen Platz.

Du hast dann 2017 eine quellenkritische Auswahl von Sauters Werk publiziert. Der Roman musste für dich wohl zuerst kommen, da du schon lange an ihm gearbeitet hattest und er die Künstlertrilogie abschließt, ja abrundet. Von den drei Künstlern hast du nur den Poeten zweimal in Buchform veröffentlicht. Inwiefern unterscheidet sich Sauter – und dein Roman über ihn – von Janssen und Mozart Sohn?

Vielleicht gehört es zu meinem Verständnis von Abrundung und Abgeschlossenheit, mich gelegentlich einem Stoff noch einmal zuzuwenden, den ich Jahre, ja Jahrzehnte zuvor schon bearbeitet habe. Das passiert – wie bei *Herzfleischentartung* und *Schauplatzwunden* – meistens dann, wenn ich wichtige Aspekte beim ursprünglichen Werk aus Konzeptionsgründen nicht ausreichend belichten wollte oder gar unberücksichtigt lassen musste. Derlei nagt. Bei der *Herzfleischentartung* ging es im Roman nicht an, einzelne Personen der Handlung als Individuen entsprechend zu würdigen, weil das dem strukturellen Ansatz diametral widersprochen hätte.

Ich habe lange keine Zeit gefunden, das nachzuholen. Jetzt habe ich es endlich getan, und das tut mir gut, denn da ist nun keine Rechnung mehr offen. Bei Sauter ist es im Prinzip genauso. Doch zunächst zu deiner Frage, warum Sauter ein zweites Mal, die anderen beiden Künstler aber nicht: Das ist einfach zu beantworten. Ich hatte mich mit der Trilogie für meine Verhältnisse ohnehin weit vorgewagt. Was die Musik anlangt, würde ich mich als halbwegs verständigen Laien einschätzen, der in bescheidenem Umfang auch selbst aktiv wurde. Die Bildende Kunst, von der ich passiv viel verstehe, blieb mir aktiv, weil technisch unbegabt, leider verschlossen. Meine beiden Prosatexte dazu bildeten das mir

Quellbornstraße 94, 65201 Wiesbaden

Telefon: 0611 – 942800

Instagram:

Sms – Support – mit –

S 41

getränke schneider

... und Sie genießen Qualität

zugängliche tiefstmögliche Einlassen auf den Gegenstand. Ich hatte für den ORF über Wolfgang Amadeus Sohn bald nach Erscheinen des Buches zwar auch einen Fernsehessay realisiert, bei dem ich wie bei fast allen meinen Filmen für Buch und Regie verantwortlich zeichnete. Aber diese Arbeit illustrierte mein Buch lediglich in einem anderen Medium, sie wollte keine neuen Pfade betreten.

Bei Ferdinand Sauter lag der Fall grundsätzlich anders. Wie du andeutest, leiden wir beide in unserer Eigenschaft als Literaturwissenschaftler an den Defiziten und Schieflagen der österreichischen Germanistik. Ich konnte mich davon zeitweilig leicht absentieren, weil ich mich auf das Schreiben belletristischer Texte beschränkte. Was dich anlangt, deute ich deine materialreichen, auch soziologisch aufschlussreichen und spannenden Buchexkurse zu anderen Gebieten, etwa dem Sport, nicht nur als Ausdruck eines Unwillens, deine Denk- und Forschlust auf den an sich schon weiten Bereich der Verhandlung literarischer Texte und ihrer vielfältigen Bedingtheiten zu beschränken. Ich interpretiere sie auch als Manifestation, die *little boxes* ignorieren, ja aktiv unterlaufen zu wollen, die uns, aufgestellt von Anhängern des Tellerrandhorizontes, im Wortsinn einkasteln wollen, als Fachleute für Beschränktes, die sich gefälligst darauf beschränken sollen.

Als ich den kleinen Sauter-Roman schrieb – als Hommage an ihn, den hellwachen Meister der kleinen Form, aufgegliedert in unzählige kleine, vielfach kurzweilige Kapitelchen, von denen sich zwei, drei vor dem Einschlafen gut lesen lassen –, stieß ich bei der sorgfältigen Recherche schnell auf editorische Abgründe. Und weil ich dafür im Gegensatz zu den anderen Künsten das professionelle Rüstzeug erworben hatte, begleiteten mich meine Notizen zu dem großen, zeitraubenden und nicht leicht zu finanzierenden Unternehmen einer quellenkritischen Auswahl seiner Dichtungen viele Jahre. Die Menge der Stoffe, die ich in Romanform bändigen wollte, war indessen so groß, dass an diese Arbeit, die ich mir übrigens gerne abnehmen hätte lassen, lange nicht zu denken war.

Als ich 2014 *Bitter* vorlegte, einen Roman, der mich ob seines real existiert habenden Protagonisten und seiner von mir Schicht für Schicht abgetragenen biographischen Scheußlichkeiten ziemlich belastete, hatte ich zum ersten Mal in meinem Leben das deutliche Gefühl, meine physische und psychische Kraft nicht weiter ausreizen zu sollen, um mich nicht dauerhaft zu beschädigen. Deshalb verordnete ich mir im Anschluss zwei sehr unterschiedliche Parallelunternehmen, die andere Saiten in mir zum Klingen bringen sollten: Ich holte den Lyriker aus seinem inneren Exil, denn ich hatte mit Schrecken festgestellt, es waren in den letzten Jahren davor keine Gedichte mehr entstanden. In den 80ern, 90ern und Nullerjahren hatte ich je einen Gedichtband veröffentlicht, jeweils das Ergebnis der so nebenbei tröpfelnden Produktion eines ungefähren Dezenniums. Einzig der Zyklus *feuerstunde*, der dem gleichnamigen Buch von 2003, also dem Jahr, in dem auch *Aufgeklappt* erschien, den Titel gab – wir verfolgen in unserer chronologischen Unterhaltung ja in erster Linie meine Prosa –, war Ergebnis einer zweimonatigen absichtlichen lyrischen Kraftanstrengung gewesen, weil ich spürte, meine tiefe Erschütterung über die atavistischen Greuel auf dem Territorium des ehemaligen Jugoslawien nicht anders in den Griff bekommen zu können. Ich hatte in den Jahren davor mehrmals einen Dreieinhalbtonner mit von Leuten aus meiner Gegend gesammelten Lebensmitteln, Hygieneprodukten und Kleiderspenden gesattelt, mich hinters Lenkrad geklemmt und das Zeug auf teils abenteuerlichen Straßen in ein Flüchtlingslager an der slowenischen Grenze zum kroatischen Kriegsgebiet gekarrt. Derlei nach den Erfahrungen Mitte des 20. Jahrhunderts mitten in Europa wahrnehmen zu müssen, traf mich ins Mark.

In gewissem Sinne ist der Jahre später realisierte Roman *Verfahren* schon damals angelegt worden, also auch das ein Beispiel der für mich manchmal unbedingt nötigen Wiederaufnahme, Erweiterung und gänzlich anderen Gestaltung eines Stoffes.

Doch zurück zu meinem 2015 erschienenen Gedichtband *was hält mich* und zu *Durchgefühlt und ausgesagt*, meiner Sauter-Ausgabe von 2017: Beide sind sehr unterschiedliche Resultate meiner schöpferischen Reha. Es war ein unbeschreibliches Gefühl, in kurzer Zeit viele Gedichte anklopfen zu spüren, weil ich die kreative Seite in mir völlig dafür öffnete, mich für ganze halbe Tage in den Wald oder ins Moor verzog, ganz allein, ohne ein Buch, nur mit dem Notizheft. Und daneben passierte die dir wohlbekannte disziplinierte, völlig anders geartete Arbeit des Literaturwissenschaftlers, die Originalgestalt der Gedichte Sauters möglichst zweifelsfrei zu rekonstruieren, einen umfangreichen Apparat anzubieten, der andere Werkzustände und ihre Bedingtheiten dokumentiert, und den Dichter schließlich in einem verhältnismäßig großen Essay in sein Umfeld einzubetten. Das machte freilich jede Menge kritischer Einschätzungen nötig, viele davon auf einer Linie mit deinem zusammen mit Helmut Gollner verfassten Opus magnum mit dem schlichten Titel *Eine Literaturgeschichte: Österreich seit 1650.*

Ich hatte schon dein Vorgängerwerk in Ausschnitten aufmerksam gelesen und nun diese glückliche Erweiterung vor mir liegen, eines der Fundamente für meinen Zugang zur armseligen Editionsgeschichte von Sauters Werk bis nahe an die Gegenwart und zu anderen groben Versäumnissen der Germanistik gegenüber ihrem weiten Feld am Beispiel dieses außerordentlichen Sprachkünstlers des Vormärz und seiner Rezeption. Und das vor dem problematischen Hintergrund dessen, was mehr oder weniger kanonisiert als *die* österreichische Literatur ausgewiesen und beforscht wird. Wenn, zugespitzt formuliert, den Servietten, die Thomas Bernhard bei seinen Wirtshausbesuchen zum Mundabwischen verwendete, mehr germanistische Aufmerksamkeit geschenkt wird als Leben und Werk Ferdinand Sauters, dann läuft etwas sehr schief. Ich hatte ja, wie erwähnt, all die Jahre insgeheim gehofft, *Aufgeklappt* würde anregend wirken und einen Vollzeitgermanisten jedweden Geschlechtes dazu bewegen, das zu erledigen, was dann mir nicht erspart blieb.

Dass mir dann doch schon wieder ein wenn auch ‚leichter' Roman in die Quere kam und unbedingt noch vor der Sauter-Ausgabe erscheinen wollte, die *Überführungsstücke*, steht auf einem anderen Blatt und hat mir einige Vorwürfe eingetragen. Und zwar von mir selbst.

Die Vorwürfe an dich selbst haben ja, wie du gerade angeführt hast, den exilierten Lyriker in dir wiedererweckt. Tatsächlich trifft sich dies mit dem literaturbetrieblichen Phänomen, dass Lyrik in unseren Breiten (anders als etwa in Slowenien oder in Nachfolgestaaten der ehemaligen Sowjetunion) schon lange nicht mehr Saison hat. Die Auflagen von Gedichtbänden fallen wegen mangelnden Verkaufs erschreckend gering aus, in den meisten Buchhandlungen liegen kaum welche auf. Der wunderbare Semier Insayif erzählte kürzlich, er habe in dem Buchladen einer Bezirkshauptstadt gefragt, in welchem Regal denn die Lyrik zu finden sei. „Wir haben einmal einen Band gehabt, dort hinten müsst er

*sein", habe die Antwort gelautet. Als die Chefin selbst nicht fündig geworden
sei, habe sie der Verkäuferin zugerufen: „Du, wo ist denn das Gedichtbuch?"*

*Nicht wirklich anregend, sich schreibend der Lyrik hinzugeben. Freilich lässt
sich ein Sprachkünstler von den äußeren Umständen nicht von seiner Berufung
abhalten. Allerdings: Über* feuerstunde *finden sich weniger Rezeptionszeugnisse
als über deine Prosa, immerhin eine (leider wenig inspirierte) Besprechung in
der* Neuen Zürcher Zeitung *am 3. Juli 2003, in der Samuel Moser Sauters Spuren
in deiner Lyrik sehen will.*

*Ich nehme an, die Gedichte sind über die Jahre entstanden – oder doch,
wie du anklingen lässt, in einem Schwung? Warum hast du den Band im Wieser
Verlag und nicht bei Haymon veröffentlicht? Und wie verlief aus deiner Sicht
die Rezeption?*

Der Titelzyklus selbst, bestehend aus 23 Gedichten, ist tatsächlich in relativ kurzer
Zeit entstanden, wohl innerhalb zweier Monate, wenn ich mich recht erinnere.
Allerdings standen mir viele Notizen zur Verfügung. Die anderen Gedichte der
feuerstunde habe ich über die Jahre eingesammelt.

Mit Michael Forcher, dem Haymon-Verleger, hatte ich früh eine Vereinbarung getroffen, alles, was nicht meine erzählende Prosa anlangte, freihändig
in anderen Verlagen unterbringen zu dürfen. Vergegenwärtigt man sich die
Erscheinungsjahre meiner Haymon-Romane (1999, 2001, 2003, 2005, 2007, 2009,
2011), wird schnell deutlich, dass bei diesen kurzen Intervallen von zwei Jahren
im Programm meines Stammhauses eigentlich kein Raum mehr für anderes blieb.
Ich hätte natürlich zwischen den Romanen größere Publikationspausen machen
und dafür einen Gedicht- oder Essayband einschieben können. Aber dem stand
mein intensives Schreiben und der damit verbundene Wille entgegen, alle zwei
Jahre einen Roman vorzulegen.

In den Haymon-Jahren habe ich daher vier Buchprojekte bei Lojze Wieser,
eines in der Edition Geschichte der Heimat und ein weiteres im Verlag der
Theodor Kramer Gesellschaft realisiert. Bei Wieser erschien neben dem Gedichtband *feuerstunde* 2005 ein Buch mit Essays und Skizzen, *Quergasse*. Ich wollte
weiters den *Oberösterreich*-Band in der Reihe *Europa erlesen* edieren und habe
auf Bitte des Verlags zum Kulturhauptstadtjahr 2009 noch einen mit dem Titel
Linz herausgegeben. In beiden habe ich mich auch vieler mir wichtiger, kaum
bekannter oder längst vergessener Autorinnen und Autoren angenommen.

Bei Franz Steinmaßl in Grünbach, einem kleinen oberösterreichischen
Verlag, erschien 2004 ein Hardcoverbuch mit vielen Fotos, das ich unbedingt
machen wollte, dem ich zunächst aber wenig Marktchance gab. Es handelte
sich dabei um eine weitere Folgeunternehmung der *Herzfleischentartung*, und
es ging dabei um die autochthonen oberösterreichischen Sinti, über deren Verfolgung ich im Roman berichtet hatte. Niemand aus dieser zu neunzig Prozent
nicht nur mundtot, sondern tot gemachten Minderheit hatte je die Chance
erhalten, sich ausführlich zu äußern, über die Geschichte der eigenen Familie,
der Volksgruppe zu berichten, Kultur und Sprache vorzustellen, das Verhältnis
zur Mehrheitsbevölkerung über einen längeren Zeitraum hin zu thematisieren
und persönliche Gedanken, Überlegungen einzubringen.

Ich stand damals kurz vor Beendigung des autobiographischen Romans
Folgen und hatte meine Frauen-Trilogie bereits konzipiert, für die ich dann
von 2005 bis 2008 das höchstdotierte österreichische Literaturstipendium, das
Robert-Musil-Stipendium, zugesprochen erhielt. Bis dato standen stets Männer

im Zentrum meiner großen Prosa, jetzt stellte ich mir die Herausforderung, Frauencharaktere als Protagonistinnen zu schaffen, und zwar derart, dass sich manche Kritiker die Frage stellen sollten, wie ein Mann so über Frauen schreiben kann. Doch dazu später.

Jedenfalls hielt ich es für besonders reizvoll, auch im Sintibuch die weibliche Perspektive in den Mittelpunkt zu stellen. Ich hatte im Umfeld meiner Recherchen viele „Zigeuner" jedweden Geschlechtes kennenlernen dürfen, einige Freundschaften geschlossen und mich, denke ich, ziemlich gut eingearbeitet. Rosa Gitta Martl, eine Linzer Sintiza, die in den 1960ern dort die Kunstschule besucht hatte, malte und schrieb, schien mir die ideale Autorin zu sein. Dass sie und ihre Mutter meiner Anregung nachkamen, diese auch schmerzhafte Arbeit auf sich zu nehmen, gehört zu den besonders glücklichen Erfahrungen meines Schriftstellerlebens. Gittas Erzähltalent, ihr Gespür für Zusammenhänge, ihr großes Wissen, ihre Empathie, ihr Humor und natürlich auch ihre persönliche, über weite Strecken ungemein tragische Geschichte machen die zentrale Autobiographie in *Uns hat es nicht geben sollen* zu einem höchst bedeutsamen Text. Mindestens ebenso bedeutend ist die mündliche, von mir ohne gröbere stilistische Korrekturen aufgezeichnete Lebenserzählung von Gitta Martls Mutter Rosa Winter, einer 1923 geborenen Analphabetin, die alle elf Geschwister, die Eltern und zahlreiche weitere Verwandte im Nazi-Genozid verloren hatte und Ravensbrück mit knapper Not überlebte. Ein Jahr nach Erscheinen des Buches starb sie. Ich will mir gar nicht vorstellen, was es geheißen hätte, wären nur kleine Fragmente von Frau Winters Erinnerungen, etwa in Publikationen zu ihrer zwangsweisen Statistenrolle in Leni Riefenstahls Film *Tiefland*, erhalten. Indem auch Gittas eigene Tochter Nicole, damals noch eine ganz junge Frau, einen Beitrag beisteuerte, konnte der Untertitel *Rosa Winter, Gitta und Nicole Martl. Drei Generationen Sinti-Frauen erzählen* lauten.

Ich fungierte als Herausgeber, stellte den Geschichten eine kurze Prosa, *Hundert Jahre Kerndlbacher*, voran und schrieb ein Nachwort. Dass *Uns hat es nicht geben sollen* mehrere Auflagen erlebte und etliche tausend Exemplare verkauft wurden, beweist, es gibt ein Bedürfnis, mehr über die nächste unbekannte Umgebung zu wissen. Das Buch ist denn auch ein Stück Heimatkunde der besonderen Art. Deshalb schob ich 2005 auch noch einen Fernsehfilm nach, *Sinti ob der Enns*, die erfolgreichste ORF-Produktion des Jahres auf dieser Doku-Leiste, mit etwa 540.000 Zuschauern bei der Erstausstrahlung, mehr als der Song-Contest im selben Jahr verzeichnete. Mit den Wiederholungen, auch in 3sat, erreichte ich mit diesem scheinbar quotenschädlichen Thema insgesamt fast eine Million Menschen.

Weit weniger öffentlichkeitswirksam war die von mir gemeinsam mit meiner Tochter Katharina veranstaltete Übertragung der Lebenserinnerungen von Hans Reichenfeld ins Deutsche. Als die *Herzfleischentartung* im selben Jahr in englischer und französischer Sprache erschien, schickte man mich nach Montreal zur kanadischen Buchmesse. Ich las auch in anderen kanadischen Städten, darunter in Ottawa. Mit der Entfernung von Österreich, so meine Erfahrung verschiedener Lesereisen, nahm die Anzahl einst verjagter, exilierter Österreicherinnen und Österreicher zu, die zu meinen Lesungen erschienen. In Ottawa waren es zwei, darunter Hans, ebenfalls Jahrgang 1923 wie Rosa Winter.

Der 1938 aus Wien geflüchtete, in London bei Young Austria in der Radiokommission unter anderem gemeinsam mit Erich Fried tätige spätere Psychiater mit Spezialgebiet Geriatrie hatte gerade seine bemerkenswerte Autobiographie verfasst, die in Kanada verlegt wurde. Wir wurden Freunde, und ich entschloss mich, das Buch zu übersetzen, als meine Tochter einwilligte, einen Teil davon zu übernehmen. Eigentlich war ich mitten in der Arbeit an *Verfahren*, und ich hätte allein nie die nötige Sorgfalt dafür aufbringen können. Doch schienen mir Reichenfelds Erinnerungen, basierend auf erhaltenen Tagebüchern, die bis 1932 zurückreichen, ein Glücksfall zu sein. Ähnlich wie Gitta Martl und Rosa Winter verzichtet Hans Reichenfeld, der aus einem aufgeklärten jüdischen Elternhaus stammt, in *Bewegtes Exil. Erinnerungen an eine ungewisse Zukunft* auf einen anklagenden Gestus, dramatisiert nicht und schildert seine Flucht gar als wenig reflektierte Abenteuerreise eines Fünfzehnjährigen. Die ungemein lebendige, detailreiche, den umfangreichen Aufzeichnungen entnommene Schilderung seines Lebensweges gewinnt für kundige Leser allein schon dadurch an Dramatik, dass der naive Zugang des Heranwachsenden zu den verzweifelten Bemühungen seiner Eltern, wenigstens die Kinder zu retten, die von ihm lange nicht durchschaute Autorschaft der Mutter von beruhigenden, mit der Maschine geschriebenen, scheinbaren Briefen des Vaters aus Wien, als der längst verhaftet war, und viele andere Begebenheiten vor der Folie des sich abzeichnenden Holocaust spielen.

Ich wollte vor allem deshalb nicht zuwarten, weil Hans hochbetagt war und diese Form der Heimholung, die ihn mit der Welt seiner Kindheit nach vielen Jahrzehnten auferlegter Distanzierung bis zu einem gewissen Grad aussöhnte, noch erleben sollte. Ich konnte den ORF für ein ausführliches Porträt im Fernsehmagazin *Thema* gewinnen, den *Standard* für ein ebensolches im *Album*, Hans bestritt in Österreich etliche erfolgreiche Lesungen, aber die Verbreitung des für die deutschsprachige Ausgabe erweiterten Buches selbst blieb nicht zuletzt dank der mangelnden Öffentlichkeitsarbeit von Konstantin Kaisers wichtigem Verlag weit unter den Erwartungen.

Hans Reichenfeld, schon als Halbwüchsiger ein begeisterter Bergsteiger, der mit seinem Vater anspruchsvolle Touren in ganz Österreich absolvierte, berichtet in *Bewegtes Exil* von der letzten gemeinsamen Unternehmung dieser Art und resümiert, dass er mit vierzehn natürlich keinen Gedanken darauf verschwendet hatte, dass dies der letzte Gipfel in Österreich sein würde, den er in seinem Leben besteigen würde. Anlässlich seines ersten Besuches bei mir überredete ich den rüstigen 85-Jährigen, mir die Chance zu geben, im Vorwort zur deutschsprachigen Ausgabe darauf zu verweisen, dass er sich darin geirrt hatte. Ein bisschen Schummeln sollte erlaubt sein, und so fuhren wir mit der Zahnradbahn bis zur Mittelstation des Schafberges, stiegen dann aber den durchaus steilen Weg zum Gipfel eisern zu Fuß auf. Ich wusste, es gibt auf der Strecke etliche Bänke zum Ausrasten. Davon machten wir ausgiebig Gebrauch. Aber wir schafften es, und Hans genoss an diesem klaren Tag ausgiebig die phänomenale Aussicht, bevor wir wieder in den Zug stiegen und nach St. Wolfgang hinunterfuhren.

Als junger Mensch kannte ich bewusst niemanden näher, der dem Rassenwahn der Nazis entkommen konnte oder ihn gar im Lager überlebte. Die nähere Bekanntschaft mit Menschen wie Rosa Winter oder Hans Reichenfeld und mein bescheidener Beitrag, ihre Erinnerungen der Nachwelt zu erhalten, haben mich ungemein bereichert, auch durch die vorurteilslose Zugewandtheit gegenüber einem Nachgeborenen aus der für ihr unsägliches Leid verantwortlichen Mehrheitsbevölkerung unseres Landes.

Ich habe mich, wie ich merke, gerade deshalb weit von deinen Fragen entfernt, weil ich eine davon, die nach den anderen Verlagen während meiner Haymon-Zeit, genau beantwortet habe. Der Vollständigkeit halber erwähne ich noch kurz, dass ich gemeinsam mit Wolfgang Görtschacher zumindest *ein* Vorhaben jenseits meiner belletristischen Prosa auch bei Haymon selbst umgesetzt habe. Das war zu der Zeit, als ich an der Anglistik der Universität Salzburg ein Seminar zur englischsprachigen Karibik gestaltete, und führt mich endlich zu deiner Frage nach der Rezeption meiner eigenen Lyrik zurück.

Görtschacher, dort hauptberuflicher Universitätslehrer, und ich nahmen uns vor, eine zweisprachige Ausgabe britischer Gegenwartslyrik herauszugeben, als Appetithappen sozusagen. Das Konzept sah vor, bekannte, ja berühmte Autorinnen und Autoren mit uns wichtigen, scheinbar abseitigen zu versammeln, darunter exilierte, die in Großbritannien heimisch wurden, wie die gebürtige Grenaderin Merle Collins oder der Deutsche Michael Hamburger. Die Übersetzungen sollten einerseits von begabten Studentinnen und Studenten der Universität Salzburg stammen, andererseits von österreichischen Autorinnen und Autoren, darunter ebenfalls etliche bekannte, ja berühmte, die ich einlud. Zwei, drei Ausschnitte aus bereits erschienenen Lyrikbänden ergänzten die bunte Auswahl. Lavinia Greenlaw, Anne MacLeod, Roger McGough, Peter Mortimer, Sean O'Brien, Kathleen Raine, Peter Reading und viele andere wurden u. a. von Hans Raimund, Petra Ganglbauer, Evelyn Schlag, Raoul Schrott, Peter Waterhouse, Erwin Einzinger, Anna Mitgutsch, Christine Haidegger, Ernst Jandl und mir ins Deutsche übertragen. Die schöne, 2002 veröffentlichte Anthologie *So also ist das* war schnell vergriffen und wurde leider nicht mehr aufgelegt.

Im Jahr darauf kam *feuerstunde* in die wenigen Buchhandlungen, die sie vorrätig halten wollten. Ich glaube nicht, dass einer meiner Lyrikbände mehr als tausend Stück verkaufte. Die meisten reinen Lyriker müssten an ihrem Tun verzweifeln, wollten sie das Gelingen ihrer Kunst am Maß ihrer Rezeption ablesen. Und leben kann auch so gut wie niemand vom Gedichteschreiben.

Für mich waren Gedichte nie ein Nebenprodukt, obwohl es so scheinen mag. Ich könnte mir ein Leben ohne das Festhalten, Formen, äußerste Verdichten des – woher wohl? – Zugeflogenen nicht vorstellen. Seit jeher liegt das dafür abgestellte Notizheft neben meinem Bett, und meine Schwiegertochter hat mir vor Jahren eine winzige Lichtquelle in Gestalt einer fünf Zentimeter hohen blauen Schreibtischlampe geschenkt, die ich ohne Störung meiner Frau jederzeit anknipsen kann, um aufzuschreiben, was mir als lyrischem Borderliner zwischen Wachen und Schlafen so kurz vor dem Wegdämmern in den Sinn kommt. Es bereitet mir höchste Befriedigung, oft richtiges Vergnügen, tief in die Sprache einzutauchen, respektvoll zu spielen mit ihr und sie gerade dadurch ernstzunehmen, Bedeutungen zu erweitern, umzuleiten, mich einem Rhythmus zu unterwerfen oder keinen solchen aufkommen zu lassen, wenn es erforderlich ist. Trotz der Vielfalt meines lyrischen Werkes denke ich, auch da einen Ton gefunden zu haben, der die meisten meiner Gedichte mit mir identifizierbar macht, mögen sie einem besser oder schlechter gefallen.

Am einen Ende des Schreibspektrums liegt bei einem wie mir das Übertragen fremder Texte ins Deutsche. Da kommt es auf Disziplin an, auf freiwillige Unterwerfung gegenüber dem Ausdruckswillen anderer, ohne das sprachliche Gelingen als entscheidendes Kriterium aus den Augen zu verlieren. Am anderen Ende steht die absolute Freiheit des Lyrikers, und irgendwo dazwischen mein Hauptbetätigungsfeld, das Verfassen von Romanen und anderer Erzählprosa.

Gedichte verständig zu lesen ist für viele Menschen eine große Herausforderung. Selbst Deutschlehrer an Gymnasien machen oft einen großen Bogen um dieses Literatursegment. Dabei führt kompetentes Gedichtelesen zu einer nichts anderem vergleichbaren, mit hohem Eigenanteil der Rezipientenseite verbundenen Leseerfahrung, was deren wahres Gelingen anlangt. Gelegentlich mache ich an Schulen, gerade mit jüngeren Kindern, noch Lyrikworkshops. Die sind immer eine wunderbare Sache, sowohl was die Deutung durch die Kids angeht als auch darauf folgende eigene Versuche, Sprache aus ihren Zwängen zu lösen. Gerade auch Migrantenkinder haben daran oft eine besondere Freude.

Ich habe, weil es hierher passt, übrigens nichts gegen Poetry Slammer, aber das oft gebrauchte Wort von einer zeitgemäßen und daher populären Adaptierung von Lyrik scheint mir in den meisten dieser Beispielfälle, die ich genauer betrachtete, doch weit hergeholt, wenn ich die Resultate anschaue und den damit verbundenen Wettkampfcharakter in Rechnung stelle, mit dem ich nichts anfangen kann. Eine gewisse Verwandtschaft besteht am ehesten zu den erzählenden Gedichtformen wie der Ballade, aber damit hat es sich auch. Ein einziges Mal nur bin ich einer Einladung nachgekommen, bei einem Slam in der Jury mitzuwirken.

Nein, das Gedicht, wie es seit Ewigkeiten besteht, bedarf keiner Neuerfindung. Dem Trend zum Kurztext nach Twitter und anderer Digitalmanier würde ein Gutteil der Lyrik sogar bestens entsprechen, und so gibt es in der digitalen Welt, wenn man so will, ja tatsächlich eine gewisse Renaissance. Eine ganze Reihe von Websites beschäftigt sich mit Lyrik, viele davon auf dürftigem Niveau, manche sehr gut gemacht und qualitätsvoll. Auf Urheberrechte nimmt dabei freilich niemand Rücksicht, jedenfalls hat noch niemand, der oder die sich das eine oder andere meiner Gedichte homepagemäßig einverleibt hat, um eine Genehmigung dafür ersucht.

Ich habe eine relativ kleine, aber treue Lesegemeinde für meine Lyrik, das merke ich bei Lesungen aus meinen Gedichtbänden wie aus der Leserpost. Dafür bin ich dankbar, mehr darf und will ich gar nicht erwarten. Wirklich enttäuschen können mich schlechte Verkaufszahlen eines Romans, nicht aber die Abrechnungen meiner Gedichtbände.

Du erwähnst mit Recht, dass in anderen Ländern Gedichte einen wesentlich höheren Stellenwert haben. Auswahlen meiner Produktion wurden unter anderem ins Litauische, Georgische, Polnische und Englische übersetzt, und ich war in all diesen Ländern (fürs Englische in Irland) zu Poesiefestivals eingeladen, die großen Publikumszuspruch und reges Medieninteresse fanden.

Auf meiner Lesetour durch Litauen fand übrigens in Klaipeda, dem früheren Memel, denn auch die außergewöhnlichste Lesung statt, die ich je bestritten habe. Man hatte mich auf ein Kriegsschiff eingeladen, wo etwa siebzig Marineoffiziersanwärter meinen von einem Schauspieler in der Landessprache vorgelesenen Gedichten lauschten, die ich im Original vorher selbst vorgetragen hatte. Ich war ohne Erwartungen an Deck gegangen und wurde von lebendigen, spannenden, intensiven Gesprächen zu fast jedem einzelnen Text überrascht, die auch verrieten, dass die jungen Leute eine fundierte literarische Bildung besaßen. Eine anregende gute Stunde verbrachte ich dort.

Ich habe in meinem Leben an vielen ungewöhnlichen Orten gelesen, etwa in etlichen Gefängnissen, aber so etwas ist mir nie wieder passiert. Auf die erste Einladung in die Theresianische Militärakademie zu einem fundierten Austausch über meine Lyrik warte ich bis heute. Da böte sich zum Beispiel das kurze Gedicht *dies irae* aus 1984 an: *soldaten fallen / aus allen wolken // himmlische heerscharen / vernichtend geschlagen.* Eignet sich aber auch gut fürs Priesterseminar.

Du sprichst von deinen Werken für den ORF. Zwischen 1995 und 2006 hast du fünf Filme gemacht, ab 1983 fünfzehn Hörbilder und Hörspiele. Vor knapp zehn Jahren hast du dann diesen Teil deines Schaffens – zeitweilig? – bleiben lassen. Es ist ja wohl eine ganz andere Art der Arbeit als das Schreiben, ob Roman oder Gedicht, das im Wesentlichen einsam vor sich geht?

Es waren sogar etliche Produktionen mehr, etwa *Journal-Panoramen* für Ö1.

Natürlich, die Arbeit ist anders, wenn auch nicht ganz anders, zumindest was meine Produkte für Hörfunk und Fernsehen angeht. Denn zunächst geht es immer darum, für einen Stoff die adäquate Form zu finden. Das kann ein Gedicht sein oder ein Roman, eine Kurzprosa oder ein Hörspiel, ein Essay oder ein Hörbild usw. Mein Anspruch bei Letzteren etwa war immer, übers journalistische Reportieren hinauszugehen, genau zu komponieren, wenig Zwischentext von hoher Präzision einzufügen und ansonsten den Originalton (O-Ton) so zu montieren, dass viele Gesprächspartner einander scheinbar die Stafette weiterreichen, obwohl sie an verschiedenen Orten aufgenommen wurden und einander wahrscheinlich nie begegnet sind. Inhaltlich ging es dabei immer um Themen, die mich persönlich angingen, eine Herausforderung darstellten. Ich denke da zum Beispiel an meine zwischen 1983 und 1991 gesendete Ö1-Hörbildreihe über ein kleines Gebiet an der tschechisch-österreichischen Grenze. Ich stamme aus Linz, das gut 30 Kilometer von der realsozialistischen ČSSR entfernt lag. Schon als Halbwüchsiger fuhr ich mit dem Rad Richtung Grenze, fasziniert und abgestoßen zugleich von der Bereitschaft des Homo sapiens, derlei Unzumutbarkeiten einfach hinzunehmen.

Als der Kalte Krieg und der Eiserne Vorhang selbstverständlich und scheinbar von ewiger Dauer waren, konfrontierte ich die Regierungen der ČSSR und Österreichs mit dem Anliegen, ein kleines Dorf zu beiden Seiten der Maltsch, das im tschechischen Teil seit 1947 unbewohnt verfiel, zu einem Kultur- und Begegnungszentrum zwischen den Hemisphären auszugestalten. Die Antwort aus Prag war übrigens ermutigender als jene rein formelle aus Wien. Mit dieser Utopie habe ich die vielfach resignierten Menschen der Region konfrontiert und ihnen so nicht nur Geschichten von der Vergangenheit und Gegenwart der Grenze entlockt, die bis in die Monarchie zurückreichten, sondern auch wunderbare Phantastereien, was so ein Begegnungszentrum für Zettwing/Cetviny bedeuten könnte.

In den Folgejahren habe ich mich in dieser losen Reihe, natürlich jenseits nostalgischer Verklärung, auch mit den Menschen beschäftigt, die als Deutsch, ja Mühlviertlerisch Sprechende in der ČSSR bleiben durften, weil sie entweder mit Tschechen verheiratet oder als Faschismusopfer anerkannt waren. Solche Leute die vergangenen fünfzig Jahre Revue passieren zu lassen, war unglaublich informativ, berührend und Augen öffnend. Selbst den Klomuschelkaufräuschen und Fressorgien außer Rand und Band agierender österreichischer „Gäste" nach 1990 widmete ich teils aus dem Blickwinkel irritierter Einheimischer ein Hörbild.

Der Aufwand, den ich trieb, wurde nie auch nur ansatzweise abgegolten, aber immerhin hatte ich in den 80ern und 90ern, auch noch anfangs der 2000er ein Umfeld im ORF, das Qualitätsprodukte erleichterte, und zwar in wesentlich größerer Stückzahl als heute.

Wenn Ö1 in einem Porträt von Michael Köhlmeier jetzt davon schwärmt, gleich sein erstes Hörspiel, produziert im Landesstudio Vorarlberg, sei ein großer Erfolg geworden, dann muss ich sofort daran denken, wie wichtig es war, als junger Autor dort, wo man anfing, in meinem Fall in den Studios Linz und Salzburg, auch größere Produktionen für Ö1 (ich habe auch für die legendäre Ö3-*Musicbox*, allerdings in Wien, noch das 55-minütige Featureformat samt selbst gewählten Musikeinlagen bespielt) oder das Fernsehen realisieren zu können. Das ist für freie Autorinnen und Autoren heute de facto unmöglich geworden. Hörspiele zum Beispiel werden fast ausschließlich nur noch in Wien realisiert, mit wenigen Sendeplätzen und halbiertem Honorar, weil der ORF vor einiger Zeit einseitig nur noch die Senderechte, nicht aber die Werkrechte erwerben zu wollen diktierte.

Ich erinnere mich noch gut an die Sommer, in denen große, bei den Salzburger Festspielen engagierte Schauspieler im Landesstudio Salzburg Hörspiele aufnahmen. Ich hatte etwa im Begleitbrief zu meinem Hörspielmanuskript *Humanitatis causa* im Jahr 2000 meine Vorstellungen für die männliche Hauptrolle umrissen – sehr deutscher, schnoddriger Ton, raumfüllend, selbstsicher – und freute mich sehr, als Otto Sander dafür engagiert wurde, der die Vorgaben auch wunderbar umsetzte.

Heute gibt es in den Landesstudios keine Literaturabteilungen mehr. In Linz etwa, wo Alfred Pittertschatscher sich jahrzehntelang für Qualität stark machte, verwaltete seit seiner Pensionierung seine ehemalige Sekretärin quasi ambulant den Mangel, klagte über viel zu wenige Sendeplätze und konnte nie etwas dagegen ausrichten, dass weiter gekürzt wurde, indem zum Beispiel die verbliebenen Sendeflächen für Literatur mit lieblosen Musikeinschüben weiter ausgedünnt wurden.

Wenn ich heute hie und da in diesen Studios für kleine Interviewaufzeichnungen zu neuen Büchern gastiere, treffe ich zuweilen Techniker, die vor zwanzig, dreißig Jahren mit mir an großen Produktionen arbeiteten und immer noch von den Arbeitsbedingungen damals schwärmen, der Sorgfalt, die möglich war, bis hin zum zeitintensiven Einfangen von Atmo für den Hintergrund, ob das nun gurgelnde Bachläufe, kaum hörbare Züge in der Ferne oder spezielle akustische Situationen, bedingt durch landschaftliche Gegebenheiten oder Bauwerke, sein mochten.

Die sich verschlechtert habenden ökonomischen und gestalterischen Bedingungen, die weitgehende Ignoranz gegenüber dem öffentlich-rechtlichen Kulturauftrag, der im lächerlichen sogenannten Kultur- und Informationsfernsehkanal ORF III seinen zynischen Höhepunkt erreicht hat, sind ein Hauptgrund meines Rückzugs aus diesem Schaffenssegment. ORF III ist im Wesentlichen ein Dritt- und Viertverwertungsort für alte Konserven. Literatur kommt kaum vor, dafür jede Menge Opern. Neuproduktionen haben eine schwere aristokratische Schlagseite mit unzähligen, teils von altem Adel selbst moderierten Filmen über die untergegangene Pracht, und dass die *Graf-Bobby*-Filme von Peter Alexander und zig andere alte Schnulzen einen Kulturkanal aufwerten würden, kann man nun wirklich nicht behaupten. Literatur ist im ORF weitgehend ein Gegenstand geworden, über den man berichtet, statt ihn adäquat zu präsentieren. Autoren zu interviewen, über ihre Bücher zu reden, kostet eben nichts.

Ich muss aber zugeben, dass mein Rückzug auch noch eine zweite Hauptursache hat, die nun ganz allein bei mir liegt. Du deutest in deiner Frage richtig an, dass Arbeiten für Hörfunk und Fernsehen andere Kooperations-formen bedingen. Man ist, weit mehr noch als in der Zusammenarbeit mit einem Verlag, von der Verlässlichkeit, dem Engagement, der Bereitschaft abhängig, für Qualität entsprechende Rahmenbedingungen zu schaffen. Je älter ich werde, desto belastender ist es für mich, Abstriche zu machen. Ich habe es auch nicht nötig.

Ich will nicht ausschließen, vielleicht doch noch einmal etwas im Bereich Radio oder Fernsehen zu machen, aber sehr wahrscheinlich ist es nicht. Bei meinen Büchern kann sich das Publikum verlassen, dass drinnen ist, was ich wollte, ohne jeden Abstrich, was Inhalt und Form betrifft. Das wäre in den audiovisuellen Medien kaum mehr der Fall.

Ja, so sehe ich das auch: Bei deinen Büchern ist auf die sprachkünstlerische Qualität Verlass. Zwei Jahre nach Herzfleischentartung *hast du bei Haymon* Aufgeklappt *publiziert, deinen Roman über Ferdinand Sauter. Die Rezension der* Neuen Zürcher Zeitung *fand es besonders gelungen, dass Sauter mit sei-ner Liebe zur Poesie nicht dramatisiert, sondern als Schwieriger und nicht als pathologischer Fall erzählt werde. Von „eigentümlicher Modernität" schreibt die* Frankfurter Rundschau *– über Sauters Lyrik. Die Kritiken, die ich kenne, beschäftigen sich mehr mit Sauter als mit deinem literarischen Text.*

Die Beobachtung bringt mich zur, zugegeben etwas verallgemeinernden, Bemerkung, dass Literaturkritik heutzutage kaum noch eine wahrliche Aus-einandersetzung mit Texten ist. In viel zu vielen Fällen lesen wir, wenn's gut geht, eine Zusammenfassung des Inhalts.

Wie erlebst denn du das, diese Rezensionen, etwa über Aufgeklappt, *die es nicht zuwege bringen, über ein literarisches Konzept und seine Umsetzung zu reflektieren, geschweige denn ein argumentiertes Urteil abzugeben? Und bemerkst du auch, wie ich, ein Absacken der Literaturkritik ins Seichte?*

Eigentlich darf ich mich, was Besprechungen anlangt, nicht beschweren. Ich finde gewöhnlich in hohem, ja für mich zuweilen beängstigend hohem Maß Zustimmung bei der Kritik. Es dürfte wahrscheinlich kaum einen Autor außer mir geben, der für seine Romane zum Nationalsozialismus sowohl im laut Selbst-definition linksradikalen *konkret* Gremlizas als auch in der rechtsextremen *Aula* betont positive Besprechungen vorweisen kann oder muss.

Gerade weil ich jede Vereinfachung vermeide, die Komplexität, ja ge-legentlich auch die Unergründlichkeit des Verhaltens von Menschen, die Widersprüchlichkeit von Charakteren in aller Schärfe nachzeichne, ist es einem deutschnationalen *Aula*-Rezensenten möglich hervorzuheben, dass ich nicht in den Fehler verfalle, jedem im Dritten Reich mit einer öffentlichen Funktion ausgestatteten NSDAP-Mitglied von vornherein verbrecherische Gesinnung zu unterstellen. Ich würde mir sogar erlauben, an Protagonisten wie dem Oberstaatsanwalt Neuwirth in der *Herzfleischentartung* Positives, Mutiges, Unbeugsames zu finden, quasi die Spreu vom ursprünglichen Weizen der NSDAP trennen, was natürlich ganz nach dem Geschmack des Zielpublikums dieser Zeitschrift ist.

Man kann es sich eben nicht aussuchen. Es ist eine Binsenweisheit, dass ein aus der Hand gegebenes Manuskript, das als Buch erscheint, ein Eigenleben führt, dessen Vielfalt durch die Rezeption bestimmt wird. Das mag zuweilen unangenehm sein, in Einzelfällen schmerzen, aber im Prinzip ist es gut so.

Jede Kunst wird erst durch das Publikum, das Kunsterlebnis eine solche, ein Jahrzehnte im Tresor weggesperrter Rembrandt ist in dieser Zeitspanne kein Kunstwerk, sondern eine andere Form von Goldbarren, weil sich niemand ihm mit allen Fasern aussetzen kann.

Als junger Mensch habe ich mir fest vorgenommen, anders zu altern als die Generationen vor mir, grosso modo gesprochen. Wie oft musste ich mir 25 Jahre nach Kriegsende das Gefasel von der guten alten Zeit anhören, dass alles den Bach hinunter ginge und so weiter und so fort. Es ist mir, muss ich zugeben, nicht ganz gelungen, diesem Vorsatz immer zu entsprechen, aber im Unterschied zu vielen Altvorderen meiner Jugend bin ich weit davon entfernt, etwa das kontinuierlich sinkende Niveau, das ich bei Bildungsinstitutionen in meinen Fachgebieten hautnah feststellen musste, hauptsächlich den jungen Leuten umzuhängen, die sie besuchen. Natürlich habe ich mir auch oft gewünscht, mehr Studentinnen und Studenten würden aus eigenem Antrieb die Extrameile gehen statt den bequemen Abkürzungsweg, aber im Wesentlichen liegt es schon am verordneten Verlangten und denen, die es verlangen, an den Strukturen des üblen Bologna-Prozesses und denen, die ihn blindwütig exekutieren, am uninspirierten Schematismus des Objektivierungs- und Vergleichbarkeitswahns, an der Förderung des schönen Scheins durch die Konzentration auf Fertigkeiten statt auf Wissen, vor allem auch auf Wissen um die Zusammenhänge.

Aber zurück: Du sprichst dünne Rezensionen von *Aufgeklappt* an, die aber auch schon wieder bald 20 Jahre zurückliegen. Damals gab es im Vergleich zu heute noch wesentlich mehr Platz für Literatur in den traditionellen Medien, und wenn ich daran denke, dass schlichte Lesungen des völlig unbekannten blutjungen, buchlosen Autors Ludwig Laher in den späten 70ern, frühen 80ern oft mehrspaltig in Tageszeitungen thematisiert wurden, ist der Unterschied zu 2003 bereits ein himmelweiter.

Differenzierung tut immer not: Auch früher gab es substanzschwache Besprechungen, und ich bin heute oft freudig erstaunt über den Esprit der einen oder anderen Auseinandersetzung mit einem meiner Bücher. Der schrumpfende Platz für tiefgründigere Rezensionen und die wachsende Anzahl junger, professionell ausgebildeter und in Teilen, was das Berufsbild und den Schreibantrieb anlangt, völlig anders gestrickter Kolleginnen und Kollegen machen es ernstzunehmenden Kritikern zunehmend schwer. Aber das entschuldigt natürlich nicht die vielleicht mit einem Halbsatz der Zustimmung oder Ablehnung verbundene Beschränkung auf mehr oder weniger gelungene Paraphrasen von Klappentexten, wie man sie oft zu lesen bekommt.

Tatsächlich nehmen sich immer weniger Rezensenten kundig der Form eines Textes an. Die ästhetische Komposition, schon in der Schulbildung immer weiter zurückgedrängt, ist oft bestenfalls ein Randthema, wenn überhaupt. Und die Blauäugigkeit – man könnte es wesentlich kritischer formulieren – vieler Leserinnen und Leser, die im Netz als Hobbykritiker ihre Sternchen vergeben, schwappt leider mehr und mehr auch auf ein bestimmtes Segment der Berufskritiker über. Da geht es gewöhnlich überhaupt nicht mehr um das, was der Autor mit seinem Werk bezweckt, es wird also nicht das Gelingen der künstlerischen Absicht bemessen, sondern der eigene Rezeptionsmaßstab verabsolutiert: Der schreibt so kompliziert; die Radikalität des Erzählten ist mir nicht angenehm; warum interessiert ihn das lächerliche Abseitige?

Trotzdem, es ist mir wichtig zu betonen, dass das alles halt so ist, und damit muss man leben. Ich habe keinen wirklichen Grund zur Klage, und ich vermeide es gewöhnlich, mich über Kritiker auszulassen, von denen ich nicht wenige persönlich schätze, deren Zwänge durch die Umstände ich gut kenne. Ich glaube, es steht Leuten wie dir, lieber Klaus, eher an, ihre Enttäuschung über die Qualität der Rezeption von Literatur deutlich zu formulieren als dem belletristisch unterwegs Seienden, der leicht in den Geruch kommt, sich als zu kurz gekommen oder missverstanden zu inszenieren, wehleidig zu sein. Ich nehme das Biotop Literaturbetrieb, wie es ist, auch wenn ich manches kritisch sehe. Alles andere würde viel zu viel Kraft binden, die ich für mein Schaffen brauche.

Bei allen Unzukömmlichkeiten des Kulturbetriebs habe ich in vielen Interviews stets betont, dass ich es als Privileg sehe, mit dem, was ich tue, Widersprüchen auf den Grund gehen, mich in einer Sache vom blutigen zum wenigstens kundigen Laien entwickeln, dafür Monate, manchmal ein ganzes Jahr investieren zu dürfen und dann die erste weiße Seite meines literarischen Befundes zu füllen.

Wir sind im Jahr 2005, es erscheint dein Roman Folgen, *in dem der Ich-Erzähler Kindheit und Jugend schildert. Und zwar aus der Altersperspektive, die die letzte des Vaters gewesen war. 48 Jahre alt war er, als er starb; 48 ist der Ich-Erzähler. Im Rückblick bekommt die gängige Familiengeschichte Risse, der Alltag der früheren Zeiten – bis zum Leben der Großeltern – blitzt auf.*

Für mich ist dein Buch, verglichen mit den vielen Romanen um Familien- und Vergangenheitsbewältigung, die ja geradezu ein Genre gebildet haben, eigenständig und originell. Es ist kein nachgetragener Prozess wie übliche Vater-Bücher, es ist keine Aufrechnung, sondern eine Entwicklungsgeschichte, die schließlich auch ein Mutter-Roman ist. Du hast dich wohl intensiv mit dem Genre auseinandergesetzt und dann entsprechend literarisch reagiert.

Ich hatte nie im Sinn, einen Aufrechnungs- oder Abrechnungstext zu verfassen. Natürlich habe ich mich in diesem weiten Genre etwas umgesehen, im Roman erwähne ich etwa Niklas Frank. Ich kenne Jens-Jürgen Ventzki persönlich, den dort 1944 geborenen Sohn des NS-Oberbürgermeisters von Litzmannstadt, vorher und nachher Łódź. Über die Geschichte, die ich in *Herzfleischentartung* erzähle, habe ich ja eine besondere Beziehung zu dieser Stadt, dem Ghetto und natürlich den Nazifiguren, die für den Vernichtungstod so vieler Menschen Verantwortung trugen. Auch Ventzki, ein mir außergewöhnlich sympathischer Mann, hat ein Buch über den Vater geschrieben, das freilich keine literarischen Ansprüche stellt: *Seine Schatten, meine Bilder: Eine Spurensuche.* Kind eines monströsen Verbrechers zu sein, ist natürlich ein besonderes Schicksal. Da stellen sich von vornherein ganz andere Fragen, die weit über einen selbst hinausführen. Ich muss da natürlich sofort auch an Martin Pollacks *Der Tote im Bunker* denken, eine großartige Prosa, die mir von der Anlage her sehr entgegenkommt, weil sie auf unendlich vielen zusammengetragenen Dokumenten aufbaut, das Private und das Gesellschaftliche ganz selbstverständlich verquickt.

Von der Textabsicht und dem ästhetischen Bemühen her hat mich, bevor ich selbst anfing, zum Beispiel der Zugang Margit Schreiners in *Nackte Väter* und *Heißt lieben* beeindruckt. Auf eine andere Art bestens gelungen empfinde ich Erich Hackls ein paar Jahre nach *Folgen* erschienene, nicht nur formal überraschende Annäherung *Dieses Buch gehört meiner Mutter*. Nach einer gemeinsamen Lesung – ich mit *Folgen* – hatten wir Gelegenheit, auch die Unterschiede in der Herangehensweise hervorzuheben.

Erich interessierte vor allem die Gestalt dieser Frau, ihre Wahrnehmung des zu ihren Lebzeiten Geschehenen, ihre beachtliche Lebensleistung trotz vieler Widrigkeiten. Der Sohn tritt dabei deutlich in den Hintergrund, wenn man von seiner Präsenz als Autor absieht. Er setzt der Mutter ein Denkmal, ohne Glorienschein, aber mit viel Zugewandtheit.

Mir ging es in erster Linie um das Verhältnis zwischen dem Ich-Erzähler, der sich in diesem Fall über sehr weite Strecken mit meiner Person deckt, und seinen Eltern, zunächst vor allem dem Vater, im Verlauf der Geschichte, wie du richtig sagst, mehr und mehr auch der Mutter. Die Umstände und die gewählte Zeitspanne meiner ersten 15 Jahre sorgten ganz automatisch für eine Perspektive, die ein in diesem Genre häufiges Sich-Abarbeiten an Eltern, die einem die Adoleszenz vermiesen, ausschloss.

Du hast völlig recht, *Folgen* ist eine Entwicklungsgeschichte. Vater und Mutter haben ihre Leben zu meistern versucht, sie wollten mir nichts Böses. Trotzdem empfand ich allen Grund zur gelegentlich auch radikalen Nachfrage ihnen und mir selbst gegenüber, um meine Gewordenheit besser begreifen zu können, vor allem auch die verwunderliche Tatsache, dass ich diesen turbulenten Anfang meines Daseins innerlich doch relativ gut überstanden habe, wie ich meine.

Karl-Markus Gauß hat mir gegenüber damals betont, dass er *Folgen* für einen besonders bemerkenswerten Meilenstein in meinem Schaffen halte. Er hat das sehr persönlich ausgedrückt, und ich war nicht wirklich überrascht, dass auch er einige Jahre nach mir und wieder auf eine sehr eigenständige andere Art autobiographische Besichtigungen seiner Kindheit vorgenommen hat. Da dürfte sich im Kopf schon etwas angebahnt haben.

Wesentlich schwerer tue ich mir mit der nahezu zwanghaften lebenslangen, in einer ganzen Reihe von Büchern neu, doch nicht immer neuartig gestalteten grimmigen Vaterauseinandersetzung eines Josef Winkler. Was ich anfangs mit Anteilnahme und Gewinn gelesen hatte, konnte ich mit der Zeit nur noch respektieren.

Ich muss mich unterbrechen, weil mir soeben auffällt, dass ich mit Schreiner, Hackl, Gauß oder Winkler spontan in erster Linie Kollegen meiner Generation nenne, die ich persönlich kenne, deren autobiographische Texte ich zudem wohl auch deshalb so präsent im Kopf habe, weil sie in jener österreichischen Nachkriegswelt spielen, in der auch ich aufgewachsen bin, die mir als kleines Kind die einzig denkbare zu sein schien und mich völlig vereinnahmte.

Wenn ich es mir recht überlege, liegt der Schluss nahe, dass ich solche Texte anders lese als etwa geographisch und/oder zeitlich anders verortete wie etwa Merle Collins' wunderbaren Roman *Angel*, der zwar meine Generation, aber die Welt Grenadas betrifft, oder Renate Welshs *Kieselsteine*, ein für mich beeindruckendes Leseerlebnis, das zeitlich lange vor meiner Geburt angesiedelt ist.

Du hast mit deiner Frage ein weites Feld aufgemacht, aber ich belasse es vorerst einmal dabei.

Zwei Jahre nach Folgen *erschien* Und nehmen was kommt. *Es ist der erste deiner drei „Frauenromane". Die Geschichte der Romni aus der Ostslowakei ist ein erschütternder Weg in den Abgrund, geschildert mit Empathie und*

Zurückhaltung der Erzählperspektive. Dadurch entsteht – bei der Lektüre mitschwingend, jedoch nie vordrängend – ein Eindruck des Dokumentarischen. Als ich das Buch aus der Hand legte, hatte ich das Gefühl intensiver Wahrhaftigkeit, sodass ich, ohne es zu wissen, eine genaue Recherche als Vorbedingung des Romans annahm. Und fand das literarische Konzept der aufgespaltenen Erzählperspektive im Schlussteil äußerst gelungen und wichtig. So ist es möglich, dass es in Literatur und Kritik *hieß, diese individuelle Geschichte gehe uns alle an.*

Und nehmen was kommt ist wohl jener meiner Romane, der am traditionellsten erzählt. Und er ist auch jener, in dem ich es am konsequentesten darauf angelegt habe, den Leser, die Leserin schnell und dauerhaft an den Text zu binden. Das ästhetische Programm schließt jedenfalls bei mir immer auch die Rezeptionsseite mit ein, das heißt, ich schlage dem Gegenüber, das sich mit meinem Buch beschäftigt, eine Art des Lesens vor, weniger nobel ausgedrückt, ich möchte es mit meinen Mitteln aktiv dafür gewinnen. Aufnötigen wäre zuviel gesagt, denn natürlich steht es jedem frei, damit nach eigenem Gutdünken umzugehen.

Hier ein Beispiel zur Verdeutlichung: Kurz nach der Publikation von *Und nehmen was kommt* nahm ich einen Routinezahnarzttermin wahr. Ich kenne diesen Arzt auch persönlich ganz gut. Er begrüßte mich mit dem augenzwinkernden Bemerken, wegen mir habe er dieser Tage zwei Leute falsch angebohrt. Es stellte sich heraus, dass er *Und nehmen was kommt* gekauft hatte und vor dem Einschlafen noch ein paar Seiten darin lesen wollte. Er habe dann aber nicht aufhören können und sei gerade noch rechtzeitig damit fertig geworden, bevor er am Morgen in die Arbeit aufbrechen musste. Entsprechend wach und konzentriert sei er dann gewesen. Nein, es sei nichts Schlimmes passiert, aber er habe tatsächlich kleine Fehlleistungen begangen.

Ich habe viele solcher Reaktionen bekommen, weil die Spiralstruktur des Textes in ungeahnte Tiefen – auch du sprichst vom Abgrund – hinter jeder Erzählecke einen neuen, nicht erwartbaren Twist nimmt, der die Protagonistin, der Verschlagenheit der Welt nicht gewachsen, weiter mit sich fortreißt.

Dabei sind alle drei Frauen meiner Trilogie im Grunde ihres Charakters starke Wesen, keine Hascherl. Das war mir sehr wichtig. Und ich stellte Monika nach 150 Seiten plötzlich eine männliche Gestalt zur Seite oder gegenüber, die nicht nur – wie die anderen im Buch – in direktem Bezug auf sie skizziert wird. Der Erzähler verlässt zum ersten und einzigen Mal diese Frau und lässt in diesem Kapitel einen selbst schwer ins Schlingern geratenen Mann langsam auf sie zusteuern. In gewissem Sinne ziehen die beiden jeder den anderen am Schopf aus dem Sumpf, und ich enthalte mich einer Deutung, in welchem Verhältnis echte, innige Zuneigung einerseits und nicht bewusstes Benützen des anderen für die eigene Sache der Landgewinnung die unerwartete Beziehung, den letzten Twist, die scheinbare Deus-ex-machina-Wendung am Ende des Buches ausmachen. Nach allen Schrecklichkeiten hielt ich es für geboten, den Aufprall ganz unten durch eine rettende Hand zu verhindern, Monika zuliebe, dem Lesepublikum zuliebe, der Romanstruktur zuliebe. Aber die Brüchigkeit der chronischen Verwundung sollte weiter durchscheinen, von einem klassischen Happy End ist die Geschichte himmelweit entfernt.

Ja, auch dieser Roman ist die Frucht intensivster Recherche in jeweiligen Milieus. Die einen ordneten ihn als Prostituiertengeschichte ein, die anderen als Beitrag zur Literatur über die Roma. Wieder andere sahen darin vor allem den

Frauenroman, geschrieben halt von einem Mann. Ich habe wiederholt darauf verwiesen, dass mein Ausgangspunkt die jahrzehntelange Beschäftigung mit dem Eisernen Vorhang war, davon habe ich vorhin, als es um Rundfunkarbeiten ging, ja schon berichtet. Ich nahm mir vor, eine Geschichte über die Verheerungen zu schreiben, die von der Implosion des Realsozialismus in Osteuropa ausgingen. Deren gab, gibt es viele, der Boom eines neuen lukrativen Wirtschaftszweiges, nämlich der Versorgung der ehemaligen Trennlinie zwischen Ost und West mit Unmengen von ganz jungem, unmündigem, weil völlig überfordertem Fickfrischfleisch, um mit äußerst günstigem Ressourceneinsatz samt einkalkulierter Kollateralschäden – der psychischen, manchmal auch physischen Ruinierung des Menschenmaterials – sowie nahezu unendlichem Nachschub beträchtlichen Gewinn bei westlichen Freiern abzuschöpfen, gehört zu den grauslichsten dieser Verheerungen.

Dieselben bürgerlichen Männer, die ihre eigenen sechzehnjährigen Töchter wohlbehütet sehen wollen, fanden rein gar nichts dabei, gleich alte Kinder – nicht unbedingt körperlich, aber in ihrer geistigen und seelischen Entwicklung – gleich hinter der Grenze und den dort ebenfalls angebotenen Gartenzwergkompanien kaputtzumachen. Und die Gesellschaft schaute und schaut einfach weg. Also: Man kann *Und nehmen was kommt* auch als Buch über staatlich ignorierte Wirtschaftskriminalität lesen, als Text über bürgerliche Scheinmoral und so weiter und so fort, nicht aber als Roman gegen Sexarbeit an sich. Entscheidend für mich war, in keine Richtung der vielen Deutungs- oder Einordnungsmöglichkeiten den Zeigefinger zu richten, ihn gar zu erheben. Diese vielen Andockmöglichkeiten ohne lähmende Moralpredigten sind vielleicht auch der Schlüssel zum Erfolg der Unternehmung.

Und dein Wort von der Wahrhaftigkeit tut mir sehr gut, genau darum ging es mir in diesem Setting. Zum Beispiel sind *die* Roma nicht, weil allenthalben unerträglich diskriminiert, quasi zum Ausgleich als bessere Menschen dargestellt, es gibt wie überall solche und solche. Und dass trotz der, wie ich meine, mit viel Sympathie gezeichneten Protagonistin mehrheitlich eher solche Roma auftreten, deren Verhalten und Denken einen zweimal schlucken lässt, ist sicherlich eine gefährliche Gratwanderung. Aber es hilft alles nichts, auch für dieses Buch gilt mein Motto: Was es wiegt, das hat es.

Zunächst zu den drei „Frauenromanen": Ich nehme nicht an, dass du von vornherein, bei der Konzeption der Künstlerromane, denen schon eine andere Trilogie gegenüberzustellen vorgehabt hast? Und, ob es überhaupt eine Gegenüberstellung sein könnte, bliebe zu fragen.

In deinen Ansätzen gleich und doch ganz anders ist dann zwei Jahre nach Und nehmen was kommt *der Roman* Einleben. *Die kleine Steffi ist auch „ein etwas anderes Kind", allerdings in einem anderen Milieu, mit ihrem Down-Syndrom auf andere Art als die Romni Monika. Aber auch hier stehen Körperliches und Soziales in schwieriger Verknüpfung. Der Haymon Verlag nennt deine literarische Vorgehensweise „eine abenteuerliche Gratwanderung zu allerlei Wägbarkeiten".*

An diesem in seiner Genauigkeit und Knappheit langsamen, ungewöhnlichen Entwicklungsroman fasziniert mich die geradezu vorsichtige Empathie mit Fragezeichen. Als „Brevier für die Gegner der Fristenlösung", wie die Oberösterreichischen Nachrichten es wollten, habe ich Einleben *keineswegs gelesen. Ich folge meinem hellsichtigen Freund Helmut Gollner, der erklärt,* dein „unprätentiöser Realismus" mache den Stoff „ganz und gar authentisch". Zudem hebt er das große literarische Plus hervor (wie ich es auch sehe), dass sich der Roman kaum an Gattungsgrenzen halte, „er diskutiert die Probleme auch ethisch oder wissenschaftlich".

Wie bist du denn bei der Konzeption dieses ebenso knappen wie vielschichtigen Textes vorgegangen?

Natürlich ist *Einleben* kein Brevier für Abtreibungsgegner. Wer das behauptet, hat überhaupt nichts verstanden, suhlt sich vielmehr in einem schlichten Schwarz-Weiß-Weltbild oder nimmt selbst einseitig Partei, aus welchen Gründen immer. Wie *Und nehmen was kommt* geht es auch dieser Prosa um die Betrachtung eines Widerspruchs, den die Gesellschaft nicht anerkennen möchte, jedenfalls nicht in all seiner Schärfe. Wie der Monika-Roman kein Plädoyer gegen Sexarbeit ist, nur weil die häufig damit verbundenen Ausbeutungsstrukturen, die kommerzielle Nutzbarmachung halber Kinder und ihr Vor-die-Hunde-Gehen thematisiert werden, ist *Einleben* kein Buch für oder gegen Abtreibung, sondern eines, das den schmerzlichen, letztlich unauflöslichen Widerspruch von berechtigten Bedürfnissen unterschiedlicher Personengruppen nachzeichnet:

Da sind einmal die Frauen, die mit allem Recht darauf bestehen, ganz allein oder mit ihrem Partner darüber entscheiden zu wollen, ob sie ihrem künftigen Leben durch die Geburt eines un-gewöhnlichen Kindes eine mitunter nie wieder fortfallende schwere Belastung zumuten sollen. Und da sind die Nichtstandardmenschen selbst.

Es geht in diesem Zusammenhang keineswegs nur um Föten mit Schwerstbehinderung, sondern beispielsweise um genetische Anomalien wie das Down-Syndrom, mit dem ich mich in dieser Prosa beschäftige. In meinem großen Bekanntenkreis gab es das, und zwar nicht nur einmal. *Einleben* hat mir zudem die Einladung eingetragen, als Juror bei dem von Franz-Joseph Huainigg initiierten Literaturpreis für Menschen mit Lernschwierigkeiten *Ohrenschmaus* mitzumachen. Jedes Jahr sitze ich da vor etlichen Texten von Leuten mit Trisomie 21, die sich damit auseinandersetzen, warum neunzig Prozent derer, die so gestrickt sind wie sie, nicht die Chance bekommen zu leben.

Wie mir schon lange vor dem Schreiben dieses Romans aus eigener Erfahrung klar war, haben viele von ihnen mit dem Leben grundsätzlich mehr Freude, als das einem guten Teil der „Normalos" gelingt. Seit man um die genetischen Dispositionen weiß, haben sich die Fördermöglichkeiten rasant verbessert, heute gibt es eine wachsende Zahl von Down-Syndrom-Menschen, die eine Lehre abschließen oder den Führerschein machen. Sogar Universitätsstudien haben einzelne von ihnen erfolgreich absolviert. Vor allem aber beginnt man ihnen auch zuzuhören, wenn sie über sich, ihr Denken, ihr Fühlen, ihren Platz in der Gesellschaft Bescheid geben.

Freilich gibt es auch unter ihnen wie überall begabtere und weniger begabte, bei manchen sind die Einschränkungen auch so umfassend, dass an ein weitgehend selbstbestimmtes Leben mit der je nötigen zurückhaltenden Betreuung nicht zu denken ist. In jedem Fall ist eine in Richtung Trisomie 21 diagnostizierte Schwangerschaft eine gewaltige Bürde.

Ich habe meine Geschichte – eine Kompilation aus mehreren von mir recherchierten, in kleinen Ausschnitten auch begleiteten Mutter-Kind-Konstellationen dieser Art mit fiktionalen Anteilen – wohlweislich so aufgebaut, dass sich die eine Protagonistin, die Mutter, keineswegs bewusst für dieses Nichtstandardbaby entscheidet. Es unterläuft ihr vielmehr. Bis nach der Geburt hat sie keine Ahnung davon. Erst dann setzt die Auseinandersetzung mit der Komplexität dessen, was das bedeutet, ein. Es fängt mit einem Wegwünschen an, der Hoffnung, dass der Säugling einschläft und nicht mehr wach wird. Was sich gewöhnlich Monate davor abspielt, beginnend mit der Diagnose, geht Johanna im nachhinein durch den Kopf und durchs Gemüt, allerdings ohne die Option auszusteigen. Sie beginnt sich umfassend zu informieren, setzt ein Puzzle aus unendlich vielen Teilen zusammen, die hier auch nur anzudeuten viel zu weit führen würde. Es geht ja auch nicht darum, das Buch nachzuerzählen.

Die zweite Protagonistin, das kleine Mädchen Steffi, entwickle ich aus einer Fülle von Begebenheiten, kurzen Geschichten mit ihr in der Hauptrolle. Die sind nicht selten zum Schmunzeln, weswegen diesem meiner Romane bei aller Ernsthaftigkeit und Unauflöslichkeit des darin verhandelten Widerspruchs letztlich doch auch eine gewisse Leichtigkeit nachgesagt wird.

Es geht auch um den Vater Steffis, die Beziehung zwischen ihm und Johanna, um ihren Beruf als Architektin, der ihr Denken bis zu einem gewissen Grad mitformt, es geht um verklagte Ärzte, die während der Schwangerschaft angeblich nicht gut genug beraten hätten, was so ein Trisomie-21-Kind bedeutet, und vieles mehr.

Ich verlasse Steffi vor dem Schuleintritt, und das heißt, es steht den beiden noch verdammt viel bevor. Wie es ausgeht, steht in den Sternen. Dieser knappe, sehr genau komponierte Text überantwortet dem Leser, der Leserin mehr angebotenes Weiterspinnen in unterschiedlichste Richtungen als viele andere meiner Bücher. Er kann natürlich einfach so gelesen werden, aber er will für ein gewisses Publikumssegment auch Grundlagen schaffen, sich mit diesem Dilemma der modernen Medizin ohne vorschnelle Parteinahme zu beschäftigen: Die Wissenschaft ermöglicht einerseits durch ein viel besseres Verstehen der genetischen Voraussetzungen für das Down-Syndrom Quantensprünge in der Förderung dieser Nichtstandardmenschen, sorgt aber gleichzeitig durch immer präzisere pränataldiagnostische Verfahren für extrem hohe Raten an Schwangerschaftsunterbrechungen. In den meisten europäischen Ländern können diese Föten sogar bis nahe an den Geburtstermin abgetrieben werden, auch wenn keinerlei Risiko für die werdende Mutter besteht.

Im Radio hatte ich in einem Gespräch zu *Und nehmen was kommt* angedeutet, dass ich nun an einem Buch über ein Kind mit Trisomie 21 arbeiten würde. Ich erhielt darauf eine Einladung zu einem großen Down-Syndrom-Kongress, bei dem von Frauenärzten über Hebammen und Wissenschaftlern bis hin zu Eltern solcher Kinder lauter Fachleute und direkt Betroffene anwesend waren. Ich las da noch aus dem Manuskript, und es stellte sich heraus, dass die Anwesenden ganz selbstverständlich davon ausgingen, ich müsste selbst ein solches Kind haben, sonst ließe sich ein so kenntnisreiches, empathisches Buch unmöglich schreiben. Solche Irrtümer freuen mich selbstverständlich.

Noch kurz zur ersten deiner Fragen: Nein, ich hatte bei der Konzeption der Künstlertrilogie noch nicht die Spur einer Ahnung, dass ich Jahre später meine drei Romane über junge Frauen, die sich extremen biographischen Herausforderungen ausgesetzt sehen, schreiben würde. Dieser Plan setzte sich erst während der Arbeit an *Folgen* fest, vielleicht, wenn ich so darüber nachdenke, weil meine Mutter von früher Jugend an ebenfalls mit Bürden überhäuft war, für die sie in den meisten Fällen nichts konnte.

Wieder zwei Jahre später kam bei Haymon der dritte „Frauenroman" Verfahren heraus – ein recht intensiver Publikationsrhythmus. Da stelle ich mir vor, dass du nicht nur viel, sondern auch mit großer Beharrlichkeit arbeitest, und sehe dich stets am Schreibtisch sitzen.

Du hattest ja die Geschichte einer traumatisierten Serbin aus dem Kosovo zu erzählen, dich zudem im Asyl- und Fremdenrecht auszukennen. In Österreich, wo Jelena Zuflucht sucht, wartet keine wirkliche amtliche Hilfe auf sie, vielmehr Ablehnung, sodass sie auf Abruf existiert. Ihr gegenüber steht die Macht des Richters, der festschreibt, „wer in den Himmel kommt", als sei es das Jüngste Gericht. Schlimm genug, dass solche Figuren darüber entscheiden, ob eine Erzählung (der Asylsuchenden) als wahr gilt oder nicht.

Abgesehen von der schrecklichen Erfahrung und Situation Jelenas (und mit ihr so vieler Menschen) ist es erschreckend, welche Deutungsmacht in der Hand eines Juristen liegt. Und es ist eine besondere literarische Herausforderung, eine solche Traumatisierung sowie ein solches Monopol auf Wahrhaftigkeit zu schildern, und zwar sowohl in der Erzählgegenwart als auch mit historischen Verweisen. Erschreckend zudem, in welcher Sprache sich die juridische Macht äußert – du hast Akten eingefügt und im Anhang „zahlreiche Bezüge zur Realität" vermerkt. So hast du ein komplexes Romangebilde geschaffen, das der Komplexität des Themas entspricht und gerecht wird. Ich nehme an, dass du, beharrlich am Schreibtisch sitzend, nicht stets selbstverständlich vom Gelingen überzeugt warst?

Und ich habe den deutlichen Eindruck, dass sich Sprache, Vorgangsweise und Ignoranz der Bürokratie seither nicht geändert haben.

Mit *Verfahren* bin ich ein großes Risiko eingegangen, was Form und Inhalt anlangt. Wem Homogenität, Übersichtlichkeit des Erzählten, ein durchgehender Erzählton Anliegen sind, der oder die wird hier schlecht bedient. Dem Lesepublikum wird einiges zugemutet, sprachlich die ganze Bandbreite vom lähmenden Bürokratendeutsch bis hin zu – wie ich meine – poetischer Prosa, inhaltlich eine ganze Reihe wechselnder Schauplätze, Handlungsstränge mit einer jeweiligen zeitlichen Einbettung zwischen den 1930ern und der Gegenwart. Der Text setzt einiges Wissen voraus oder zumindest den Willen, sich parallel kundig zu machen.

So sehr ich damit der Leserschaft einiges abverlange, so lächerlich ist diese Herausforderung, wenn man sie mit den Herausforderungen im jungen Leben der Protagonistin Jelena vergleicht. Und tatsächlich war das von Anfang an meine Überlegung, meine Konzeption des Romans: Dieses Buch darf nicht bequem zu lesen sein, es darf anstrengen, es muss bis zu einem gewissen Grad sperrig sein, etwas Disparates haben. Und es muss spürbar sein, dass einem der Durchblick fehlen kann, dass man gar überfordert ist und trotzdem wenig Rücksicht erfährt.

Dazu kam, dass diese Prosa auch den Spagat schaffen sollte, trotz des abgebildeten Paragraphendschungels, des Amtsschimmels und der Kanzleien, der schwer erträglichen Trockenheit weiter Passagen stets eine Sinnlichkeit durchscheinen zu lassen, einen anderen Zugang zum Leben, zur Würde des Menschen, zur individuellen, herzzerreißenden Problematik eines konkreten Menschen. Das Buch durfte nicht dort stecken bleiben, wo schon damals der öffentliche Diskurs zum Thema feststeckte, nämlich im Vorfeld der einzelnen Betroffenen, im anonymen Abstrakten der scheinbar drohenden Überflutung der Heimat durch gesichtslose Massen, die an unserem Wohlstand partizipieren wollen.

Nein, dass mir das alles gelingen würde, konnte ich mir lange Zeit nicht recht vorstellen. Man freut sich immer über Anerkennung, aber dass ausgerechnet dieser von meinen Romanen für den Deutschen Buchpreis nominiert wurde, war besonders angenehm, weil da eine Jury offenbar befunden hat, es sei doch ein Ganzes daraus geworden, denn das war von den vielen Risiken das größte: Ich wollte ja keine Baustelle abliefern, gesammelte Ansätze, sondern ein disparates Ganzes, also fast den quadrierten Kreis.

Du erwähnst zweimal, dass du mich dabei am Schreibtisch sitzen siehst, und tatsächlich war der Aufwand für *Verfahren* extrem, die Packpapierskizzen der Strukturierung des Textes, der wechselseitigen Bezugnahmen sehe ich heute noch vor mir. Aber dazu kam natürlich wie gewöhnlich bei mir die intensive Feldforschung, ich wohnte im Asylgerichtshof den Verfahren bei, ich kümmerte mich intensiv um das reale Vorbild für Jelena und habe, nebenbei gesagt, da doch einiges erreicht, studierte jede Menge Akten, die ich mir anonymisiert bei Rechtsanwälten besorgte, begab mich zu ehrenamtlichen Flüchtlingsbetreuern, vergrub mich in Gesetzestexte, in die nahezu im Jahresabstand verschärften Asylbestimmungen und so weiter und so fort.

Parallel zur Recherchephase für *Verfahren* entstand übrigens die schon erwähnte Übersetzung der Lebenserinnerungen von Hans Reichenfelds *Bewegtes Exil*. Es ist gar nicht möglich, die Fluchtnotwendigkeit des Jugendlichen aus dem soeben aufgelösten Österreich von 1938 und jene der jungen Frau aus Bosnien 2006 intensiver nachzuempfinden, in Beziehung zu setzen, als mir das durch die beiden Projekte beschieden war.

Ein naher Verwandte von Kurt, der nach dem jüdischen Halbwüchsigen Hans Reichenfeld modellierten Gestalt in *Verfahren*, die ich mir auslieh, wird beim Versuch, 1938 ins Königreich Jugoslawien zu flüchten, von den Nazi-Grenztruppen getötet. 2006 kommt Jelena den umgekehrten Weg. Und als Hans in Kanada *Verfahren* gelesen hatte, beschloss er spontan, der jungen Frau finanziell ein wenig unter die Arme zu greifen. Mich hat dieser Brückenschlag sehr angerührt.

Deine Arbeit ist ja nicht nur literarisch vielschichtig, sondern zudem sozial sehr engagiert. Während ich dich am Schreibtisch sitzen sehe, weiß ich dich auch gesellschaftlich aktiv unterwegs. Wie lange du zur Vertretung der Autorenschaft, insbesondere für die IG Autorinnen Autoren beigetragen hast – während ich von vielen aus der jungen Generation recht geringes Interesse dafür wahrgenommen habe! Welche Art von Bilanz ziehst du denn nach all den Jahren, nach all dem Einsatz für die Interessen der Berufsgruppe (wiewohl sich Sprachkünstler in ihrer extrem individuellen Arbeit schwerlich als Berufsgruppe verstehen)? Und wie siehst denn du die Zukunft, wenn die Generation Ruiss und Laher sich einmal zurücklehnt oder sich ganz dem Schreibtisch hingibt?

Selbst in den frühen Jahren meiner Schriftstellerexistenz, als gesellschaftliches Engagement allgemein wesentlich mehr geschätzt wurde, war von verschiedenen Seiten zumindest mittelbar die Einschätzung zu spüren, dass Autorinnen und Autoren, die sich auch berufspolitisch betätigten, offenbar nicht genug literarische Kraft besäßen, sich völlig auf ihr Werk zu konzentrieren. Oder dass es sich dabei um die subjektiv zu kurz Gekommenen handle, die nicht durch den Erfolg, sondern durch soziale Absicherung ihr Auskommen finden wollten.

Mit Gerhard Ruiss kann und will ich mich nicht vergleichen, aber ich habe in der Tat viel Energie investiert, um mitzuhelfen, die strukturellen Bedingungen der Literaturproduktion in diesem Land zu verbessern. Wie wir wissen und Karl-Markus Gauß seinerzeit in seinem Buch *Der wohlwollende Despot* durch einen historischen Exkurs nachvollziehbar erläutert hat, haftet der Kulturpolitik in Österreich immer noch etwas Josephinisches an: Es gibt eine Vielzahl von Förderungen der öffentlichen Hand, Preise, Stipendien, Reisekostenzuschüsse, aber jedes Recht mussten wir uns mühsamst erkämpfen. Die Liste ist lang, und immer noch steht, Stand 2021, etwa ein würdiges Urhebervertragsrecht aus, das uns in die Lage versetzen würde, mit unseren Geschäftspartnern bindende Honorarvereinbarungen auszuhandeln. Es ist beschämend für die sogenannte Kulturnation Österreich, dass erst über den Umweg der EU eine Handlungsnotwendigkeit akzeptiert werden musste.

Über die Jahre habe ich im IG-Autorinnen-Autoren-Vorstand besonders den Bildungsbereich betreut, etwa gegen die Marginalisierung von Literatur im Deutschunterricht angekämpft, die Deutsch-Zentralmatura und ihre katastrophalen Folgen für den Oberstufenunterricht kritisch begleitet und da immerhin einige Erfolge erzielt.

Im Aufruhr um die Rechtschreibreform habe ich den Ansatz gewählt, aus der Perspektive orthographischer Ästhetik zu argumentieren und zum Beispiel die Getrennt- und Zusammenschreibungen gegen Semantik und Akzent in Frage zu stellen. In solchen Fragen bringt man nach wie vor gut und gerne vierstellige Kollegen-, Kolleginnenzahlen hinter sich. Und wir haben große Erfolge erzielt, die allermeisten Blödheiten der Orthographiereform wurden ja zurückgenommen.

Wenn heute Schriftstellerinnen und Schriftsteller die Textgestalt ihrer für Schulbücher ausgewählten Werke überprüfen können und erst absegnen, wenn garantiert keine Änderungen vorgenommen wurden, ist der zugrundeliegende Vertrag ein wichtiges Nebenprodukt meiner Arbeit im Rat für deutsche Rechtschreibung. Früher waren nämlich Auslassungen, Verschlimmbesserungen, Umdichtungen und Anpassungen an neue orthographische Regeln gängige, unbeeinspruchbare Praxis, denn die freie Werknutzung wurde ohne Verständigung des Urhebers großzügigst ausgelegt.

Mein umfangreiches Werk ist wohl der beste Beweis, dass es mir nicht an literarischem Vermögen gebricht, dass mein berufspolitischer Einsatz vielmehr ein begleitendes, wenngleich wichtiges Segment meiner Arbeit ist. Die jüngere Generation – grosso modo gesprochen – nimmt die Dienste der Interessengemeinschaft häufig in Anspruch, hat bisher auch keinen Anlass gesehen, eine andere Politik zu fordern. Die einzige Ausnahme, die mir da einfällt, ist unsere Haltung zu den digitalen Begehrlichkeiten, geistiges Eigentum entschädigungslos zu vergesellschaften. Da haben manch junge Leute in unserem Gewerbe, die in einem Kokon von Agenturbetreuung, permanent wechselnden Aufenthaltsstipendien, sogenannten Residenzen usw. leben und andererseits Prekariatssozialisierung mitbringen, einen permissiveren Ansatz.

Selbst aktiv mitzuarbeiten, das kommt den wenigsten in den Sinn. Es wird also viel davon abhängen, ob es gelingt, die IG in den nächsten Jahren organisatorisch so zu transformieren, dass sie auch unter geänderten Bedingungen und ohne die Drehscheibe Gerhard Ruiss funktionieren kann. Man wird sehen.

Kommen wir auf dein tatsächlich umfangreiches Werk zurück: 2012 kam bei Haymon Kein Schluß geht nicht *heraus, im Untertitel* Erzähltes und Reflektiertes. *Die Genese der Texte gibst du jeweils kurz an; daraus ließe sich noch nicht erkennen, was du zustande gebracht hast: Es ist ein Ganzes erstanden, schließlich. Schlüsse sind ja eines der verbindenden Elemente des Buches, ebenso Kinder und natürlich genaue Sprachbetrachtung. Ein Kritiker meinte bewundernd, du hättest die Texte „zum Schaukeln gebracht": Kannst du dir unter dieser Einschätzung deiner Arbeitsweise was vorstellen? Und schließlich: Wie bist du bei der Zusammenstellung, der Anordnung vorgegangen? Die Abschiedssymphonie am Schluss zeugt ja von Konsequenz und Stringenz …*

Kein Schluß geht nicht wurde mir von Haymon als Freischuss zugestanden, will heißen, dass dem Verlag die erste Nominierung eines ihrer Autoren für den Deutschen Buchpreis und der leider nur mittelprächtige, aber dennoch evidente Verkaufserfolg von *Verfahren* das Angebot wert war, ein Buch zu machen, das neue und bereits verstreut erschienene belletristische wie essayistische Prosa enthalten sollte.

Ich hatte aber den Ehrgeiz, eine Auswahl zu treffen und neue Arbeiten zu schreiben, die großteils mit der Vieldeutigkeit des Begriffes Schluss und des Titelsatzes zu tun hatten. Auch die Haydnsche *Abschiedssinfonie*, die ich als Hommage an die Idee des Komponisten in ein Buchstabenauflösesystem überführte und zum kleinen Texträtsel ausbaute, gehört in diese Kategorie.

Die titelgebende Erzählung führt eine bestimmte Bedeutungsmöglichkeit des Satzes *Kein Schluß geht nicht* vor, aber viel im Buch illustriert, dass jemand, der wie ich gestrickt ist, meist nicht umhin kann, Schlüsse aus dem privat oder öffentlich Vorgefallenen zu ziehen, auch wenn es manchmal gut wäre, Dinge einfach hinzunehmen, dem Kopf mehr Pausen zu gönnen. Ich versuche das soeben einem Gesprächspartner zu erläutern, von dem ich annehme, dass es ihm zuweilen ähnlich geht, oder?

Wie bin ich bei der Zusammenstellung vorgegangen? Du weißt, dass meine große Prosa stets auf der Straße aufgelesene reale Inhalte literarisch wiedergibt, ausbaut, variiert. In meinen Erzählungen und Kurzgeschichten dagegen findet sich viel Fiktion. Sie stehen am Beginn dieses Bandes. Dann folgen die Essays und Skizzen, wobei es letztlich fließende Übergänge sind, wie das kleine Stück *Wir Lichtglockenbewohner* augenfällig demonstriert, das ich als Scharnier gesetzt habe. Lohnend für meine Leserschaft schien mir außerdem ein ausführlicherer Anmerkungsteil, der auf den Hintergrund der Texte eingeht.

Dass du dem Buch ein Ganzes zubilligst, freut mich sehr, denn darauf legte ich es an. Ja, und Kinder spielen wirklich eine große Rolle darin, aber auch die alten Leute. Die Randständigen halt in der geschniegelten Welt des Turbokapitalismus, der in der Finanzkrise gerade wieder eine Delle erfahren hatte, aber global kurz davor stand, unsägliche Figuren ins politische Rampenlicht zu befördern, die ich hier nicht aufzählen muss. Ausdrücklich schließe ich in diesem Zusammenhang die Schar österreichischer Sprach- und Inhaltsverweser aus dem Stall der jungen Volkspartei ein.

Mir ist der Kontext jener Rezensentenbemerkung nicht geläufig, wonach ich die Texte zum Schaukeln gebracht hätte. Wenn damit gemeint sein sollte, sie seien ein lebendiges, vielschichtiges Gefüge, das einmal jene Überlegung, bei gedacht auch haptischer Abwägung aber ein andermal dieses Gefühl stärker hervortreten lasse, dann könnte ich das einigermaßen nachvollziehen.

Jedenfalls mag ich das Buch als Zeugnis meines vielfältigen Prosa-„Nebenwerkes" in einem gewissen Zeitabschnitt. Vergleichbare Vorgänger waren in den 90ern der Band *Im Windschatten der Geschichte* und in den Nullerjahren die *Quergasse*. Ein ähnliches Buch soll auch in den 20er Jahren folgen.

Kein Schluß geht nicht war übrigens nicht nur meine letzte Publikation im Haymon Verlag nach sechzehn Jahren, sondern bedeutete auch eine kleine orthographische Zäsur. Ich entschloss mich nämlich danach, die neue ss/ß-Regelung zu übernehmen, sonst aber bei der alten Rechtschreibung zu bleiben. Jetzt schreibe ich also *Schluss*.

Und da wir beide, du wie ich, unserem Kopf wenige Pausen gönnen, kommen wir hier nicht zum Schluss, sondern zu deinem Roman Bitter, *der 2014 bei Wallstein erschien. Zunächst: Wie hat sich denn dieser Verlagswechsel ergeben?*

Sechzehn lange Jahre habe ich mein Hauptwerk im Haymon Verlag veröffentlicht. Unter seinem Gründer Michael Forcher fühlte ich mich dort auch hervorragend betreut und sehr geschätzt. Als Forcher in Pension ging und der Verlag in die vergleichsweise große Unternehmung Markus Hatzers überführt wurde, änderte sich zunächst wenig. Auch Matthias Part, der neue Programmchef, hielt viel von meinen Arbeiten. Wir hatten ein wunderbares Verhältnis. Leider verließ Part aus privaten Gründen bald das Haus, und um 2010 begann sich unter Georg Hasibeder und dem ausgezeichneten Geschäftsmann Hatzer im Hintergrund manches zu ändern.

Zunächst war ich begeistert von der Idee, eine österreichische Taschenbuchreihe zu edieren, die neben Originalausgaben viele wichtige literarische, aber auch Sachbuchtitel aus allen möglichen Verlagen günstig und unter einem Label mit Wiedererkennungswert zugänglich machen sollte. Die haymon tb waren auch haptisch sehr ansprechend gestaltet, und das differenzierte Programm konnte sich sehen lassen. Eines der ersten wurde die *Herzfleischentartung*, die bei dtv um diese Zeit schon vergriffen war. Großartige Titel gab es da am Anfang, etwa Christine Lavants *Aufzeichnungen aus einem Irrenhaus* oder Sabine Grubers *Aushäusige*, um nur zwei zu nennen, die mir spontan einfallen. Klar war, dass fürs Geschäft eine starke Krimireihe nötig war, aber dass nur wenige Jahre später das Taschenbuchsegment bei Haymon fast ausschließlich aus mit oft sehr spekulativen Covers und reißerischen Titeln ausgestatteten Krimis besteht, lässt sich für mich nicht ausreichend mit veränderten Lesegewohnheiten erklären. Ich bin vielleicht verschroben und hoffnungslos outdated, aber ich halte die hemmungslose Flut an Bluträuschen mit und ohne Lokalkolorit in allen Medien nicht nur angesichts der allgemeinen Verrohung für frivol und abstoßend. Mich langweilt dieses Genre, von ganz wenigen Ausnahmen abgesehen, zudem unendlich.

Und nehmen was kommt erschien auch noch als Taschenbuch, aber dass *Verfahren*, der erste Haymon-Roman, der für den Deutschen Buchpreis nominiert war, keiner Taschenbuchausgabe für würdig befunden wurde, irritierte mich schon ein bisschen. Überhaupt hat man rund um *Verfahren* in den Monaten zwischen der Buchpreisnominierung und der Messe in Frankfurt für meinen Geschmack viel zu wenig PR gemacht. Doch das und manch anderer Sand im Getriebe zwischen mir und Haymon hätte mich nicht wechseln lassen, immerhin brauchte ich nur zu sagen, in welchem Frühjahrs- oder Herbstprogramm ich das nächste Mal erscheinen wollte, und die persönlichen Kontakte waren durchaus intakt.

Nie hätte ich es mir freilich vorstellen können, dass mein eigener Verlag, der wohl am besten wissen müsste, für welches Segment Literatur in der dafür empfänglichen Öffentlichkeit mein Werk steht und ihm meist ausgezeichnete Besprechungen sowie finanziellen Ertrag beschert, auf die Idee kommen könnte, eines meiner Romanprojekte in ein Sachbuch ummodeln zu wollen, weil man sich davon mehr Ertrag versprach. Als Georg Hasibeder, unterstützt von Markus Hatzer, mit diesem Ansinnen auf mich zuging, war ich dermaßen empört, dass ich postwendend, ohne weitere Gespräche zu suchen, meine Zusammenarbeit mit Haymon aufkündigte.

Dass es sich bei meinen dokumentarischen Romanen immer in erster Linie um Literatur handelt, um den aufwendigen Versuch, exakt recherchierten Geschichten jenen Mehrwert beizuordnen, den ein sprachlich sorgsam aufbereiteter Inhalt samt subjektiven Zugängen, assoziativen Verästelungen und ähnlichen Versatzstücken generieren kann, ist conditio sine qua non für eine verlegerische Zusammenarbeit mit mir. Wer das nicht versteht oder geschäftlichen Interessen unterordnen will, kann nicht mit meinem Vertrauen rechnen, das mir altmodischem und konsequentem Menschen wichtig ist. Fraglos hätte ich darauf bestehen können, *Bitter* bei Haymon genau in jener Form veröffentlicht zu sehen, die dann bei Wallstein tatsächlich erschien, aber etwas bereits Angeknackstes ist damals zu Bruch gegangen.

Wallstein schien mir ein Haus zu sein, das noch ohne Krimifluten und mit einer großen Zugewandtheit zu Literatur, wie ich sie schätze, operierte und damals mehr und mehr Reputation jenseits des umfangreichen Wissenschaftsprogramms gewann. Thorsten Ahrend war ein erfahrener, mir sympathischer Mann und hatte sich nach Stationen wie Reclam Leipzig und Suhrkamp als Gesellschafter in Göttingen jene Unabhängigkeit verschafft, die er erstrebte. Ich fragte ihn, ob er mich verlegen wolle, und er sagte gleich ja.

Mit Haymon habe ich mich nach einigen Monaten ausgeredet. Immerhin hat der Verlag in den 90ern einen damals weitgehend unbekannten, nicht mehr ganz jungen Autor ins Programm genommen und mit *Selbstakt vor der Staffelei* zunächst ein Buch verlegt, das zwar viel Kritikerzustimmung fand, aber, wie abzusehen war, geringe Stückzahlen verkaufte. Erst der Mozart-Sohn-Roman und dann natürlich die *Herzfleischentartung* rechneten sich kommerziell. Ich rechne es Haymon auch hoch an, dass man mein Werk lieferbar hält. Ist eine Auflage vergriffen, druckt man nach, wie ich erst letztes Jahr bei *Einleben* wieder feststellen durfte. Das ist keine Selbstverständlichkeit, denn mittlerweile tröpfelt der Verkauf bei den meisten Titeln nur noch.

Deine Abneigung gegen die Krimi-Überschwemmung teile ich voll und ganz, ich finde sie gesellschaftlich und kulturell problematisch. Immer deutlicher halten die Medien den intellektuellen Ball flach. Ihre Programme bestehen größtenteils aus Sport, Krimi, Fantasy – deren starke Verbreitung ausgerechnet zeitgleich mit dem Siegeszug des Neoliberalismus eingesetzt hat. Der Krimi arbeitet in seinem Grundmuster mit Angst und Verunsicherung, suggeriert also den Ruf nach „Sicherheit". Die notwendige Voraussetzung des Genres ist ein Verbrechen, das Sicherheitskräfte auf den Plan ruft. Die ständige mediale Angstmache findet im Krimi ihren konzentrierten, miterlebbaren Niederschlag. Am Ende trägt üblicherweise die Klärung des Falls zur Vorstellung bei, dass ja die Staatsgewalt mit ihren Kräften für Sicherheit sorge.

Zurück zu Bitter. *Während sich einige hochinteressante Romane etwa aus Frankreich, Spanien und besonders aus Lateinamerika um gewaltige Übeltäter in einem inhumanen System des Staatsterrors drehen, hat Literatur in deutscher Sprache nach 1945 oft die Gemeinschaft als tätige Hölle für die „Anderen" beschrieben – hat jedoch auffallend wenige Prosawerke zu bieten, die aus der Innensicht eines Bösewichtes von Rang den psychischen Dispositionen und Beweggründen solcher Täter nachspüren. Mit deinem* Bitter *führst du eine derartige Gestalt vor Augen. Gewiss hast du dir dabei die grundsätzliche Frage gestellt, wie eine derartige Biographie, die zum Kern des Horrors vordringt, zu schildern sei: Ob nicht die Innensicht eine bedenkliche Empathie bewirken und das Inhumane humanisieren werde und wie mit den Ungewissheiten, die jeder Lebenslauf verbirgt, zu verfahren sei.*

Zu deiner Einbettung *Bitters* möchte ich noch ergänzen, dass es im Deutschen sehr wohl bereits Bücher gab, die NS-Verbrecher jenseits mehr oder weniger sachlicher Biographien ausführlich porträtierten. In Zusammenhang mit *Folgen* habe ich schon kurz darauf verwiesen. In den meisten Fällen waren es die Söhne, die sich auf die Spur machten und – wie etwa Niklas Frank – mit bebender Emotion, mit großer Überwindung nach langem Kampf mit sich selbst – wie etwa Jens-Jürgen Ventzki – oder mit bewundernswerter, nur selten mit allem Recht unterlaufener Distanziertheit und ausgeprägtem Erkenntnisinteresse – wie etwa Martin Pollack. Das waren freilich keine Romane, aber die Fragen, die du aufwirfst, betreffen diese essayistischen bis journalistischen Werke in ähnlicher Weise, durch die familiäre Konstellation sogar noch verschärft.

So wie ich kein Down-Syndrom-Kind in meiner Familie habe, habe ich Gott sei Dank auch keinen NS-Verbrecher als direkten Vorfahren. Meinen Zugang zu meinen Stoffen habe ich ja schon beschrieben, und auch bei *Bitter* reizte mich u. a. die damit verbundene Gratwanderung: Kann es mir gelingen, seine ungeheuren Verbrechen, sein jahrelanges, ungerührtes Gehen über Leichen, seine eiskalte Verlogenheit, seine private Unverschämtheit usw. in aller Monumentalität bestehen zu lassen, wenn ich den Menschen dahinter Plastizität gewinnen lasse? Auch in dieser Prosa nehme ich unterschiedliche Perspektiven ein, bilde ich sie sprachlich ab, breche ich sie. Es genügt eben nicht zu vermitteln, *dass* einer sich als alle Dimensionen sprengender Unmensch – eigentlich viel zu wenig sichtbar – in die Geschichtsbücher eingetragen hat. Wie wirkte sich die familiäre Sozialisation aus, welche Weichenstellungen ließen diesen Mann wie Zwiebelschalen Hemmung um Hemmung abstreifen, wie weiten sich im Laufe seiner Karriere die geographischen Marksteine seines mordenden Fuhrwerkens als Resultat bürokratischer Verlässlichkeit und eines außerordentlichen Organisationstalentes, wie lassen sich Umgänglichkeit, Charme, Schlagfertigkeit, schnelle Auffassungsgabe und andere ihm zugesprochene Vorzüge in seinen privaten wie beruflichen Sozialkontakten verifizieren, die auch gegenüber der Nachkriegsjustiz verfangen haben?

Ich humanisiere damit nicht das Inhumane, vielmehr werbe ich wie in vielen meiner Arbeiten darum, das Inhumane, das nicht relativiert werden darf, als Teil der Möglichkeiten menschlicher Existenz zu begreifen, nicht als das Jenseitige, Teuflische, aus den fernen Abgründen, in die Gott Luzifer angeblich gestoßen hat, temporär wie der Blitz Eindringende. Aber das ist natürlich grundsätzlich nichts Neues, verständige Deutschlehrer jeden Geschlechtes vermitteln derlei zum Beispiel seit langem als einen der zentralen Inhalte von Goethes *Faust*.

Und dass Mephisto dabei nicht durchgehend schlecht wegkommt, liegt in der Natur der Sache. Ich gehe sogar so weit zu sagen, dass die uralte Faszination für das perfekte Verbrechen, die unangetastete Quotentauglichkeit grauslichster Mord-, Vergewaltigungs- und anderer Untaten in Film und Fernsehen, von der digitalen Welt bis hin zum Darknet ganz zu schweigen, schlicht einen Teil des Spektrums menschlicher Dispositionen abbildet, die gewöhnlich gut gebändigt werden, bei einer gewissen Prozentzahl jedoch akut werden können, wenn die Umstände es zulassen.

Es gibt nach meinem Verständnis kaum einen aufklärerischen Inhalt als die schonungslose Vermittlung der Erkenntnis, dass Leute wie Hitler nicht vom Himmel fallen oder als Außerirdische ihre Blutspur auf diesem Planeten ziehen, sondern geformt werden und darauf aufbauen. Und kaum etwas wird von den je Herrschenden aus Berechnung so leidenschaftlich geleugnet wie diese Tatsache, weil es stets populär ist, immense Schuld auf wenige konzentrieren zu können, die scheinbar nichts zu tun haben mit den vielen.

Ich habe vor Jahren den radikalen Antisemitismus des Dichters der oberösterreichischen Landeshymne Franz Stelzhamer zum ersten Mal öffentlich thematisiert, der in seiner Diktion und in seinen Inhalten – an Richard Wagner heranreichend – für die Mitte des 19. Jahrhunderts durchaus neuartig war und weit über die von alters her tradierte Judenfeindlichkeit hinausreichte. Nahezu eins zu eins findet sich in *Mein Kampf* die abstoßende Tiermetaphorik Stelzhamers aus dessen Judenessay, in dem er *den* Juden als Bandwurm in jedem zivilisierten Staatskörper bezeichnet, der ihn aussauge, aber selbst nichts zustande bringe, was den Genozid an *ihm* als wünschenswert erscheinen lasse.

Als etwas später der ohnehin sehr moderate Wunsch einer wachsenden zivilgesellschaftlichen Öffentlichkeit zur Debatte stand, das riesenhafte Stelzhamerdenkmal im zentralen Linzer Volksgarten mit einer aufklärenden Zusatztafel zu versehen, scheiterte dieses von den Grünen und der KPÖ im Linzer Gemeinderat eingebrachte Vorhaben – FPÖ und ÖVP waren natürlich dagegen – an der Sozialdemokratie. Der spätere Linzer Bürgermeister Klaus Luger begründete die Ablehnung seiner Partei damit, dass es in Fällen wie diesem „keine direkten Konnexe" zum Nationalsozialismus gebe, „sondern bestenfalls geistig traditionelle", „dass wir das nicht mit dem Wissensstand der heutigen Generationen danach bewerten, wie das vor 200 Jahren diskutiert worden ist".

Wer 1852 geiferte und den (noch nicht so benannten) Holocaust an den Juden einforderte, hat ja nicht wissen können, dass sein Wunsch 90 Jahre später tatsächlich eintrat, heißt dieses Exkulpieren mit anderen Worten. Wien hat übrigens im Gegensatz zu Oberösterreich und Linz im Speziellen sehr wohl reagiert und der direkt am Bahnhof Wien Mitte im dritten Bezirk prominent gelegenen Stelzhamergasse eine Zusatztafel verpasst, die deutliche Worte spricht.

Um aber zu Friedrich Kranebitter, dem Bitter meines Romans, zurückzukommen und zu deiner Frage: Dieser Mann hatte viele Talente, spielte mehrere Musikinstrumente und liebte den Motorsport, war von Frauen umschwärmt und und und, er war ein Mensch wie du und ich, aber eben auch ein skrupelloser Massenmörder, der langsam, aber durchaus nachvollziehbar in diese Rolle hineingewachsen ist und Anerkennung dafür gefunden hat. Ich halte es nicht für bedenklich, das in der Literatur darzustellen, ganz im Gegenteil. Nur so ist beispielsweise das mähliche Gleiten in autoritäre staatliche Strukturen in seinem ganzen Gefahrenpotential vermittelbar. Ich ertappe mich, ehrlich gesagt, von

Zeit zu Zeit bei dem Gedanken, wie hätte sich dieser Politiker oder jener Wirtschaftskapitän der Gegenwart wohl unter den Bedingungen der frühen 1930er positioniert und verhalten, wo angedockt …

Natürlich bedarf es adäquater ästhetischer Konzepte, um eine Gestalt wie Bitter im literarischen Zaum zu halten. Ich thematisiere das im Roman direkt, reflektiere an manchen Stellen die Gefahr, dass er mich oder den Leser, die Leserin um den Finger wickeln könnte, wie er es mit so vielen getan hat. Wie viele meiner Figuren hole ich auch ihn in eine fiktive Gegenwart herauf, in der er als Gegenspieler des Autors firmiert, als jemand, der wieder einmal auszukommen trachtet, sich rechtzeitig vertschüssen oder seinen Blickwinkel, seine Lügenmärchen obsiegen sehen will in der Erzählung. Aber ich bedeute ihm eindeutig, dass ich ihm das – im Gegensatz zu seinen Zeitgenossen – nicht durchgehen lassen werde, und signalisiere dem Lesepublikum damit, dass ich mir bewusst bin, auf dünnem Eis zu wandeln, indem ich diesem Protagonisten Raum biete, sich auszubreiten. Aber ich habe mich gewappnet, ich weiß zu viel über ihn, weil ich es mir auferlegte, akribisch nachzuforschen und ihn so permanent widerlegen zu können.

Als weitere Sicherung dient mir der hoffentlich eingelöste Vorsatz, das Private im gesamten Text nie das gesellschaftliche Moment dominieren zu lassen. Ich nutze sozusagen die reale Gestalt Friedrich Kranebitter in ihrem literarischen Alter Ego Friedrich Bitter, um eine gesellschaftliche Dynamik, ein politisches Biotop abzubilden, das solche Typen nährt und groß macht, ihnen weitgehend autonome Entscheidungsgewalt über Leben und Tod überantwortet und später, wenn es vorbei ist, nicht mehr viel wissen will davon.

Wesentlich im literarischen Konzept sind narrative Reflexionen, die bis zur Selbstermahnung gehen: „Dem Erzähler fällt auf, dass er, ohne es zu wollen, im Begriff ist, dem Helden dieser Geschichte eine Brücke zu bauen." Von Anfang an ist es freilich deutliches Anliegen des Romans, diesem Mann „endlich die ständigen Ausflüchte zu verunmöglichen", wie du das 2014 in unserem Gespräch in Volltext *ausgedrückt hast. Deswegen müsse der Erzähler auch zur Sprache bringen, dass er auf der Hut zu sein habe.*

Bei Wallstein kamen dann gleich im nächsten Jahr dein Gedichtband was mich hält *und 2016 der Roman* Überführungsstücke *heraus – mit völlig anderer Thematik. Brauchtest du nach* Bitter *etwas Abstand, andere Kontexte, andere Verfahren?*

Du sagst es. Mit den Jahren wird es seelisch eindeutig fordernder, mich auf Stoffe einzulassen, die trotz allen Bemühens, unsentimental zu erzählen – neulich hat sich wer im ORF so über mich geäußert –, und trotz der Routineschutzschicht, auf die ich mich im Allgemeinen verlassen kann, das Zeug haben, mich während der Recherche einigermaßen mitzunehmen. Nie war das Gefühl, ganz am anderen Ende meines Verfahrensfächers ansetzen zu müssen, größer als nach dem Kranebitter-Roman. Nie vorher habe ich mich auch so sicher gefühlt, einen Lyrikband, von dem ich bis dato nur ein Viertel der Gedichte geschrieben hatte, dem Verlag für ein Jahr später ankündigen zu können. Das Jahr 2014 stand wie keines vorher ganz im Zeichen des unumschränkten Einlassens auf den Funken lyrischer Inspiration.

Ich mag *was hält mich* immer noch sehr gern und habe bei nicht wenigen dieser knappen Texte den Ort der Begegnung mit den entscheidenden Zeilen noch vor mir: im Zug, am Seeufer, im Bett vor dem Einschlafen, was ich sogar thematisiere. Das war wirklich Balsam, obwohl die Gedichte zum Teil ja ähnlich ans Eingemachte, an die letzten, die äußersten Dinge gehen wie oft meine Prosa. Dass ich dafür überraschend für den Evangelischen Buchpreis in Deutschland nominiert war, mag wohl damit zu tun haben. Gläubig bin ich ja nicht geworden.

Ernsthafte Leichtigkeit, so lässt sich der literarische Vorsatz bei meinem kleinen Roman *Überführungsstücke* ganz gut zusammenfassen, den ich von der Herangehensweise gern mit *Einleben* aus 2009 vergleiche. Dazu später vielleicht mehr, wenn du magst. Hier beschränke ich mich auf deine Frage nach dem Abstand zu *Bitter*, auf die subjektive Notwendigkeit, andere Verfahren, andere Kontexte in den Vordergrund zu rücken, um mich während des Schreibens zu kräftigen, Energie zu tanken, statt sie einzubüßen wie während der Beschäftigung mit *Bitter*.

Selbst die Folgeprojekte, die in ein ziemlich umfangreiches essayistisches Vorhaben eingebettete Neuedition der Gedichte Ferdinand Sauters *Durchgefühlt und ausgesagt* sowie der Essay *Wo nur die Wiege stand* würde ich in diese Reihe „leichterer" Unternehmungen einordnen, wiewohl es mir jeweils an Arbeit nicht gemangelt hat.

Apropos Arbeit: Meine Lehrveranstaltungen am Institut für Sprachkunst der Wiener Universität für Angewandte Kunst waren in diesen Zehnerjahren mit wenigen Ausnahmen auf den Essay konzentriert, und es kommt, denke ich, nicht von ungefähr, dass ich mich im eigenen Schreiben auch wieder stärker auf dieses Segment einließ. Sogar die *Schauplatzwunden* sehe ich in diesem Zusammenhang als riskanten Versuch, das verarbeitet Dokumentarische im betont literarischen Schreiben inhaltlich noch stärker zu verankern, durch Klarnamen wie durch den gänzlichen Verzicht auf jeden fiktionalen Anteil. Aber auch dieses ästhetische Konzept bringe ich später gern ausführlicher zur Sprache.

Wie fällt denn nun mit zeitlichem Abstand dein Vergleich der Überführungsstücke *mit* Einleben *aus?*

Beide Bücher stellen Gestalten in den Mittelpunkt, die sich, so unterschiedlich sie sind, als unverwechselbar herausstellen, als originell, stets für Überraschungen gut. Da ist einmal der Asservatenbeamte Oskar, der nicht zur grauen Maus taugt, sondern sich als – zwar behäbiger – Vollblutmensch entpuppt, schlagfertig, humorvoll, belesen, kunstaffin. Und da ist die kleine Steffi mit dem Down-Syndrom, neben ihrer Mutter gleichrangige Protagonistin in *Einleben*. Sie setzt ebenfalls zahlreiche Akzente, die schmunzeln machen, eine gewisse Leichtigkeit in die Erzählung einstreuen, die ihr guttut.

Von Zeit zu Zeit sind mir Charaktere, die nach meinem Dafürhalten eine besonders positive Ausstrahlung haben und gerne so leben, wie sie momentan leben, ein besonderes Anliegen. Dass sie wie die beiden Genannten in ein ernsthaftes, ja ziemlich problembehaftetes Setting eingebettet sind, nimmt nichts weg davon.

Überführungsstücke spielt in Bayern, das mir sehr vertraut ist, nicht zuletzt, weil ich kaum zwei Kilometer davon entfernt meinen Hauptwohnsitz habe. Dieser Text ist auch eine Hommage an eine spezielle, mir sympathische Form des Humors, die dort zu Hause ist und ohne Schenkelklopfen auskommt, mit von politischer Wachheit gekennzeichneten wie reichlich absurden, zuweilen dadaistisch anmutenden Versatzstücken.

Apropos Versatzstücke: Es ging mir in diesem Text natürlich auch darum, das spezielle Biotop der Asservatenkammer und das Asservat, das Beweisstück, selbst ins Zentrum zu rücken, zu drehen und zu wenden. Im zweiten Teil des Romans rollt der Protagonist anhand von bezeichnenden Gegenständen, die mit prägenden Ereignissen aus seiner Vergangenheit in Verbindung stehen, denn auch sein ganzes Leben auf, das er trotz aller Heftigkeiten jetzt erstaunlich zu mögen gelernt hat. In seinen eigenen Worten: Er ist auf Umwegen verglückt. Und das darf man ihm durchaus abnehmen.

Wo nur die Wiege stand bezeichnest du als „leichtere" Unternehmung, und so sehe ich es auch: ein äußerst gewitztes Buch – mit sehr ernsthaftem Hintergrund. Es stand bei seiner Publikation 2019, diesmal im Otto Müller Verlag, im Kontext der Debatten, was aus dem Hitler-Geburtshaus in Braunau werden sollte. Darüber hinaus führt es recht ironisch, mitunter zum Loslachen komisch vor Augen, welche Blüten ein Erinnerungskommerz zu treiben vermag. Bei der Lektüre konnte ich mir gut vorstellen, wie sehr dich diese Baby-Reminiszenzen belustigt haben. Und zum Wort „Windelort" gratuliere ich dir zusätzlich.

Wo nur die Wiege stand ergab sich aus einem wesentlich bescheideneren Vorhaben, einem geplanten – dann verworfenen – kleinen Essay für eine Zeitung. Der von den Debatten um das Geburtshaus Hitlers genervte Bezirkshauptmann von Braunau hatte nämlich wie viele Würdenträger aus der Gegend zuvor, aber besonders drastisch auf den Umstand verwiesen, dass der lokale Gottseibeiuns doch schon als Kleinkind von der Braunauer Bildfläche verschwunden war und man ihn gefälligst nicht länger mit der schmucken Bezirksstadt in Verbindung bringen solle. Dabei gebrauchte er selbst das griffige Wort von den gefüllten Windeln.

Nur knapp fünfzehn Kilometer innaufwärts dürfte auch das Baby Joseph Ratzinger, nachmals Papst, seine Windelfüllungen noch nicht beendet haben, als es, damals noch viel jünger als der kleine Adolf, mit seinen Eltern Marktl am Inn in Richtung Tittmoning an der Salzach verließ. Die frühe Trennung hielt Marktl freilich nicht davon ab, nach dem Aufsteigen weißen Rauches im Vatikan sofort alle Hebel in Bewegung zu setzen, um als *der* Papstort Kapital aus der Wiegenkurzanwesenheit von Gottes Stellvertreter auf Erden zu schlagen: Vom festlich etikettierten Papstbier bis zur Benediktschnitte, vom Benediktpilgerweg, der Marktl jetzt mit dem Marienwallfahrtsort Altötting verbindet, bis zur stattlichen phallischen Benediktbronzesäule am nach dem großen Sohn umbenannten ehemaligen Marktplatz reichte die Palette diesbezüglicher Initiativen. Das direkt an ihm gelegene schmucke Geburtshaus wurde um eine beträchtliche Summe angekauft und zum Museum umgestaltet, ein Nebengebäude aufwendig saniert, zum Eingang, Kassenbereich, Shop und Kinosaal adaptiert. Reisebusparkplätze in größerer Zahl am Ortsrand durften natürlich auch nicht fehlen.

Dieses Schmankerls von Gegenüberstellung der benachbarten Gemeinden mit so gegensätzlichen Windelortperspektiven hatte sich vor mir noch niemand angenommen, und die Tatsache, dass mein Buch dem Nachrichtenmagazin *Profil* gleich am Tag seines Erscheinens eine fünfseitige Reportage wert war, deutet darauf hin, dass ich mit meiner eigenen Zeitungsaufbereitung nicht so falsch gelegen wäre.

Aber während des Schreibens fiel mir ein, dass ich in Augsburg einst doch das ähnlich gelagerte Brecht-Haus besucht hatte und in Eisenach das vielbesuchte scheinbare Geburtszimmer von Johann Sebastian Bach, der in Wirklichkeit ein schönes Stück davon entfernt in einer anderen Straße auf die Welt gekommen war. Und so recherchierte ich fleißig weiter, machte mich auf, sah mich in Eisleben, der Lutherstadt, intensiv um und im niederösterreichischen Texing, wo dem Ständestaatkanzler Dollfuß in seinem Geburtshaus auf erschreckende Weise gehuldigt wird, im schweizerischen Münchenbuchsee, aus dem Paul Klee stammt, oder in Ulm, das zu dieser Zeit gerade über neuentdeckte Kellerwandfragmente aus dem im letzten Krieg zerbombten Einstein-Geburtshaus in wahre Verzückung geraten war.

Den roten Faden durch mein Buch aber sollte das ungeliebte Hitlerhaus von Braunau spielen. Weder der plumpe Abrissvorsatz des damaligen Innenministers noch das spätere Umbauhitlerversteckspiel sind dazu geeignet, der von Hitler schon in *Mein Kampf* grotesk aufgeladenen Stadt Braunau die Bürde wegzuzaubern, weswegen ich in meinem Buch für ein selbstbewusstes, offensives Agieren in dieser Sache plädierte. Gleichzeitig gibt *Wo nur die Wiege stand* bei aller Ernsthaftigkeit äußerst kurzweilige grundsätzliche Einblicke in die conditio humana und spürt etwa auch dem nach, was unerklärt von fast allen Geburtshausverwertern als die auratische Qualität des Entbindungsplatzes ins Spiel gebracht wird.

Zuletzt bist du in Schauplatzwunden *wieder auf das Lager in St. Pantaleon-Weyer zurückgekommen. „Über zwölf ungewollt verknüpfte Leben", lautet der Untertitel. Die biographischen Einblicke zeigen in alphabetischer Anordnung Opfer und Täter, dadurch ersteht ein umfangreiches Bild von Vorgängen im Lager und von Vorgängen, die zur Deportierung ins Lager geführt haben. Es geht darum, an die Einen zu erinnern und die Anderen nicht aus der Erinnerung zu entlassen. So lesen wir, wie Einzelne in die Mühlen der wildesten Gewalt gerieten und Andere deren inhumane Räder betrieben.*

Nach zwanzig Jahren Recherche und Gesprächen schreibst du zwar ausschließlich über Fakten, jedoch in deinem literarischen Ton, der auch Reflexionen des erzählenden Autors einbezieht. Deinen Zugang und deine Intentionen erklärst du in aller Deutlichkeit in der „Einbegleitung" – und etwa in der Mitte des Buches steht: „Dereinst wird es mir daher möglich sein, die Vorgänge um das Arbeitserziehungslager Weyer als exemplarische literarische Studie über die Mechanismen staatlicher Barbarei genau zu rekonstruieren."

Daran schließe ich meine letzten beiden Fragen an dich an: Aus welchen Gründen hast du diesmal eine andere Form gewählt als für Herzfleischentartung; *und wie sehen deine Schreibpläne für die kommenden Jahre aus?*

Bis zu einem gewissen Grad habe ich das gemacht, was viele Krimiautoren permanent machen: Ich habe ein meiner Leserschaft bekanntes Setting neuerlich aufgenommen, aber nicht, um bestens vertraute Ermittler in ihrem ebenso vertrauten Biotop eine neue Grauslichkeit aufklären zu lassen, sondern weil ich das Gefühl hatte, dieser Stoff verlange eine weitere Perspektive, um für mich befriedigend ausgelotet zu sein. Am anderen Ende der literarischen Hierarchie und meinem Antrieb wohl näher als das Whodunnit-Milieu verorte ich etwa Goethes Rückkehr zum *Faust*-Stoff nach vielen Jahrzehnten. Und so anmaßend es klingen mag, an dieser Stelle den Weimaraner Großautor ins Treffen zu führen, nehme ich doch für mich in Anspruch, mit *Herzfleischentartung* und *Schauplatzwunden* – wie Goethe mit dem *Faust* in seinem – in meinem Werk am intensivsten und ernsthaftesten der eben erwähnten conditio humana nachgespürt zu haben, so gut ich das eben zu leisten vermag. Viel von meinem

Schreiben ist nun einmal eine Zeugenaussage im Ermittlungsverfahren gegen Unbekannt wegen unbefugter Inbetriebnahme der Menschheit. Nicht ganz so turmhoch angesiedelt, aber immer noch hoch genug über mir, nenne ich im Zusammenhang Rückkehr zu alten Stoffen noch den von mir außerordentlich geschätzten Uwe Johnson, den der Plot um Gesine Cresspahl und ihre Bezugspersonen ein Leben lang beschäftigte. Auch er hat nicht nur im Hauptwerk *Jahrestage* exemplarisch einzufangen versucht, was die Welt im Innersten zusammenhält oder womöglich zerfallen lässt.

Die diesmal gewählte Perspektive auf den Schauplatz eines Wunden und Narben hinterlassenden Geschehens direkt vor meiner Haustür hat mich zu einem Buch bewogen, das ich gerne als Komplementärunternehmen zu *Herzfleischentartung* bezeichne, und das aus verschiedenen Gründen, die sowohl die gewählte Ästhetik als auch die inhaltliche Darstellung betreffen. Während ich es mir 2001 verbat, mich bei einzelnen Personen länger aufzuhalten, die im Roman auftauchen, weil es mir um ein Porträt der Mechanismen staatlicher Barbarei ging, die das Individuum bestenfalls als Versatzstück in der ameisenartigen, rücksichtslosen Betriebsamkeit des beschworenen großen Ganzen wahrnimmt, woran Kultfiguren an der Spitze von Terrorregimes nichts ändern, gehört 2020 die gesamte Aufmerksamkeit des Erzählers diesen einzelnen unterschiedlich Beteiligten, ihren Lebensgeschichten, von denen die Zeitspanne, in der sie an die NS-Lager Weyer-St. Pantaleon andockten bzw. andocken mussten, zwar eine auf unterschiedliche Weise gewichtige, aber doch nur jeweils kurze darstellt. Die einzige Ausnahme von dieser Regel bildet Rudolf Haas, ein im Lager geborenes Baby, das nur wenige Wochen alt werden durfte.

Rudolf Haas ist aber auch ein gutes Beispiel für die von dir angesprochene Form dieser Prosa, welche sich unter anderem aus einer Fülle von Absurditäten, Zufällen und böswilliger Energie speist, die all diese Menschen in der tiefsten Provinz zusammenführt. Mein Verleger wollte anfänglich seine Skepsis nicht verhehlen, dass ich mir wohl zu viel vorgenommen hätte, indem ich das nüchterne Alphabet zum Ordnungsprinzip der einzelnen Kapitel machen wollte: Die zwölf Familiennamen werden von A bis S der Reihe nach abgearbeitet, die paar Wochen auf Erden des fast spurlosen Babys im Lagerdreck haben dabei den gleichen Rang wie das bestens dokumentierte lange Leben eines als Senatspräsident beim Oberlandesgericht in den Ruhestand getretenen Juristen. Es war in der Tat eine gewaltige Herausforderung, keine bloße Aneinanderreihung, sondern einen dynamischen Bogen gestalten zu wollen, der das Publikum mit dem im Titel genannten Schauplatz immer mehr bekannt macht. Wie Alois Auleitner, der erste Porträtierte, steht der nicht mit *Herzfleischentartung* vertraute Leser nach meinem Wunsch zunächst fassungslos und ahnungslos vor dem Lagertor, will nicht glauben, dass das Verhalten dieses Eisenbahners derart fatale Konsequenzen haben kann. Erst mit der Zeit gewinnt das Lager selbst, gewinnen einzelne Charaktere Konturen. Selbstverständlich habe ich weit mehr Biographien als die zwölf schließlich gewählten in mühevoller Kleinarbeit rekonstruiert und aus dramaturgischen Gründen auch gleich wieder verwerfen müssen. Denn die Anfangsbuchstaben der Namen dieser Menschen hätten den sorgsamen Aufbau der Erzählung konterkariert.

Übrigens schied ich Stefan Schachermayr, die graue Eminenz des ersten Lagers in Weyer, aus einem anderen Grund aus: Er sollte an verschiedenen Ecken und Enden kurz als Netzwerker und Mann am Schalthebel auftauchen.

Nur ein kleiner Teil „seines" Kapitels hat es im wahrsten Wortsinn am Ende ins Buch geschafft, jene Nachschrift, die – von mir so beabsichtigt – auf der letzten Zeile der Buchseite endet. Wenn man umblättert, um weiterzulesen, starrt man überrascht eine weiße Fläche an und wird so zwangsläufig auf den Schlussabsatz meiner Prosa rückverwiesen, der, als beiläufige Anekdote getarnt, in a nutshell alles über die Mentalität derer verrät, die unauslöschbare Verantwortung für das tragen, was sich an diesem Schauplatz zugetragen hat.

Nur so, wie ich es jetzt skizziert habe, war es mir möglich, meinem inhaltlichen Plan eine adäquate Form an die Seite zu stellen. Es ging ja nicht um ein laues Aufwärmen oder Variieren des in *Herzfleischentartung* schon Ausgebreiteten mit denselben ästhetischen Mitteln, die damals Aufsehen erregt hatten, sondern um ein neuerlich radikales aufklärerisches Anderes.

Nicht nur die wie gehabt sehr belastende Recherche für *Schauplatzwunden* ist dafür verantwortlich, dass ich mich danach wieder aufs Lyrikschreiben verlegt habe, wobei das Ich in einem der neuen Gedichte entschieden dementiert, sie zu schreiben. Vielmehr schreibe es sie auf. Und das stimmt in den meisten Fällen wirklich, denn sie sind bereits fix und fertig, wenn ich – bei Gedichten immer noch ganz analog mit Stift – zum Niederschreiben ansetze.

Diesmal zwang mich eine langwierige und bedrohliche Erkrankung meiner Frau, deren Betreuung ich in Coronazeiten allein übernahm, meinen gewohnten Arbeitsrhythmus völlig aufzugeben. An kontinuierliches Schreiben war nicht zu denken. Und eigentlich war mir auch überhaupt nicht danach, Gedichte anzulocken. Doch das war ihnen offenbar egal. Das Buch ist so gut wie fertig.

Vom Gestus her entferne ich mich in diesem Vorhaben nicht weit von *was hält mich*, der Arbeitstitel lautet *auf der zunge liegen*. Damit signalisiere ich bewusst schon auf dem Umschlag die intensive Befassung mit den Möglichkeiten der Sprache, indem ich etwa gewohnte Formulierungen ihres üblichen Kontextes beraube und sie für mich und die Leserschaft in ihrer Ursprünglichkeit neu erschließe.

Ja, und da ist noch ein schon älteres Prosaprojekt, zu dem es viele Notizen gab: eine andere Art von Wörterbuch, in welchem jeder einzelne Begriff erzählend oder essayistisch sorgfältig gedreht und gewendet wird. Scheinbar ausgediente und kürzlich erst aufgekommene, lautlich auffällige und inhaltlich geheimnisvolle Substantive von Anklang bis Zwietracht erhalten in meiner Schreibstube im Moment die ihnen zugeordneten Texte. Für kein Buch hat sich mir je eine größere Zahl an Arbeitstiteln angeboten.

Ich bin jetzt 65, also in einem Alter, in dem die meisten Menschen ihr Arbeitsleben hinter sich gebracht haben. Ich denke derzeit nicht daran, mich zur Ruhe zu setzen, aber das letzte Jahr mit seinen Prüfungen hat mir deutlich vor Augen geführt, dass es nicht auf Dauer so weitergehen wird wie jetzt schon eine gefühlte Ewigkeit. Eine Binsenweisheit ist das. Doch erst die direkte Konfrontation mit dem Menetekel hat mich diese Binsenweisheit voll annehmen lassen. Ich bin gelassen.

Die mit diesem Band verbundene Zwischenbilanz kommt daher zu einem für mich persönlich außergewöhnlich passenden Zeitpunkt, einer privaten Zäsur, die sich in mein unausgesetztes Schreibenwollen, Schreibenmüssen eingefräst und es vorübergehend eingebremst hat. Spannend für mich, wie's weitergehen wird.

Ludwig Laher (Helga Laher-Reuer, Mischtechnik, 1991)
Ludwig Laher (Helga Laher-Reuer, Zeichnung, 2020)

Petra Ganglbauer

Verdichteter Denkansatz
ZUR LYRIK VON LUDWIG LAHER

Gedichte haben Sprengkraft – und es gibt viele formale und inhaltliche Zugänge, um diese zu entbinden.

Manchmal wirken Lyriksequenzen wie gefroren und in jenem Augenblick zur Schmelze gebracht, in dem die Leserin oder der Leser sich mit ihnen befasst. Durs Grünbein hat in diesem Zusammenhang einmal von einem Lavaauswurf gesprochen und Hilde Domin von kristalliner Struktur (vgl. Grünbein 2007, Domin 1993).

Es kommt aber nicht nur zu einem Schmelzprozess der Dinge, Wesen, Worte, der Sprachsubstanz, wenn wir uns mit Lyrik auseinandersetzen, – Gedichte lesend – treten wir – die RezipientInnen – in Resonanz mit ihnen und agieren wie Echoräume.

Dergestalt setzen Gedichte in uns jeweils etwas Anderes frei, etwas, das, abgesehen von generellen Wahrnehmungsüberschneidungen, sehr persönlich und höchst individuell zutage tritt. Dieser subjektive Zugang gilt freilich auch für die Auswahl jener Werke, deren Sprengkraft man ausloten möchte und genauer betrachten und dies vor allem aufgrund ihrer Nachhaltigkeit.

Ich habe für diesen Beitrag zwei Gedichtbände Ludwig Lahers herangezogen, auf die hinzuweisen mir besonders wichtig ist. Einer ist im Jahr 2003 erschienen, der zweite 2015. Beide beinhalten augenscheinlich das an Positionierungen, was auch in Statements, den verbalen Dekonstruktionen von politischen Aktionen, den öffentlichen Auftritten des Autors transparent wird.

Zudem, das scheint mir immens wichtig, geht es darum, auch ganz gezielt an Bücher zu erinnern (!), denn es hat sich auf dem Literaturmarkt längst eine Unart eingeschlichen: Bücher werden so rasch abgehandelt wie Popsongs, ungeachtet dessen, wie nachhaltig, wie zeitlos die in ihnen enthaltenen Themen sind. Kaum ein Lesender kennt Bücher eines Autors, einer Autorin, die vor 15 oder 20 Jahren erschienen sind, es sei denn, es handelt sich um Bestseller oder um extrem berühmte AutorInnen. Alles andere wird in weiten Teilen makuliert, fällt dem Vergessen anheim.

Ich also möchte in diesem Beitrag zwei Lyrikbände Ludwig Lahers fokussieren, die ich für wichtig erachte und die viel von dem abdecken, was Lyrik aus meiner Sicht für die Gesellschaft zu leisten vermag.

Denn *Sprache als Agens* lässt sich schwerlich von Ludwig Lahers übrigem Arbeitskontext trennen.

Im an dieser Stelle erstgenannten Band *feuerstunde*, „gedichte aus nah und inferno", beginnt der erste Zyklus wie eine militante Schöpfungsgeschichte: „im anschlag war das / gewehr und das gewehr / war auf einem hügel".

Das lyrische Protokollieren kommt Gewehrsalven gleich, einem Schützendonner. Ludwig Laher verfährt stets präzise und explizit zugleich: „benzin und blut tränkten den boden / und er sah daß es geil war und / brach das brot und soff den schnaps". Das ist radikales und mutiges sprachliches, politisches und sozialkritisches literarisches *Vorgehen*.

Die *Provokation* potenziert sich noch, wenn Laher durch sprachlich bewusst verballhornte serielle „bekanntmachung(en)", scharf formulierte Kundtuungen, am Kriegsgeschehen, am Gestus militärischer Auseinandersetzung, aber auch an der News-Geilheit der Medien – genannt sei in diesem Zusammenhang „Embedded journalism" – knallhart Anstoß nimmt und die Stupidität, die Lächerlichkeit solcher Aktionen aufdeckt – und bis zur (Un!)kenntlichkeit entblößt: „sieh n.n. steht gewehr bei fuß mikro bei hand schon / für wann's again losgeht auf dem nächtlichen balkon / vom luxushotel im stadtzentrum der strafexpedition // unter den sternenbannern von bombe(r)n derweil kein ton /…: breaking news must go on".

Der Autor nimmt den Raum des weißen Papiers in dem Buch ein, er wählt gezielt formale Varianten, etwa die Enjambements oder die Breite der Gedichte betreffend. Wirken manche von ihnen wie eine ausgeweitete *Phalanx*, so bauen sich andere beinahe atemlos und *vertikal* auf: „dann schlagen sie / dann schießen sie / noch ein loch / hinein ins fleisch".

Bisweilen steigern sich die *Untaten bis zur Klimax.*

Was ebenso auffällt, ist die Doppelmoral der Täter, die einerseits „… die unschuld / von ihren händen" waschen und andererseits und gleich darauf ein Haus anzünden.

Ludwig Laher setzt bisweilen auch abstrakte Begriffe, um die situative Kälte und Isolation offenkundig zu machen. Da werden Wörter wie „verlustabdeckungen" verwendet oder aber auch vertrackte Komposita, die durch experimentelle Verfahren den Schrecken potenzieren, die Grausamkeit ihren Höhepunkten zuführen: „urangeschoßverdauungsgestört", „fälltpostemail", „gewissenhaftpflichtversichert" oder „kriegsberichterstottern".

Der Autor greift auf vielseitige *Instrumentarien* zurück, um die Intensität des Geschehens zu verdeutlichen.

Auch die Verniedlichung findet bisweilen ihren Einsatz, im „vatiland" etwa.

Die Fernsehbilder zeigen Verstümmelungen, Sammlungen von Resten (von Menschen). Als Draufgabe greift der Autor noch zum Standardsatz: „wenn sie nicht gestorben sind / wie im märchen".

Punktgenau und treffsicher auch jene lyrischen Szenen, in denen Laher einmal mehr den Produktionszwang der Kriegsberichterstattung sarkastisch in Form von *Settings* darstellt, die alle Sinne fordern, bis hin zum Olfaktorischen: Man meint Verwesungsgerüche wahrzunehmen, die förmlich aus den Gedichten aufsteigen.

Man kann auf den Schmerz dieser Welt mit Rückzug reagieren oder mit Engagement. Laher macht entschieden Letzteres.

Der Autor schafft es die Lesenden hineinzuzwingen in den Schrecken der Bilder, der ganzen Welt, in das Grauen mit all seinen Konsequenzen; er trifft genau und er trifft uns damit. Laher drückt den lyrischen Finger auf die Wunden.

Im nächsten Abschnitt des Buches etwa dienen Redewendungen als Vorlage für Stabreimanagramme. Auch diese speichern mitunter *Explosivstoff*: „samt und seide / … sadistenmued".

Im letzten Kapitel des Bandes mixt Laher Philosophisches, Aphoristisches, Persönliches – „ich falle / wieder / auf mich / zurück // das tut / nicht gut / das tut / nicht weh" – und, wie gehabt, Politisches, etwa in *flächendeckend*: „lange kannte ich / nur ein hauptwort / das wirklich dazupaßte: bombardement".

In *was hält mich* verfährt Laher genauso souverän, was die Raumgestaltung auf dem Papier betrifft. Das ist nicht so selbstverständlich, denn die meisten Gedichte, die auf diese Weise gestaltet sind, gehören im engeren Sinn der experimentellen Literatur an. Oder zumindest definieren sich deren AutorInnen als experimentelle AutorInnen. Das kann man von Ludwig Laher nicht behaupten. Sein Blick auf die Wirklichkeit ist nicht so sehr auf das Material gerichtet, wenngleich das Material, wie bereits erwähnt, sich immer wieder in den Dienst der Inhalte stellt.

Manche Gedichte muten so fragil an wie das lyrische Ich, wenn es sich äußert, wenn es seine Befindlichkeit mitteilt.

Ein in diesem Zusammenhang unumgängliches Thema ist *Vergänglichkeit*: „vor einer stunde / war da…ist fort / auf die andere". Oder auch expliziter: „hast das zeitfenster geschlossen / und horchst doch vergeblich / nach geräuschen des versäumten". Oder: „und dann einmal / einschlafen / und nicht mehr / aufwachen können".

Entgrenzungen sind das, Übergänge, die so gänzlich anders anmuten als die vehementen lyrischen Stellungnahmen zuvor, – Schwellenerfahrungen – die etwas offenlegen, etwas, mit dem man angesichts der Lektüre der vorhin genannten Gedichte gar nicht rechnen würde.

Bisweilen steht sich das lyrische Ich selbst im Weg: „auf freiem feld / steh ich an: / kein hindernis / außer mir". Grenzen werden ausgelotet, raumgreifende Unterfangen unternommen. Das lyrische Ich weicht sich selbst aus, zieht aus der Erfahrung mit sich selbst Konsequenzen, geht sich aus dem Weg. Ist „verstimmt / wie ein / flügel". Fühlt sich unzulänglich – der Welt gegenüber, dem Du gegenüber, mithin sich selbst gegenüber.

Einige Gedichte halten Stellung, sind hermetischer, etwa wenn es um die „letzten Dinge geht", um den Transit, um die „regenbogenniederkunft".

Aber auch in diesem Band gibt es Befehlsanordnungen, klare Stellungnahmen: „eine nutzanwendung / des bedenkenswerten / in sonntagsreden / an jahrestagen / von unerhörten / hat auszubleiben".

Diesen Zeilen, Sentenzen gibt es nichts hinzuzufügen, außer vielleicht, dass sie unumstößlich sind.

Ab jetzt gilt auch in diesem Buch kein Halten mehr. Nun füllen wieder politische, engagierte, kritische Gedichte die Seiten. „die horden wollen uns morden". Auch hier wendet Laher die Klanglichkeit der Sprache an, Assonanzen, weil sie eine Funktion ausüben, weil sie die Aussage verschärfen. Die „Horden morden" wieder und wieder, genauso rituell ist auch das Gedicht angelegt, es lebt von *stringenten* Wiederholungen.

Von Unfreiheit erzählen Lahers Gedichte auch, von steter Überwachung: „bewegungsmelder / wohin ich taste" – und gerade diese zwei Zeilen muten seltsam traurig an.

„formeln unter formeln / formeln über formeln".

Wo bleibt das Individuum? Es spürt sich „atmen / durch oder auf oder / überhaupt oder vielleicht / doch nicht mehr". In Lahers Gedichten tauschen angedeutete *Heimat und Heimatlosigkeit* einander ab, schwenkt das lyrische Ich hin und her, wird nicht fündig, denn, wenn es fündig würde, gäbe es keine solche Lyrik. Und Lyrik lebt ja im klassischen Sinn von der Erfahrung einer Entwurzelung, von Vereinsamung oder fragiler Selbstsuche.

Schließlich treten Lahers Gedichte auch aus sich selbst, indem *Schreibprozesse* transparent gemacht werden. Gedichte werden personifiziert, etwa wenn diese zunächst Seiten erkunden und schließlich „Platz" nehmen. Oder auch „unaufgezeichnet" bleiben und „mich streifen im traum / oder mein kind / mit einem bild / mit einem klang".

Ludwig Laher, vor allem bekannt als Verfasser von Romanen und Erzählungen, gelingt es, kritische, analytische Sichtweisen auf die Gesellschaft so in Form zu bringen, dass diese *Denkarbeit zur Poesie* wird.

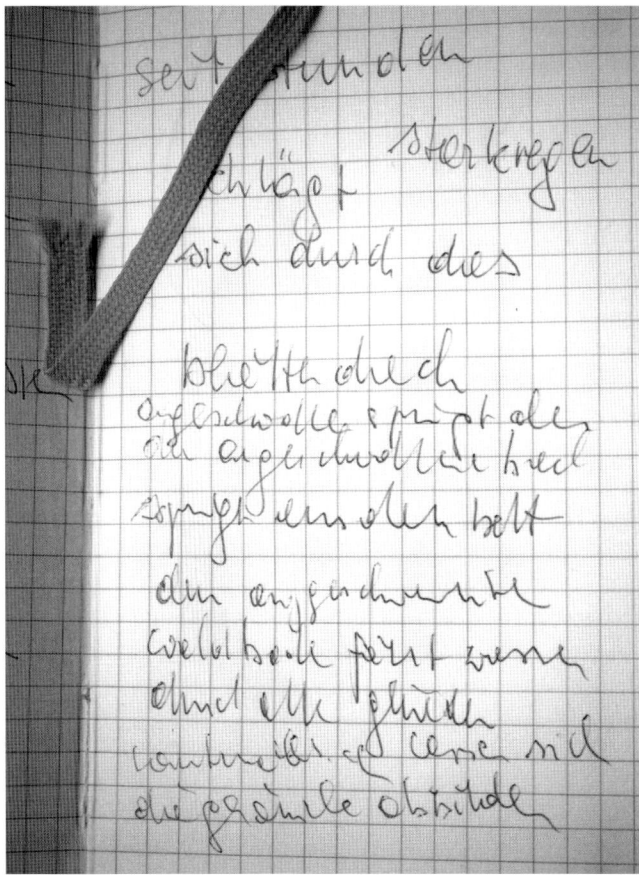

Erinnerungsstücke

Aus dem Notizbuch Ludwig Lahers für den Lyrikband *was hält mich* (2015)

Lydia Mischkulnig

Drei Frauen, ein Mädchen und der Autor
ZU LUDWIG LAHERS ROMANTRILOGIE *UND NEHMEN WAS KOMMT,*
EINLEBEN, VERFAHREN

Frauen, die stark sind im Aushalten, zumindest für die Dauer ihrer Romanhandlungen, sind hier in meinen Fokus gerückt. Die Lektüren verschaffen ihnen ein Weiterleben im Kopf. Aspekten ihrer Schicksale werde ich im Alltag und in den Nachrichten wiederbegegnen, überall dort, wo ich auf engagierte Sozialkritik stoße, wo die Zwangslage von Leuten, die ihre Füße nicht so leicht auf den mitteleuropäischen Boden bekommen, unter die Lupe genommen wird.

Die Handlungen aller drei Bücher sind aus einer personal-dokumentarisch gemischten Perspektive erzählt, die sich selbst als auktorial erweisen kann. Diese umsichtige Allwissenheit ermöglicht es, die Fiktion mit Recherche anzureichern, Aspekte der Haltung durch die Erzählerinstanz einzubetten. Ludwig Laher, der Autor selbst, steht über dieser Trilogie.

Die Perspektive blickt nicht auf eine sich selbst reflektierende Bewusstheit, sie fügt gestalterisch das gesamte Material aus den diversen Blickwinkeln zusammen und eröffnet ein gewisses Tempo der Handlung durch achronologische Vor- und Rückgriffe. Der Fortgang lässt sich durch Vorausblicke abkürzen und forcieren, durch Rückblenden Geschichte nachholen und durch die Technik des Heranzoomens im Augenblick verweilen. Das Ergebnis dieser Strategie ist ein straffer Spannungsbogen, der den Leser lockt, die auserzählten, ergründeten Fallbeispiele, die den Protagonistinnen zu Grunde liegen, zügig durchzulesen. Die drei Bücher, Laher nennt sie Frauenbücher, werfen Licht auf Schattenseiten und tun Höllen neben der Mittelstandswelt auf. Sie zeigen den Utilitarismus der unbarmherzigen Gier auf. Die realistischen Lebensumstände der handelnden Personen werden erzählt, um sichtbar zu machen, was aus dem bürgerlichen Bewusstsein verdrängt wird. Deshalb kann man auch sagen, diese Bücher leuchten mit Schattenseiten in uns ein. Wir wissen zwar, dass es das Unvorstellbare gibt, doch malen wir es uns mit Schaudern aus. In welcher Sprache kann man schweigen?

Lahers Prosa unternimmt den Versuch, die Grenzen unserer Weltvorstellung hinauszuschieben, zumindest bis an die Bruchlinien, die unsere Europäische Union durchziehen. Die Literatur Lahers nimmt das Wagnis auf sich, Sozialdramen mit Frauen in der Hauptrolle anzupacken. Um Bewusstsein zu schaffen? Um die Welt zu verbessern? Was soll denn gut werden, wenn man seit den Spätfolgen posttraumatischer Belastungsstörungen weiß, dass die Zeit keine Wunden heilt? Es folgen Geschichten weiblicher Heldinnen: Das Leben einer Roma-Prostituierten, die es schafft, dem Milieu zu entkommen. Die Asylsuche einer vergewaltigten Kosovo-Serbin, die in Österreichs Justizmühle aufgerieben wird. Das Ringen um gesellschaftliche Akzeptanz eines Trisomie-21-Kindes durch die Unterstützung der Mutter, die sich in ihrem privaten und öffentlichen Leben neu positionieren muss.

Wer jetzt glaubt, ein voyeuristisches Bad in der Elendigkeit nehmen zu können, irrt. Die Unvorstellbarkeit erlittener Angriffe auf die Menschenwürde, die Verletzung körperlicher Integrität und das Ausgeliefertsein an entmenschlichende Verhältnisse werden zumeist mit nüchterner Sachlichkeit abgefedert. Das Übel ist so normal und kommt als Missbrauch in unseren Leben vor wie das Amen im Gebet. Man hat immer schon gewusst, dass es so ist. Die Bücher belegen es. Der Effekt der Lektüre, Empathie für Opfer des banalen Bösen zu entwickeln, führt zu mehr Bewusstsein und verleitet vielleicht dazu, mit Begriffen wie Sexarbeit, Asyl, Sozialschmarotzertum und Behinderung vorsichtiger umzugehen. Die drei Fälle von Lahers Hauptdarstellerinnen enden gut, oder zumindest wird es für sie besser. In den Anfängen führt der Weg der Protagonistinnen erst vom Regen in die Traufe, langsam kommen sie weiter, geraten ins Trockene, ein Hoffnungsschimmer taucht auf.

Das Gesetz der dramaturgischen Spannung schreibt Entwicklung und Verwandlung der Helden vor. Lahers Heldinnen folgen diesem Muster. Ihre Ressourcen und Resilienzkräfte werden mobilisiert, damit sie glaubhaft *nicht* vor die Hunde gehen, sondern kämpfen können. Die Charaktere, ausgesetzt der sexuellen Gewalt, können auf frühkindliche, wenn auch bescheidene Erfahrungen von Liebe zurückgreifen. Die Heldin des verlogenen Mittelstandes bricht aus diesem aus. Laher prüft die matrilinearen Herkünfte der Frauen. Die weiblichen Ahnen machen dem Leser klar, dass bereits ihre Mütter wussten: Autonomie ist nur durch Bildung zu erhoffen. Ein selbstbestimmtes Leben hat keine dieser Frauen gehabt, Mütter und Großmütter waren durch ihre Kinder und die Tradition eingebunden in eine patriarchal dominierte Familienökonomie. Der Aufbruch in ein befreites Frauenleben gelingt nur, wenn die Gesellschaft mitzieht.

Laher schreckt vor Rettung durch die Liebe, die Übernahme von Verantwortung, das Angebot der Freundschaft trotz Verdacht, die Gesellschaft damit zu exkulpieren und die Aufgabe dem Individuum und dem Zufall zu überlassen, nicht zurück. In den drei Frauenbüchern stiftet er durch seine Beschäftigung Anteilnahme am Schicksal der Betroffenen. Die Bauweise der Romane ermöglicht sachliche Information in literarischer Aufbereitung, ohne über ein Vorwissen verfügen zu müssen. Vorurteile werden vermutlich durchbrochen werden.

Die bittere Erkenntnis nach der Lektüre der Trilogie aber lautet: Unabhängigkeit gibt es nicht. Erlösung auch nicht. Der Einzelne ist dem Kollektiv ausgeliefert, ohne guten Willen auf beiden Seiten geht à la longue nichts. Der Einzelne braucht seinen Buddy, seine Interessensvertretung für das Recht auf Würde, und die Sozietät muss sie gewähren.

Drei Handlungsabläufe wurden aus vielen authentischen Fällen gemixt, die Ludwig Laher gut recherchiert haben muss, um das Pandämonium der jeweiligen Milieus zu schildern.

Keines der drei Bücher ist Schullektüre geworden, obwohl sie den didaktischen Impetus des Sozialkritikers in sich tragen und zur Aufklärung der Gesellschaft gereichen. Vielleicht sind die Themen zu heftig, zu polarisierend für einen Unterricht in den höheren Schulen – weil Laher zur Sache geht und sexuelle Gewalt gegen Frauen explizit sowie die Trisomie-21-Thematik höchst offen behandelt. Die Mutter dieses Kindes gesteht sich selber ein, sie hätte den Fötus vielleicht doch abgetrieben, hätten die pränatalen Untersuchungen die Diagnose ergeben. Jeder und jede von uns muss sich fragen, wieso man überhaupt „ausgetragen" worden ist und ob man auch mit einer Trisomie-21-Diagnose geboren worden wäre. Die Entscheidung über das Leben eines Ungeborenen liegt in der Macht der Mutter, wenn es rechtsstaatlich emanzipiert zugeht. Diese Wahrheit anzuerkennen ist vielleicht nicht allen Menschen zumutbar.

Der Autor versetzt sich in die Rolle eines Supervisors, und man kann über seine Schulter blickend aus der auktorialen Position in die personale Perspektive der fiktionalisierten Fälle wechseln. Eine Identifikation, ein Verschmelzen mit der personalen Perspektive wird durch die Einwürfe auf auktorialer Ebene vereitelt. Sie bietet an, sich übergriffiger Allwissenheit zu entziehen. Der Orientierungsverlust durch die soziopolitischen Verstrickungen der Protagonistinnen erweckt den Widerstandsgeist des Lesers, wenn er den unüberhörbaren Appell an unsere Lebenswirklichkeit in der Parallelwelt spürt: Verwende meine Arbeit als Argumentationshilfe.

Sind Lahers Bücher als Ratgeber zu verstehen? Ja, als Ratgeber in Sachen der Komplexität. Wer über Sexarbeit redet, soll auch *Und nehmen was kommt* gelesen haben, und kann dann von kriminellen Wirtschaftskreisläufen, in denen unterworfen und ausgebeutet wird, erzählen.

Zweifelnd meldet sich der auktoriale Erzähler nie. Er fragt auch nie, ob sich die Geschichte, die er beschreibt (und schreibt), wirklich so ereignet hat. Er ist aber in seiner Geschichte anwesend, das ist klar, wenn im Ton des Supervisors seine ganze Aufmerksamkeit auf die Ungeheuerlichkeit der Ereignisse gerichtet ist.

Alle drei genannten Romane thematisieren den weiblichen Körper und verhandeln die Entität von Körper und Geist. Laher schreibt seine Protagonistinnen aus personaler Perspektive, aber auch manchmal, um vom Gefühl weiblicher Leiblichkeit zu berichten, was natürlich nur Projektion sein kann. Darin liegt die Gefahr der Übergriffigkeit. Niemand ist frei von Zuschreibung – nicht einmal in vollkommen fingierte selbstgeschriebene Charaktere könnte man vorurteilsfrei schlüpfen. Nicht einmal vor sich selber ist man vorurteilsfrei. Auch meine Projektionen erzählen nicht nur über die biopolitische Konstruktion Lahers Vorstellung von weiblicher Leiblichkeit.

Die Trilogie wird mit der Hauptfigur Monika im Roman *Und nehmen was kommt* eröffnet. Als reale Vorlage ließ sich die Frau auf dem Cover des Buches abbilden. Sie trägt überall Tattoos, ein M für Mama auf dem Oberarm ist deutlich zu sehen. Laher geht als Vermittler und in verantwortungsvoller Zeugenschaft vor, mit der er den Zugang zu verschlossenen Milieus der Roma in der Ostslowakei schafft. Monikas Lebensumstände in einem auslaufenden 20. Jahrhundert werden beschrieben. Die Romfamilie wird als arm (es gibt nicht einmal elektrisches Licht), bildungsfern, machistisch brutalisiert, als hoffnungslos geschildert. Die Eltern Monikas, selbst noch minderjährig, sind mit dem Nachwuchs heillos überfordert. Die Großmutter sorgt für Glücksmomente der Frühkinderzeit. Sie wendet sich Monika mit ihrer Lebensklugheit zu. Um den Preis des Verlustes von Tradition und Sprache hat es die Familie Monikas trotzdem nicht geschafft, sozial aufzusteigen. Die sozialistischen Programme haben nur Diskriminierte unter Diskriminierten hervorgebracht. Die Frauen sind die verlässlichen Lebenskümmerer. Die Männer, Väter suhlen sich im Selbstmitleid als entwürdigte Schichtarbeiter, sogar gedemütigt von den Töchtern, weil diese Lesen und Schreiben lernen. Der machistische Abwehrkampf gegen Frauen wird mit Alkohol und Brutalität geführt, um sich selbst aufzuwerten. Monikas Mutter erfuhr als Heimkind ein wenig Bildung, es fehlte ihr aber jegliche Unterstützung, um sich aus dem Elend zu befreien. Trotzdem weiß sie, dass ihre Tochter weder auf den Strich gehen noch fünfzehn Kinder bekommen soll.

Laher formuliert die Grundsäulen für ein sozial gerechtes Leben: Geld, Kraft, Mut, Wissen. Das Tüpfelchen dieser Basis ist das Glück. Ohne dieses geht irgendwann die Zuversicht flöten.

Monika hat Pech von Anfang an. Der Vater Alkoholiker, die Mutter Prostituierte, schwierige Geschwister. Ihre einzige Ausbildung ist die zum Bettlerkind. Die Großmutter hat es nicht besser gewusst.

Die Gegenden Böhmens und Mährens waren nach der NS-Herrschaft entvölkert. Die tschechoslowakische Regierung ließ die Zigeuner dorthin ziehen, um bessere sozialistische Menschen aus ihnen zu machen. Die slowakischen Zigeuner, aus dem ungarischen Herrschaftsbereich stammend, zu dem die Slowakei gehörte, waren immer schon verarmter und fremder als die anderen aus dem untergegangenen Habsburgerreich.

Monika gerät nach der Trennung der Slowakei von Tschechien in den Haushalt eines querschnittgelähmten Mannes, den die Mutter heiratet und betreut. Hier erlebt sie bereits die ersten sexuellen Übergriffe, aber noch keine Vergewaltigung. Monika und ihr Bruder verbringen ein paar Jahre im Heim. Der Gelähmte stirbt. Die Mutter legt Sparbücher vom Erbe an. Aber plötzlich bleiben ihre Briefe aus und dem beunruhigten Mädchen wird kurz vor Weihnachten wie nebenbei mitgeteilt, dass die Mutter gestorben sei. Sie tötete sich nicht selbst, wie zunächst behauptet, sondern wurde ermordet.

Monika verliert nicht nur den Halt durch den Tod der Mutter, sie verliert auch ihre Muttersprache, weil es verboten ist, Romanes zu sprechen: „Was sie will, das wird ihr immer klarer, ist aus dem dritten Stock in die Tiefe springen und weg sein" (Laher 2007, S. 28).

Das Coming of Age Monikas wird aus personaler Perspektive und mit einem Kommentar der auktorialen Ebene erzählt. Sie ist mutterseelenallein: „Das Gefühl, wo hinzugehören, ist Monika auf Dauer genommen" (S. 35).

Die anrührendsten Passagen im Buch sind jene, in denen das Kind weiß, dass ihm Unrecht geschieht, weil es ausgeliefert ist. Seine Ohnmacht hält den Leser in Schach, weil er zusehen muss, wie sich die Spirale nach unten weiterdreht.

Das Kinderheim als Unterkunft und der Aufenthalt in der geschlossenen Abteilung des psychiatrischen Krankenhauses werden von den Käfigen der Bordelle und Laufhäuser abgelöst.

Monikas dissoziativ anmutende Selbstbeobachtung wird in das Kollektiv der Erzählerstimme münden, sie wird mit dieser am Ende des Buches ein Gespräch führen.

Zuvor wächst Monika zu einer Schönheit heran, die nichts von den politischen Umbrüchen weiß, die rund um ihr insulares Dasein, im „Sexparadies" für die Grenzverkehrer Deutschlands und Österreichs passieren. Der politische Umbruch der neunziger Jahre zeichnet sich für das Heimkind als Überraschung aus, weil es Tschechin werden wird, um in der Obhut des Heimes zu bleiben, obwohl man das Rom-Mädchen nicht einmal zu den Slowaken gezählt hat.

Monika versteht die Tagespolitik genau so wenig wie ihre körperliche Veränderung. Aber sie träumt von Shoppingtouren, Freiheit und Prinzen, asexuellen Lichtgestalten aus tschechischen Kitschfilmen: „[...] auf eigenen Füßen stehen, aber sie weiß nicht wie" (S. 49).

Der Überton des Autors holt den Leser immer wieder in die Rolle des kritischen Betrachters: „Für die staatliche Fürsorge ist Monika, von schwersten Depressionen geplagt, zur schwererziehbaren Jugendlichen geworden" (S. 49). Lebenskunde.

Der programmatische Ansatz, den Laher für eine lebenswirkliche Erziehung für Kinder wie Monika herausarbeitet, lautet:

> Sie kann zwar Tischdecken häkeln, aus einfachsten Zutaten leckere Speisen zubereiten, die Hauptstädte Europas, der Gefrierpunkt des Wassers sowie die äußerst seltsame Formel $a^2 + b^2 = c^2$ [...]. Kein Mensch aber in beiden Erziehungsanstalten findet es je der Mühe wert, die Mädchen vor dem scheinbar schnellen Geld auf dem Straßenstrich, in den Clubs [...] zu warnen. (S. 51)

Der Autor rechtfertigt ihre Unwissenheit – die man ihr nicht immer so leicht abkauft, sie weiß nichts von Aids, nichts von Kondomen – mit der Opferrolle. Monika schafft es nicht aus den Verhängnissen. Sie wird als Dienstmädchen geholt, um ihr Geld gebracht, verkauft, verraten, verlassen. Laher zeigt, wie das geschieht: Ein bisschen Hoffnung, naives Vertrauen und Feigheit aus Angst vor Bestrafung, sein Recht einzufordern. Der Cocktail ergibt Wehrlosigkeit.

Laher schreibt: „Ein bisschen Hoffnung hat sie, vor allem aber eine diffuse, wie Mehltau über ihrer Existenz liegende Angst, Monikas vorherrschendes Lebensgefühl" (S. 54).

Drogen-Exzesse. Abtötung der Sinne ermöglicht Prostitution, die wieder das Geld für die Drogen einbringt. Die Aussicht, sich sowieso vor den Zug zu schmeißen, erhält am Leben.

In Befundsprache wird Monikas Zustand geschildert. „Sie erlebt sich als reine Versagerin" (S. 70). Das Mädchen lungert nur mehr auf einer Luftmatratze herum, hat keinen Ort für sich.

Mit achtzehn besitzt Monika nichts mehr als ihre Haut. Die Schwarze, wie eine Romni genannt wird, kann nicht einmal auf eine „kollektive Empörung der diskriminierenden Minderheit" zurückgreifen, die ihr zumindest die Selbstsicherheit einer Zugehörigkeit gegeben hätte (S. 77).

Nichts hilft und das Wissen um soziale Hilfe fehlt überhaupt. „[...] und alle [...] nehmen, was kommt" (S. 78). Monika hält sich daran. Sie wird verdroschen, die Freier bekommen nichts mit vom Desaster, haben aber Mitleid wegen ihrer Entjungferung.

Ob es literarisch nötig ist, die leiblich empfundene Berührungsqualität des Zungenspiels eines Freiers zu beschreiben und als Empfindung zu bewerten, also von einer Beschreibung in eine personal leibliche Position zu wechseln, um sie auktorial zu kommentieren, kann ich nicht beantworten, aber es macht stutzig, wenn ich lese: „er [...] umkreist mit der Zunge den Warzenhof, das kitzelt und ist unangenehm" (S. 86).

Monika erkennt, verkauft worden zu sein wie ein Stück Vieh.

Wut flammt auf. Als Leser hofft man auf eine Trendwende, dass Monika endlich dem Rat weniger wohlmeinender, aber brutal ehrlich gesinnter Männer folgt. Doch die Weisheit unter den Straßenmädchen rät: „[...] zerbrechen wir uns nicht die Köpfe von denen, die an uns mächtig verdienen" (S. 93). An Revolte ist nicht zu denken, das Mädchen ist längst eine Leibeigene ihrer sogenannten Beschützer.

Gesellschaftskritik mit Ironie kommt in der Figur einer Romni-Wahrsagerin vor, die sich als eine begreift, die seelische Betreuung zu leistbaren Tarifen anbietet. Sie sagt Monika nur voraus, welche Konsequenzen ihre Zwangslage hervorbringen wird – unglückliche Liebe, abgebrochene Schwangerschaft, Elend. Es reicht langsam, denkt man sich lesend. Aber für Monika gilt: Nehmen was kommt – das ist „[b]esser als gar nichts" (S. 119).

Im Psychologenton serviert Laher die Freier ab. Sie sind Figuren, die sich vor der „Konfrontation mit sich selber fürchten", sich lieber im Elend anderer suhlen, und währenddessen am „Babyschnuller" nuckeln.

Im letzten Kapitel des Buches dringt die Lichtgestalt Philipp in Monikas Leben. Ein unter Scheidungsschock stehender, verkappter Künstler, der sich als Schlafwagensteward mit Matura und dem Wunsch, Lebensberater zu werden, verdingt. Er sucht Trost im Puff an der böhmisch-mährischen Grenze. Er kennt keine körperliche Traumatisierung etwa durch sexuelle Gewalt und verliebt sich in Monika, die er zu einem aus dem Verkauf seines Elternhauses finanzierten Urlaub nach Thailand einlädt.

Er rettet Monika. Wie das gelingt, erzählt sich nicht aus der weiblichen Innensicht, sondern von außen, mit Mitgefühl des Erzählers für Philipp und Monika: „Philipp kommt schnell auf sich zu sprechen, aber wie er es heute tut, bringt eine Saite in Monika zum Klingen, die längst gerissen schien" (S. 171).

Monika muss lernen, die eigenen Gefühle zu erkennen, um andere zuzulassen und sie gar zu erwidern. Der Blick bleibt von außen auf sie gerichtet und rückt nicht zu Leibe, sondern greift auf Bilder zurück, die wie das Klischee eines Männertraumes anmuten:

> Er hat etwas angerührt, als er in sie drang, von ihrer eigenen Vergangenheit zu berichten und sie zum Selbstschutz alle Stacheln aufstellen musste, er wollte, kam ihr vor, wirklich etwas erfahren über die verschüttete Monika hinter der dick aufgetragenen Schminke, den geschwollenen Augen vom wenigen Schlaf und den überdimensionierten Amphetaminpupillen. (S. 174)

Mit Philipp gewinnt der Leser Einblick in Monikas neue Lebenswirklichkeit. Ihre Gefühle erwachen. Sie hört auf mit den Drogen, steigt aus dem Milieu aus, fährt nach Thailand mit Philipp, dann auch nach Venedig. Monika lernt Gefühle zu benennen – von außen wird der Wandel ihrer Ausdrucksfähigkeit berichtet. Insgesamt münden die Perspektiven im auktorialen Mitwisser, um zu resümieren:

> Sie hat unbewusst Grenzen abgesteckt, etwas an ihr, in ihr aufgespart, für die Zeit danach, auf die kaum wer zu wetten bereit gewesen wäre, der sie kannte, sie selbst schon gar nicht. (S. 188)

Denn Monika musste 23 werden, um auf einen Menschen zu stoßen, der Anteil nahm, mit ihr litt, nicht einfach Gebrauch von ihr machte.

Philipps Liebe ist nicht der Barmherzigkeit geschuldet – sondern dem Begehren. Er ist keine asexuelle Lichtgestalt. Das mag authentisch sein. Das ist es, was mich bei der Lektüre erstaunte: Aus dem Begehren heraus entwickelt Philipp Mitleid, und er bemüht sich um die Erweckung der Lust einer Prostituierten. Handelt es sich hier wirklich um sich realisierende Männerphantasie, eine Prostituierte zu beglücken? Aus Philipps Sicht „bewies er es ihr, dass sie etwas für ihn empfindet"(S. 188), heißt es.

Am Ende stellt sich Monika als die Wortgewaltige ihrer Geschichte heraus. Sie lernt ihre seelischen Zustände zu benennen. Das Motiv des Spracherwerbs und die Entstehung von Nähe erinnern an das Musical *My fair Lady* (Alan Jae Lerner und Frederick Loew, 1956), wo die Überwindung von sprachlichem Gefälle Liebe erzeugt. Eliza Dolittle hat ihr Leben auf Augenhöhe scheinbar der edukatorischen Leistung von Prof. Higgins zu verdanken.

Je banaler das Paarleben von Monika und Philipp wird, umso tragischer tritt die schambesetzte Geschichtslosigkeit Monikas zu Tage. Es gibt keine herzeigbaren Erinnerungen, während Philipp auf Fotos vor Fußballfreuden strahlt.

Er kauft ein Haus im Roma-Gebiet und räumt die Nutzungsrechte für Monikas Verwandte ein. Wohltätigkeit löst jedoch keine strukturellen Misstände.

Der Erzähler fasst Monikas Sicht der Dinge schließlich zusammen: „Perspektiven für die Leute dort sieht Monika indessen nicht viele" (S. 218). Die Mädchen werden an die Front der Prostitution geschickt wie unter normalen Verhältnissen die jungen Männer in den Krieg.

Der Lebenswirklichkeit von sozialen Randgruppen auf Augenhöhe zu begegnen ist das poetologische Programm dieses Autors. Sein Mut, tief in das Begehren der Täter, der Systeme und Untersysteme zu blicken, wo die Ausbeutung entsteht und die Opfer bis zur Entmenschlichung instrumentalisiert werden, ist nicht hoch genug zu schätzen.

Die wahre Protagonistin in *Einleben* ist eine Mutter-Tochter-Beziehung. Ob Johanna ihr Kind auf die Welt gebracht hätte, wäre ihr die Trisomie-21 von Anfang an bewusst gewesen, beantwortet sie mit: „Wahrscheinlich nicht". Die Handlung setzt im Kindergartenalter von Steffi ein und wird die Entwicklung der Familie und das Einleben in den Alltag eines Kindes mit Genmutation Trisomie-21 bis zum Schuleintritt begleiten. Existentielle Fragen des Lebens mit einem *Nichtstandardkind* werfen schon die Frage nach der korrekten Benennung der Genmutation auf.

Johanna redet für den Geschmack ihres Mannes zu viel, „sie be- und zerredete alles". Nun ist sie mit sich allein im inneren Monolog, memoriert die Liebesgeschichte, die Schwangerschaft, ihre berufliche Entwicklung und Herkunftsgeschichte bis in die Mutterlinie hinein, um ihr Leben neu aufzusetzen.

Die Besuche der werdenden Mutter beim Gynäkologen liefen schief. Der Fötus zeigte sich nicht, dem Ultraschall entging die verräterische Nackenfalte. Norbert, ein esoterisch angehauchter Allgemeinmediziner und Freund, riet Johanna sogar, die Fruchtwasseruntersuchung zu vergessen.

In dichter Sprache, auf das Notwendigste eingekürzt, kommt die Persönlichkeit Johannas samt Lebensentwürfen zum Vorschein. Sie liebt die Architektur und Herausforderungen wie die Gestaltung von Parkraum. Sie liest anspruchsvolle Literatur dazu, aber mit der Geburt Steffis wird alles anders. Der Schock, ab nun mit einem Kind zu leben, genauer, mit einem *Nichtstandardkind,* macht einen Strich durch den Lebensentwurf. Die folgenden Szenen und Anekdoten des Alltags nehmen auch den Diskurs über Medizingeschichte, Politik, Gesellschaft, systemischen Umgang mit hilfsbedürftigen Menschen auf. Rück- und Vorblenden strukturieren mit diesen lehrreichen Exkursen die Geschichte.

Steffi wird nie als „behindert", sondern in ihren Aktionen als handelndes Kind gezeigt, nie ausgestellt; eher wird verstanden, dass sie Kind ist, wie Kinder sein können. Der Versuch, in ihrer Ausdrucksfähigkeit Steffis Begabung wahrzunehmen, entspricht dem Wunsch der Mutter und dem Anspruch des Autors an die Gesellschaft. Der Blick auf Steffi schlägt sich in der Erzählweise und der Auswahl der Szenen aus ihrem Leben nieder. Sie ist ein Kind im Mittelpunkt, das auch auf die Nerven gehen kann. Alle ihre Fähigkeiten geraten zum Ausdruck eines Selbst, das Steffi in ihrer Einzigartigkeit bestätigt. Nichts ist geschenkt, denn der Selbstwert, den Steffi entwickeln kann, geschieht wie stets nur in der Sicherheit sozialer Beziehungen. Als diese zu zerreißen drohen, weil sich die Eltern trennen, überbrückt die Tochter die Kluft, indem sie, mit den beiden auf der Couch sitzend, den Kopf in Mutters Schoß und die Füße auf Vaters Beine legt. Steffi braucht beide Elternteile, und sie nimmt sie in Besitz, dieses Recht nimmt sie sich selbstbewusst heraus.

Johanna bemerkte erst drei Tage nach der Geburt, dass mit Steffi etwas nicht in Ordnung war. Mario sammelt Beweise für eine Fehldiagnose. Muskelschlaffheit im Mundbereich, eine fehlende Fingerfurche, Schrägstellung der Augen – das alles wird erst langsam entdeckt. Ludwig Laher beschreibt die Abfindung mit den Gegebenheiten anteilnehmend und direkt.

Johanna will Aufklärung, esoterisches Geschwurbel hilft nicht gegen den Tumult ihrer Widersprüche. Sie interpretiert die Umstände der Schwangerschaft damit, dass der Fötus sich schon im Mutterleib zu bleiben entschlossen hat, sonst hätte er seine Auffälligkeiten dem Ultraschall gezeigt.

Laher geht mit Johanna an die Tabugrenze, nie moralisierend, eher nach einer moralischen Gültigkeit von Regeln suchend.

Johanna sagt sich: „Steffi ist da, und wie. Vor allem jedoch trotzdem." Und Laher sagt: „Sie wird Johanna brauchen, um in ihr Leben hineinzuwachsen, aber es wird ihr Leben sein, das sie sich erkämpft hat, erkämpfen wird" (Laher 2009, S. 23). Dieses Bekenntnis bildet die Basis zur Auseinandersetzung.

Zweifellos verfolgt Laher wieder seinen didaktischen Anspruch, Aufklärung zu leisten. Informationen zur Kulturgeschichte des sprachlich verzerrenden Begriffs Down-Syndom werden nachgereicht und der medizinisch korrekte Terminus Trisomie-21 wird erklärt.

Johanna erinnert sich eines Staubmantel tragenden Kirchgehers, ein *Defizitmensch* nach Meinung der Gesellschaft. Er trug die Merkmale Steffis, er war „vom Zuschnitt ihrer Tochter" (S. 25). Jahrzehnte ist es her, und jetzt ist sie, mit dem eigenen Kind, sensibilisiert und fragt, wer diese Person wohl gewesen sei? Dieser Mensch musste noch vor dem Zweiten Weltkrieg geboren worden sein. *Defizitmenschen* mit Down-Syndrom, wie man „ordentlich und schlampig" zugleich zur Genmutation sagt, waren im Nationalsozialismus der Vernichtung preisgegeben. Wem war sein Leben so viel wert gewesen, dass er überleben konnte? Die Gewissheit, von der Sozietät abhängig zu sein, lässt Johanna und den Leser nicht mehr los.

Steffi wächst, wird drei, vier, bleibt in ihrer Entwicklung langsam, aber findet ihren Ausdruck ohne Sprache. „Ihr Gesicht spricht Bände, aber sie redet kaum" (S. 33).

Die zentrale Person für Steffi ist Johanna. „Mama" kommt ihr aber nicht über die Lippen. Johanna wird *Papa(s)teffi* genannt, die Bedeutung dafür legt das ambivalente Beziehungsgeflecht der Familie offen.

Johanna hat schwere und leichte Zeiten auszuhalten. Die Belastung am Anfang gesteht sie sich ein, die Entfremdung von den Müttern der Standardkinder. Steffi braucht viel mehr Geduld, und Johanna muss sich in allem neu finden. Als *Papa(s)teffi* ist sie Fädenzieherin, will aber nicht manipulativ sein.

Der fragliche Wunsch nach einem zweiten Kind, einem Standardkind, ist mit Mario nicht zu besprechen.

Johannas Herkunftsgeschichte findet den Niederschlag als Einschub auch im ersten Drittel dieses Buches. Soziologisch und psychologisch stimmig stammt die Erstgeborene von einer aufstiegsorientierten, gebildeten Mutter ab. Johanna war ein Fehler im Karriereweg, erst nach der Scheidung zog die Mutter ein Psychologie-Studium durch. Johanna emanzipierte sich, schloss das den Eltern geschuldete Lehramt ab, um dann Architektur zu studieren. Ihre Pläne hängt sie für Steffi an den Nagel. Der Vater nicht, er verlässt Johanna.

Neunzig Prozent der Föten mit Trisomie-21 werden abgetrieben. Das Buch behandelt nicht das Für und Wider, nicht die Rechtfertigungen. Johanna, die Protagonistin, setzt ihre Priorität individuell. Sie leistet Fürsorge, das mag traditionell sein, doch sie entscheidet selbstbestimmt, und dieser Konsequenz folgt Laher. Johanna fragt sich mit demagogischem Unterton: „Sind Medizin wie Justiz mit den ethischen Konsequenzen der modernen Pränataldiagnostik nicht grundsätzlich heillos überfordert" (S. 72)?

Im Wechsel mit Gedanken an die Vergangenheit wird die Gegenwart mit Steffi eingebaut. Auf literarischer Ebene wird Johanna hörbar: „Wer sie [Steffi] fördern will, muss sie zuallererst verstehen lernen" (S. 89).

Der Ton entspricht Johannas Gemütslage, und er schlägt in einen Referatston um. Die geschichtlichen Abrisse liefern die Beweise für die rassistische Bezeichnung „mongoloid" oder „Mongo". Johanna weiß, was junge Mütter in ihrer Situation mit einem *Nichtstandardkind* brauchen, keine Websites, sondern eine Lotsin an der Seite, eine Lotsin zum Einleben. Nur Erfahrungswissen kann helfen.

Johanna greift umwälzend in die Gesellschaft ein, indem sie neue Maßstäbe für den Blick auf *Nichtstandardmenschen* einfordert. Lahers Unternehmen mit diesem Roman ist ein Plädoyer für Selbstbestimmung und Eigenleben, wie es als Mitglied des Mittelstandes einer demokratischen offenen Gesellschaft doch leicht zu verwirklichen sein müsste. Dass dem nicht so ist, ist dank Ludwig Laher nachzulesen und mit Johanna in *Einleben* einzufordern.

Die dritte Frauenfigur der Trilogie ist ebenfalls sexueller Gewalt ausgesetzt, auch sie gehört wie schon Monika einer Randgruppe an. Die neue Heldin war den Traumata des Krieges ausgeliefert und der Trauer durch den Verlust ihrer Familie. Jelena muss die Gebiete der Zerstörung verlassen und sucht einen Ort für den Neuanfang in Österreich. Die Kosovoserbin Jelena hat maturiert, ist eine reflektierende Vertreterin ihrer Minderheit im Kosovo und bildet für sich eine individualistisch politische Minderheit, weil sie den serbischen Nationalismus ablehnt. Die Frau, die sowohl ihr Land als auch ihren Leib hinter sich lassen will, kommt in einer ungegenderten Amtssprache der Akten des Asylgerichtshofes asexualisiert als Antragsteller oder Asylwerber vor. Dieser ist seit 2012 im Bundesverwaltungsgericht aufgegangen. Der Autor deckt hier mit analytischem Blick systemische Unachtsamkeit, Ignoranz und zynische Arroganz bei der Verwendung des falschen sprachlichen Sexus auf. Die schwer traumatisierte Jelena ist unzugänglich, weil das System Menschlichkeit versagt. Recht ist ein Apparat, der genutzt wird, um Gerechtigkeit mit dem Schutz der Gesellschaft abzugleichen. Dieses Ansinnen lässt sich missbrauchen.

Das Quantum Menschlichkeit legt Laher auf die Waage der literarischen Gerechtigkeit. In personaler Perspektive werden auch in *Verfahren* die Lebenswirklichkeiten einer fiktiven Frau erzählt. Die Handlungen der Mitmenschen und Nebenmenschen und Übeltäter werden essayistisch aufgearbeitet und räsoniert. Laher setzt seine Direktheit als Autor ein, wenn er die widerliche Bedeutung des Wortes *Eroberung* an Jelenas Körper exemplifiziert. Jelena weiß, dass sie als Serbin abgestempelt ist, sie zählt als Antinationalistin weder zur serbischen Minderheit noch zu den Kosovaren.

Jelenas Richter sind selbstherrliche Männer, die sich im Gestus des Mitgefühls suhlen. Laher gibt in Exkursen zum Leben eines jüdischen Österreichers, Kurt Lippmann, der vor den Nazis floh, auch Einsicht in die Kulturgeschichte österreichischen Fremdenwesens und vermeidet dadurch polarisierende Analogien, weil er auch die Flüchtlingsbewegungen aus Ungarn und Polen anführt, um Holocaust und Fluchtgeschichten in Erinnerung zu halten.

Verfahren ist ein dokumentarischer Roman und behandelt die Jahre, in denen sich die Bedingungen für Asylwerber in Österreich massiv verschlechterten und unter der Innenministerin Maria Fekter (Amtszeit 2008–2011) zur Schikane ausgearbeitet wurden.

Die zahlreichen ungerechtfertigten Bescheide des Bundesamtes für Asyl und Fremdenwesen werden heute in zweiter Instanz beeinsprucht und im Verwaltungsgericht behandelt. Zur Zeit der Romanhandlung ist der Asylgerichtshof dafür zuständig gewesen.

Der Mensch hat, auch als Rechtsorgan eingespannt in die Gesetze des Rechtsstaates, einen gewissen Spielraum. Dieser wird von Lahers Richtern nicht verantwortungsvoll genützt. Für einen Asylwerber hängt viel davon ab, wer ihn einvernimmt. Die politische Korrektheit verlangt vom Gerichtspersonal Haltung und vielleicht auch deshalb eine Apodiktik, mit der Laher das Gericht ins Gericht nimmt.

Vernichtung und Terror fanden in den Jugoslawienkriegen vor den Augen der UNO und der versagenden EU statt. Jelena kommt erst lange nach dem Krieg nach Österreich. Sie schweigt über die Vergewaltigungen in der Nachkriegsepoche. Ihre Einvernahmen werden übersetzt, aber um die Qualität der Übersetzung schert sich niemand. Den Richtern ist anzulasten, dass sie vergessen, selbst Ahnungslose zu sein, wenn ein Opfer aus der Lebenswirklichkeit in der Kriegsgesellschaft berichtet.

Die Handlung wird von Szenen einer Demonstration gegen das verschärfte Fremdenrecht und von der ungerechtfertigten Verurteilung der Festgenommenen gerahmt. Dokumentarisch wird festgehalten, dass sogar die Staatsanwaltschaft gegen das Verfahren wegen versuchten Widerstands gegen die Staatsgewalt eingeschritten ist, um die Klage wegen Nichtigkeit abzuwenden. In dreißig Kapiteln mit Schlagworten aus dem jeweiligen Text betitelt, dokumentiert Laher eher, was in den Recherchen um Jelena geschieht, als dass er erzählt. Das Amtsdeutsch ist wiedergegeben. Laher übernimmt diese Sperrigkeit mit süffisantem Unterton:

> Der Organwalter ist auch im wirklichen Leben Mann, nicht nur im Sprachgebrauch der Behörde. Der Dolmetscher und der AW sind im wirklichen Leben Frauen, bleiben aber im Text der niederschriftlichen Einvernahme durchgehend männliche Wesen. (S. 10)

Jelena wird doppelt ihrer Individualität enteignet, sie wird entweiblicht und entpersonalisiert. Die Geschlechtlichkeit schimmert in den Akten nur als Beschreibung vom zierlich gebauten Körper durch:

> „Der AW, eine Frau, spricht noch kein Deutsch, heißt es, aber die Dolmetscherin gibt ihre Sprache in verdrehten Sätzen wieder" (S. 11f.).

Laher fragt zu Recht, woher das schlechte Deutsch denn im Protokoll komme. Ist die Dolmetscherin Komplizin eines zynischen, menschenfeindlichen Systems? Als die Asylwerberin vom niedergebrannten Haus am Fluss erzählt, fragt die Übersetzerin bei der Einvernahme nach: „Im Fluss?" Und schließt für den Richter auf einen scheinbaren Widerspruch: „Wie kann es da brennen?"

Die Desavouierungen der Asylwerberin nehmen nicht ab. Jelenas Aussagen werden verfälscht. Ob es medizinische Unterlagen gäbe, wird gefragt, und darauf antwortet die Dolmetscherin mit NEIN. Dabei liegen sie bei den Polizei-kräften der Vereinten Nationen, wie die Protagonistin präzise ausgesagt hat.

Jelena Savicevic, mit Lebensgewalterfahrung, Krieg und Matura, wird aus der Schubhaft entlassen, kommt in eine Betreuungseinrichtung, solange ihr Fall schwebend ist.

Faktennähe zeichnet den Roman aus, Protokolle, Recherche-Gespräche mit allen Akteuren eines Asylverfahrens. Engagierte Anwälte bekämpfen den Zynis-mus bei Gericht. Wir erinnern uns an die Fälle von Röthis (2011) in Vorarlberg oder den Fall Arigona Zogaj (2010), wo integrierte Familien gegen den Willen der Mitbürger abgeschoben und zerrissen worden sind.

Die ersten Kapitel des Romans *Verfahren* überfluten mit Information, alles erzählt sich wie von allein, schon verdichtet in den ersten zwei Kapiteln. Zum Glück folgen achtundzwanzig weitere, die wohlportioniert die ganze Geschichte Jelenas erforschen. Die Lektüre ist die Beweisführung einer Bewusstwerdung.

Die Konfrontation des Lesers/der Leserin mit der Unmenschlichkeit auf phy-sischen, psychischen und abstrakten Ebenen bricht mit der Abgestumpftheit. Der O-Ton des Justizpersonals ist selbstredend. Laher setzt Akzente präzise, um auf die Missstände hinzuweisen, deren Korrektur Menschen erst auf Augenhöhe begegnet: „Erhöht sitzt das Justizpersonal, Richter und Schreibkraft. Von dort lässt sich TREFFLICH" (S. 120), wie Laher das Adverb süffisant einfügt, auf die Beschwerdeführer und Zeugen hinunterschauen, weil ja die Körpersprache letztlich zur Entscheidungsfindung beitragen kann.

Durchwegs ist das Gerichtspersonal verdächtig, zu den Bösen zu gehören, in Repräsentanz des restriktiven Staates, der mit Asylsuchenden umgeht wie mit Delinquenten. Dafür wird selbstmitleidig schöngeredet. Laher bemängelt, dass der Asylgerichtshof außerhalb repräsentativer Stadtteile liege – das heutige Bun-desverwaltungsgericht liegt neben einem Parkhaus an einer Autobahnabfahrt.

Der Griff zur didaktischen Struktur ist für den Leser leicht wiederzuerkennen. Die Collage aus unterschiedlichen Textsorten hilft dabei, sich mit dem Apparat Recht und Verwaltung vertraut zu machen. Lebenserzählung aber versinkt für Behörden und Gerichte zur Bedeutungslosigkeit. Protokolle verlangen Eindeu-tigkeit für Asylgründe. Zeitnot, personelle Unterbesetzung, psychologische Unzulänglichkeit fließen dauernd in die Praxis der Rechtssprechung und in die Beweiswürdigung des Richters ein.

Sprachkritisch werden auch in diesem Roman Termini auf ihre wahre Be-deutung hin abgeklopft. Etwa: ERMESSEN. Der semantische Spielraum für den Richter, ermessen zu dürfen, was für einen Aufenthaltstitel gewichtig ist, wird von Laher ausgeleuchtet. Der Asylanwalt Dr. Wilfried Roither ist wütend, Laher bringt ihn auf den Punkt:

> Er beurteilt gewisse Fachpolitiker als ahnungslose Ignoranten, die Fremde von Asylbewerbern nicht unterscheiden. Diese Leute vereinigen problemlos den Granit populistischen Kalküls, eiskalter Rücksichtslosigkeit, mangelnder Gesprächsbereitschaft, absoluten Desinteresses am schlagenden Argument und den Pudding einer scheinbaren Verbindlichkeit eines „Aber jetzt tun'S doch nicht so übertreiben." (S. 37)

Ungarn 1956, Polen 1981. Die damalige freundliche Reaktion der österreichischen Bevölkerung auf Flüchtlinge war der Gunst der Stunde geschuldet, mediale Hetze konnte noch nicht effektiv verbreitet werden, zudem nützten die Flücht-linge der Regierung als Propaganda gegen den Kommunismus. Laher stellt die Frage, ob die Anpassung der Fluchtgründe an die Gegebenheiten der Zeit geschehen solle, „ob die enge Beschränkung auf Verfolgung durch den Staat selbst allein noch gelten kann" (S. 38). Jelena ist nicht vor dem Staat geflohen, sie wird von Privatmenschen gejagt, aber immerhin von hasserfüllten Nationalisten.

Zdenka, der Mutter von Jelena, hochbegabt, war durch Herkunft und Krieg jeder Bildungsaufstieg versagt. Die Serben erlebten in Kosovo-Albanien Enteignung und Abwertung. Das Klima unter den ehemaligen UÇK-Freischärlern und Serbenfeinden radikalisierte sich auf brutale Weise. Jelenas Vater, ein junger Serbe, machte es der Familie auch nicht leicht. Ressentiments, Machismus innerhalb der Familie und in der Gesellschaft produzierten eine tödliche Mischung aus Missgunst, Argwohn und Hass.

Laher schildert die psychologischen Vorgänge glaubhaft. Der auktoriale Blick erlaubt Handlungssprünge wider die Chronologie. Man erfährt vom Krebstod der Mutter Jelenas, ehe von ihrer Krankheit die Rede ist. Jelenas Mutter erlebt noch den Brandanschlag auf das Haus, bei dem ihre Söhne umkommen. Der Fall ist gut dokumentiert. Der Autor schildert die Berichte der Lokalpresse, immer in eine noch dunklere Zukunft weisend, und man ahnt bereits, dass die Lage sich verschlimmern wird.

Durch den Einsatz von Textsorten aus unterschiedlichen Blickwinkeln ermöglicht Laher einen verdichteten und präziseren Einblick in menschliches Verhalten, als es Einvernahmen üblicherweise vermögen. Richter und Rechtspfleger sind ein Spiegel des Bewusstseinszustandes einer Gesellschaft.

Laher konstatiert mit Zorn: „Als erkorene Verwalter, Deuter und Anwender gottgegebener Gesetzestafeln haben die Rechtsschriftgelehrten allen Anlass, sich hervorgehoben unter den Sterblichen zu fühlen" (S. 52). Dr. Zellweger, Jurist und Richter am Asylgerichtshof, gelangweilt von der Materie, spricht quasi Off-Records zum Erzähler, gesteht den politischen Druck. Geschwätzig plädiert er für Transparenz auch gegenüber den eigenen Vorurteilen.

Durch eine geschickte Platzierung biografischer Episoden wird Jelenas Leben spannend aufbereitet. Sie, mutterseelenallein, arbeitet nach allem Unglück als Tellerwäscherin für die UNO. Endlich hat sie einmal Glück, und da liegt schon das Auge des Verfolgers auf ihr, albanisch, verschmäht, hass- und neidentbrannt, hochgefährlich. Auch nur ein Nachbar.

Die Lebenswirklichkeit des saturierten Richters Dr. Zellweger ist in der Parallelerzählung schnuckeliger. Er mag „kein Aufschneiden, keine Übertreibungen, einfach klipp und klar sagen, wie es war". Jovial vertraulich gesteht er, sich für einen guten Einvernehmer zu halten, weil er eine berechtigte Beschwerde gegen den Erstbescheid erkennen kann.

Jelena erleidet eine Entführung und eine Vergewaltigung. Laher erzählt ihre Geschichte in gekonnter Dramaturgie und mit dem Wissen, was sie erwartet. Der Leser weiß, was kommt, und Jelena hat noch keine Ahnung, wie die Handlung fortschreitet. Sie wird „mit zitternden Händen das Glas Varikina WC-Reiniger" trinken, noch nicht ahnend, dass ihr wirklich Schreckliches widerfahren wird. Um einer Entführung zu entgehen, spielt sie kurz mit dem Gedanken, sich einen Abgrund hinabzustürzen, lässt aber zuletzt davon ab. Der Autor in auktorialer Perspektive lässt anklingen, dass es nun für sie schlimmer kommen wird. Sie erlebt, was sie erlebt, für sich – und Bashkim, ihr Peiniger, sieht in ihr zu „eroberndes Gebiet".

„Als Jungfrau kommst du serbische Hure hier jedenfalls nicht heraus, darauf kannst du Gift nehmen" (S. 91).

Diese dramaturgischen Kniffe gegen die Chronologie der Ereignisse, aber Suspense-gerecht zu erzählen, zeichnen Lahers Erzählspannung aus.

Unvorstellbares lässt sich eben nicht vorstellen, man muss es am Konkreten zeigen.

Kritik an unserem Rechtssystem üben die, wie es scheint im O-Ton wiedergegebenen, Aussagen des engagierten Anwalts Roither aus. Er vergleicht den Asylgerichtshof mit dem Jüngsten Gericht (S. 92). Ein Diskurs über die Haltung zu Grausamkeiten des Gerichtsalltags folgt. Schutzhaftzentrum, Konzentrierung von Flüchtlingen, Errichtung von Kreisläufen auf dem Rücken der Asylwerber werden polemisch und in zynischem Ton angeprangert und als unsichtbarer abgasfreier Wirtschaftsmotor einer fremdenfeindlichen Politik dargestellt. Die Betreuung und Versorgung von Flüchtlingsheimen sollen bestenfalls Aufschwung in wirtschaftlich schwache Regionen bringen. Anwalt Roither monologisiert über den Zynismus im Mantel der Gerechtigkeit.

In der Sprache der Gesundheitsatteste ist Jelena keine Asylwerberin, sondern eine Hospitalisierte. Ihre Geschichte setzt sich im Buch zu einem unverschuldet *verfahrenen* Leben zusammen.

Es gibt nur mitmenschliche Hilfe dagegen. Mittelstandsintellektuelle Asylanten ihres Kulturkreises, die sich im System Österreich auskennen, können ihr unter die Arme greifen. Eine Frau mit Regenschirm an der Bushaltestelle hilft ihr aus der symbolischen Traufe in den buchstäblichen Regen.

Zu den Frauengestalten in Ludwig Lahers Trilogie lässt sich als Fazit ableiten: Keine schafft es allein, sie bekommen Männer und Frauen zur Seite gestellt. Hilfe gibt es nur auf menschlicher Ebene durch einzelne Personen, die die systemischen Zusammenhänge erkennen.

Alle Frauenschicksale werden mit einer detailliert ausgeführten matrilinearen Herkunftsgeschichte ausgestattet, insofern ist der Begriff „Frauenroman" interessant, weil die Geschichte der Emanzipation im soziokulturellen Kontext von Frauenleben mitimaginiert ist.

Auffallend ist, dass die Töchter ihre Mütter schon verloren haben, bevor sie selbst Fuß fassen konnten.

Eine literarische Familienanamnese schildert die Lebenswirklichkeit zuweilen im Befundton mit Ausflug in die Expertisen von Fachleuten und in die fundierte Ergründung von soziologischen Zusammenhängen, die Mitteleuropa am Anfang des 21. Jahrhunderts ausmachen. Der Wechsel von personaler in kollektiv-auktoriale Perspektive vollzieht sich fließend, wenn das Erleben der Protagonistinnen als Puzzleteil im sozialkritischen Panorama gesehen wird.

Wie innovativ sind diese Frauengestalten? Monika, die Ex-Sexarbeiterin, vermag sogar zum Happy End wieder sexuelle Lust für ihren „Retter" zu empfinden. Johanna ist symbiotisch mit ihrem Kind verbunden. Jelena sucht einen sicheren Ort, an dem sie ihren Körper wieder ein- und annehmen kann. Die kleine Steffi hat das größte Potential zur Entwicklung. Wie es mit der literarischen Heldin weitergeht, kann nur gemutmaßt werden. Sie hat jedenfalls die Chance zu einer neuen Perspektive, sie kann alle überraschen und wird auf alles zurückgreifen, was sie dorthin bringen wird. Sie wird vielleicht über ihre Wahrnehmung erzählen und möglicherweise ein Buch dazu schreiben. Das ist es, was Lahers Weltsicht im Innersten zusammenhält: sich nichts vormachen und auf die Nase binden zu lassen.

Ludwig Laher (1956)
Ludwig Laher (1957)

Der Spurlosigkeit Entrissene und unschätzbare Dokumente
LUDWIG LAHERS ANTIZIGANISMUSKRITISCHES LEBENSWERK

Die Latte liegt hoch. Es soll gelingen, Antiziganismus gesellschaftlich im gleichen Ausmaß zu ächten wie Antisemitismus. Mit ihrem im Oktober 2020 angenommenen neuen „Zehnjahresplan" möchte die Europäische Kommission Voraussetzungen schaffen, um dieses Ziel zu erreichen, mit der „EU-Rahmenstrategie für Gleichberechtigung, Inklusion und Teilnahme der Roma 2020–2030". Die abgelaufene EU-Rahmenstrategie 2011–2020 hat nicht zu einer Verbesserung der Lebensumstände von Roma und Sinti in Europa beigetragen, Antiziganismus konnte nicht eingedämmt werden, im Gegenteil. Während der Corona-Pandemie verschärfte sich die Situation, vor allem in Staaten Mittelost- und Südosteuropas (vgl. Baumann 2020). Ein Paradigmenwechsel in der Sichtweise, die BürgerrechtsaktivistInnen seit jeher proklamieren, wurde auf höchster politischer Ebene in der EU-Kommission vollzogen, jetzt sind die nationalen Regierungen gefordert, die Konsequenzen daraus zu ziehen: Nicht Roma selbst tragen Schuld an menschenunwürdigen Lebensbedingungen, die Ursache liegt in der Apartheitspolitik gegen Roma in vielen Ländern Europas, wie Romani Rose, der Vorsitzende des Zentralrats Deutscher Sinti und Roma, betont. Es ist somit eine Herkulesaufgabe, die Europa zu bewältigen hat: Antiziganismus so zu ächten wie Antisemitismus.

Unter dem Begriff „Antiziganismus" sind, wie die Unabhängige Kommission Antiziganismus in Deutschland definiert, spezifische Stereotype und Vorbehalte gegenüber Sinti und Roma gemeint,

> die historisch gewachsen sind und als tradiertes gesamteuropäisches Vorurteil betrachtet werden können. Antiziganismus ist eine spezielle Form des Rassismus, die sich gegen Roma, Sinti, Fahrende, Jenische und andere Personen richtet, die auch häufig als Zigeuner stigmatisiert werden. (Unabhängige Kommission Antiziganismus)

Die internationale Bürgerrechtsbewegung der Roma und Sinti kämpft seit einem halben Jahrhundert, seit dem ersten Roma-Welt-Kongress in London im April 1971, gegen diese Form des Rassismus, einzelne Roma-Organisationen noch viel länger. Seit jeher sind es Angehörige von Romani-Communities, die sich für Menschenwürde, Anerkennung und Gleichberechtigung einsetzen, es sind aber auch Mitglieder der Mehrheitsbevölkerung. Ludwig Laher liefert mit seinem antiziganismuskritischen Lebenswerk ein Best-Practice-Beispiel, wie dieser fatalen Form des Rassismus der Kampf angesagt werden kann.

In Österreich wurden Roma auf Drängen von Roma-Organisationen und engagierten EinzelkämpferInnen aus der Mehrheitsbevölkerung bereits im Dezember 1993 als sechste österreichische Volksgruppe anerkannt, der Staat nahm damit eine Vorreiterrolle in Europa ein. Das Attentat von Oberwart im Februar 1995, bei dem vier Roma ums Leben kamen, löste Entsetzen, Angst und Trauer aus, lenkte internationale Aufmerksamkeit auf die schwierigen Lebensbedingungen von Roma und führte zu – für Roma unerwarteten – Solidaritätsbekundungen von Seiten der Mehrheitsbevölkerung und der Politik (vgl. Thurner 2015). Die Bürgerrechtsbewegung erlitt einen Rückschlag, wurde durch das Attentat aber nicht gestoppt, das Gegenteil war der Fall. Antiziganismus bleibt jedoch ein äußerst schwer zu bekämpfendes Phänomen.

Wie kann es gelingen, diese Form des Rassismus so zu ächten wie Antisemitismus? Unter Antisemitismus leidet weltweit eine große Zahl an Personen; die Gefahren dieser Form des Rassismus, der im Holocaust mündete, sind in der Gesellschaft und in der Politik bekannt. Der Kampf gegen Antisemitismus gestaltet sich schwierig, er ist eine ständige Herausforderung für Regierungen, Bildungsinstitutionen und die Zivilgesellschaft, in diesem Bereich werden viele Aktivitäten gesetzt. Das ebenso omnipräsente Phänomen Antiziganismus hingegen wird in den meisten Fällen weder wahrgenommen noch angeprangert. Der Terminus selbst ist für die allermeisten ein Fremdwort, wer hat ihn – z. B. an Schulen, Universitäten – schon einmal verwendet? Antiziganismus führte seit Jahrhunderten zu Diskriminierung, Verfolgung und Vernichtung von Menschen, die als „Zigeuner" bezeichnet wurden, im 20. Jahrhundert zum nationalsozialistischen Genozid an Roma und Sinti, zum Samudaripen (Massenmord), dem Hunderttausende zum Opfer fielen. In Österreich überlebten nur zehn bis 15 Prozent der ca. 12.000 Roma und Sinti, auch Jenische litten massiv unter Verfolgungen (vgl. Thurner 2020, S. 89). Nach 1945 kam es zu keiner Zäsur in Bezug auf Diskriminierung. Heute raubt diese Form des Rassismus unzähligen Mitgliedern von Romani-Communities, Jenischen und Travellers die Perspektive auf ein gutes, menschenwürdiges Leben, für zahlreiche Personen hat Antiziganismus auch im Europa des 21. Jahrhunderts tödliche Konsequenzen.

Bei allen Maßnahmen, die ergriffen werden, um Antiziganismus zu bekämpfen, spielen Kunst und Kultur, „positive Visionen", Gegenerzählungen und Selbstrepräsentation von Mitgliedern der Romani- und Traveller-Communities eine fundamentale Rolle. Sie bilden, wie die Verantwortlichen des in Berlin ansässigen European Roma Institute for Arts and Culture in einer Stellungnahme zur neuen EU-Rahmenstrategie eindringlich betonen, die Voraussetzung, um den Kampf gegen Antiziganismus erfolgreich führen zu können. Kunst und Kultur sollte daher in der neuen EU-Rahmenstrategie 2020 – 2030 ein zentraler Platz eingeräumt werden.

Ludwig Laher gelingt in seinem Werk beides, sowohl menschenverachtende und antiziganistische Strukturen aufzudecken als auch Raum für Selbstrepräsentation, Gegenerzählungen und positive Visionen von Sinti und Roma zu schaffen. Antiziganismuskritik leistet Laher als Schriftsteller, als Herausgeber, Filmautor, Kurator von Ausstellungen, im Rahmen von Lesungen, als Produzent von Radiofeatures und Hörspielen und vor allem in enger Zusammenarbeit mit Sintize, Sinti, Romnja und Roma. Die Form, in der das geschieht, ist vielfältig und lotet Grenzen aus. In seinem 2001 erschienenen dokumentarischen Roman *Herzfleischentartung* und seiner im letzten Jahr publizierten Prosa *Schauplatzwunden*, einem „Komplementärunternehmen" (Laher 2020, S. 9), findet Laher für Gewaltverbrechen, die im NS-Lagerkomplex St. Pantaleon-Weyer im Innviertel begangen wurden, eine radikale literarische Sprache und legt ideologische Einstellungen, die rassistischen Strukturen zugrunde liegen, offen. In *Herzfleischentartung* steht die literarische Darstellung der „Strukturen der Barbarei" (Laher 2020, S. 9) im Mittelpunkt, in *Schauplatzwunden* präsentiert und literarisiert Laher „behutsam" (S. 188) zwölf Lebensgeschichten, sein Anspruch ist, so nahe wie möglich an den Fakten zu bleiben. Die erzählte Zeit beschränkt sich nicht auf die Dauer des NS-Regimes, sie reicht zurück in die Zeit der Vorfahren einiger ProtagonistInnen und herauf in die Gegenwart des Ich-Erzählers und der RezipientInnen.

Das in St. Pantaleon-Weyer 1940 errichtete „Arbeitserziehungslager" wird Ende desselben Jahres überhastet geschlossen, da der Lagerarzt eines Tages nicht mehr bereit ist, die exzessive Gewalt im Lager, die Todesopfer fordert, zu vertuschen, und die Staatsanwaltschaft einschaltet. Dem verantwortlichen Juristen Dr. Josef Neuwirth ist ein höchst differenziertes Porträt in *Schauplatzwunden* gewidmet. Inmitten eines mörderischen NS-Regimes bemüht sich Neuwirth darum, die im Lager begangenen Verbrechen zu ahnden. Die Strafverfahren werden schließlich „mit Ermächtigung des Führers" (S. 126) niedergeschlagen. In Weyer wird nach Auflösung des ersten Lagers ein „Zigeuneranhaltelager" eröffnet, keine der dort internierten Sinti überlebten die NS-Zeit, Orte des Todes sind für die meisten von ihnen das Ghetto in Łódź und die Gasautobusse von Chełmno.

Für die Publikation des dokumentarischen Romans *Herzfleischentartung* verarbeitete Laher tausende Seiten Originalakten, Leserinnen und Leser werden vor allem auch mit der Sicht der Täter konfrontiert. Die detaillierte Schilderung der Gewaltexzesse sowohl in *Herzfleischentartung* als auch in *Schauplatzwunden* erfüllt eine Funktion im Rahmen der Komposition der Texte. Ein Graben tut sich auf zwischen Fakten, stattgefundenen Grausamkeiten, dem Genozid auf der einen Seite und Lügen, Ausflüchten der Täter im Rahmen von Einvernahmen und Gerichtsverhandlungen, Freisprüchen, fehlender Entnazifizierung, verweigerter Opferfürsorge und ungebrochener Fortsetzung massivster Diskriminierung nach 1945 auf der anderen Seite. RezipientInnen werden im Prozess der Lektüre „Zeugen" der Verbrechen und können ansatzweise erahnen, welche Schuld das Nachkriegsösterreich auf sich geladen hat.

Eines der Porträts in *Schauplatzwunden* ist einer siebenunddreißigjährigen Sintiza, Albine Rosenfels, gewidmet. Ein schriftliches Zeugnis von ihr, eine Postkarte an ihre jüngere Schwester Maria Kohlberger, ist erhalten geblieben, ein kurzes „Lebenszeichen aus Albines Hand, das als einziges mir bekanntes schriftliches Zeugnis jemandes, der in Weyer interniert war, direkt aus dem Lager überliefert ist" (S. 140). Leidensgeschichten der Opfer der NS-Zeit lassen sich in vielen Fällen nur aus Dokumenten rekonstruieren, die die Sicht der NS-Behörden und -Institutionen widerspiegeln, schriftliche Zeugnisse der Menschen selbst fehlen in den allermeisten Fällen. Es handelt sich daher hier um einen gleichermaßen wertvollen wie erschütternden Fund.

> Unter dem Datum des neunundzwanzigsten März 1941 zwängt Albine Rosenfels in kleinwinziger Schrift folgende Worte auf eine mit sechs Reichspfennig frankierte Postkarte: „Liebe Schwester! Ich danke dir für die Grüße, die du mir durch Julius geschickt hast samt Kinder ich hätte dir schon lange von hir geschrieben aber du kannst es dir nicht vorstellen wie schwer es mir ist von hir an dich zu schreiben ich bin seit dem 6./3. hir und du weist doch als ich am 4/3 in Linz war was man mir versprochen hatt du kannst dir nicht denken wie es in mir aus schaut da ich Unter diese Menschen sein und sehn muß die an meinem schicksal schuld sind ich meine oft es trükt mir das Herz ab liebe Mitzi teile dir auch mit das mein zukünftiger Mann in Wildshut in Arbeit steht und wegen unserer trauung müssen wir noch warten liebe Mitzi, frag einmal Herrn K. warum nicht ich auch in Zöhrendorferfeld nicht stehn darf wie alle anderen Schausteller es sind doch so viele dort die ganz gleich sind wie wir im gegenteil wie Pichler Schullmann u Grüni u noch viele die ich nicht kenne. teile dir auch mit das Klein Gitti krank ist u es ist kein Wunder laß mir meine Mutter u Bruno schön grüßen." (S. 139–140)

Albine Rosenfels spricht, mit Vorsicht und Zurückhaltung, da alles Schriftliche der Zensur unterliegt, über das Leid im Lager, aber auch von der bevorstehenden Trauung, von der der Leser weiß, dass sie nie stattfinden wird. Frau Rosenfels glaubt an eine Zukunft, an eine Wiedervereinigung mit ihrer Familie. Neben den Schrecken der geschilderten Gewalt sind es in *Schauplatzwunden* die Hoffnungen der Protagonistinnen und Protagonisten, an denen Rezipierende teilhaben, im Wissen, dass die nahe Zukunft nur den grausamen Tod bringen wird, dass die Ermordung bevorsteht, auch die der Familienmitglieder. In zahlreichen Werken Ludwig Lahers sind es Vorausdeutungen, die Lesende zu Mitwissern schrecklicher zukünftiger Ereignisse machen, von denen die Protagonisten und porträtierten Menschen in den Texten noch nichts oder nichts wissen können.

> Zu diesem Zeitpunkt befindet sich Cäcilie Kohlberger, die Mutter von Mitzi, Albine, Anna und Julius, noch in Freiheit. Sie ist bei der Tochter untergekommen. Mit einundsechzig wird sie in Auschwitz ermordet werden. Da wird man ihre Kinder Albine und Julius samt der Enkelschar längst schon umgebracht haben. (S. 140)

An diesem Punkt der Lebensgeschichte stellt sich der Ich-Erzähler die Frage, ob es überhaupt Sinn macht, das Porträt von Albine Rosenfels fortzuführen.

> Eigentlich, denke ich mir, könnte ich an dieser Stelle das Kapitel schon schließen. Frau Rosenfels vermittelt in wenigen Originalzeilen vielleicht mehr über die Bedrängnis, das Leid, die lähmende Ungewissheit und vor allem über die für Betroffene so bedrückende, undurchschaubare Willkür der Machthaber, als das meine bescheidenen Versuche, einige der Menschen aus Weyer mit meinen Worten ihrer Spurlosigkeit zu entreißen, auf rund hundertachtzig Buchseiten leisten können. (S. 140)

Das Dokument von Albine Rosenfels könnte Eingang finden in „Voices of the Victims" von RomArchive – das digitale Archiv der Sinti und Roma (https://www.romarchive.eu/de/). Frühe Quellen aus der Zeit der Verfolgung aus zwanzig verschiedenen Ländern, Briefe, Zeugenaussagen und Berichte, wurden auf Romanes, Deutsch und Englisch vertont, die Geschichte des Völkermords wird auf diese Weise ausschließlich aus der Perspektive der Betroffenen erzählt. Es sind seltene Gegenerzählungen zu den diffamierenden Täterquellen. Die digitalisierten Originalschriftstücke werden gezeigt, Transkriptionen sind angefügt, die BesucherInnen der Website hören Stimmen der Opfer, die nun, nach so vielen Jahrzehnten nach Ende der NS-Diktatur, Eingang finden sollen in das kulturelle Gedächtnis.

In seinem Porträt zu Rudolf Haas in *Schauplatzwunden* errichtet Ludwig Laher einem bei seinem Tod im Jahr 1941 kaum vier Wochen alten Säugling ein literarisches Denkmal, an „Lebensschwäche" soll das Kind am „fünften Mai um fünfzehn Uhr dreißig" (S. 53) gestorben sein. Dieses Gedenken korrespondiert in seinem Anspruch, das ermordete Kind zu ehren und der Auslöschung symbolisch entgegenzuwirken, mit einem anderen Kunstprojekt. Die Künstlerin Esther Strauß realisierte im Jahr 2020 ein performatives Denkmal, sie legte ihren Namen ab und trug ein Jahr lang den Namen Marie Blum, eines in Auschwitz ermordeten Säuglings. Auf der Geburtsurkunde ihrer Tochter, die im Frühjahr 2020 zur Welt kam, steht als Name der Mutter Marie Blum. Es sind zwei künstlerische Strategien, wie das Schicksal von Neugeborenen, die nur ganz kurze Zeit unter furchtbarsten Bedingungen lebten, der „Spurlosigkeit" entrissen werden kann.

Roma, Sinti und Jenische im Bereich der Kunst und Wissenschaft

Dass Millionen Angehörige von Romani-Communities unter äußerst prekären Verhältnissen leben, ist bekannt. Kaum bekannt hingegen ist Folgendes: Roma, Romnja, Sinti, Sintize, Jenische und Travellers schreiben Romane, Gedichte, Theaterstücke, führen Regie, sind SchauspielerInnen und Performance-KünstlerInnen, ErzählerInnen, bildende KünstlerInnen, KomponistInnen und MusikerInnen, sie produzieren Filme und Videokunst. Bereits in den 1920er und 1930er Jahren existierten starke literarische und künstlerische Strömungen, wie z.B. in Rumänien, Russland und der Sowjetunion, sie wurden von der Politik gewaltsam beendet. Viele KünstlerInnen und AutorInnen sind „self-taught", selbstgelehrt, wie es die ungarische Roma-Aktivistin Ágnes Daróczi in Bezug auf die bildende Kunst ausdrückt (Daróczi 2000, S. 6), und verfolgen, oftmals unter widrigsten Bedingungen und in zahlreichen Fällen ohne Unterstützung, auch nicht von Familienmitgliedern, ihren künstlerischen Weg. Andere erhalten ihre Ausbildungen an Kunsthochschulen und Universitäten. Einen eindrucksvollen Einblick in die Fülle künstlerischer und wissenschaftlicher Aktivitäten bietet das bereits erwähnte RomArchive. Angehörige von Romani-Communities arbeiten auch als Lehrende an Schulen, Universitäten und anderen Bildungsinstitutionen, als WissenschaftlerInnen, als JuristInnen, ÄrztInnen und in vielen anderen Berufen. Viele dieser Personen legen Wert auf eine Selbstidentifikation als Roma, viele engagieren sich in der Bürgerrechtsbewegung, viele andere hingegen halten die ethnische Zugehörigkeit aus Angst vor Diskriminierung geheim und fordern ihre Kinder auf, in der Schule nicht zu sagen, dass sie aus einer Familie mit Romani-Hintergrund kommen, in einigen Familien wird die Zugehörigkeit zur Romani-Community vor den eigenen Kindern verheimlicht. Wer in „Roma-Siedlungen" lebt, hat in vielen Fällen keine Wahl, die Menschen werden als Roma bezeichnet und in vielen Ländern massivst diskriminiert. Ein Beispiel sind Fälle von Apartheid im Bildungswesen, die auch zum gegenwärtigen Zeitpunkt Gerichte beschäftigen. Roma-Kinder werden in eigenen Klassen und Schulen unterrichtet, Bürgerrechtsorganisationen prangern diese Rechtswidrigkeit seit langem an.

Roma und Travellers produzieren und veröffentlichen Kunst selbständig oder aber in Kooperation mit HerausgeberInnen. Der Weg zur Veröffentlichung von Literatur oder zur Ausstellung von Werken bildender Kunst ist ein mühsamer, nicht nur für Roma. Ludwig Lahers Zusammenarbeit mit Mitgliedern von Sinti-Familien reiht sich ein in ein internationales Spektrum, aus dem bahnbrechende Werke hervorgegangen sind, wie zum Beispiel *Wir leben im Verborgenen* von Ceija Stojka in Kooperation mit Karin Berger oder *A False Dawn. My life as a Gypsy woman in Slovakia* der slowakischen Autorin und Bürgerrechtsaktivistin Ilona Lacková in Kooperation mit der tschechischen Romistin Milena Hübschmannová, um nur zwei Beispiele zu nennen.

„Uns hat es nicht geben sollen. Rosa Winter, Gitta und Nicole Martl. Drei Generationen Sinti-Frauen erzählen"

Wie ist ein Weiterleben möglich, wenn die Eltern, Großeltern, elf Geschwister, Tanten, Onkel, Cousinen und Cousins ermordet wurden? Wenn der österreichische Staat Opferrenten und bis in die 1990er Jahre die Staatsbürgerschaft vorenthält, wenn einem, einer nach 1945 ungebrochene Diskriminierung entgegenschlägt? Rosa Winter erzählt davon. Als junges Mädchen flüchtete sie vom Set zum Film *Tiefland* von Leni Riefenstahl, da sie Nachricht erhalten hatte, dass ihre Familie vom Lager Maxglan in Salzburg in ein anderes Lager verlegt werden sollte. Sie wird gefasst, ins Gefängnis nach Salzburg verfrachtet, sieht ein letztes Mal ihre Mutter und wird nach Ravensbrück deportiert. Rosa Winter erzählt ihre Lebensgeschichte mündlich, sie ist Analphabetin.

> In ihrer Ausführlichkeit ist es nach meinem Wissen die umfangreichste publizierte Lebensgeschichte einer österreichischen Sintiza der Opfergeneration von 1939 bis 1945. […] In seiner Haltung ist dieser Text ein unschätzbares Dokument eines – nicht einmal ausdrücklich beabsichtigten – Zugehens der Opfer auf die Nachkommen der Täter und der Ignoranten.
> (Laher 2005/b, S. 104)

Ein Zugehen auf die Nachkommen der Täter leisten auch Rosa Gitta Martl, die Tochter von Rosa Winter, und Nicole Martl, ihre Enkelin, in ihren Erzählungen in *Uns hat es nicht geben sollen*. Rosa Gitta Martl kämpfte 16 Jahre lang darum, dass Familienmitglieder die Staatsbürgerschaft erhalten und als Opfer des NS-Regimes anerkannt werden. Im Fall ihrer Mutter führten die beinahe endlosen Bemühungen im Jahr 1991 doch noch zum Erfolg, ihr Vater erlebte diesen nicht mehr. Mit Erhalt der Staatsbürgerschaft wurde ein Namenswechsel verordnet. Rosa, die Überlebende des nationalsozialistischen Genozids, durfte nicht mehr den Nachnamen ihres Vaters, Kerndlbacher, führen, da dem Staat Österreich keine Dokumente einer standesamtlichen Trauung der Eltern vorlagen, die kirchliche zählte nicht. Sie müsse von nun an den ledigen Namen der Mutter, Winter, tragen, wurde ihr mitgeteilt (vgl. Laher 2004/a, S. 19).

Rosa Gitta Martl leitete viele Jahre den Verein Ketani (Miteinander), den später ihre Tochter Nicole führte. Selbstrepräsentation, Gegengeschichten, Aufarbeitung der grauenvollen Geschichte, Berichte über anhaltende Diskriminierung, die Analyse antiziganistischer Strukturen im Nachkriegsösterreich, das Erzählen von persönlichen Schicksalsschlägen, die zermürbende Auseinandersetzung mit Behörden, Hoffnungen auf eine gemeinsame friedliche Zukunft, Kraft und Überlebenswille: Lesende sehen sich mit einer Fülle von Themen konfrontiert. Was Gegenwartsbezug bedeutet, macht Nicole Martl in ihrem Text deutlich und spricht damit wohl stellvertretend für eine ganze Generation junger Roma, Sinti und Jenischer.

> Mir ist der Holocaust ganz nahe. Ich denke mir nicht einfach, arg, was da meinen Großeltern passiert ist, aber das ist lange her, mit mir hat das nichts zu tun. Bei jeder Ausstellung, jedem Vortrag wird mir bewusst, ich wäre auch dabei gewesen, und wenn es heute wieder passiert, bin ich mitten drinnen. (Martl 2004, S. 149)

Für ihr 2019 erschienenes Buch, *Bleib stark*, wurde Rosa Gitta Martl mit dem Roma-Literaturpreis des Österreichischen PEN ausgezeichnet. Laher unterstützte die Autorin bei der Herausgabe des Buches. Martl veröffentlichte in *Bleib stark* und an verschiedenen anderen Stellen auch Texte auf Romanes bzw. Sintitikes, der Romani-Variante der Sinti, die – im Gegensatz zu vielen anderen Romani-Varianten – selten in Veröffentlichungen verwendet wird, da viele Sinti aufgrund der traumatischen Erfahrungen in der NS-Zeit in ihrer Sprache nur gruppenintern kommunizieren. Ludwig Laher ist Herausgeber einiger Bücher, in denen Texte Rosa Gitta Martls auf Romanes aufgenommen wurden, ein Beispiel ist der Band *Oberösterreich*, erschienen 2004 in der bibliophilen Reihe „Europa erlesen" des Wieser-Verlags. „Gut 500 Jahre nach dem Eintreffen der ersten

Sinti im Land wird damit zum ersten Mal in einem repräsentativen Werk diese Minderheitensprache zu Wort kommen: ‚Nassalo ap o betsch', ‚Schatten auf der Lunge' heißt die Geschichte" (Laher 2005/b, S. 108). Auch der in derselben Reihe erschienene, von Laher herausgegebene Band *Linz* enthält einen Text Martls auf Romanes und Deutsch (Martl 2008).

Ludwig Laher kooperierte mit dem Verein Ketani auch im Rahmen der Produktion des Filmessays *Sinti ob der Enns*, ORF 2006, und der Kinodokumentation *Ketani heißt miteinander. Sintiwirklichkeiten statt Zigeunerklischees*, ORF 2006. Mit diesen Filmen sowie dem Filmessay *Herzfleischentartung*, ORF 2001, konnte ein breites Publikum erreicht werden.

Ein aus Brasilien stammendes revolutionäres Konzept, „Meeting of Knowledges", entwickelt vom Anthropologen José Jorge de Carvalho, ermöglicht es, dass „Masters", Wissende aus indigenen Communities und People of Color, gleichberechtigt mit akademischem Personal an Universitäten lehren (Carvalho 2019, Hemetek 2019). Die Masters verfügen über außerordentliches Wissen, viele von ihnen sind Analphabetinnen und Analphabeten und sprechen kein Portugiesisch. Die Lehre wird mithilfe von Übersetzungen realisiert. Die Musikethnologin und Wittgensteinpreisträgerin Ursula Hemetek hat das „Meeting of Knowledges"-Konzept in den neuen Masterstudiengang für Ethnomusikologie an der Universität für Musik und darstellende Kunst Wien integriert. Wir beginnen als Gesellschaft in Europa im Jahr 2020, wie eingangs erwähnt, Antiziganismus als gefährliche Form des Rassismus zu begreifen, 75 Jahre nach Ende der Nazi-Diktatur. Eine Etablierung des „Meeting of Knowledges"-Konzepts an europäischen Universitäten steht aus, wohl abgesehen von wenigen Beispielen wie jenem an der Ethnomusikologie in Wien. Hätten wir dieses Konzept vor mehreren Jahrzehnten an unseren Universitäten etabliert, hätte uns die Analphabetin Rosa Winter lehren können, auf welch fatale Weise Roma, Sinti und Jenische von Antiziganismus betroffen sind. In einem Film aus dem Jahr 1985, der auch an Universitäten und in Bildungsinstitutionen gezeigt wurde, waren Rosa Winter als Zeitzeugin und Rosa Gitta Martl als Bürgerrechtsaktivistin allerdings präsent, in *Die Zeit heilt keine Wunden. Begegnung mit Zigeunern in Österreich* von Norbert Huber, Hermann Peseckas und Erika Thurner. Die Historikerin Erika Thurner veröffentlichte 1983 ihre bahnbrechende Dissertation *Nationalsozialismus und Zigeuner in Österreich*. Sie war eine der ersten, die sich der historischen Aufarbeitung der Verfolgung von Roma, Sinti und Jenischen widmete, zu dieser Thematik an Universitäten Lehrveranstaltungen anbot und sich für Änderungen im Opferfürsorgegesetz zugunsten der Roma einsetzte. Thurner unterstützte auch Rosa Gitta Martls langen Kampf um die Verleihung der Staatbürgerschaft an ihre Mutter und um Anerkennung als Opfer des NS-Regimes.

Das wünsche ich mir für Rosa Winter, Rosa Gitta Martl und Nicole Sevik, geborene Martl, für Roma und Jenische und für die Mehrheitsbevölkerung: An allen Schulen und an Universitäten sollten ihre Lebensgeschichten, Romane, Gedichte, Theaterstücke, Märchen, Filme, Kunstwerke, Berichte des Lebens- und Überlebenskampfes Eingang finden in den Unterricht – das schriftliche, mündliche und künstlerische Werk und Vermächtnis von Ceija Stojka, Ilija Jovanović, Fatma Heinschink, Stefan Horvath, Romedius Mungenast, Mariella Mehr, Rajko Djurić, Simone Schönett, Sieglinde Schauer-Glatz, Philomena Frantz, Matéo Maximoff, Leksa Manuš, Papusza, Kiba Lumberg, Tera Fabiánová, Katarina Taikon, José Heredia Maya und vielen anderen. Wir brauchen „Masters" aus den Communities, die im Teamteaching mit Universitätspersonal unterrichten, oder selbständig. In Europa, vor allem in Mittel-, Ost- und Südosteuropa, gibt es Tausende Roma mit höherer Bildung, auch wenn diese Tatsache in der Mehrheitsbevölkerung unbekannt ist. Die Errichtung von vielen weiteren zu den wenigen auf internationaler Ebene bereits existierenden Studienzweigen zur Thematik Romani und Traveller Studies und Antiziganismusforschung ist eine Notwendigkeit, um eine gesellschaftliche Ächtung von Antiziganismus, der seit jeher auch Jenische betrifft, zu erreichen. Forschung und Lehre im Bereich Antirassismus sind unumgänglich, ebenso aber die Auseinandersetzung mit Sprachen, Kunst und Kulturen, mit Selbstrepräsentationen und Gegenerzählungen der verschiedenen Gruppen – auch auf dieser Ebene herrscht ein großes Wissensdefizit. Von Bedeutung dabei ist, Essentialisierungen zu vermeiden, den Glauben an ein „Wesen" der Menschen und Kulturen. Die Anerkennung der Jenischen als Volksgruppe liegt derzeit bei der österreichischen Bundesregierung zur Prüfung, sie ist, wie die AutorInnen des Themenschwerpunkts „Anerkennung der Jenischen" im Gaismair-Jahrbuch 2021 eindrucksvoll belegen, längst überfällig. Welche Entwicklungsmöglichkeiten dadurch geboten werden können, zeigt die Anerkennung der Roma als sechste österreichische Volksgruppe im Dezember 1993.

Literarische und künstlerische Werke von Jenischen, Travellers, Romnja, Roma, Sintize und Sinti, die auf Romanes, in manchen Fällen auf Jenisch und in so gut wie allen europäischen Landessprachen vorliegen, sollten darüber hinaus in Übersetzungen einem internationalen Publikum zugänglich gemacht werden. Die Frankfurter Buchmesse oder eine der anderen großen internationalen Buchmessen könnten Romani-Literaturen und Literaturen der Jenischen und Travellers als „Gastland" einladen und so in den Mittelpunkt stellen. Im Jahr 2019 waren Romani-Literaturen auf der Frankfurter Buchmesse mit je einem Stand, also zweifach, vertreten. Die Position als „Gastland" hätte aber eine völlig andere Reichweite. Neben Prosa, Lyrik, Drama, Erzählung und Märchen boomen vor allem Kinder- und Jugendliteratur, Comics und digitale Literatur.

„Und nehmen was kommt"

Monika. *Und nehmen was kommt*. Pflichtlektüre in meiner Vorlesung zu Inter- und Transkulturalität an der Vergleichenden Literaturwissenschaft in Innsbruck seit vielen Jahren. Bei den selten gewordenen mündlichen Prüfungsgesprächen sind die Studierenden kaum zu stoppen. Immer wieder wird die vorgesehene Zeit für das Prüfungsgespräch überschritten. Die Lektüre führt zu tiefer Betroffenheit. Die Geschichte dieser jungen Frau, der Protagonistin im 2007 erschienenen Roman, hat sich nicht in ferner Vergangenheit zugetragen – sie betrifft unsere Gegenwart. Im Rahmen der Lehrveranstaltung besuchen wir die feministische Frauenbibliothek des Arbeitskreises für Emanzipation und Partnerschaft. Die Sozialarbeiterinnen von *ibus*, Innsbrucker Beratung und Unterstützung von Sexarbeiter*innen, sprechen mit uns über ihre Arbeit. Zurück zum Roman: Monika, aus einer slowakischen Romafamilie stammend, wird von ihrer Mutter ohne deren Einverständnis getrennt und verbringt ihre Kindheit und Jugend gemeinsam mit ihrem jüngeren Bruder in einem Heim. Gnadenlose Disziplinierung, Gefühlskälte, Strafen sind dort an der Tagesordnung, eine Vorbereitung auf ein selbstbestimmtes Leben findet nicht statt. Kaum „in Freiheit" ist Monika gezwungen, als Prostituierte zu arbeiten, es ist keine selbstbestimmte

Sexarbeit. Ausbeutung, Gewalt und Drogen bestimmen ihren Alltag. Scharfe Gesellschaftskritik und das Fehlen jeglicher Schwarz-Weiß-Malerei, Täter sind sowohl Mitglieder der neoliberalen Mehrheitsgesellschaft als auch Menschen mit Romani-Hintergrund, kennzeichnen den Roman. Auch Monika selbst wird differenziert gezeichnet, auch sie, in vielen Bereichen das Opfer, wendet Gewalt an. Gleichzeitig beweist sie Stärke, Kraft und Willen, die es ihr ermöglichen zu überleben. Ein ständiger Wechsel in der Erzählperspektive, Vorausdeutungen auf der zeitlichen Ebene des Textes, die komplexe und ambivalente Zeichnung der Figuren von Opfertätern und Täteropfern (zur Terminologie vgl. Binder et al. 2020), die radikale literarische Darstellung der menschenverachtenden, antiziganistischen und frauenfeindlichen Strukturen, die Gewaltspirale: Das sind nur einige literarische Mittel und inhaltliche Charakteristika, die den Text kennzeichnen und zum Spannungsaufbau beitragen. Gezeichnet wird eine Gesellschaft, die für ein Kind und für eine junge Frau wie Monika keinen Platz, keinerlei Unterstützung und keine Zukunft vorsieht, in der ein Mensch wie Monika als Ware gehandelt wird. In der literarischen Gestaltung ist der Autor aber weit davon entfernt, ein hilfloses Opfer zu inszenieren. Aus eigener Kraft und mit Hilfe eines Partners gelingt der Ausstieg aus Drogen und Prostitution und ein schwieriger Neuanfang.

Der Rosenstrauß

Die „bescheidenen Versuche" Ludwig Lahers, Menschen „ihrer Spurlosigkeit zu entreißen" (Laher 2020, S. 140), sind gelungen und alles andere als bescheiden. Sie sind mutig, radikal, ehrlich, schmerzhaft, schonungslos und – in Bezug auf die Präsentation von Lebensgeschichten der Opfer – warmherzig, sie eröffnen Rezipierenden neue Einsichten, die Heilsames zur Gestaltung der Gegenwart und Zukunft beitragen können, sie bieten Möglichkeit zur kritischen Reflexion, zum Trauern und zur Versöhnung. Im Symbol des Rosenstraußes wird deutlich, welches Zukunftspotential für eine humane Gesellschaft und für ein achtsames Miteinander Ludwig Lahers literarische, künstlerische und gesellschaftspolitische Interventionen haben können.

> Am Tag nach der Ausstrahlung meines gleichnamigen TV-Essays zum Buch im ORF läutet es an der Tür eines Überlebenden des Arbeitserziehungslagers, dessen Vergehen als Achtzehnjähriger darin bestanden hatte, einen Sonntag unentschuldigt bei der HJ zu fehlen. Draußen steht mit einem großen Rosenstrauß die Stieftochter eines der Haupttäter. Wie das Leben so spielt, wohnen beide heute zufällig nur ein paar hundert Meter voneinander entfernt. Sie habe gestern im Film gesehen, wie er im Folterkeller des ehemaligen Lagers über die Sadismen der Aufseher berichtete. Nur andeutungsweise habe sie gewußt, welche Rolle ihr Stiefvater im Lager gespielt hatte, daß Herr K. eines der Opfer war, sei ihr natürlich völlig unbekannt gewesen, und jetzt sei es ihr eben ein spontanes Bedürfnis, ihm diese Blumen zu bringen, einfach so. Ja, kommen Sie doch bitte herein, meint da die Frau des perplexen Hausherrn, zwei Stunden unterhalten sich die Leute, es fließen auf beiden Seiten Tränen. Und gut tut's. (Laher 2005/c, Nachwort zur Taschenbuchausgabe, S. 189).

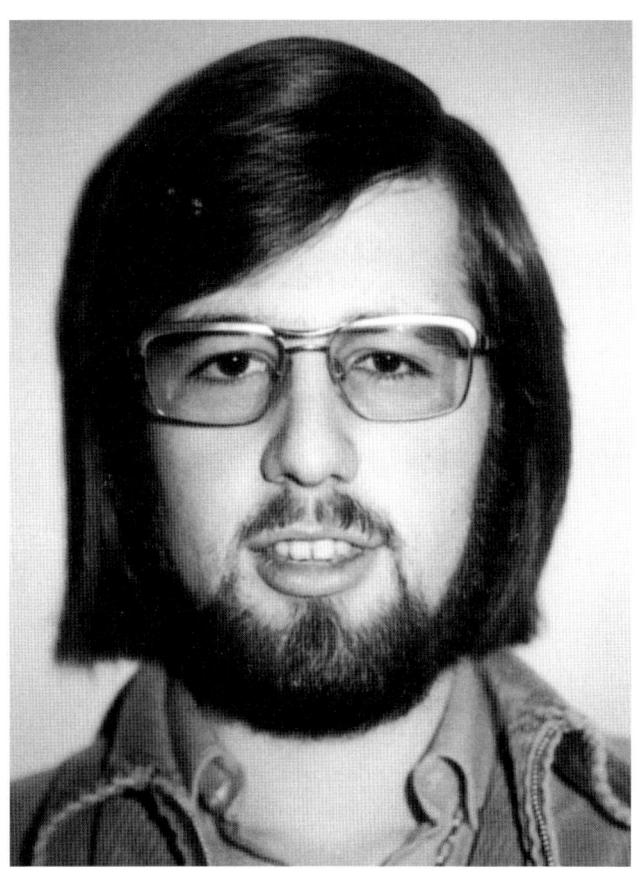

Ludwig Laher (1974)
Ludwig Laher (1977)

Heimo Halbrainer

Der Autor als Chronist des NS-Terrors

Wäre Ludwig Laher Historiker, könnte seine Kurzbiografie, wie sie in wissenschaftlichen Publikationen üblicherweise am Ende des Buches zu finden ist, in etwa folgendermaßen aussehen: Ludwig Laher, Historiker: Arbeiten zur regionalen Zeitgeschichte: Schwerpunkt NS-Zeit; Publikationen zu Arbeitserziehungs- und Zigeunerlagern und zur justiziellen Aufarbeitung der NS-Zeit; biografische Studien. Ludwig Laher ist aber kein Historiker und seine regional- und zeithistorisch angelegten Romane heißen *Herzfleischentartung*, *Schauplatzwunden*, *Über zwölf ungewollt verknüpfte Leben* und *Bitter*. Ludwig Laher ist Autor oder, wie sein oberösterreichischer Schriftstellerkollege Erich Hackl im Aufsatz *Geschichte erzählen? Paraphrasen zur Arbeit des Chronisten* seine Rolle charakterisiert, „Geschichts-Erzähler". Dieser müsse im Gegensatz zum Historiker Erklärungen vermeiden, wobei er sich auf Walter Benjamin beruft: „Es ist nämlich schon die halbe Kunst des Erzählens, eine Geschichte, indem man sie wiedergibt, von Erklärungen freizuhalten" (Hackl 1995, S. 164f.).

Ludwig Laher hat aber – um auf die eingangs formulierte fiktive Historikerbiografie zurückzukommen – auch zahlreiche Aufsätze zur oberösterreichischen Zeitgeschichte in wissenschaftlichen Publikationen und Zeitschriften verfasst. Im Mittelpunkt standen dabei das „Arbeitserziehungs- und Zigeuneranhaltelager Weyer-St. Pantaleon" bzw. NS-Täter aus der kleinen oberösterreichischen Gemeinde St. Pantaleon, in der er seit 1993 lebt.

Die oberösterreichische Gemeinde St. Pantaleon, im Bezirk Braunau gelegen, grenzt im Westen an den Freistaat Bayern und im Süden an Salzburg. Der Ort zählt seit über einem halben Jahrhundert konstant um die 3.000 Einwohner und Einwohnerinnen, die auf einer Fläche von 18,2 Quadratkilometer leben. Während der Zeit des Nationalsozialismus gehörte für einige Jahre auch die heute wieder eigenständige Gemeinde Haigermoos zu St. Pantaleon, wo im Ortsteil Weyer 1940/41 zwei Lager existierten, über die nach dem Ende der nationalsozialistischen Herrschaft der Mantel des Schweigens gebreitet wurde, wobei sich das lokale Vergessen mit dem offiziellen der Zweiten Republik traf.

Wenn Martin Pollack in seinem Buch über „kontaminierte Landschaften" (Pollack 2014) schreibt, dass es sich dabei um Orte handelt, die etwas zu verbergen haben, „wo in der Vergangenheit schreckliche Dinge passierten", so trifft das auch auf St. Pantaleon-Weyer zu. In vielen dieser Orte werde bis heute nicht an die schrecklichen Ereignisse oder an die Menschen, die sie erleiden mussten, erinnert. „Da gibt es nichts, da soll und darf es nichts geben, was auf die Existenz dieser Menschen hinweist. Sie sollen ausgelöscht werden für alle Zeiten. Sie werden dem Vergessen überantwortet, dem ewigen Schweigen. Keiner möge sich an sie erinnern. Keiner soll ihrer gedenken." Das – so Pollack weiter – „dürfen wir nicht zulassen. Wir müssen uns Strategien überlegen, wie wir das verhindern können. Wir müssen die Erinnerung an die Opfer bewahren, aber auch an die Orte, wo sie zu Tode gebracht wurden. Viele dieser Stätten müssen wir erst entdecken [...]. Es darf keine anonymen Orte auf der Landkarte der Gewalt und des Terrors geben, auch wenn die Suche oft noch so aufwendig und schmerzlich sein mag." St. Pantaleon wurde mittlerweile dank der Recherchen und der Texte von Ludwig Laher auf dieser Landkarte der Gewalt und des Terrors markiert.

Ergänzungen zur Ortschronik

Nach einer kurzen Phase in der unmittelbaren Nachkriegszeit, in der an die Opfer des Nationalsozialismus erinnert wurde und in den Zeitungen Berichte über den NS-Terror, die Tatorte und die Täter zu finden waren, setzte bald schon – noch in den 1940er Jahren – das Verdrängen und Vergessen ein. Es sollte schließlich bis in die 1980er Jahre – die „Waldheim-Debatte" 1986 bzw. das „Be- und Gedenkjahr" 1938/88 – dauern, ehe es in Österreich zu einer breiteren Diskussion über Österreichs Rolle im Nationalsozialismus und die bagatellisierende Erzählung vom „ersten Opfer der Hitlerschen Aggression" kam. Mit der Erklärung Bundeskanzler Franz Vranitzkys namens der österreichischen Bundesregierung am 8. Juli 1991 – in der er „sich zur Mitverantwortung für das Leid, das zwar nicht Österreich als Staat, wohl aber Bürger dieses Landes über andere Menschen und Völker gebracht haben", bekannte und daran erinnerte, dass nicht nur hunderttausende Menschen des Landes Opfer der nationalsozialistischen Diktatur wurden, sondern auch „viele Österreicher [...] an den Unterdrückungsmaßnahmen und Verfolgungen des Dritten Reiches beteiligt" waren, „zum Teil an prominenter Stelle" (Botz, Sprengnagel 2008, S. 646f.) – hat eine neue Interpretation der Beurteilung der nationalsozialistischen Vergangenheit begonnen.

Dies hat zum einen zu einem Paradigmenwechsel in der Geschichtswissenschaft geführt, wo nun vermehrt die Frage nach der Rolle Österreichs beim Zustandekommen und Funktionieren des Nationalsozialismus ins Zentrum des Forschungsinteresses gestellt wurde. Mit der Beseitigung der „blinden Flecken" des österreichischen Geschichtsverständnisses – den Fragen nach der Beteiligung von Österreichern an der Judenvernichtung, der „Arisierungen", des österreichischen Anteils an NS-Gewaltverbrechen und des Umgangs mit den Opfern des NS-Regimes – wurde seit den 1990er Jahren ebenso begonnen, wie es nun auch zu einer NS-Täterforschung kam, die auch Fragen nach der justiziellen Aufarbeitung der NS-Verbrechen stellte.

Gleichzeitig wurde zum anderen in den Gemeinden – vor allem im Zusammenhang mit dem Gedenkjahr 1988 – damit begonnen, die lokale Geschichte der Jahre 1938 bis 1945 „aufzuarbeiten", wobei vielfach neue Denkmäler für die bislang „vergessenen" Opfer des NS-Regimes errichtet wurden (Uhl 1999, Uhl 2001).

Auch in St. Pantaleon wurde in diesen Jahren damit begonnen, das Schweigen aufzubrechen, die Geschichte des Terrors und der Verdrängung „aufzuarbeiten" und einen Prozess der Erinnerung einzuleiten. Im Mittelpunkt dieses Prozesses stand Ludwig Laher mit seinen Recherchen, seinen Büchern und Aufsätzen, aber auch mit seiner Tätigkeit im „Verein Erinnerungsstätte Lager Weyer/Innviertel", der sich der Gedenk- und Erinnerungsarbeit verpflichtet fühlt.

Ludwig Laher hat im Jahr 2000, als er bereits an seinem Buch *Herzfleischentartung* schrieb, für die Gemeinde St. Pantaleon einen ersten Überblickstext über das „Arbeitserziehungs- und Zigeuneranhaltelager St. Pantaleon-Weyer" verfasst, der den Untertitel „Ergänzung einer Ortschronik" (www.lager-weyer.at) trug und sich auf einen Aufsatz von Andreas Maislinger aus den 1980er Jahren bezog. Maislinger hatte bereits 1988 eine „Ergänzung" der Ortschronik gefordert, da sich in der anlässlich der Feierlichkeiten der zweihundertjährigen Zugehörigkeit des Orts zu Österreich von der Gemeinde St. Pantaleon 1979 herausgegebenen Ortschronik kein Hinweis zu den beiden Lagern fand (Maislinger 1988).

Erste Berichte über diese Lager waren nach Jahrzehnten des Verdrängens 1982 aufgetaucht, als im Zuge von Arbeiten des Dokumentationsarchivs des österreichischen Widerstands (DÖW) im Staatsarchiv in Wien Dokumente aus den Jahren 1940/41 entdeckt und auszugsweise wiedergegeben wurden. Dabei hieß es einleitend zum Abdruck dieser Dokumente über das von der Deutschen Arbeitsfront 1940 errichtete Arbeitserziehungslager in Weyer: „Das Lager war, wie sich denken läßt, kein Ferienlager; der verantwortliche Beamte in Linz hatte dem Lagerführer versprochen, daß er ihm für die Lagerwache kräftige Innviertler Burschen zuteilen werde, die ordentlich dreinhauen könnten. Gegenüber den Ereignissen in Mauthausen und Hartheim verblassen freilich die Vorfälle in diesem Arbeitserziehungslager, wiewohl für die Verhältnisse in Weyer bezeichnend war, daß die Häftlinge, die nach Schließung des Lagers nach Mauthausen überstellt wurden, ‚sich dort wohl fühlten'" (DÖW 1982, S. 455f.). In einem parallel dazu vom DÖW-Mitarbeiter Siegwald Ganglmair in den *Oberösterreichischen Heimatblättern* verfassten Aufsatz hieß es dazu weiter: „Die Lagerinsassen wurden als ‚Volksschädlinge' angesehen, deren ‚Erziehung' im wesentlichen durch Gewalt erreicht werden sollte. Diese Insassen wurden geprügelt, ins Gesicht und andere empfindliche Körperteile getreten, mit Gummiknüppeln ‚behandelt' und bewußtlos geschlagen, mit Dienstpistolen und Lagerhunden bedroht, einige wurden zum Selbstmord verleitet. Höhepunkt war jedoch die sogenannte ‚Weihnachtszüchtigung' am hl. Abend 1940, als acht oder neun Lagerhäftlinge […] vor allen anderen Lagerinsassen mit jeweils 25 Knüppelhieben auf das Gesäß ‚beteilt' wurden. Einer starb an den Folgen dieser Mißhandlung; es war der fünfte Todesfall im Lager, der nun endlich die Staatsanwaltschaft auf den Plan rief. Noch bevor die Erhebungen richtig anlaufen konnten, wurde jedoch das Lager aufgelöst, die Mehrzahl der Insassen kam ins KZ Mauthausen" (Ganglmair 1983, S. 69). Der Staatsanwalt ermittelte dennoch weiter und erhob Anklage „wegen Totschlages, Einschränkung der persönlichen Freiheit, Erpressung und gefährliche[r] Drohung von Lagerinsassen und Einwohner[n], wegen versuchter Mitwirkung am Selbstmord". Er verfügte zudem die Inhaftierung von drei Mitgliedern der Lagerwache sowie die Einvernahme von Gauleiter August Eigruber und weiterer 50 Zeugen. Gauleiter Eigruber hintertrieb diese Ermittlungen, sprach bei der Reichskanzlei vor, von wo im Frühjahr 1942 auf Anordnung des Führers ein Niederschlagungsbescheid in Ried im Innkreis eintraf, woraufhin die vom Staatsanwalt Inhaftierten wieder auf freien Fuß gesetzt wurden und – wie der damalige Beitrag schloss – unbehelligt blieben. „Lediglich ein Mann der Lagerwache, der unmittelbar am Tod des fünften Häftlings beteiligt war, wurde 1949 von der Republik Österreich gerichtlich abgeurteilt (15 Jahre Haft)" (Ganglmair 1983, S. 73).

Im vom DÖW 1982 herausgegebenen Dokumentationsband fand sich zudem ein erster Hinweis auf die Nachnutzung des Lagers 1941, da zwei Eintragungen aus der Chronik des Gendarmeriepostens Wildshut wiedergegeben wurden: „18. 1. 1941. Errichtung eines Zigeunerlagers in Weyer Nr. 6., ehemaliges Gasthaus und Erziehungslager für Arbeitsunwillige. […] 29. 10. 1941: Auflösung des Zigeuner-Anhaltelagers Weyer Nr. 6, Kr. Braunau. Die Insassen wurden nach Burgenland überstellt. […] Im Zigeunerlager waren ca. 300 männliche und weibliche Insassen sowie Schleifer sowie nach Zigeunerart herumziehende Leute angehalten. Die Männer waren im Ibm-Waidmoos beschäftigt" (DÖW 1982, S. 405f.).

Mit diesen Informationen konnten im Zuge der Auseinandersetzung mit der lokalen Geschichte Ende der 1980er Jahre eine erste Ergänzung zur Ortschronik vorgenommen und im Rahmen eines Projektes der Hauptschule St. Pantaleon Zeitzeuginnen und Zeitzeugen befragt und erstmals Fotos aus dem sogenannten „Zigeuneranhaltelager" gezeigt werden. Wer heute, im Jahr 2021, St. Pantaleon im Internetlexikon Wikipedia eingibt, der findet nicht nur einen Link zur Geschichte der beiden Lager und zur im Jahr 2000 errichteten Erinnerungsstätte, dem wird als weiterführende Literatur der bereits genannte Aufsatz von Andreas Maislinger aus dem Jahr 1988 mit der Aufforderung, die Ortschronik zu ergänzen, sowie ein Aufsatz von Ludwig Laher und sein Buch *Herzfleischentartung* aus dem Jahr 2001 empfohlen.

Der Chronist des NS-Terrors und des Verdrängens

Ludwig Laher sagte einmal über sein Buch *Herzfleischentartung*: „An der Oberfläche ist es eine Geschichte über die Nazizeit, ein bissel weiter drunten ist es ein Panorama über die österreichische Provinz zwischen 1940 und 1955, aber eigentlich ist es ein Buch über Erinnerungskultur, darüber, woran wir uns persönlich wie kollektiv erinnern wollen und woran nicht" (Laher 2002, S. 124). Er habe nie vorgehabt, einen Roman zu schreiben, der in der NS-Zeit spielt. Dennoch suchte die tabuisierte Geschichte seiner neuen Heimat, die kontaminierte Landschaft rund um St. Pantaleon, sich einen Autor, einen, der die „vergessene" und verdrängte Geschichte und die Geschichten zu Tage fördert, der sie ausbreitet und einlädt, weiter zu graben und Zeichen zu setzen. Ende der 1990er Jahre fand der Stoff von *Herzfleischentartung* den Autor, als zwei ältere Damen aus Lahers neuer Heimat auf einem Pensionistenausflug, den er begleitete, meinten: „Gelt, du bist Schriftsteller?", und als Laher bejahte, fortfuhren: „Wir könnten dir nämlich Geschichten erzählen, da könntest du Bücher darüber schreiben"(Laher 2011a, S. 205). Die Geschichten, die sie ihm in der Folge erzählten, waren – wie Laher später einmal ausführte – „kurze, aber heftige Blitzlichter der NS-Barbarei am Ort 1940 bis 1941". Sie „standen zunächst als unnahbare Monolithen vor mir, denn die Frauen wußten sie nicht recht einzuordnen. Sie hatten nie nachgefragt, sie hatten sich nicht einmal zu fragen getraut. Nach dem Krieg, als das Fragen theoretisch möglich wurde, kamen die Väter, die Ehemänner, wenigstens ein Teil von ihnen, zurück, sie führten im Kameradschaftsbund und bei der Feuerwehr das große Wort, begründeten die Hegemonie des Schweigens über das, was in ihrer Abwesenheit zuhause vorgefallen war. Sie trugen fein säuberlich die Namen der in Italien oder Rußland Gefallenen auf dem Kriegerdenkmal ein, die der Opfer im Dorf aber nicht. Was die Frauen gesehen hatten, mußten sie gefälligst für sich behalten, für ihre Träume und Alpträume. Erst jetzt, wo die Männer tot, die Kinder verzogen sind, die Hauskatze alt geworden ist, der Stall leer, wollten sie es aussprechen und suchten sich einen wie mich aus, der Geschichten erzählt. Sie nannten mir gleich noch andere Auskunftspersonen, fast alles Frauen, mein Reservoir aus nur dürftig zusammenhängenden Einzelgeschichten wuchs und wuchs" (Laher 2011a, S. 206).

Laher suchte und sichtete in der Folge in verschiedenen Archiven tausende Seiten Akten unterschiedlichster Provenienz, die ihm Auskunft über die beiden Lager, aber auch über die Bemühungen gaben, diese Verbrechen zwischen 1940 und 1955 zu ahnden wie zu vertuschen und zu verleugnen. So standen ihm

Verhandlungsniederschriften, Zeugenprotokolle, Beschuldigtenvernehmungen oder die Anklageschriften aus den Gerichtsakten am Landesgericht Ried im Innkreis aus dem Jahr 1941/42 zur Verfügung, wo der Oberstaatsanwalt Josef Neuwirth gegen den Lagerleiter August Steininger und die Aufseher Alois Rothenbuchner, Josef Mayerhofer und Josef Wimmer „wegen Verbrechens des Totschlags und anderem" im Lager Weyer und gegen den Gaufachabteilungsleiter der Deutschen Arbeitsfront, Franz Kubinger, wegen „Mißbrauch der Amtsgewalt" und „der Mitschuld an Körperverletzung mit tödlichem Ausgang" eineinhalb Jahre lang ermittelte, ehe die Verfahren gegen die fünf Angeklagten nach Intervention des Gauleiters mit Ermächtigung des „Führers" am 16. April 1942 niedergeschlagen wurden. Laher standen aber auch die Gerichtsakten des Volksgerichts Linz zur Verfügung. Diese unmittelbar nach der Befreiung vom NS-Regime eigens für die justizielle Aufarbeitung der NS-Zeit geschaffenen und bis 1955 tätigen Volksgerichte – es gab insgesamt vier in Wien, Graz, Innsbruck und Linz – ahndeten u. a. NS-Gewaltverbrechen, Denunziation oder bestimmte Funktionen innerhalb des NS-Systems bzw. die illegale Mitgliedschaft in der NSDAP vor 1938. Allein am Volksgericht Linz mit seinen Außensenaten wurden in den zehn Jahren fast 20.000 Verfahren eingeleitet, die zu rund 6.000 Anklagen führten. Auch gegen den ehemaligen Lagerleiter, die Aufseher oder den ehemaligen Bürgermeister und Ortsgruppenleiter von St. Pantaleon wurden am Volksgericht in Linz Verfahren eingeleitet. Dabei spielten jedoch die Ermittlungsakten aus den Jahren 1940/41 keine Rolle, da sie dem Volksgericht – das Verfahren war 1942 ohne Urteil beendet worden – nicht vorlagen.

Anhand dieser Akten gelang es Ludwig Laher innerhalb kürzester Zeit, die bislang bekannten historischen Fakten zu ergänzen bzw. zu korrigieren. So konnte er bereits in dem in den *Oberösterreichischen Heimatblättern* im Jahr 2001 publizierten Aufsatz *Das Arbeitserziehungs- und Zigeuneranhaltelager Weyer-St. Pantaleon des Reichsgaus Oberdonau (1940–1941)* unter anderem hinsichtlich der Strafverfolgung nach 1945 neue Erkenntnisse liefern und die Zahl der von den Volksgerichten im Zusammenhang mit dem Lager Weyer Verurteilten auf vier – Ganglmair und er selbst hatten seinerzeit nur von einem Urteil gewusst – erhöhen sowie erste Aussagen über die Spruchpraxis der Volksgerichte, von der Unkenntnis des Volksgerichts hinsichtlich der seinerzeitigen Ermittlungsakten bis hin zu den Verteidigungsstrategien, Halbwahrheiten und Lügen der Angeklagten und Zeugen, treffen.

Auch im Zusammenhang mit dem unmittelbar nach der Schließung des Arbeitserziehungslagers noch im Jänner 1941 errichteten „Zigeuneranhaltelager" konnte Laher dank diverser Akten aus dem Amtsgericht Wildshut erstmals ausführlicher berichten und die Namen der im Lager Geborenen und Gestorbenen erheben sowie die Spuren des Vertuschens während der NS-Zeit, aber auch der nach 1945 fortwirkenden Stereotype und Falschmeldungen der österreichischen Behörden bloßlegen. Als im Jahr 2010 das Oberösterreichische Landesarchiv den Band *Oberösterreich und die Zigeuner. Politik gegen eine Minderheit im 19. und 20. Jahrhundert* von Florian Freund herausgab, fand sich darin auch ein Beitrag von Ludwig Laher mit dem Titel *Das Zigeuneranhaltelager Weyer-St. Pantaleon. Zufälliges Zentrum der NS-Aussonderungspolitik im Gau Oberdonau. Ein Essay*, in dem er u. a. auch die ihm im Jahr 2005 durch einen Mittelsmann zugespielten Häftlingslisten auswerten und so weiter Licht ins Dunkel der Verfolgung der Sinti aus Oberdonau, wie Oberösterreich damals hieß, bringen konnte.

Über seine Motivation, sich auf dieses – wie er meinte – „im doppelten Wortsinn ungeheure Material", die tausende Seiten Gerichtsakten, einzulassen, es „zu sichten, zu ordnen, in Beziehung zu setzen, eine radikale Ästhetik für das Buch zu entwickeln, es wäre mir ohne die Lust, täglich gescheiter zu werden, scheinbar Abstruses zu verifizieren und mir schließlich erklären zu können, den zynischen Verneblern im und nach dem Krieg ein Schnippchen zu schlagen, nicht möglich gewesen" (Laher 2011a, S. 208). Das Buch, das im Zuge dieser „Einlassung" entstand, der Roman *Herzfleischentartung*, soll und will nicht, wie Laher im Nachwort dazu schrieb, „als Sachbuch mißverstanden werden. Gleichwohl ist meiner erzählenden Prosa zeithistorische Authentizität ein besonderes Anliegen, wird doch immer noch gern als bloße Fiktion abgetan, was niemand erfinden hat müssen." Um die Leserinnen und Leser aber nicht mit der Fülle des Materials zu erschlagen und stattdessen mitzunehmen, hat er den Ansatz eines kollektiven Erzählers gewählt, „der über den Überblick verfügt und dem das Publikum über die Schulter schaut. Sich ihm anzuschließen, der Verschüttetes freizulegen trachtet, bedeutet Erkenntnisgewinn, man darf als Leser mit dem Detektiv, dem Aufdecker, zusammenarbeiten. […] Wie in der Kriminalliteratur ist die Enttarnung der Täter für den Leser mit Lustgewinn verbunden" (Laher-Zeyringer-Gespräch im vorliegenden Band).

Das Buch war – wie Ludwig Laher einmal bemerkte – für die alten Damen in seiner Gemeinde und für die österreichische Literatur wichtig. Zudem aber konnte er „auch im wirklichen Leben etwas ausrichten, indem Täterkinder und noch lebende Opfer oder ihre Nachkommen sich ohne mein Zutun an einen Tisch setzten, indem die Originaldokumente ermordeter Volksgenossen, die im Gemeindearchiv auf dem Dachboden vergammelten, den Nachkommen rückerstattet wurden, die nicht einmal gewußt hatten, wo ihre Lieben verscharrt worden waren, indem ich der im Holocaust um 90 Prozent dezimierten Sinti-Minderheit im Land die kompletten Namenslisten der ermordeten Verwandten zur Verfügung stellen konnte, deren Schicksal nun wenigstens nachvollziehbar wurde" (Laher 2011a, S. 208).

Laher sorgte aber auch dafür, dass manifeste Erinnerungszeichen – neben der literarischen Zeichensetzung durch *Herzfleischentartung* und dem 20 Jahre später erschienenen Buch *Schauplatzwunden* sowie neben der zeitgeschichtlichen Zeichensetzung durch seine Aufsätze und Artikel – St. Pantaleon auf der Landkarte der Gewalt und des Terrors markieren. So steht Ludwig Laher unter anderem dem „Verein Erinnerungsstätte Lager Weyer/Innviertel" vor, der aus dem Kulturarbeitskreis Dorf- und Stadterneuerung (DOSTE) hervorgegangen ist und der bereits 1999 die Gemeinde St. Pantaleon dazu bewegen konnte, im darauffolgenden Jahr eine Gedenkstätte an der Moosach zu errichten. In der Zwischenzeit sind weitere Zeichensetzungen erfolgt: Im Jahr 2010 wurden in Haigermoos Stolpersteine für die im Lager Weyer verstorbenen bzw. für die im Lager geborenen und in Łódź oder Chełmno ums Leben gekommenen Kinder verlegt; 2011 wurde in der Gemeinde Bachmanning eine Gedenktafel für die dort heimatberechtigt gewesenen Sintifamilien Rosenfels und Jungwirth enthüllt, und seit 2003 gibt es in Ried im Innkreis für den Oberstaatsanwalt Josef Neuwirth, der 1941/42 gegen die Lagerleitung und die Aufseher wegen Todschlags und Misshandlungen im Arbeitserziehungslager ermittelt hatte, eine „Dr.-Josef-Neuwirth-Straße".

Auf der Website des „Vereins Erinnerungsstätte Lager Weyer/Innviertel" finden sich zudem von Ludwig Laher verfasste biografische Skizzen von NS-Opfern aus dem Lager, wie „Das kurze Leben des Eisenbahners Alois Auleitner", „Ecce homo. Die Passionsgeschichte des Josef Mayer", „Die Geschichte der Familie Bogner aus Kollerschlag", „Die Geschichte der Sintifamilien Rosenfels und Jungwirth in Bachmanning", „Die Sintifamilie Blach aus Buchkirchen bei Wels" oder „Die Sintifamilie Rosenfels aus Weng bei Altheim im Innviertel". Deren Geschichten finden sich auch im 2020 erschienenen Buch *Schauplatzwunden*, über dessen Zustandekommen Ludwig Laher in einem Interview angab: „Als im Vorstand des Vereins Erinnerungsstätte darüber gesprochen wurde, einzelne Biographien von Opfern […] ausführlicher zu präsentieren, begann ich mich mit dem Gedanken zu beschäftigen, ob ich meine alte Idee nicht doch noch umsetzen sollte, dem Roman ‚Herzfleischentartung' aus dem Jahr 2001 behutsam literarisierte Lebensgeschichten von Opfern, aber auch Tätern und anderen nachhaltig von den Ereignissen in Weyer Geprägten an die Seite zu stellen" (*OÖN*, 17.9.2020). Dabei hat Laher sich nun – im Unterschied zu *Herzfleischentartung*, wo die Schicksale der einzelnen Personen nur eine untergeordnete Rolle spielen konnten, da es hier vor allem um das Bloßlegen der Mechanismen staatlicher Gewalt und Barbarei ging – auf einzelne Schicksale eingelassen und dem Leben von zwölf mit dem Lager St. Pantaleon-Weyer verknüpften Personen, vom im Lager geborenen und gestorbenen Baby Rudolf Haas bis hin zum Lagerleiter August Steininger, nachgespürt.

Jahrzehnte bevor der NS-Terror auch in St. Pantaleon-Weyer wütete, wurde in Wildshut, einer Katastralgemeinde von St. Pantaleon, Friedrich Kranebitter geboren. Der Jurist, seit 1931 Mitglied der NSDAP und seit 1934 auch Mitglied der SS, machte nach dem „Anschluss" 1938 Karriere als Gestapo-Beamter in Wien bzw. als Leiter der Gestapo-Außenstelle Wiener Neustadt, ehe er Anfang des Jahres 1942 Kommandeur der Sicherheitspolizei und des Sicherheitsdienstes im ukrainischen Generalbezirk Charkow wurde. Dort wurden unter seiner Befehlsgewalt 40.000 Menschen ermordet. Ab Ende des Jahres 1943 war er in Oberitalien tätig, wo er in Verona im Gestapo-Hauptquartier für die Deportationen von Gefangenen nach Deutschland und in die besetzten Gebiete zuständig war. Mit dem Näherrücken der Front wurde das Hauptquartier im Sommer 1944 nach Bozen verlegt, wo auf Kranebitters Befehl hin beim „Bozener Massaker" am 12. September 1944 dreiundzwanzig Internierte in eine ehemalige Kaserne gebracht, dort erschossen und in einem Massengrab verscharrt wurden. Nach 1945 gelang es ihm – nachdem er gemeinsam mit anderen hochrangigen SS-Führern in Bozen zwar festgenommen und einige Zeit in alliierten Lagern interniert worden war –, der Ahndung dieser Verbrechen durch die Nachkriegsjustiz zu entkommen.

Ludwig Laher folgte in seinem Roman *Bitter* der Spur des Terrors, die Kranebitter hinterließ, wobei er – wie schon bei seinen Begegnungen mit den NS-Tätern aus St. Pantaleon der Jahre 1940/41 –, durch das Studium tausender Seiten Gerichtsakten gewappnet, seiner Romanfigur Fritz Bitter entgegentrat. Denn diese Romanfigur führt, wie Laher im Vorwort zu *Bitter* schrieb, „als die Städte und Millionen von Menschen in Trümmern liegen, als wieder andere das Sagen haben, exemplarisch vor, wie man erfolgreich falsche Fährten legt und Nebelgranaten wirft, wie man kaltschnäuzig, vor allem aber halbwegs plausibel umdeutet, was wirklich geschah, wie man sich unangenehme Fragen geschickt vom Leib hält, treuherzig tragische Missverständnisse geltend macht und aus scheinbar einsichtigen Formalgründen keinesfalls dabeigewesen sein, gar Schuld auf sich geladen haben kann" (Laher 2014, S. 7). Dem anderen aber – dem realen Kriegsverbrecher Friedrich Kranebitter – dürfte, so Laher, „noch weit mehr zuzuschreiben sein als seinem eigenen belegbaren und doch nicht immer deckungsgleichen Ausschnitt Fritz Bitter. In Nuancen mag er vielleicht sogar tatsächlich anders gewesen sein" (S. 9). Aber nur um Nuancen! Denn auch im Fall Kranebitter ist der Chronist Laher der historische Experte und das Buch *Bitter* die weiterführende Literatur im Internetlexikon Wikipedia.

Ludwig Laher (2001)
Ludwig Laher (2002)

Am Anfang und am Ende Erziehung – über dunkle Seiten der Pädagogik

Ludwig Lahers 2001 erschienener dokumentarischer Roman *Herzfleischent-artung* bietet viele Anknüpfungspunkte für eine vertiefende Beschäftigung. In der Folge sei ein Aspekt herausgegriffen, der nur scheinbar nebensächlich ist. Auch wenn „Erziehung" nicht explizit thematisiert wird, wird der Leser, die Leserin dafür sensibilisiert. Folgende Fragen, die ohne Blick auf national-sozialistische Erziehungsvorstellungen nicht beantwortbar sind, können gestellt werden: Wie war all das, was Laher im Roman ausführt, möglich? Was hat die Täter und deren Gehilfen veranlasst, bedenkenlos ihre Verbrechen auszuüben? Wer hat sich für die Opfer eingesetzt? Wo kann Zustimmung für die Barbarei angenommen werden, wo ist Widerstand – bis heute – erkennbar?

Der Autor beleuchtet den Zeitraum 1940 bis 1955 in der kleinen Gemeinde St. Pantaleon im heutigen Grenzgebiet von Oberösterreich, Salzburg und Bayern. Im Nachwort zur Taschenbuchausgabe 2009 ergänzt Laher, welche Reaktionen der Roman bei einzelnen Leserinnen und Lesern ausgelöst hat, als durch ihn, er ist seit 1993 ein Bewohner von St. Pantaleon, in der Gemeinde das Schweigen über die aktenkundige nationalsozialistische Barbarei gebrochen worden ist. Es braucht Beharrlichkeit und Mut, dieses Thema in einem Umfeld aufzugreifen, das eher das Verschweigen, Vergessen und Verdrängen bevorzugt.

Anhand ausgewählter Vorfälle evoziert Laher, der seinem Schreiben am Roman *Herzfleischentartung* ein umfangreiches Aktenstudium und Gespräche mit wenigen erzählbereiten Zeitzeugen hat vorangehen lassen, bei den Lesern und Leserinnen geradezu schmerzlich spürbare Vorstellungen von der Realität im nationalsozialistischen Zwangsarbeitslager von St. Pantaleon-Weyer. Der Autor ermöglicht eine Nahsicht auf Details, die pars pro toto stehen. In der Gesamtheit wird eine besondere Dichte struktureller Gewalt erkennbar. Erziehung, wie in der Folge ausgeführt, ausgeübt von mit Macht ausgestatteten Erwachsenen an schwächeren Menschen, kann auch unter dem Aspekt von struktureller Gewalt gesehen werden.

Ort der Romanhandlung sind zwei NS-Lager: Das erste, ein sogenanntes Arbeitserziehungslager von Juli 1940 bis Jänner 1941, das zweite, eine Fort-setzung des ersten, eines Ortes des Grauens, bis November desselben Jahres als ein sogenanntes „Zigeuneranhaltelager".

Vorausgeschickt sei, dass NS-Lager keine Erziehungseinrichtungen waren. Der Begriff „Erziehung" ist bis heute, oberflächlich betrachtet, positiv konno-tiert. Viele scheinen damals wie heute irgendwie zu wissen, was unter guter Erziehung zu verstehen ist.

Lager hatten einen hohen Stellenwert im System nationalsozialistischer Machtausübung. Sie standen mit der Ideologie und Politik der repressiven Arbeitsvorschreibung des NS-Staates im Zusammenhang und waren Straf-, Folter- und Vernichtungseinrichtungen, deren Ausprägung auf den Umgang des NS-Staates mit seiner eigenen Bevölkerung und seinen ideologischen Vor-stellungen einer „Volksgemeinschaft" zurückgingen. Für das Lager in St. Pan-taleon-Weyer galt: „Es gibt eine Lagerordnung, körperliche Züchtigung der Inhaftierten ist demnach grundsätzlich untersagt, umbringen nicht vorgesehen"

(Laher 2001/Tb 2009, S. 19). Ein Erlass von Reichsführer Himmler von 1941 regelte später den Zweck eines Arbeitserziehungslagers – es gab davon etwa 700 im ganzen Reichsgebiet – folgendermaßen: Die Häftlinge sollten täglich 10–12 Stunden zu strenger Arbeit angehalten werden, um ihnen ihr volksschädigendes Verhalten eindringlich vor Augen zu führen, um sie zu geregelter Arbeit zu erziehen und andere abzuschrecken.

Örtliche NS-Funktionäre konnten kurzfristig und willkürlich Personen, die ihnen aus unterschiedlichen Gründen nicht passten, wegen angeblicher „Nichterfüllung ihrer Arbeitspflicht" für die „Arbeitserziehung" vorschlagen. „Um Lagerinsassen auszuwählen, einzuweisen, pädagogisch zu betreuen und gegebenenfalls wieder zu entlassen, wird ein Gaubeauftragter für Arbeitserziehung bestellt" (Laher 2001/2009, S. 8). Mit dieser Aufgabe wurde 1940 der völlig ungebildete Franz Kubinger, SA-Mitglied, beauftragt. Er „ist fünfundvierzig, gottgläubig, verheiratet, kinderlos, unbescholten, er hat die Volksschule absolviert" (S. 7). Im Arbeitserziehungslager St. Pantaleon-Weyer war er endlich „am Ziel seiner Wünsche, jetzt ist der Franz Herr über Leben und Tod" (S. 8). Dass er mit seinen brutalen Zwangsmaßnahmen, seiner Willkür und hemmungslosen Gewalt auch Menschen tötete, war für ihn zweifelsohne im Rahmen seines diesbezüglich selbstdefinierten Auftrags akzeptabel. Die Wachmannschaft agierte ähnlich sadistisch und menschenverachtend. Laher vermittelt ein unmissverständliches Bild von den hauptverantwortlichen Tätern und deren Gehilfen: „Die frisch angeheuerte Wachmannschaft des Erziehungslagers besteht, Respekt, aus lauter kleinen Führern" (S. 14).

In St. Pantaleon-Weyer lebten die inhaftierten Männer in einer nicht vorstellbaren, unmenschlichen Arbeitswelt: „Hören und Sehen vergehen in diesen Monaten vielen, die, bunt zusammengewürfelt, hier schuften, bis manche umfallen, andere sterben" (S. 17). Der Tod von Lagerinsassen wurde in Kauf genommen: Es waren Männer, die angeblich *die Arbeit grundsätzlich verweigern, die dauernd blaumachen, am Arbeitsplatz fortwährend Unruhe stiften oder solche, die überhaupt jede Annahme von Arbeit ablehnen, obwohl sie körperlich dazu geeignet sind. Sie müssen aber alle das 18. Lebensjahr erreicht haben"* (S. 10).

Die physischen und psychischen Qualen der Opfer, in geradezu sachlicher Sprache fast emotionslos zum Ausdruck gebracht, werden vom Autor schonungslos wahrnehmbar gemacht. Bezüge zu schriftlichen Quellen ließen sich herstellen. Die Entwürdigungen und die Qualen der Lagerinsassen, deren unzureichende Bekleidung und schlechte Ernährung sowie schwere körperliche Arbeit bestimmten den Alltag. Die Wachmannschaft fand schnell heraus, wer sich „wunderbar erniedrigen läßt und dabei doch so schön demütig bleibt" (S. 18). Strafen waren im Arbeitserziehungslager wesentlicher Teil des „Erziehungs"-Konzepts. „Eine geschlagene Stunde soll der engagierte Pädagoge insgesamt beschäftigt sein, bis er sein Erziehungsziel erreicht hat: Josef Mayer gibt überhaupt keinen Laut mehr von sich" (S. 47). In seiner 2020 erschienenen Prosa *Schauplatzwunden* schärft Laher, auch aufgrund einer besseren Quellenlage, den Blick auf Täter und Opfer und entlarvt weiter systematisch Ungeheuerliches.

Die SA war gut ins Dorfleben eingebunden. Gemeinderat Hiebler beispielsweise unterhielt sich gern mit Lagerleiter Staudinger über aus politischen Gründen verschwundene Bewohner von St. Pantaleon. Möglich war die Aufrechterhaltung der Zustände im Lager auch aufgrund der Bereicherungsabsichten von treuen Parteigenossen vor Ort und der Angst der oft eingeschüchterten Bevölkerung. „Da kann man eben nichts machen, nur beten und abwarten. Und nicht hinschauen, wenn die SA täglich zeitig in der Früh die klapprigen Häftlinge durch Wald und Flur treibt, gut drei Kilometer bis zum kleinen Fluß im Waidmoos" (S. 15f.). Im Rahmen der Trockenlegung eines Moores ging es auch darum, den Verlauf der Moosach zu verändern. Während die anstrengende Arbeit bei jeder Witterung die letzte Kraft raubte, wurde „den bislang peinlich arbeitsscheuen Lagerinsassen mit allen verfügbaren Mitteln ganzheitliches Denken, Fühlen und Handeln eingebleut" (S. 35).

Wenn Gewalt an den Inhaftierten, von erzieherischen Maßnahmen kann nicht gesprochen werden, wie auch in vielen anderen Lagern vor den Augen der Bevölkerung vollzogen wurde, konnte sie das ihr gegenüber auch als Drohung sehen. Die Wachmannschaft bekam keinen Ärger vonseiten der Zivilbevölkerung: Für Perversion und Sadismus setzte niemand Grenzen. Die „prächtigen Kerle von der SA fühlen sich sicher und pudelwohl […]. Jeder kann die Sau nach Herzenslust rauslassen, und nichts passiert […]. Die Schwerverletzten werden längst ohne Bedenken in die umliegenden Krankenhäuser von Salzburg, Laufen und Braunau aufgeteilt, von wo sie einigermaßen geflickt wieder ins Lager zurückkommen oder – wegen Exitus – auch nicht" (S. 41). Der Gaubeauftragte für Lagererziehung sorgte „für Nachschub an ausbeutbarem Menschenmaterial". Für „lageralltägliche Nebensächlichkeiten wie Folterungen und Umbringen" (S. 37) interessierte er sich nicht wirklich, sie „runden in seinen Augen doch bloß die breite Palette wirkungsvoller Erziehungsmaßnahmen ab" (S. 38).

Der Gemeinde- und somit auch Lagerarzt Dr. Straffner, selbst NSDAP-Mitglied, „muß zusehen, wie die kleinen Führer der SA von Woche zu Woche monströsere Untaten begehen, weil offenbar tatsächlich alles, jede noch so sadistische Perversion absolut folgenlos bleibt" (S. 50). Im Dezember 1940 wollte er nicht weiter die Verbrechen vertuschen und irgendeine Todesursache für das Sterbebuch angeben. Er schrieb angesichts eines besonders schrecklich zu Tode gefolterten Mannes eine Sachverhaltsdarstellung, die eine Prüfung durch eine Gerichtskommission unter Anwesenheit u. a. eines Oberstaatsanwalts, des Bürgermeisters und eines Gerichtsmediziners nach sich zog. In großer Eile wurde in der Folge das Arbeitserziehungslager geschlossen, die Häftlinge kamen ins Konzentrationslager Mauthausen. „Am neunten Jänner 1941 sind Gefangene und Akten tatsächlich verschwunden." Ein Dokument fiel dem Rieder Oberstaatsanwalt doch noch in die Hände. Es bewies, „daß gegen alle Vorschriften auch Sechzehn- und Siebzehnjährige in den zweifelhaften Erziehungsgenuß kamen" (S. 53).

Die Nachnutzung war schnell entschieden: Es wurde ein sogenanntes Zigeuneranhaltelager eingerichtet. Für diese nichtarischen Insassen, v.a. die seit dem 15. Jahrhundert in der Gegend lebenden Sinti, setzte sich niemand ein. Im Sterbebuch notierte nun Dr. Straffner u. a. „Lebensschwäche". Amateurmediziner in Gemeindestube und Lagerleitung erfanden 1941 die Todesursache „Herzfleischentartung". „Der Bürgermeister ist hochzufrieden mit diesem sich irgendwie auf der Höhe der neuen Zeit bewegenden Eintrag im Sterbebuch" (S. 80).

Im November 1941 kam es, auch wegen der angeblich zu hohen Kosten, zur Auflösung des Lagers. Ein anderer Grund war, dass neue Vernichtungseinrichtungen ausgelastet werden sollten. 300 Roma und Sinti wurden, spärlich bekleidet – viele der Kinder hatten keine Schuhe und es lag Schnee –, in Viehwaggons verladen. „Bald ist es ganz still, schneestill auf dem Gelände" (S. 107). Über das burgenländische „Zigeunerghetto" Lackenbach wurden sie ins polnische Łódź gebracht. Wer nicht im Ghetto starb, wurde schließlich in Chełmno vergast. Zurück kehrte niemand.

Einflussnahme auf Persönlichkeitsbildung

Um politische Ideen umsetzen zu können, war Erziehung auch im Dritten Reich von zentraler Bedeutung. Schon im 19. Jahrhundert fanden sich Forderungen nach einem Führer, der alle inneren Streitigkeiten schlichten und die Einheit des Volkes erzwingen sollte. Nationalsozialistische Täter mussten nicht erst in nationalsozialistischen Erziehungs- und Bildungseinrichtungen sozialisiert werden, um hemmungslos Grausamkeit und Unmenschlichkeit auszuleben.

Als im 18. Jahrhundert Kindheit als eigene Lebensperiode weniger entdeckt als entworfen wurde, verstärkte dies pädagogische Allmachtsphantasien. Willensbildung war Kern der Erziehung. Der ursprüngliche Wille des Kinds sollte gebrochen werden. Gehorsam, die Ausübung eines Befehls von Erwachsenen, sollte durch Anwendung von Gewalt erzwungen werden. Aus dem scheinbar naturwüchsigen, ungestümen Kind sollte ein zivilisierter, angepasster und lenkbarer Mensch werden. Viele Kinder erfuhren durch Erwachsene Herabsetzung, Ignoranz und Gewalt. Außer Zweifel steht: Ein Kind, das geschlagen und seelisch verletzt wird, lernt selbst zu schlagen und zu verletzen.

Nach dem verlorenen 1. Weltkrieg hatten Heimatlose, Entwurzelte und politische Abenteurer wie auch Adolf Hitler diese Ideen aufgegriffen. Als Hitler in seiner Festungshaft in Landsberg am Lech die Grundzüge seiner Lehre verfasste, widmete er Gedanken auch der Erziehung, v. a. der Erziehung von Kindern und Jugendlichen in seinem „völkischen Staat". Es ging ihm um das „Heranzüchten kerngesunder Körper", die Stärkung von Entschlussfreudigkeit und Willenskraft, Disziplin, Wagemut, Angriffsgeist, Zähigkeit und Durchhaltevermögen. Dies war Hitler für eine Volksgemeinschaft wertvoller als die Ausbildung „geistreicher Schwächlinge" durch das „Einpumpen bloßen Wissens". Körperliche Ertüchtigung sollte „jungen Volksgenossen die Überzeugung geben, anderen unbedingt überlegen zu sein". Hitler wollte die gesamte Bildungs- und Erziehungsarbeit darauf ausrichten, er forderte, „Rassesinn und Rassegefühl instinkt- und verstandesmäßig in Herz und Gehirn der Jugend hineinzubrennen" (Hitler 1937, S. 452f.).

Hitlers Erziehungsgrundsätze, sie dienten den Zielen der Machtsicherung und der Kriegsvorbereitung, wurden im NS-Staat konsequent umgesetzt und fanden zunehmend breite Akzeptanz. Nach der Machtergreifung schufen die Nationalsozialisten ab 1933 einen lückenlosen Erziehungsstaat. Im Vordergrund standen der leistungsstarke Mensch, die körperliche und seelische Vorbereitung der Jugend auf den als Selbstbehauptungskampf des deutschen Volkes propagierten Krieg. Ernst Krieck, führender nationalsozialistischer Erziehungswissenschaftler, schrieb: „Alle Erziehung untersteht dem Gesetz der Eingliederung, nämlich des Ähnlichwerdens […]. Das Leben in der Gemeinschaft bewirkt allemal, dass die Glieder sich angleichen, anpassen, ähnlich werden, gemeinsame Inhalte, Ziele, Haltungen und Werte bekommen. Daher ist Erziehung ihrem Wesen nach Anpassung" (Krieck, *Das Naturrecht der Körperschaften auf Erziehung und Bildung*, zit. nach Schneider 2000, S. 306).

Tugenden wie Pflichtbewusstsein, Treue und Opferwilligkeit wurde zunehmend größere Bedeutung beigemessen. In der jungen Generation des deutschen

Volkes wurde die Bereitschaft gefördert, ein individuelles Selbstverständnis, eigene Pläne und sogar das Leben für Führer und Volk zu opfern. Dies konnte insofern akzeptiert werden, als eine strenge Erziehung zur Unterordnung bereits vor 1934 nicht nur in Preußen breite Akzeptanz fand. Für die Nationalsozialisten stand Unterwerfung im Vordergrund. Menschen sollten lernen, dass Erwachsene über Recht und Unrecht bestimmen, weil sie Autoritäten sind. Den Opfern im Lager durfte wie den Kindern keine Achtung entgegengebracht werden. Mit Härte und emotionaler Kälte waren die Täter auf das Leben und die Durchführung menschenverachtender Aufträge vorbereitet worden.

Weil die nationalsozialistischen Erziehungsziele für beide Geschlechter unterschiedlich waren, wurde in allen Bereichen auf geschlechtsspezifische Differenzierung geachtet. Ziel aller Maßnahmen war ein deutsches Schulwesen, das „männliche Männer und weibliche Frauen erzieht, die an Körper, Seele und Geist gesund und unverbildet, mit starkem Können und heißem Wollen der deutschen Volksgemeinschaft dienen" (Schneider 2000, S. 335). War es für männliche Jugendliche wichtig, auf den Kampf, den Krieg vorbereitet zu werden, spielte die weibliche Erziehung eine nur scheinbar untergeordnete Rolle. Es wurde die Ansicht verbreitet, dass Frauen erst im völkischen Staat wieder echte Frauen sein könnten, die in ihrer „kleinen Welt" das Fundament für die „große Welt" der Männer legten.

In kurzer Zeit war es den Nationalsozialisten gelungen, die bei der Machtergreifung vorhandenen schulischen Einrichtungen und außerschulischen Organisationen für ihre Zwecke einzuspannen und somit die Basis für strukturelle Gewalt zu schaffen. Im NS-Lehrerbund wurden Lehrerpersonen davon überzeugt, dass Wehrerziehung das Kernstück der gesamten Erziehung zu sein habe. Unterrichtsmodelle und zusätzliche Materialien zu aktuellen Lernzielen glorifizierten den Krieg und weckten Hass auf die „Feinde Deutschlands". Neben Franzosen, Engländern und Slawen waren das v. a. die Juden, aber auch Katholiken, Protestanten, „Zigeuner", Zeugen Jehovas, Freimaurer. Der Führer war Maßstab für das gesamte Erziehungsgeschehen, seine „pädagogischen Ideen" wurden zunächst durch Erlässe und Verfügungen umgesetzt. Gemeinsame Märsche und körperliche Übungen im Freien sollten schon die zehnjährigen männlichen Jugendlichen in der HJ abhärten und auf den Kriegsdienst vorbereiten: Das Einüben von Befehl und Gehorsam, Kameradschaft, Disziplin, Selbstaufopferung und (emotionale) Abhärtung für die „Volksgemeinschaft" gehörte zum Erziehungsalltag. Autoritäten durften nicht hinterfragt werden.

Während der Mann dem Staat auf unterschiedliche Art und Weise dienen konnte, wurde die Frau auf ihre Rolle als Mutter und Hüterin der Rasse reduziert. Ihre völkische Pflicht lag ausschließlich im Gebären und Aufziehen von Kindern. Oder mit Hitlers Worten: „Ziel der weiblichen Erziehung hat unverrückbar die kommende Mutter zu sein" (Hitler 1937, S. 460).

Naheliegend war das Verbot der Koedukation, Jungen und Mädchen wurden verschiedene Ausbildungsmöglichkeiten angeboten. Gewachsene Bindungen wurden planmäßig zerstört, das Halten des Einzelnen in der Beziehungslosigkeit war durchorganisiert. Unter verschiedenen Vorwänden und wirtschaftlich nicht begründbar wurden Kinder, Jugendliche und junge Frauen hin- und hergeschoben: in Kinderlandverschickungslager, ins Land- oder Pflichtjahr, als Angehörige des Arbeitsdienstes, im Krieg als Ost- und Westwallbauer.

Großen Einfluss auf ein breites, gesellschaftlich verankertes Erziehungsverständnis hatte der 1934 erstmals erschienene Erziehungsratgeber *Die deutsche Mutter und ihr erstes Kind*. Bis Kriegsende erreichte diese Publikation von Johanna Haarer eine Auflage von 690.000 Stück, wurde zum Standardwerk und diente als Grundlage der Erziehung in Kindergärten, Heimen und für die Reichsmütterschulungen. In diesen Kursen, an denen bis Kriegsende Millionen Frauen teilnahmen, wurden einheitliche Regeln zur Säuglingspflege und Grundlagen der Erziehung sowie die Stärkung der mütterlichen Autorität vermittelt.

Auf dem Titelblatt stand Dr. Johanna Haarer, womit Seriosität und Wissenschaftlichkeit signalisiert wurde. Haarer (1900–1988) war Lungenfachärztin. Nach kurzer Tätigkeit als Ärztin und nach der Geburt ihrer Zwillinge verfasste sie ab 1933 einschlägige Kolumnen u. a. im *Völkischen Beobachter* und Bücher zur Säuglingspflege und Kindererziehung. Sie hatte weder eine pädiatrische noch eine pädagogische Ausbildung. Der Ton in ihren Büchern, ganz besonders im Kinderbuch *Mutter, erzähl von Adolf Hitler!* von 1939 war schulmeisterliche Belehrung.

Die Nazis forderten von Müttern, Härte zu demonstrieren und die Bedürfnisse ihrer Kinder zu ignorieren. Dem entsprach Haarer mit *Die deutsche Mutter und ihr erstes Kind*, indem sie Distanz und Disziplin predigte, um den Nachwuchs abzuhärten und Eltern davor zu bewahren, sich von ihren unerbittlichen Haustyrannen manipulieren zu lassen. Daher sollte ein Kind die ersten 24 Stunden auch von der Mutter isoliert werden. Das Baby war für Haarer ein Quälgeist, dessen Wille es früh zu brechen galt. Bei Ein- und Durchschlafproblemen riet die Autorin „liebe Mutter, werde hart!". Das Kind sollte sich selbst überlassen bleiben. „Fange nur ja nicht an, das Kind aus dem Bett zu nehmen, es zu tragen, zu wiegen, zu fahren oder auf dem Schoß zu halten, es gar zu stillen. Das Kind begreift unheimlich rasch, dass es nur zu schreien braucht, um eine mitleidige Seele herbeizurufen und Gegenstand solcher Fürsorge zu werden" (Haarer 1934, S. 173). Ein Kind bekam somit keine Zuwendung, wenn es sie brauchte, und erfuhr durch jede Verweigerung Zurückweisung. Es lernte auch, dass seine Äußerungen nicht beachtenswert sind. Jede zugelassene Abweichung, die auf die Wünsche des Kindes einginge, berge bereits die rudimentäre Erfahrung von Selbstbestimmung – und war deshalb gefährlich. Wesentlich war auch, dass Körperkontakte zwischen Mutter und Kind auf ein Minimum eingeschränkt wurden. Zuwendung sollte einem Kind nicht geschenkt werden, wenn dieses ein Bedürfnis danach zum Ausdruck brachte. Das Kind wurde „gefüttert, gebadet, getrocknet und im Übrigen vollkommen in Ruhe gelassen" (S. 168). Nachdrücklich warnte Haarer vor Zärtlichkeiten, die auf Dauer nur verweichlichen.

Nach dem Krieg verbrachte Haarer ein Jahr in verschiedenen amerikanischen Internierungslagern, Fehler gestand sie nicht ein, ihre nationalsozialistische Einstellung gab sie nicht auf. Die intendierte Umerziehung gelang nicht. Ihr Mann, ein Arzt, nahm sich 1946, von seiner Frau enttäuscht, das Leben. Konflikte in der eigenen Familie wurden mit Gewalt gelöst, ihre fünf Kinder litten unter der Gefühlskälte und der Autorität der Mutter, wie in der Autobiographie ihrer Tochter Gertrud, 25 Jahre nach dem Tod der Mutter erschienen, eindrucksvoll nachgelesen werden kann. Sie war es auch, die angab, dass ihr Vater seine Frau im Lager besucht hatte. Die beiden seien, durch einen Zaun getrennt, einander gegenübergestanden. Reden konnten sie nicht miteinander. Der Vater habe geweint. Später wurde den Kindern suggeriert, dass er ein schwacher Mann gewesen sei.

Haarers Bücher galten als praktisch. Ihre Anweisungen sollten den Schulen und anderen Bildungseinrichtungen bis hinauf zum Arbeitsdienst und zum Heer „in ungeahntem Maß" die Erziehungsarbeit erleichtern. Es ging um Härte und Unnachsichtigkeit Schwächeren gegenüber. Gefühle hätten die Helden nur behindert, wenn es um Pflichterfüllung ging – ob auf den Schlachtfeldern, in den Arbeitserziehungs- und Vernichtungslagern, in Rechtsprechung und Verwaltung, in Bildungseinrichtungen und in den Familien.

Nach 1945 wurde Haarers Erziehungsratgeber vom gröbsten Nazi-Jargon bereinigt und mit dem leicht modifizierten Titel *Die Mutter und ihr erstes Kind* neu aufgelegt. Bis 1987 wurden noch einmal mehr als 500.000 Stück verkauft. Man kann davon ausgehen, dass Haarers Einfluss einerseits bei Eltern, die sich stark mit dem NS-Regime identifizierten bzw. andererseits bei Frauen, die auch bedingt durch Kriege aus instabilen Familien kamen und deshalb selbst keine Erfahrung stabiler Beziehungen gemacht hatten, Wirkung entfaltete.

An zerrütteten Beziehungen leiden noch die Kriegsenkel. Die Folgen von Haarers Erziehungsratgeber und weiteren Büchern, die in ihrem Sinne verfasst und verbreitet wurden, sind bis heute erkennbar. Welche Auswirkungen antrainierte Bindungs- und Gefühllosigkeit haben und haben können, lässt sich am klinischen Einzelfall nachverfolgen. In Therapien, die aus unterschiedlichen Gründen begonnen wurden, drängen sich häufig Themen wie Ekel vor dem eigenen Körper, strenge Essregelungen, Ängste, Unsicherheit und Beziehungsunfähigkeit in den Vordergrund.

Definiert man Beziehungsfähigkeit als das Vermögen und die Kompetenz eines Menschen, mit anderen in Kontakt zu treten und aufgebaute Beziehungen auch zu erhalten, dann bedeutet das, Bindung und Autonomie in Balance zu halten, Selbstverantwortung und soziale Verantwortung gleichermaßen zu entwickeln und in unterschiedlichen Kontexten in der Lage zu sein zu kooperieren. Grundlagen dafür werden in der Kindheit gelegt. Man weiß heute, dass eine sichere Bindung zu erwachsenen Bezugspersonen für die seelische Entwicklung des Kindes der beste Start ins Leben und für psychosoziale Gesundheit, für späteres körperliches, seelisches, geistiges und soziales Wohlbefinden ist. Sigrid Chamberlain, die Haarers Erziehungsratgeber einer ausführlichen sozial- und politikwissenschaftlichen Analyse unterzogen hat, formuliert: „Bindungslosigkeit vom Beginn des Lebens an: Das ist die Basis für die Heranzüchtung des an kein Gewissen, an keine Werte oder Moral, des an keinen Menschen, auch keine Heimat wirklich gebundenen, für jedes Ziel einsetzbaren ‚Typus', der allerdings auch jederzeit ersetzbar ist" (Chamberlain 2016, S. 168).

Die Folge des gefühllosen Funktionierens sich selbst und anderen gegenüber, die Verhärtung gegen jedes Gefühl, führt zu Kontaktstörung, zur Sucht nach symbolischen Verstrickungen und zur Anfälligkeit für Hörigkeitsverhältnisse, die ihrerseits Ausdruck von Beziehungsunfähigkeit sind. Eigene Emotionen, die Bereitschaft und Fähigkeit, sich in andere Menschen einzufühlen und Mitgefühl zu entwickeln, könnten zu dem im Dritten Reich besonders verpönten schwächlichen Mitleid führen. Daher musste etwas an Stelle der verbotenen Gefühle treten: Es waren dies Pseudogefühle in Form von Sentimentalitäten, Pathos, bis zu Fanatismus und Hysterie. Verbotene Gefühle erzeugen einen inneren Druck, den es zu bewältigen gilt. Eine Bewältigungsmöglichkeit besteht in der Steuerung von Pseudogefühlen, die in einem entsprechenden Rahmen zelebriert werden können: Dazu empfiehlt sich die Lektüre von *Masse und Macht*, dem 1960 erschienenen Hauptwerk des Nobelpreisträgers Elias Canetti.

Strafe muss sein? Oder: Wer nicht hören will, muss fühlen

Einen besonderen erzieherischen Stellenwert haben Strafen, was auch eines der erfolgreichsten Kinderbücher seit 1844, *Der Struwwelpeter*, verdeutlicht. Es ist eine Sammlung von Geschichten von Kindern, die ihren Eltern gegenüber ungehorsam sind und daher besonders grausame Strafen erleiden müssen. Auch ihr Tod wird in Kauf genommen.

Zu den gängigen Strafen gehören bis heute im Kontext Erziehung neben der Anwendung von physischer Gewalt auch Erniedrigung, Kränkung und Isolation. „Schwarze Pädagogik", erstmals 1977 von der Soziologin Katharina Ruschky verwendet, ist ein Sammelbegriff für Erziehungsziele und -methoden, die darauf ausgerichtet sind, mithilfe von systematisch eingesetzter physischer und psychischer Gewalt, dem Missbrauch von Macht, der Erniedrigung oder Erpressung den Willen Heranwachsender zu brechen. In der Zeit der Aufklärung, zu Beginn des 19. Jahrhunderts und in der Zeit des Nationalsozialismus erlebten brachiale Erziehungsmethoden ihre Blütezeit.

Die gesetzlichen Rahmenbedingungen für Gewalt als Erziehungsmittel haben sich geändert: Erst seit 1986 sind an österreichischen Schulen körperliche Züchtigung, beleidigende Äußerungen und Kollektivstrafen verboten. 1989 wurde ein Gewaltverbot in der häuslichen Erziehung eingeführt. Unmissverständlich wurde seither von Erziehungswissenschaftlern und Regierungsverantwortlichen kommuniziert, dass die klassische „ausgerutschte Hand" oder andere Züchtigungsmethoden keine geeigneten Erziehungsmittel sind. Aus dem Anspruch der „väterlichen Gewalt" wurde über den Umweg der „elterlichen Gewalt" die „elterliche Obsorge" für das Kind. Ergänzt wurden Maßnahmen zum Opferschutz. Die Konvention über die Rechte der Kinder, die allen Kindern ein Recht auf gewaltfreies Aufwachsen sichern soll, ist seit September 1992 in Österreich formal in Kraft.

Erschütternde, öffentlich gemachte Beispiele des Missbrauchs von Heranwachsenden in staatlichen und kirchlichen Kinderheimen hat die Verantwortlichen für diese Einrichtungen spät aufgerüttelt. Eine erst 2010 in Österreich gegründete unabhängige Opferschutzkommission bearbeitete in den letzten zehn Jahren Anzeigen von Gewalt in kirchlichen Einrichtungen zwischen 1970 und 1990. Mehr als 2500 Kinder und Jugendliche wurden zumindest ein wenig entschädigt. Auch nichtkirchliche Betreiber von Kinderheimen und Erziehungseinrichtungen haben sich in den letzten Jahren der Opfer körperlicher, sexueller und psychischer Gewalt in ihren Einrichtungen angenommen.

In der gesellschaftlichen Realität finden heute Nulltoleranz bei Gewalt, die Anerkennung von Vielfalt und die Ablehnung von Diskriminierung noch immer keine breite Akzeptanz. Eine gewaltbelastete Erziehung erleben nach eigenen Angaben noch immer etwa 25 Prozent der österreichischen Jugendlichen. Die Vermittlung von historischem Wissen sensibilisiert, führt jedoch angesichts realer und bagatellisierter struktureller und personaler Gewalt weder in der analogen und schon gar nicht in der digitalen Welt zu gewaltfreiem Handeln. Der verbindliche Rahmen und die Ressourcen für die notwendige Förderung sozial-emotionaler Kompetenz und von Reflexionsfähigkeit fehlen in den österreichischen Bildungseinrichtungen.

Und was sagt uns das über uns selbst?

Abschließend sei angemerkt: In der Kindheit wird das soziale Vermögen ausgebildet, mit dem wir der Welt und ihren Krisen begegnen. Der Kinderarzt Herbert Renz-Polster will den gegenwärtigen autoritären Populismus begreifen und fragt 2019 in seinem Werk *Erziehung prägt Gesinnung*, wie der weltweite Rechtsruck entstehen konnte – und wie wir ihn aufhalten können. Er kommt zu folgendem Schluss: „Wer den autoritären Populismus verstehen will, muss dorthin schauen, wo aus kleinen Menschen große Menschen werden – auf die Kindheit" (Renz-Polster 2019, S. 10).

Die Konstanzer Historikerin Miriam Gebhardt gibt in ihrer jüngst erschienenen *Geschichte der Erziehung im 20. Jahrhundert* ihrer Verwunderung Ausdruck, „wie sehr in diesem Land alle Erziehungsdebatten von Angst geprägt sind [...]. Eltern scheinen sich nicht nur um ihr Kind zu ängstigen, sondern auch vor dem Kind" (Gebhardt 2021, S. 7). Und sie ist sicher: „Die Kindheit spielt eine ganz wichtige Rolle bei der Erklärung der Welt. Man könnte sagen, wie eine Gesellschaft auf das Kind blickt, so blickt sie auf sich selbst" (S. 12).

Wer herausfinden möchte, was hier und heute noch immer passiert und – mindestens ebenso interessant – wie angesichts häufig dominierender Gefühllosigkeit und gesellschaftlicher Kälte Änderungen möglich sind, muss sich auch fragen, wie die Welt aus der Sicht des Kindes erfahrbar ist, wie das Kind sich in der sozialen Umwelt, die ihm geboten wird, die ihm Sicherheit geben sollte, gerade fühlt. Gefühle wie Freude, Angst, Zorn, Traurigkeit, Wut, Ärger, Neid, Ekel und Liebe sind wesentliche Ursachen, warum Menschen etwas tun oder lassen. Wenn Kinder und Erwachsene gemeinsam Gleichwürdigkeit erfahren und lernen, sozialverantwortlich ihre Gefühle auszudrücken oder zu beherrschen, wenn Verhaltensmuster hinterfragt und gegebenenfalls geändert werden, profitieren alle davon. Was mit Erziehung heute erreicht werden soll und wo ihre Grenzen sind, wie individuellen Entwicklungen Raum gegeben werden kann, welche Normen und Werte unser Zusammenleben bestimmen, wo staatlicher Einfluss notwendig ist und wo er einer transparenten Kontrolle unterliegen muss, müsste Teil eines lebendigen, öffentlichen Diskurses sein.

Ludwig Laher beschreibt in *Herzfleischentartung* auf beeindruckende Weise ein System von Opfern sowie Tätern und deren Gehilfen, Ermöglichern und schweigenden Mitwissenden. Seine Porträts von ohne seine Recherchen wohl in Vergessenheit geratenen Opfern und zum Teil bis heute erstaunlich uneinsichtigen Tätern in *Schauplatzwunden* machen „die Strukturen der Barbarei, im Rahmen derer einzelne, sofern sie nicht zur obersten Machtelite zählen, keine besondere Rolle spielen" (Laher 2020, S. 9), erkennbar.

Die Lektüre beider Publikationen kann in Leserinnen und Lesern tiefgehende Irritationen auslösen, die eine nicht zu unterschätzende Voraussetzung für ein selbstbestimmtes Sich-Bilden ist, das über das Erzogen-Werden weit hinausgeht.

Ludwig Laher (2006)
Ludwig Laher (2008)

Überführungsstück

Von Zeit zu Zeit da drängt es mich, mir die Literatur nicht länger als das Kind der eingesperrten Geister vorzustellen, die wir heute sind: an jenes Bibliotheks- und Archivleben gebunden, das auch ich hier führe. Als etwas ohne Jugend Antiquarisches, Staubiges, der zweiten Lebenshälfte Vorbehaltenes zur Bewältigung der ersten …

Stattdessen denke ich sie mir mitunter als das, was sie an jedem Anfang sein muss: ein Hinausgehen, ein Grenzüberschreiten, ein *narrative event*. Eine *Âventiure*, der man mit geschlossenen Augen zuhört, nur der Klang der Sprache, nur ihre absolute Poesie … ein Abenteuer, zu dem die Jungen aufbrechen, um darin zu erwachsen, wenn Sie verstehen, was ich meine?

Jedenfalls: als ein Überführungsstück.

Als die Überführung einer Ordnung in das Ungeordnete – ah, jetzt muss ich mich klarer ausdrücken, das sehe ich an Ihrem Gesicht!

Nehmen Sie das Rotkäppchen, zum Beispiel: Von der Ordnung des Hauses tritt es auf den Weg hinaus in die Welt, vom Weg in die Wildnis und dann folgt als letzte Entgrenzung die Überführung in den Bauch des bösen Wolfes … ich sehe schon, jetzt wird es klarer!

Das stelle ich mir manchmal vor: Dass die Literatur ein solches Überführungsstück wäre. Dass sie wie alles im Wald beginnt, in den man hinaustritt, und da sind plötzlich Geräusche und Gerüche, die man sich in der Literatur schon gar nicht mehr zu benennen traut, weil ja: Kitschverdacht.

Und das hier, von mir, in der Höhle des Löwen sozusagen, mitten in der Redaktion unseres Feuilletons!

Ich könnte über so etwas ja lachen, aber laut sagen dürfte man das hier herinnen nie.

Die Kollegen, Sie wissen schon, vor allem der Eckert, der so auf meine Position drängt – wenn Sie dem mit so einer germanistischen Idee von der Überführung kommen, dass alle Literatur letztendlich ein Überführungsstück sei – was für eine schöne große Metapher …

Noch einmal, damit Sie mich nicht falsch verstehen – wir kennen uns ja erst seit heute Morgen. Sie haben eben das Glück oder Unglück, Ihr Redaktionsvolontariat bei mir zu absolvieren …

Deshalb sage ich Ihnen jetzt in aller Offenheit, was wir hier machen: auch nur Überführungen.

All die Bücher hier – schauen Sie sich ruhig um, Sie können nachher gerne ein paar mitnehmen – Überführungsstücke!

Wir bekommen die zuhauf von den Verlagen überführt.

Dieses hier zum Beispiel: ein kleiner Verlag – darauf schauen wir, unter uns gesagt, als Erstes –, ein unbekannter Autor und kein Debüt. Das können Sie sich gleich jetzt vom Stapel nehmen. So etwas schenken wir her, bevor wir es – ich sag' es mal ganz grob – unten im Depot entsorgen. Auch eine Überführung in gewisser Weise, aber Spaß beiseite. Die bekannten Autoren rezensieren wir zuerst, sonst glauben die Leser, wir sind nicht auf der Höhe und die großen Verlage rufen an und machen Druck, von wegen Vorabexemplare und ähnliche Annehmlichkeiten – da brauchen Sie jetzt aber nicht überrascht zu schauen.

Das ist eben die Hackordnung, und natürlich: einmal Rotkäppchen spielen und vom Weg abkommen und die bestehende Ordnung kollabieren lassen, das wäre schon reizvoll. Als Gedankenspiel: dann herrscht für eine Weile die Ordnung des Waldes über die der Häuser, und erst der Jäger als ständige Patrouille des hegemonialen Diskurses muss das Innere des Wolfes ein weiteres Mal veräußern, bevor jedes Ding, jede Figur wieder an ihre angestammte Position zurück überführt werden kann. Das ist Ihnen zu germanistisch, sagen Sie?

Jetzt klingen Sie schon wie der Eckert. Nicht dass Sie mir das übel nehmen – so offen muss man schon sein dürfen, vor allem als Ihr Lehrer, meine ich!

Aber Sie wären überrascht, wie viele Germanisten, die ich kenne, das schlimmste Grauen vor ihrem eigenen Fach haben. Einer hat sogar lange Zeit eines dieser *Literaturhäuser* geleitet – schrecklich übrigens, Literatur*haus*, wenn Sie an das zurückdenken, was ich zu Anfang unserer Kaffeepause gesagt habe!

Nur ja nichts Literarisches, hat mir der einmal anvertraut, und das kann ich ja verstehen – warum sich durch irgendeinen Tausendseiter plagen, wenn man sein Geld für etwas anderes billiger bekommt?

Da ist man mit den großen Namen auch wieder auf der sicheren Seite: Irgendwer hat einmal damit angefangen und man muss mit dem Lobhudeln einfach nur weitermachen, weil gelesen hat's ohnehin keiner, und dann fällt auch nicht auf, dass man's selbst nicht gelesen hat.

Sie sind nicht überzeugt? Nehmen Sie dieses Buch zum Beispiel – ja, das hier, das da ebenfalls zur Überführung bereitliegt. Ob wir das rezensieren werden? Na ja, was habe ich Ihnen eben über das Überführen gesagt: die einen ins Feuilleton, die andern ins Depot, den Großen die Töpfchen, die Kleinen ins Kröpfchen …

Glauben Sie, der Eckert liest das?

Der schreibt doch – unter uns – nur die Verlagsaussendungen ab.

Aber lesen *Sie* doch mal da rein: Die Litanei eines bayrischen Justizbeamten, der sein halbes Leben in der Asservatenkammer des bayrischen Justizministeriums verlebt und die andere Hälfte in die unmöglichsten Rollen schlüpft, die man sich nur denken kann: Archivar und Kabarettist, Beamter und Maler, Bayer und Österreicher – und er ist ja auch tatsächlich an der Grenze zwischen beiden Ländern aufgewachsen! Ein phlegmatisches Äußeres kaschiert ein Inneres, in dem es tobt und treibt und wütet – die Ordnung und Gebotswelt des mütterlichen Hauses auf der einen Seite und der anarchische Zerstörungstrieb des Wolfes auf der anderen – alles klar? Aber anstatt endlich den entscheidenden Schritt nach draußen zu tun, verweigert er den Ungehorsam – das muss man sich noch einmal auf der Zunge zergehen lassen, das ist noch eine Schraubendrehung weitergedacht als beim Bartleby: den Ungehorsam verweigern!

Nie übertritt die Hauptfigur diese Schwelle zum *narrative event* – Sie verzeihen mir mittlerweile sicher den einen oder anderen germanistischen Begriff!

Damit bleibt sie selbst die eigentliche Erzählung: Disposition ohne eine darauf folgende steigende oder fallende Handlung.

Bis zum Ende ihres Vortrags verharrt diese Figur nur in Innenräumen, immerzu im Innerlichen. Und das passt ja auch – das Selbstgespräch offenbart ja nach und nach auch ihr Innerstes!

Dabei gibt es durchaus einige Ortswechsel: Die Kantine zum Beispiel ist der äußerste Ort, an den der Leser überführt wird, der öffentlichste Raum, wo man sich zumindest für die Nahrungsaufnahme so weit exponieren muss, wie es gerade noch gefahrlos möglich ist: wie die Fische, wenn sie nur für Kurzes an die Wasseroberfläche kommen.

Danach aber nur mehr Innenräume in der infiniten Regression: immer tiefer hinein in die Archive. In die verschlossenen Bereiche. Ins Private: das eigene Haus schließlich, in die eigene Familie, in die Dachkammer, in der – das wissen Sie ja sicher noch aus der Lektüre von *Jane Eyre* – immer schon das Verdrängte, das Vertierte, das Unterbewusste gehaust hat, und auch das wird am Ende dem Leser überführt, der wortlos dem Selbstgespräch gelauscht hat. Die eigene Biografie, das Heranwachsen, der von den unsichtbaren Dachsparren im Dunkel überkopf überspannte Dachboden, der unsere Kindheit ist – das ist die tiefste Stelle der Geschichte, sage ich Ihnen. Wir sind im Bauch des Wolfes angelangt: die Lieblosigkeit der Eltern. Alkohol. Suizid. Die Drangsalierung durch ein Schulsystem, das für vom Wege Abgekommene keine Wege öffnen will.

Und jetzt, wo man nur noch darauf wartet, dass unser Archivar endlich den ersten Schritt tut, damit etwas geschehen kann: nichts! Seine Geschichte selbst ist die Geschichte, die die Geschichte überführt hat.

Das ist natürlich sehr gewitzt: Alles Schreiben ist irgendwann biografisch. Ich weiß schon, jetzt werden Sie mich tadeln: eben noch ganz strukturalistisch unterwegs und jetzt so ein naiver biografistischer Ansatz. Aber was glauben Sie, wie viele Debütromane irgendwelcher Jungstars im Grunde nur vom Autor selbst erzählen? Und die Interviews, die der Eckert so gerne mit diesen Schreiberlingen führt, weil er die Bücher dann gar nicht erst lesen muss: Weil ich es so fühle, weil meine Oma mir das erzählt hat, weil ich so bin … Nicht einer, der behauptet, er bediene sich ganz einfach jener narrativen und ideologischen Strukturelemente, die den gegenwärtigen hegemonialen Diskurs dominierten, und trage damit dem Wunsch der herrschenden Klasse nach Selbstbestätigung ihres Weltbildes Rechnung – im Ernst, haben Sie das schon einmal jemanden sagen hören?

Da ist dieses Buch hier ganz anders, und mit Sicherheit wird es der Eckert deswegen nicht besprechen. Ja, natürlich – Sie können es mitnehmen.

Offenbar habe ich Sie jetzt neugierig gemacht.

Aber was rede ich, die Kaffeepause ist ja schon längst vorüber, und eigentlich sollte ich jetzt einmal zu schreiben beginnen, damit Sie auch das in der Praxis sehen.

Jeder Text ein Überführungsstück, und irgendwie würde es mich jetzt schon reizen, dem Eckert und dem Chefredakteur einfach dieses Buch, das Sie da in den Händen halten, das mit dem Teddybären und dem Ausbeinmesser am Titelbild, auf ihre Schreibtische zu knallen.

Eine einzige große Metapher ist das, würde ich sagen: für die Literatur.

Für das Leben, das sich in ihr spiegelt, in die Sprache überführt, in den großen Kanon all der Geschichten, die immer schon erzählt wurden, und da hinein wird endlich auch die eigene Geschichte überführt.

Und ja, komisch: Ich, Sie, wir alle könnten uns in diesem Überführungsstück gespiegelt sehen, eine *Mise en abyme* gewissermaßen, als wäre das, was Sie und ich hier tun, was Sie und ich hier sprechen, auch nichts anderes als der Schatten jener tiefen fiktionalen Welt auf der Oberfläche unserer flachen, die wir als Wirklichkeit begreifen.

Auf der wir stehen, mit beiden Beinen im Riedgras, und eigentlich sollten auch wir nicht länger nur hier sitzen, Staub ansetzen und Kaffee trinken.

Wir sollten überhaupt nicht länger sprechen und schon gar nicht über die Literatur, sondern einfach loslaufen, über die Schwelle hinaus und zwischen die flachen Zweige der Schwarzerlen dort, am Bach entlang: die Kälte, die Feuchtigkeit, können Sie das spüren?

Und das Rauschen des eigenen Blutes hinter den Ohren wie Libellenflügel an der Schläfe, wie ein aufregendes, neues, fremdes Leben.

Der eisenbittere Geschmack im Mund, und wie die Luft beim Atmen in der Lunge sticht.

Die Sonne von der Seite im lichten Heidelbeergesträuch, kein Weg mehr unter den Füßen, und der eigene Schatten läuft an meiner Seite mit – und noch ein zweiter schwarzer Schatten im Gestrüpp, ein wildes Hecheln, irgendwo jenseits der Augenwinkel.

Freiluftlesung am Wolfgangsee (2011)
Lesung im Literaturhaus Salzburg (2015)

Cordula Simon

Sprachkunst, Sprachpolitik und Politiksprache in Ludwig Lahers Essays

Ludwig Laher schreckte nie davor zurück, Umstände wie Missstände, denen Kritikwürdiges anhaftete, aufzuzeigen. Was sich in seinen Essays findet, ist vor allem eine thematische Breite, die ihresgleichen sucht. Passenderweise bildet das titelgebende Dramolett *Windschatten* den Auftakt zu seinem ersten Essayband, der 1994 erschien: Die Geschichte saust bei der Lektüre allegorisch vorbei, und auf der Bühne läuft sie an sich selbst vorbei, holt sich sprichwörtlich ein und damit vor allem die Menschen. Die Leser des Textes und das Publikum im Text werden hiermit eins.

Die Themen, die Laher in diesem Buch behandelt, sind unterschiedlichster Natur und bieten Einblick in das, was Laher beschäftigt. Wie zum Beispiel die Texte anderer Autoren: So schreibt er über Grenada, Kolonialisierung und Jacob Ross ebenso wie über die Gedichte Derek Walcotts, über Uwe Johnson, dem in New York seine eigenen Figuren begegnen. Laher liefert differenzierte Bemerkungen über Heiner Müller und über dessen Interesse, über Schatten zu schreiben, über Martin Walser und Botho Strauß und über das beständige „Wehret den Anfängen", während politische Flüchtlinge immer noch abgeschoben werden. Über Gertrud Fussenegger und ihre betont germanophile, christliche Dichtung ebenso wie über Augustin Ableitner, der nach dem Krieg dieselben fragwürdigen Inhalte verdichtete wie zuvor, was dem Begriff der „Zeitlosigkeit" einen ganz neuen Anstrich verleiht. Darüber, wie zwar Stefan Zweig auf einem Kongress geehrt, in dessen Rahmen aber als umstritten bezeichnet wurde, auch wenn sich für die Umstrittenheit nirgendwo Belege finden ließen. Über die politische Vereinnahmung von Karl Kraus ebenso wie über Walter Benjamins Selbstmord nach misslungener Flucht und über die Festung Europa – ein Begriff, der erst mehr als zwei Jahrzehnte später in den Medien breite Resonanz fand. Hier schreibt er auch über die Anfänge der EU in der EG, von der er fürchtete, dass sie zu einem scheindemokratischen Produkt mit unüberwindbaren Außengrenzen gegen die Verfolgten dieser Erde verkommen würde. Auch in seinem Text über Jugoslawien und die USA zeigt sich der Essayist als Warnender.

Laher ist einer, der hinsieht: Zwar wünscht auch er sich Aufarbeitung, fabrizierte Geschichten über Mauthausen haben in dieser jedoch nichts verloren, denn Aufarbeitung von Fabuliertem richtet mehr Schaden an, als die Trauerarbeit nützen könnte, so sein Fazit. In seiner Auseinandersetzung über Heldentum und Dichtung im Zweiten Weltkrieg ist Laher die Stimme, die stets weiter präzisiert, ausdifferenziert und Texte niemals unkritisch zur Hand nimmt. Auch das Kräftemessen zwischen Medien und Kunst beäugt er mit dieser Skepsis, die wenige Texte heutiger Autoren innehaben.

In *Quergasse* (2005) kehren viele dieser Themen wieder: Laher wird nicht müde, sich an Autoren und dem, was an Österreich noch alles aus dem Zweiten Weltkrieg klebt, abzuarbeiten. Hier behandelt er Franz Stelzhamer, der zwar vom böhmischen Juden Ludwig August Frankl unterstützt wurde, selbst jedoch Antisemit mit ausgeprägter antisemitischer Rhetorik war. Auch über Cameron McCabe, den Krimiautor, der selbst die mörderische Figur in seinem Buch war, bietet er wenig bekannte Blickpunkte: Es handelte sich um den Emigranten

Ernest Borneman, dem man das Englische doch gar nicht zugetraut hatte. Laher richtet den Blick auf Dinge, die in Europa gerne übersehen werden.

Gerade in diesem Buch sind es jedoch auch Menschen, fern der schriftstellerischen Tätigkeit, denen sich der Essayist zuwendet. Nach dem Umzug nach St. Pantaleon geht er hier den Geschichten der nächsten Umgebung auf den Grund: Josef Neuwirth, ein Oberstaatsanwalt, der zwar schon lange vor dem „Anschluss" Parteimitglied der NSDAP war, jedoch eine Untersuchung aufgrund einer Anzeige eines Lagerarztes begann; nebulöse Einweisungsgründe, ein Sumpf aus unwissend spielender SA und SS, die sich mithilfe des rechtschaffenen Pflichterfüllers bekriegen. Wo Neuwirth nicht weiter weiß, lässt sich an Akten noch die mäßig verborgene Wahrheit in suggestiven Formulierungen über seinen aussichtslosen Kampf um das, was er für richtig hielt, ablesen. So folgt Laher dem, was er für richtig hält, und wo Neuwirth in den Akten andeutet, findet Laher eine klare Sprache.

Er schreibt über Ludwig Steffl, eines jener NS-Opfer, die die Geschichte schon fast dem Vergessen überlassen hätte. Er schreibt über das ambivalente Verhältnis der Bevölkerung der Region zu Tschechien und über das sogenannte „Zigeuneranhaltelager" St. Pantaleon-Weyer. Die Geschichte Frau Winters wird einfühlsam vor dem geschichtlichen Tableau präsentiert, dazu ein Sprung in die Gegenwart: Zehn Millionen Sinti und Roma gibt es heute noch europaweit, und Frau Winter ist mit ihrer Geschichte nicht allein. Zehn Millionen, und damit mehr als Dänen, Iren oder Esten, schreibt er, auch mehr als Österreicher, und nun verstummt die Skepsis gegenüber der EU kurz, denn das grenzenlose Europa ermöglicht ein neues Bewusstsein.

Wenn Parlamentarier Gaskammern leugnen, gibt es keine versöhnlichen Töne: Laher verknüpft Geschichte und Geschichten. Wo die Geschichten nicht genug sind, ist es klare harte Kritik, die er den entsprechenden Politikern um die Ohren schlägt. Hätten sie doch etwas mehr gelesen, von Laher zum Beispiel, müsste er das nicht tun. Vielleicht hätten sie mit *Im Windschatten der Geschichte* anfangen sollen.

Windschatten, wo auch Heldentum und Dichtung im Zweiten Weltkrieg besprochen werden, wo er über sich manifestierende Gedanken reflektiert, die einen Vorhang erst eisern machen können, der doch sonst nur aus Wald und Wiesen besteht. Wo er sich wundert, über Grenzübergänge, die nicht zum Überschreiten gedacht sind. Über Medienberichterstattung wie im Krieg, die Körper geradezu pornografisch in Szene setzt.

Texte, die Menschen mit dem Gesicht auf das pressen können, was zu gerne übersehen wird. Doch auch leisere Töne finden sich, geradezu intime Texte, über die Gefühlswelt des Autors beim Fußball, die Erinnerungen an die Kindheit in Linz, individuellen Protest und Lethargie im Pflegeheim. Über Sanftes, Brutales und Kurioses, wie den Yeti, flügelloses Geflügel und den Menschen als Schöpfergott, der doch auch selbst den Menschen nur durch Bildung schafft.

Intime Texte, die auch in *Quergasse* ihren Platz haben, die die geschichtlichen und politischen Themen einrahmen. Gerade in den Prosastimmen des phantastischen Alltags, mit großer Distanz in der Tonalität, wo einer oder eine etwas tut, undefiniert, weit weg, und wir uns dabei ertappen, das Vertraute im Fremden wahrzunehmen, zu einer oder einem im Text zu werden, intime Momente mit den Figuren zu erleben. Über seinen Lieblingsschaffner schreibt Laher in diesem Band und über das Künstlerdasein, bis er 2019 in *Wo nur die Wiege stand* erneut Geschichte in Geschichten zeigt und auslotet, wie wenig wichtig ein

Geburtsort, der früh verlassen wurde, wirklich ist, welche Bedeutung eine biographische Marginalie haben kann. Das Leitmotiv des Bandes ist das Hitlerhaus in Braunau, zu dem sich Ludwig Laher auch in einigen Zeitungskommentaren äußerte. „Weder der plumpe Abrissvorsatz des damaligen Innenministers noch das spätere Umbauhitlerversteckspiel sind dazu geeignet", der grotesk aufgeladenen Stadt Braunau die Bürde wegzuzaubern, sagt Laher im Gespräch mit Klaus Zeyringer. Der Band bietet kurzweilige Einblicke in eine Provinz des Menschen, in die touristische Verwertung anscheinend auratischer Geburtshäuser.

Ludwig Lahers längster Essay *Ixbeliebige Wahr-Zeichen? Über Schriftsteller-„Hausorthographien" und amtliche Regel-Werke* erschien 2008. Er steht bei einer Betrachtung von Lahers Werk durchaus nicht alleine: Auch in den anderen Essaybänden hat die Behandlung der Sprache und der Umgang mit ihr in Wort und Schrift bereits Platz gefunden. Ein Thema, das ihn bewegt, und ein Diskurs, in den er Bewegung brachte.

Elfriede Jelinek beklagt im Vorwort zu diesem Büchlein die neue Rechtschreibung. In ihr hat Ludwig Laher eine sprachgewaltige Verbündete gefunden, und an jedem Satz kann man ablesen, worum es den beiden geht: Auch bei Prosaautoren ist Sprache nichts zufällig Hingeworfenes. Darauf weist der orthographisch ungewöhnliche Titel hin; er kontert den Willen einiger Mitglieder des Rechtschreibrates, sogar die Belletristik einer amtlichen Regel zu unterwerfen. Dagegen setzt der Essayist in offenbar lustvoller literatursoziologischer Betrachtung orthographische Besonderheiten aus Geschichte und Gegenwart.

„Bei allem Widerwillen gegen den Mißbrauch der Rechtschreibung als Disziplinierungsmittel schien es mir andererseits freilich nie erstrebenswert, auf orthographische Übereinkünfte ganz zu verzichten" (Laher 2005/b, S. 14.) Vielmehr geht es um willkürliches Eingreifen in Texte, deren orthographische Eigenheiten mit dem Sinn des Textes ineinandergreifen. Und so klagt Laher jene an, die Texte verstümmeln, um sie für Schüler leichter verdaulich zu gestalten, auch wenn es Autoren geben mag, denen die orthographischen Neuerungen gleichgültig sind: „Dennoch geht es für die überwiegende Mehrheit der literarisch Tätigen nicht an, wenn andere darüber entscheiden zu dürfen glauben, in welcher Gestalt belletristische Werke ganz oder in Ausschnitten veröffentlicht werden" (S. 15). Der Tonus der befragten Kollegenschaft ist klar – laut Helmut Zenker: Sprachexperimente sind sinnvoll, wenn sie nicht beliebig sind, sondern inhaltsverändernd (S. 23).

Gerade die Missstände in Schulbibliotheken und Schulbüchern bringt Laher in diesem Text auf den Punkt und greift Vokabular auf, das nach NS-Zeit klingt, um seiner Sache Nachdruck zu verleihen:

> Massive Säuberungen von Schulbibliotheken durch biedere Volksschullehrerinnen und -lehrer, die zu grimmigen Sprachpolizisten mutierten (*Achtung Sprachpolizei!* hieß eine beliebte Sendung im Österreichischen Rundfunk meiner Kindheit), gehören für mich zu den alarmierendsten Auswüchsen eines obrigkeitsfixierten Denkens, das die reine Lehre der jüngst offenbarten S-Schreibung über die kindgerechen Inhalte und ästhetischen Verfahren eines Buches stellt, das orthographisch angepaßt vielleicht gar nicht wieder aufgelegt wird oder aus notorischem Geldmangel nicht neu angekauft werden kann. (S. 18)

Hier erkennt man eine regelrechte Wut Lahers auf nicht logisch nachvollziehbare Bestimmungen und die Anmaßungen, die damit für Schriftsteller verbunden sind, denn Sprache sei weder Museum noch Experimentierfeld. Falsche

Vereinfachungen und hochkomplexe Ableitungshierarchien waren ihm bereits seit längerem ein Dorn im Auge, denn auch jene Menschen, die mit einem natürlichen Sprachgefühl ausgestattet sind, hatten darunter zu leiden. Rücksichtslos wurde eine neue Form erzwungen: „Reglementieren roch verdächtig nach Disziplinieren, wobei sowohl die Sprache selbst als auch die kompetenten Nutzer betroffen waren" (Laher 2008, S. 39).

Für diese Erkenntnis hatte er bereits Jahre zuvor mentale Bestärkung aus unerwarteter Quelle erhalten: In *Quergasse* findet sich der Text „Alexanders Erfolgserlebniss" [!] (vgl. Laher 2005/b, S. 25ff.): Ein Biobauer aus des Essayisten Umgebung möchte seine Berufsreifeprüfung im zweiten Bildungsweg machen. Er bittet Laher, ihm beim Erlernen der neuen Rechtschreibung zu helfen. Zu dessen Freude erkennt dieser die Logik der Schreibung und ihre Prinzipien schnell, ärgert sich aber, noch vehementer als Laher, über inkonsequente Elemente. Warum darf er Erfolgserlebnis nicht Erfolgserlebniss schreiben? Laher bietet ihm Eselsbrücken, und schwere Fehler sind im zweiten Text bereits nur mehr spärlich zu finden. Schließlich stößt er auf den Satz: „Man braucht immer mal wieder ein Erfolgserlebnis [sic]." Laher bedauert ihn korrigieren zu müssen, „hielt es aber für angebracht meinen guten Bekannten in seinem erstaunlichen Sprachgefühl zu bestärken". Schließlich würde es der Sprachlogik folgen, die den Reformern von 1901 fehlte (S. 26).

Der Betroffene wehrt sich dagegen, und man kann die Zwiegespaltenheit Lahers fühlen, wenn er erzählt:

> Auch Alexander verstand, dass Großältern ein ä bräuchten, aber nun ja. 1901. Bei der Berufsreifeprüfung werden sie schon nicht so spitzfindig und übergenau sein, munterte ich Alexander auf, und im Privatleben wirst du es ohnehin so halten, wie du es für richtig hältst. Ich zum Beispiel schreibe ganze Bücher und kümmere mich darin überhaupt nicht um die neue Rechtschreibung. Ihm gehe es aber ums Prinzip, meinte mein Gegenüber trotzig. Schon, sagte ich, das würde ich durchaus verstehen und schätzen, aber es ist letztendlich halt doch ein Kampf gegen Windmühlen. (S. 27)

In Alexanders Ansichten finden wir auch die Ansätze des Jelinekschen Vorwortes in *Ixbeliebige Wahr-Zeichen?*. Sprache lebt, diagnostiziert dieser:

> Oft habe er sich gefragt, warf Alexander da unvermittelt ein, ob jene abgehobenen Bauernfunktionäre, die vor zwanzig, dreißig Jahren vehement dazu rieten, das Vieh mit gekappten Hörnern möglichst bewegungslos auf Gitterrosten zu halten, um Dreckarbeit zu sparen, ob diese Herren überhaupt bedacht hätten, daß Kühe etwas Lebendiges sind. Und so wie seine Rinder im Laufstall natürlich glücklicher und gesünder als soziale Wesen in der Herde, eben artgerecht lebten, so könnten doch sogenannte Experten nicht hergehen und der lebendigen Sprache aus Jux und Tollerei einfach fortgesetzt Gewalt antun wie in unseren Beispielen. Wenn ich ‚Ereigniss' wie ‚Riss' ausspreche und die ‚Großältern' wie ‚Stängel' funktionieren, dann möchte ich sie auch so schreiben dürfen, wurde Alexander heftig und unterstützte seinen Anspruch, indem er mit den Knöcheln der geballten Faust mehrmals energisch auf den Holztisch trommelte. (S. 27)

Der Essayist lässt den Freund selbst zu Wort kommen, und niemand kann hier mit dem Vorwurf wedeln, dass es nur alberne oberflächliche Einwände abgehobener Künstler seien. Sprache lebt, und die neue Orthographie macht die Wörter zu einer unglücklichen Kuhherde. Eine ausgesprochen bildliche Vorstellung, die gerade den Österreichern nahe ist, und fast möchte man bedauern, dass das wundervolle Bild der eingezwängten Herde sich nicht auch in *Ixbeliebige Wahr-Zeichen?* finden lässt, denn für Laher wäre es vielleicht leichter gewesen, das Landwirtschaftsministerium von der Unzulänglichkeit der Rechtschreibung zu überzeugen anstatt das Windmühle genannte Bildungsministerium. Der abschließende Befund Alexanders sitzt wie eine Ohrfeige: „Für so was ist ein Geld da!?"

Das mit dem Geld und den Ministerien ist so eine Sache, aber schön der Reihe nach: Was war die Konsequenz, die in der Realität gezogen wurde? Eine bittere Zeit für Kinder- und Jugendbuchautoren, denn die „Titel würden vorläufig leider ohne Neuauflage aus dem Programm genommen und makuliert" (S. 41).

So beginnt Laher zu recherchieren, und diesmal nicht nur unter betroffenen Autoren, sondern auch im Lehrkörper und stellt erstaunt fest, „daß in achtunddreißig Prozent der befragten Volks- und Hauptschulen der Bücherbestand in herkömmlicher Orthographie bereits ausgeschieden worden war oder spätestens mit Ablauf der Übergangszeit aus den Regalen verbannt werden würde" (Laher 2008, S. 42).

Windmühlen hin oder her, Laher kämpft, denn – verständlicherweise tut es jedem Bibliophilen ein Leid an, Bücher aufgrund oberflächlicher (und zudem oft unsinniger) Formalitäten eingestampft zu sehen, liebevoll als Stütze für Kinder gedachte Bücher bereits als Klopapier vor Augen zu haben. Er tritt also mit dem Ministerium in Kontakt:

> Das Bildungsministerium, aufgeschreckt von diesen Zahlen und meiner Aufforderung zu handeln, reagierte prompt mit einem Erlaß an alle Schulen, in dem es hieß: *Von einem grundlegenden Austausch der Bestände, welcher nur das Kriterium der neuen Rechtschreibung ohne inhaltliche Erwägungen im Auge hat, ist auf jeden Fall abzusehen.* Experten würden versichern, daß *die Konfrontation mit unterschiedlichen Schreibweisen nicht für eine Beeinträchtigung der Schreibentwicklung bei Kindern und Jugendlichen* verantwortlich gemacht werden könne. Und schließlich: *Das Kennenlernen von literarischen Texten und die aktive Auseinandersetzung mit ihnen sollen nicht geringer bewertet werden als die verwendete Schreibweise.* (Laher 2008, S. 43)

Es bleibt zu vermuten, dass die Reaktion des Bildungsministeriums nicht daher rührt, dass sich dort jemand besonnen und Laher plötzlich Recht gegeben hätte, sondern vielleicht eher, dass man im Ministerium eine Flut an Anträgen um Fördergelder für die Neuanschaffungen befürchtete, da es ja ohnedies selten ist, dass Ministerien, ganz gleich wo auf dieser Welt, auch B sagen, nachdem sie A gesagt haben, und meist ist das in allgegenwärtigen Geldnöten begründet. Wie viele Bücher man wohl hätte anschaffen können, hätte man das Geld in Neuanschaffungen in alter Rechtschreibung anstatt in einer Einführung der neuen Rechtschreibung umgesetzt, fragt man sich.

Hier muss ich ein persönliches Geständnis machen: Eingeschult in den Neunzigern, wurde ich vier Jahre in der alten und die übrigen acht in der neuen Rechtschreibung unterrichtet. Wirklich rechtschreiben kann ich bis heute nicht, und ohne Lektorat wäre ich verloren. Das Ministerium und seine Experten hatten zu diesem Zeitpunkt auch keine empirische Studie zu exakt diesem Knackpunkt zur Verfügung, das Expertentum beruhte wohl eher auf Wunschdenken.

Laher wird nicht müde weiter zu fragen und wundert sich, dass

> lediglich dreiundzwanzig Prozent der Pflichtschulleiter sich der Meinung des Ministeriums und seiner Experten anschließen [würden], wonach die gelegentliche Rezeption eines orthographisch „unangepaßten" literarischen Textes keine negativen Folgen für die Schreibentwicklung des Kindes befürchten lasse. Was die ältere Schuljugend anlange, könne man das eine oder

> andere veraltete Buch vielleicht durchaus tolerieren, hieß es tendenziell in den mir übermittelten Kommentaren, die Volksschüler jedoch dürfe man einer solchen Verunsicherung nicht aussetzen. (Laher 2008, S. 43)

Für all jene, die engeren Kontakt mit Volksschullehrern haben, ist das wenig überraschend: Die Umstände des Unterrichtens werden immer schwieriger, im modernen Zeitalter und unter dem Einfluss moderner Medien sinken die Aufmerksamkeitsspannen von Kindern immer weiter, mehr Schüler fremder Muttersprache finden sich in den Klassen, und zu Hause wird kaum noch gelesen. Gerade Grundschullehrer beklagen häufig, dass für den Pflichtstoff kaum Zeit bleibt. Nicht die Ablehnung der alten Texte, sondern der zeitliche Mangel dürften zu diesen Zahlen geführt haben, möchte man Laher tröstlich entgegnen. Man kann auch annehmen, dass er sich darüber im Klaren ist, dass viele Neuerungen, darunter auch (oder vielmehr gerade) die neue Rechtschreibung, mit Ächzen und Stöhnen von jenen umgesetzt werden mussten, die dafür Sorge tragen, dass die kommende Generation lesen und schreiben kann, und dass auch diese mit Verordnungen „von oben" üblicherweise nicht glücklich sind. Ein Laherscher Idealismus wird deutlich, wenn er schreibt:

> Ich kann mir lebhaft vorstellen, daß es Siebenjährigen, von der Lehrerin, den Eltern freundlich ermuntert, durchaus Spaß gemacht hätte, mittels ihrer Spürnasen die drei „Rechtschreibfehler" im Büchlein *Die drei Streithasen* zu erschnüffeln, unter Anleitung auszubessern und sich solcherart nicht nur als Wissende auszuweisen, sondern überdies durch konkretes Tun einzuprägen, wie *dass* korrekt geschrieben wird. Stattdessen wurden unzählige Bücher einfach vernichtet. (Laher 2008, S. 44)

Wie sieht es nun aus mit der Literatur, die den Schülern noch zugemutet wird? Wie sieht es aus mit Texten alter Rechtschreibung oder gar eigenwilliger sinnstiftender, gewollter, alternativer Orthographie? Was passiert mit Texten von Jelinek oder Uwe Johnson? Ja, wenn es nur das wäre – nun, dann wäre das, gerade bei besonders bedeutungsschwangeren Schreibweisen wohl schon katastrophal genug, doch in Schulbüchern geht man gerne noch einen Schritt weiter: Die Eingriffe sind häufig nicht nur orthographischer Natur, auch Begriffe werden einfach mir nichts, dir nichts ausgetauscht (S. 57). Im Gegensatz dazu bleiben gerade bei älterer Literatur, die der neueren Rechtschreibung angepasst wurde, antiquierte Begriffe stehen, dafür werden leicht zugängliche („*Thür und Thor*") in die neue Form gepresst (S. 84).

Von dem frommen Wunsch Elfriede Jelineks, Leser mögen sich auf das Universum des Autors einlassen (S. 49), kann man nicht viel bemerken bei dem frostigen Wind, den Laher im Rat für deutsche Rechtschreibung zu spüren bekommt: Ein gewisser Professor Jakob Ossner meinte, dass man auf widerspenstige Schreibende, die nicht ganz so wichtig seien, in Bildungszusammenhängen künftig verzichten könne, bei Kalibern wie Brecht täte man sich allerdings schwer (S. 46). Eine Aussage, die Schreibenden ihre Wert- und Nutzlosigkeit signalisiert. Auch in der Bevölkerung ist man ungnädig, denn Laher wendet sich an das Internet und das Fazit in den Kommentaren lautet, dass sich die Autoren abzufinden hätten, schließlich würden sie dafür bezahlt. Laher bezeichnet diese als „schlecht informierte Netzaktivisten" (S. 118), und man kann die Sprachherde regelrecht traurig in ihren Gattern muhen hören.

Unter diesen Umständen ist es kein Wunder, dass Laher einer der wenigen ist, die sich die Windmühlen noch antun. Viele Autoren werden sich wohl auf die Position zurückgezogen haben: Hinter mir die Sintflut, Kühe hin oder her.

Kaum jemand hat in dieser Sache mit so lauter und klarer Stimme gesprochen, wie Laher es getan hat, obwohl es schon sonderbar wirkt, bedenkt man, dass er bereits recht früh im Buch feststellt: „Die verunglückte Rechtschreibreform 1996 hat vor diesem Hintergrund eine unerwartet nachhaltige und leidenschaftliche öffentliche Debatte heraufbeschworen, wie ich sie mir im übrigen für wesentlich wichtigere Themen wünschen würde" (Laher 2005, S. 27). Hier könnte man Laher den Vorwurf machen, warum denn er sich nicht diesen „wichtigeren Themen" angenommen hat, doch am Ende gibt er die Antwort selbst und sie sieht aus wie eine Frage: „Wer hat die Macht und übt sie wie aus? Verstehen diejenigen, die das Sagen haben, genug von der Materie? Haben sie die Betroffenen im Auge, wenn sie entscheiden, oder genügen ihnen abstrakte Gebäude?" (Laher 2008, S. 130f.).

Die Betroffenen, Autoren, Lehrer, Schüler, Studenten, wären ohne Laher stimmloses Vieh gewesen – so denke doch bitte einmal jemand an die Kühe! Mein Germanistikstudium begann ich, übermütig trotz Rechtschreibmängel, übrigens 2004. Gerade dem beständigen Bestreben Lahers und seiner Mitstreiter ist wohl die Reform der Reform zu verdanken, die nicht optimal sein mag, aber ohne Lahers Bemühungen hätte ich es möglicherweise nicht durch das Studium geschafft.

Die Rechtschreibung ist jedoch beileibe nicht Lahers einziger Kritikpunkt im Umgang mit der Sprache in Österreich. Auch in Belangen der politischen Sprache hat Laher einiges anzuklagen: In *Quergasse* rupft er jene Politiker, die Zitate von Denkern missbrauchen, wie zum Beispiel Andreas Khol, der „Die Wahrheit ist eine Tochter der Zeit" aus sich herauspresst, als trotz der Ankündigung niemals mit der FP zu koalieren, ebendiese Koalition doch zustande kam:

> Wir sehen, bei Herrn Khol handelt es sich nicht nur um einen Bildungsbürger, der aus seinem reichen Fundus jederzeit passende Zitate verfüglich hat, es gelingt ihm sogar, sich von der üblichen Deutung des Satzes völlig zu emanzipieren. Für Francis Bacon wie für Shakespeare oder Brecht steht, indem sie die Sentenz verwenden, außer Frage, daß die Wahrheit eines Tages trotz aller Denkverbote ans Licht kommen wird, für Andreas Khol ist sie ganz banal die Hure jener Autoritäten, denen Dichter und Denker der Weltliteratur prophezeien, sie würden in the long run den kürzeren ziehen. (Laher 2005/b, S. 115)

Khol war Herkunft und Bedeutung des Zitates wohl gleichgültig, und so missbraucht er es in beliebiger Deutung, hofft auf das Wohlwollen der Medien. Am Ende ist medial wohl alles Interpretationssache, wie auch FPÖ-Stadtrat Gerhard Cirlea beweist, der sich über die Bezeichnung KZ Hallein beschwert, denn offenbar nagt man in Österreich immer noch an der Geschichte. An das Bezirksblatt Tennengau schreibt Cirlea:

> In der ORF-Sendung „Brennpunkt" wurde kürzlich über die 96-jährige Agnes Primocic berichtet. Nach ihrer Behauptung hätte sie angeblich 17 Häftlingen aus dem KZ Hallein das Leben gerettet. Diese Behauptung muss unwahr sein, da es in Hallein niemals ein Konzentrationslager gegeben hat. Der ORF hat seine Sorgfaltspflicht verletzt, indem nicht gewissenhaft recherchiert wurde. Es ist sicher wichtig, durch Dokumentationen über die damalige Zeit unsere Jugend aufzuklären. Wichtig ist aber auch, bei der Wahrheit zu bleiben, und nicht KZ's in Gegenden zu erfinden, wo sie Gott sei Dank niemals waren. (Laher 2005/b, S. 57)

Laher fasst diese Behauptung zusammen wie folgt: „Der Mann unterstellt allen Ernstes einer Ehrenbürgerin jener Stadt, in der er eine politische Spitzenposition bekleidet, zu lügen. Er bezichtigt weiters den ORF, Beihilfe zu leisten, und verkündet, daß es in Hallein niemals ein KZ gab" (S. 57). Daufhin bezieht Cirlea nochmals Stellung und meint „Es gab damals einfach unterschiedliche Bezeichnung [sic!] zu diversen Lagern" (S. 58f.).

Laher rückt dies zurecht: Anhand von Biographien von Opfern solcher Außenlager kann er nachweisen, dass dort durchaus gestorben wurde. Sich darauf zu versteifen, dass es nicht Konzentrations-, sondern Außenlager hieße, versuche dies zu verbergen. Cirlea hat eine Wunschvorstellung von sich gegeben und sich in albernen Sophismen, auch genannt Augenauswischerei, ergangen. Der argumentative Mehrwert seiner Stellungnahme war damit gleich null.

Ludwig Laher verlangt nicht nach aktiver schulischer Auseinandersetzung mit den fragwürdigen Begriffen, wie er es bei der alten Rechtschreibung getan hatte. Hier könnte man fragen: Warum? Wäre es nicht noch wichtiger, diese Inhalte zu diskutieren, offenzulegen, welche Bedeutung ihnen innewohnt und warum sie nicht mehr verwendet werden?

In *Im Windschatten der Geschichte* heißt es: „Political correctness ist so ein Allerweltsbegriff. Ich will mich gar nicht damit aufhalten zu diskutieren, ob er irgendwann schon einmal zum Nutzen der Menschheit angewendet worden ist, mag ja sein. Ich will Sie vielmehr gleich mit den Verzweiflungsausbrüchen moderner Medienhüterbuben bekannt machen, weil dieses Nichts namens political correctness zu allem Überdruß gern in Gestalt eines Chamäleons auftritt" (Laher 1994, S. 64). Dazu verweist er auf einen Rockstar, der sich darüber beklagt, dass Inhalte bei Konzerten, die nicht PC seien, nicht zu featuren seien, obwohl Rock 'n' Roll doch eo ipso böse sein müsse. Hier entlarvt Laher sogar das Hohle und Phrasenhafte der politisch korrekten Herangehensweise: „Es gibt also auch solche, die glauben, mit ausreichend p.c. ginge es dem Bösen in der Welt an den Kragen und alles würde gut und fad. […] Der böse Elvis, der Kinder zum Pomademißbrauch verführte, die bösen Stones, die den Drogenmißbrauch propagierten, die bösen Lennon & Ono, die ihr Bumsgestöhne in Plattenrillen quetschten […]" (S. 65).

Was hat sich seit den Neunzigern verändert? Laher? Nein. Die Welt? Vielleicht. Am ehesten sehen wir, dass Laher vor allem Ähnlichkeit hat mit dem rebellischen Rockstar, der seine Kunst frei haben will, der widersprechen muss.

So tut es auch Ludwig Laher mit dem mephistophelischen Ethos, der sich durch das gesamte essayistische Werk zieht. Der die andere Seite anschauen will, nicht übersehen möchte, was für ein Aspekt da drüben, weit weg von dem, was andere in den Diskurs gezerrt haben, sein mag, der nicht eingezwängt sein will in die Gitter, die andere schmieden. Der dem lebenden Wesen auf grünen Wiesen näher ist als dem eingrenzenden Stahl. Der aus dem Muster ausbricht. „So denke doch endlich jemand an uns Kühe!", will man doch manchmal rufen, wenn man sieht, wie der Welt der Sprache Korsett um Korsett aufgezwungen wird, bis es uns armem Rindervieh die Luft abschnürt. „So denke doch endlich jemand an uns Kühe!" Nur Ludwig Laher kann mit Fug und Recht behaupten: Tue ich doch.

Ludwig Laher in einem ausrangierten Eisenbahnwaggon (2014)
Ludwig Laher im Video in einer Ausstellung des Linzer Schlossmuseums (2017)

Ludwig Laher als Filmemacher

Auch wenn Ludwig Laher nicht in erster Linie als Filmemacher bekannt ist, kann er doch fünf Filme für sich verbuchen. 1992 schrieb er das kleine literarische Drehbuch *Durst nach Widerstand*, das 1994 im Band *Im Windschatten der Geschichte. Näherungen und Zuspitzungen. Essays* veröffentlicht und 1995 im Vorfeld des Österreichschwerpunktes der Frankfurter Buchmesse vom ORF zur Verfilmung ausgewählt wurde. Bei den drei Filmessays – *Wolfgang Amadeus junior. Annäherung an einen Sohn* (1999), *Herzfleischentartung* (2001), *Sinti ob der Enns. Wider die Zigeunerklischees* (2006) – und der Filmdokumentation *Ketani heißt miteinander. Sintiwirklichkeit statt Zigeunerklischees* (2006) war Laher nicht nur für die Texte, sondern auf für die Regie verantwortlich. Mit *Durst nach Widerstand* bietet uns Laher einen humorvollen und ironisierenden Blick auf eine Art österreichischen Widerstands; mit den Essays und der Dokumentation setzt er sich konkret mit Episoden der Geschichte des Landes und ihren Folgen in der Gegenwart auseinander.

„Wie es sein könnte"

Am Anfang des sehr kurzen (3'23") Spielfilmes *Durst nach Widerstand* steht Laher neben seinem Auto, schaut direkt in die Kamera und erklärt: „Von Zeit zu Zeit komme ich irgendwohin und sehe zufällig, wie es sein könnte." Nach diesem Hinweis, dass es sich im Folgenden um eine Fiktion handelt, steigt Laher ins Auto, und vor den Hintergrundgeräuschen des startenden und wegfahrenden Autos erscheint eine kurze Biographie des Autors auf der Leinwand. Das „Wie es sein könnte" wird mit einem Szenenwechsel eingeleitet – der Titel des Films wird eingeblendet, während eine historische Dampflokomotive aus einem Wald herausfährt. Jedoch dauert es eine Weile, bis den ZuschauerInnen klar wird, dass es sich bei diesem Beginn um eine klassische Szene aus einem Wildwestfilm handelt, dessen Motive der Film parodistisch einsetzt, um dem „Durst nach Widerstand" den geeigneten österreichischen Anstrich zu geben.

Die verschiedenen Aufnahmen des Zuges sind eindeutig denen von Wildwestfilmen nachgestellt. Der Zug durchquert eine menschenleere Landschaft: Nahaufnahmen von Geleisen, über die der Zug schnell hinwegfährt, vom Schlot des Zuges und vom Feuer in der Lok. Wie in den Western kontrolliert der Schaffner die Fahrkarten von sorglosen Passagieren, die keinerlei Gefahr wittern. In einem Western enden solche Szenen mit einem Überfall von Banditen oder Indianern. Um zu verhindern, dass die ZuschauerInnen diese Anspielungen nicht gleich verstehen, hilft Laher mit der Musik, die aus seinem Auto kommt, nach. Während er in Richtung Bahnkreuzung fährt, erklingen Fetzen – „Do not forsake me oh my darling" und „coward, a craven coward" – vom kanonischen Lied aus dem bekannten Western *High Noon*.

Die Zitate aus Western werden fortgeführt und zum Teil auf den Kopf gestellt. Ganz im Sinne der dramatischen Musik ändert sich auch die Stimmung im Führerstand des Zuges, als der Schaffner und der Lokführer einen Mann mit einem Moped auf dem Gleis sehen. Die folgende Konfrontation hat wenig gemein mit der klassischen Situation um Leben und Tod im Wildwestfilm. Die Unfähigkeit der Beamten, das Schimpfen des Störenfrieds, die Neugierde der

Fahrgäste und das überraschende Happy-End wirken eher typisch österreichisch. Die Bemühung der beiden musealen Zugbeamten, den Mann vom Gleis zu entfernen, stößt auf Widerstand. Nicht er, sondern der Zug sei das Problem, behauptet dieser, denn es gebe die Linie schon längst nicht mehr. Während der kurzen handgreiflichen Auseinandersetzung beschimpft der Unruhestifter die Zugbeamten als „Kasperl" und „Kappler". Die neugierigen Gäste steigen aus, ignorieren die Aufforderungen des Schaffners wieder einzusteigen und gehen auf den Mann zu. Als er in seine Tasche greift – eine Geste, die an einen duellierenden Pistolenhelden erinnert –, erreicht die Spannung ihren Höhepunkt. Ein dramatischer Akkord, der im Western das bevorstehende Duell zwischen Banditen und Sheriff ankündigt, begleitet die Geste. Alle bleiben stehen und schauen erschrocken zu. Die Nahaufnahme des Mundes des Mannes, der an seiner Zigarette zieht, ist ein weiteres Signal für den unmittelbar bevorstehenden Showdown. Doch statt eine Waffe zu ziehen, stellt der Mann die harmlose Frage „Wer zahlt einen Liter oder zwei?". Alle lachen und umringen den Fragenden, aus dem Off klingt fröhliche Musik im Einklang mit dem Happy-End.

Die Frage „Wer zahlt einen Liter oder zwei?" gibt dem Titel „Durst nach Widerstand" eine neue Bedeutung. Bevor man den Film sieht, drängt sich die Frage auf, wer Durst nach Widerstand hat und warum, und welcher Macht oder wem man Widerstand leisten müsste. Nun ist klar, dass „nach" Temporalität anzeigt und „Durst" nichts mit Verlangen zu tun hat, sondern wörtlich verstanden werden muss. Der Titel und die Anlehnung an den Wildwestfilm mit seiner Hypermaskulinität spielen mit den Erwartungen der ZuschauerInnen. Der Film ist nicht nur ein treffendes Beispiel für den österreichischen Humor, sondern weist auch auf den mangelnden Widerstand im Dritten Reich hin. Wenn es um einen Liter geht, sei der Österreicher bereit, sich vor einen musealen Zug zu stellen, nicht aber, wenn es um die richtige Haltung gegenüber dem Faschismus geht.

Wie es war und ist

Auf meine Frage, wie es dazu kam, dass er selber Filme drehte, schrieb mir Ludwig Laher: „Ach, ich fand manche Stoffe, die ich in meinen Büchern verarbeitete (*Wolfgang Amadeus junior: Mozart Sohn sein*; *Herzfleischentartung*; *Uns hat es nicht geben sollen*), geeignet für eine weitere Nutzung in Form eines Filmessays." Der amerikanische Filmkritiker Phillip Lopate bezeichnet den Filmessay als Subgenre des Dokumentarfilmes; er vermittle mehr als Information, beinhalte aber auch einen persönlichen Standpunkt (Lopate 1992, S. 22). Damit verleiht der Filmessay dem Text Primärgewicht. Darüber hinaus sollte der Essay die ZuschauerInnen in den Gedankengang des Autor-Regisseurs einbeziehen (Lopate 1992, S. 19). Auch wenn Laher nicht als Erzähler fungiert und auch nicht selbst in den Filmen erscheint, sind es unverkennbar seine Gedanken, denen in diesen Werken nachgegangen wird. In jedem Filmessay verfolgt er Fragen oder Themen, die ihn persönlich berühren, aber auch von allgemeinem Interesse sind. Zugleich wirft er damit ein Licht auf blinde Flecken der österreichischen Geschichte. Mit Beweismaterialien aus Interviews, Dokumenten und Musik konstruiert er eine „Abhandlung, die eine literarische od. wissenschaftliche Frage in knapper u. anspruchsvoller Form behandelt" (*Duden* 1989, S. 464). Wenn im Spielfilm die Bilder im Vordergrund stehen, so stellt der Filmessay Bilder und Ton in den Dienst des Texts.

Der erste Filmessay, *Wolfgang Amadeus junior. Annäherung an einen Sohn* (1999, 20 Minuten), beginnt mit einer Weitaufnahme einer Stadt, die sich als Karlsbad herausstellt. Darauf wird der Schriftzug *Wolfgang Amadeus junior* eingeblendet, gefolgt von einer zweiten Aufnahme der Stadt und dem eingeblendeten Untertitel *Annäherung an einen Sohn*. Dann führt uns der Erzähler mit den Großeinblendungen des Schildes „Mozartův Park" und des Grabes von Franz Xaver Mozart in das Thema ein. Österreichische Spezialisten hofften, Knochen des Sohnes zu finden, um endlich feststellen zu können, ob ein Schädel in Salzburg dem Vater gehörte. Sie werden enttäuscht. „Der Sohn hat sich dem ewigen Vergleichen mit dem übermächtigen Vater körperlich endgültig entzogen. Dieser Wolfgang Amadeus Mozart ist nämlich nicht der Berühmte und eigentlich hieß er die ersten beiden Jahre seines Lebens auch ganz anders." Diese Bemerkung funktioniert als Übergang zu mehreren Kurzaufnahmen von verschiedenen Menschen „auf der Straße" in Wien und Salzburg, die ihr Unwissen an den Tag legen. Auf die Frage „Wer war Franz Xaver Mozart?" identifiziert ihn nur einer als Mozarts Sohn. Fest steht, dass der Name Franz Xaver Mozart den meisten kein Begriff ist.

Das Leben von Mozarts Sohn ist schnell erzählt. Er wurde im Juli 1791 geboren, sein Vater starb im Dezember des Jahres. Seine Mutter nannte ihn nicht nur Franz Xaver Wolfgang Mozart, sondern auch Wolfgang Amadeus, und er sollte ein zweites Wunderkind werden. Als Jugendlicher musste er 1808 die Kompositionen des Vaters aufführen und dann auch selber komponieren. Um seiner Mutter zu entkommen, nahm er mit siebzehn eine Stellung als Klaviermeister in Lemberg an; 1819 begab er sich auf eine Europatournee, wo er dauernd mit seinem Vater verglichen wurde. Während der Reise lehnte er ein Angebot als Kapellmeister im Herzen Deutschlands wegen seiner Geliebten ab. Nach 1838 lebte er wieder in Wien, wo er Heimsalonkonzerte veranstaltete und sich für junge Musiker wie Frédéric Chopin und Robert Schumann einsetzte. Der letzte Versuch, sich professionell durchzusetzen, scheiterte, als er sich erfolglos um die Stelle als erster Direktor des Mozarteums bewarb. Sein Lebenswandel passte den konservativen Salzburgern nicht, aber als „Spektakelaufputzer" für die Enthüllung der Mozartstatue war er 1842 gut genug. Wegen seiner schwächlichen Konstitution reiste er, auf Heilung hoffend, nach Karlsbad, wo er am 29. Juli 1844 an Magenkrebs starb.

Fast am Anfang und dann wieder in der Mitte des Films gewährt uns die klinische Psychologin Eva Marie Stix Einblick in das Leben eines Kindes, das seinen berühmten Vater nie kannte, dessen Namen tragen musste und von der Mutter nicht unterstützt wurde. Sie überlegt sich, was das für ein Kind im Allgemeinen und für Franz Xaver im Besonderen bedeutet haben könnte. Er musste „in eine andere Identität schlüpfen", und er hatte „nie die Möglichkeit gehabt, sich mit ihm [dem Vater] direkt auseinanderzusetzen oder zu messen", meint die Psychologin. Im Vorspiel seines Romans *Wolfgang Amadeus junior: Mozart Sohn sein* erfahren wir, warum gerade diese Geschichte dem Autor so nahe geht. Ludwig Laher, der nach seinem Vater benannt wurde, verlor ihn als „Kind von sechs Jahren". Als Ältester bekam er für ein Kind schwierige Pflichten auferlegt. „Ich [...] war der Mann im Haus. Übernahm, kaum der Volksschule entwachsen, den Schriftverkehr mit Ämtern und Behörden, war mehr als nur der ältere Bruder für meine Schwester. Stand oft am Fuß des Grabes, auf dem auch mein Name stand. Steckte in den umgearbeiteten grauen und schwarzen

Anzügen des Vaters. Wollte ich auch in seine Fußstapfen treten? Das fragte mich niemand außer ich." Da ihn niemand fragte, wollte er selber anhand von Franz Xaver Mozarts Leben der Frage nachgehen.

Laher verfolgt das Leben von Franz Xaver Wolfgang Amadeus Mozart von der Geburt 1791 bis zum Tod 1844 und untersucht, wer Franz Xaver Mozart war und wie es für Mozarts Sohn war, im Schatten des Vaters aufzuwachsen. Er korrigiert manche tradierte „Fakten", falsche Bilder und vor allem das Unwissen des allgemeinen Publikums. Er stellt uns die Musik des Sohnes vor. Für sein Porträt verwebt Laher Beweismaterial in Form von Auszügen aus Briefen und einer Tagebucheintragung mit den Informationen und dem Kommentar des Erzählers; er zitiert aus Zeitungsartikeln über Franz Xavers Auftritte und aus Mozartbiographien; er führt Interviews mit Experten und macht kurze Aufnahmen mit „Menschen auf der Straße". Wir hören auch Ausschnitte aus verschiedenen Kompositionen des Sohnes. Dazu kommen die Bilder und Aufnahmen, die den Text begleiten. Daraus entsteht ein rundes Bild vom Leben des Franz Xaver Mozart und seinem Los als Sohn des großen, ihm aber unbekannten Komponisten und einer ehrgeizigen Mutter.

Ein zweiminütiger Teil, der den Kommentar des Erzählers, ein Interview mit einem Experten, Zitate aus Zeitungen und kurze Aufnahmen mit heutigen Konzertgästen verbindet, unterstreicht den ewigen Vergleich von Mozart Vater und Sohn damals und heute. Verschiedene Aufnahmen untermauern den Kommentar und führen ihn weiter. Während das Porträt von Franz Xaver und seinem älteren Bruder auf einem Untersetzer gezeigt wird, hören wir als Voice-Over über die Last, die der Kleine tragen musste. „Wolfgang Amadeus Mozart Sohn soll einträgliche Verdienstquelle werden, Reinkarnation des Vaters, Komponist, Genie, zuerst natürlich Wunderkind." Rudolph Angermüller von der Internationalen Stiftung Mozarteum erzählt dann von der Tradition des Wunderkindes in der Familie Mozart und wie auch Franz Xaver Wolfgang Amadeus in diese Rolle gezwungen wurde: „Man ließ ihn in Prag das Auftrittslied des Papageno" singen, was die „Zurschaustellung eines Kindes eines berühmten Vaters" war. Da setzt die passende Stelle aus der Oper ein und die Kamera zeigt eine tanzende Marionette aus dem Salzburger Marionettentheater, mit einem Schwenk auf die Puppenspielerin, die sie führt. Wir erfahren dann aus dem vorgelesenen Text aus *Denksteine* (1844) von August Schmidt, wie das Publikum damals reagierte: „Die Prager, die den großen Mozart bis zur Schwärmerei verehrten, wurden durch das Lallen des Kindes von wehmütigem Entzücken ergriffen. Und der Kleine brachte damals eine Wirkung auf seine Zuhörerschaft hervor, wie es ihm in der Folge vielleicht nie mehr gelungen ist." Dazu sieht man Hampelmänner aus dem Geschäft Mozartland. Die Marionette und die Hampelmänner vermitteln eine eindeutige Botschaft. Franz Xaver soll der Mutter gehorchen, wie die Marionette der Drahtzieherin gehorcht, und wie die Hampelmänner hat auch er keine Kontrolle über sein Leben.

Franz Xaver Mozarts Europatournee von 1819 bietet Laher die Möglichkeit, die Rezeption der Auftritte des Sohnes und seiner Kompositionen von damals und heute zu vergleichen. „Mit eigenen Werken, aber auch mit Arbeiten des Vaters geht er auf Europatournee. Für kurze Zeit zumindest ist er ein Star, wird er umjubelt. Längst weiß er, dass die Leute vor allem zu ihm ins Konzert kommen, um den Sohn des großen Mozart zu sehen, nicht wegen seiner eigenen Musik, die mit der des Vaters auch nicht viel zu tun hat. Vaterepigone ist Wolfgang jedenfalls keiner. Was er jedoch nicht weiß, ist, wie viele kämen, wäre er nicht

Mozarts Sohn und komponierte er dieselben Lieder, Sonaten, Konzerte. Das wird er auch nie erfahren können." Aus Auszügen aus der *Leipziger Allgemeinen musikalischen Zeitung* wird zitiert, um das Los des Sohnes eines berühmten Mannes und insbesondere Franz Xavers zu beschreiben. Jemand gibt zu: „Kinder berühmter Männer sind gewöhnlich einer harten Beurteilung unterworfen, indem man sie mit ihren Vätern vergleicht." Auf Mozarts Sohn bezogen, schreibt einer: „Der Sohn trägt schwer an den Verdiensten und dem Ruhme seines Vaters" und „Wir haben Gelegenheit, das Bild des Toten in der Gestalt des Lebenden zu ehren". Danach wechseln Bild und Ton zu einer Aufnahme der Pianistin Sonoko Maejima, die Franz Xaver Mozarts *Polonaise mélancolique Nr. 1, op. 22* spielt. Gleich danach reagieren heutige Konzertgäste auf das Gehörte, meist positiv, wenn nicht erstaunt, dass seine Kompositionen an Chopin erinnern. Die sonore Stimme des Erzählers zieht einen Vergleich zwischen den Kritikern aus dem Jahre 1819 und den heutigen Konzertgästen. Wenn die Kritiker „das Bild des Toten in der Gestalt des Lebenden ehren" wollten, so hatte das Publikum anderes im Sinn: „Ein Großteil des Publikums ist wohl schlicht neugierig." Wenn das auch noch für heute gilt, plädiert Laher dafür, dass man die Kompositionen des Sohnes unabhängig vom Vater beurteile.

Kompositionen von Mozart Sohn begleiten den ganzen Film, und auch andere Kompositionen sind zu hören. Sein erstes Klavierquartett schrieb Franz Xaver mit elf Jahren; für Haydn komponiert er eine Kantate; und in Polen komponiert er für Flöte und Klavier. Laher holt auch Meinungen zu Franz Xavers Kompositionen von zwei professionellen Musikern ein, der Pianistin Sonoko Maejima und Rudolph Angermüller. Maejima weigert sich, Vater und Sohn zu vergleichen. „So wenn ich ein Stück spiele, Vater Wolfgang Amadeus Mozart, dann in der Sekunde [...] bin ich nur mit dem beschäftigt. Ich kann mich nicht im gleichen Moment [mit] Vater und Sohn beschäftigen. [...] Er ist er." Rudolph Angermüller ist nicht so umsichtig in seiner Beurteilung, aber er gibt gerechterweise zu, dass es sehr gute Stücke von Franz Xaver Mozart gibt, „wie das zweite Klavierkonzert opus 25". Angermüller erzählt: „Das war ein ganz großer Schlager der Zeit, mit dem er durch die Lande gezogen ist und sehr großen, sehr großen Erfolg gehabt hat." Hier unterbricht ihn die Stimme seines unsichtbaren Interviewers, der fragt: „Zu Recht, meinen Sie?" Nickend bejaht Angermüller.

Am Ende des Filmes kehrt Laher dorthin zurück, wo er begann, ans Grab Mozarts, aber jetzt führt er uns nicht zu den Ausgrabungen der Archäologen, sondern in die Vergangenheit mit den Worten Franz Grillparzers. Der Dichter hatte einen Text für den Grabstein des Freundes vorbereitet, der die Welt anklagt. „Die Welt hat ihn vernachlässigt wie seinen Vater, obwohl sie ihm nur Vorzüge und keine Größe zu verzeihen hatte." Aber dann teilt uns der Erzähler mit: „Eingemeißelt wurde dann doch der brave Satz, des Sohnes Lebensinhalt wäre ‚die Verehrung des Vaters' gewesen." Ohne Kommentar geht das aber nicht. Der Erzähler stellt die rhetorische Frage: „Warum auch Unruhe stiften in der scheinbaren Idylle des Biedermeier?" Damit tadelt Laher sowohl den Widerwillen des Dichters Grillparzer, Wellen zu schlagen, als auch alle, die am Status quo nicht rütteln wollen.

„Herzfleischentartung"

Vor seiner Haustür in St. Pantaleon findet Ludwig Laher selber mehrere Gründe, Unruhe „in der scheinbaren Idylle" zu stiften, was er mit seinem sechzehnminütigen Filmessay *Herzfleischentartung* (2001) erreicht. Er führt uns durch die kurze, aber grausame Geschichte von zwei Lagern auf demselben Gelände, die mit Gründung des Arbeitslagers im Juli 1940 beginnt (das dann ab Jänner 1941 als Zigeuneranhaltelager fungierte) und mit der Deportation der Sinti und Roma und der Auflösung des Lagers im November 1941 endet.

Der Filmessay ist zugleich eine Reise durch eine Landschaft verdrängter Geschichte als auch eine Art Erinnerungs- und Trauerarbeit. Laher beginnt den Film mit Aufnahmen einer winterlichen, menschenlosen Landschaft, die er mit Begleitkommentaren von Zeitzeugen verknüpft. Die Stimme eines Mannes, der sich später als Überlebender des Arbeitslagers herausstellt, sagt knapp: „Da kann ich nur sagen, da lauft's einem eiskalt über den Rücken." Eine Frauenstimme meldet sich: „Das ist nicht zu glauben, fast nicht zu glauben, was man da anschauen hat müssen." Danach wird der Titel *Herzfleischentartung* eingeblendet. Wir erfahren, wo die Geschichte stattfindet: „Am Südwestrand Oberösterreichs in Weyer, Gemeinde St. Pantaleon, richtet der Gau Oberdonau Mitte 1940 ein Arbeitserziehungslager ein. Mindestens 250 neue Bauernhöfe sollen entstehen, wo jetzt noch eine weite Moorlandschaft ist, die sich ausbreitet. Entsumpfen sollen diese Gegend sogenannte Arbeitsscheue, Asoziale." Die Landschaft gibt die Geschichte nicht preis, aber dafür interviewt Laher ZeitzeugInnen und präsentiert Zeitdokumente.

Ohne die Aussagen von ZeitzeugInnen wären die Spuren der Vergangenheit in der Moorlandschaft unlesbar. Aber es sind nicht nur ihre Worte, die etwas über die Geschichte aussagen, sondern auch wie Laher uns die ZeitzeugInnen vorstellt und sie in der Landschaft und vor der Kamera positioniert. Wir erfahren ihre Namen nicht; sie werden nur in Bezug auf ihre Rolle in der Geschichte identifiziert. Dazu zählen ein Überlebender des Arbeitslagers, Nachbarinnen des Lagers, die Tochter der vertriebenen Besitzer des Lagergeländes Weyer und eine Sintiza, die als Nichte von Lageropfern identifiziert wird. Ihre Namen bleiben ungenannt, weil sie eben Stellvertreter sind.

Die Positionierung der Zeitzeugen vor der Kamera und in der Landschaft ist auch vielsagend. Im Keller, wo gefoltert wurde, und neben dem Gebäude, wo die Häftlinge untergebracht waren, schaut der Überlebende des Arbeitslagers voll in die Kamera. Er deutet auch die Spuren der Vergangenheit in der Landschaft und erzählt von der Brutalität, die dort stattgefunden hat. Zu den Bildern von verlassenen Schienen, einem hinfälligen Wagen und Teilen einer Kette erzählt der Mann: „Unten waren die Schienen für die Rollwagerl, die wir anfüllen haben müssen. Wenn die voll waren, haben wir sie ausleeren müssen, zurückschieben, wieder anfüllen. Und so ist das den ganzen Tag dahingegangen." Wir sehen ein totes Reh, als er erzählt, wie wenig das Leben der Inhaftierten der SA-Mannschaft bedeutete.

Die ungewöhnlichen Aufnahmen mit den Nachbarinnen ragen heraus. Im Gegensatz zum Überlebenden des Arbeitslagers sieht man ihre Gesichter nicht. Die Frau, deren Stimme wir als die vom Beginn des Essays erkennen, wird aus der Ferne aufgenommen, als sie durch die Ortschaft geht. Ihre Stimme begleitet ihren Gang als Voice-Over. Wir hören, wie die Inhaftierten getrieben, geschlagen und von Hunden gehetzt wurden. Wir sehen die Frau ein zweites Mal, als sie die Erinnerungsstätte aufsucht. Wieder hören wir ihre Stimme als Voice-Over, während wir sie von Weitem sehen. Sie erzählt, wie brutal der Winter für die „bloßfüßigen" Sinti und Roma gewesen sei. Die entfremdete Stimme unterstreicht die Abkoppelung dieses Geschehens von ihrer heutigen Realität.

Von einer anderen Nachbarin sehen wir nur den Rücken. Sie erzählt, wie sie und andere Kinder eine Leiche von einer Sintiza entdeckten: „Sie ist da drinnen auf einer Trage gelegen, angezogen, aber bloßfüßig. Mehr kann ich auch nicht sagen, weil wir uns gefürchtet haben und davongelaufen sind." Lahers ungewöhnliche Art, die ZeitzeugInnen einzusetzen, kann man auf verschiedene Weise deuten. Er gibt dem Arbeitslagerüberlebenden, dem Opfer, ein Gesicht und personalisiert seine Geschichte. Im Gegensatz dazu stehen die Nachbarinnen für die vielen Gesichtslosen, die zugeschaut und nichts unternommen haben.

Da es keine Überlebenden aus dem Zigeuneranhaltelager gibt, setzt Laher mehrmals Fotos von Roma und Sinti im Film ein und interviewt auch die Nichte von Lageropfern. Die ersten Fotos erscheinen, wenn von der Gründung des Lagers die Rede ist. Die Worte des Erzählers schaffen den grausamen Kontext für die Fotos. „Nur 10 Tage später nehmen oberösterreichische Sinti und Roma ihren Platz ein. Das Gelände wird zum Zigeuneranhaltelager. Über 300 Menschen, darunter viele Frauen und Kinder, werden hier zusammengepfercht." Der Kameraschwenk zu einer Frau mit einem Fotoalbum markiert den Übergang zu einem kurzen Diskurs über das Leben der Sinti und Roma vor 1938. Die Frau, die als „Sintiza ('Zigeunerin' aus dem Volk der Sinti), Nichte von Lageropfern" identifiziert wird, berichtet anhand von historischen Fotos von den Reisenden aus den frühen Dreißiger Jahren in der Gegend des späteren Lagers. Von ihr erfahren wir die Ironie der Situation, denn seit vielen Jahrzehnten machten „Sinti regelmäßig Station" in dieser Umgebung. Gleich danach spricht die Tochter der ehemaligen vertriebenen Besitzer des Lagergeländes etwas schwärmerisch von ihren Begegnungen mit dem „musikalischen Volk". Eine Geige setzt ein und wird zu einer Art höhnischer Begleitung für ein Dokument, das auf der Leinwand erscheint. Wir sehen Teile aus dem „Unterhaushaltsplan Nr. 19 für das Zigeuneranhaltelager Weyer-Sankt Pantaleon" und dann Fotos von Sinti und Roma. Fotos begleiten auch den kurzen Bericht des Erzählers über das Leben im Lager. Darunter ist eines mit einem Jungen, der ein Hufeisen in der Hand hat. Der Erzähler erklärt: „Spielzeug gibt es nicht. Ein Hufeisen ist alles, was sich auf den über dreißig Farbfotos findet, die ein Ortsbewohner machte." Die Faszination für die Musik und die Gesichter des Volks reichten nicht, um sich für die Verfolgten einzusetzen.

In der Sequenz über die Deportation der Sinti und Roma greift Laher auf ein bekanntes Symbol zurück. Er zeigt einen Güterzug, dessen Fahrt durch die Einblendung von Fotos unterbrochen wird. Mit Ton und Schnitt klagt er sowohl die Vergangenheit als auch die Gegenwart an. Zu Aufnahmen des Zuges aus verschiedenen Blinkwinkeln kündigt der Erzähler an: „Es geht zum sechs Kilometer entfernten Bahnhof Bürmoos. Dort stehen schon die Güterwaggons bereit. Man hat den Sinti und Roma gesagt, sie würden ins Burgenland verlegt. Aber in Lackenbach werden die 301 überlebenden Zigeuner aus Weyer nur umgeladen." Die Weiterfahrt des Zuges kommentiert der Erzähler folgendermaßen: „Mit 4700 anderen aus der Steiermark und dem Burgenland deportiert man sie ins besetzte Polen nach Litzmannstadt." Verschiedene Fotos von Sintifrauen und -kindern werden gezeigt, während *nur* der Lärm eines fahrenden Zuges zu hören ist. Danach wechselt der Blick der Kamera. Er richtet sich aus dem Zug auf eine Nachkriegssiedlung. Währenddessen berichtet der Erzähler vom Schicksal der Deportierten im Ghetto und danach. Im Ghetto gab „es kaum zu essen, nichts zu heizen. [...] 213 Sinti und Roma sterben gleich in der ersten Woche.

Zwei Monate später, zur Jahreswende 1941/42, werden alle, die es wagen, noch immer zu leben, [...] vergast. [...] Von den Weyrer Zigeunern kehrt niemand aus Polen zurück." Die Distanz zwischen Vergangenheit und Gegenwart wird durch die Kamera und das Gesagte aufgehoben. Die Aufnahmen vom und aus dem Zug werfen einen Schatten auf das heutige Österreich und deuten an, dass die Geschichte nicht vorbei ist. Die Fotos fungieren als geisterhafte Erinnerungen an die Toten.

Nach dieser Sequenz wendet sich der Film der Nachkriegszeit zu und untersucht, wie es den Sinti und Roma nach der Nazizeit ergangen ist. Die Frau, die früher als Nichte von Lageropfern identifiziert wurde, erzählt in einem sehr ruhigen, traurigen und leisen Ton, wie alte Nazis nach dem Krieg wieder ihre alten Positionen einnahmen und mit Sinti und Roma „eigentlich genauso umgegangen [wurde] wie vorher". Man „hat sie diskriminiert, in Sonderschulen gesteckt, geschaut, dass sie keinen Gewerbeschein kriegten, damit sie wieder kriminalisiert wurden". Mitten in diesem Kommentar schwenkt die Kamera auf ein Dokument aus dem Jahr 1948: „An alle Sicherheitsdirektionen und alle Bundespolizeibehörden". Die Kamera verweilt mehr als 15 Sekunden darauf, um den ZuschauerInnen Gelegenheit zu geben, mindestens einen Teil davon zu lesen. Von „lästigen Zigeunern" und auch von „Zigeunerunwesen" ist die Rede. Besonders auffallend ist der Satz: „Um auf die Bevölkerung Eindruck zu machen, sollen sich Zigeuner oftmals als KZ-ler ausgeben." Dadurch werden ihre Verfolgung und Ermordung von Seiten der Regierung und die Diskriminierung nach 1945 geleugnet.

Mit Worten und Bildern zeigt der Erzähler den ZuschauerInnen mehrere Beispiele, wie schamlos mit der Geschichte der Sinti und Roma nach dem Krieg bis 1978 umgegangen wurde. Ein besonders perverses Beispiel wird grafisch gezeigt. „Im Bezirksgericht Wildshut in der Nähe von Weyer finden sich bis heute Akten von Sintikindern, die kurz vor ihrer Ermordung noch einen Amtsvormund aus der Gegend erhielten." Wir erfahren: Ein Gerichtsorgan Mitte der fünfziger Jahre gibt den Akt ab und „notiert mit weichem rotem Stift ‚großjährig' auf ein vergilbtes Blatt und lässt die kleine Amalia für die Statistik weiter leben." Die Aufnahme von „großjährig" bestätigt den Zynismus und die Kälte dieser Bürokraten.

Danach zeigt der Film eine etwas rätselhafte Gegenüberstellung, die aber die Eingliederung der SA-Mannschaft in die Gesellschaft nach dem Krieg und deren Bedeutung für die Gründung der Zweiten Republik illustriert. Die Kamera wechselt zwischen Bauwerkzeugen für Kinder, Aufnahmen von alten Gleisen und einem verlassenen Waggon des Arbeitslagers. Dazu gibt der Erzähler eine kurze Geschichte der Nachkriegszeit wieder: „Die SA-Mannschaft des ersten Arbeitserziehungslagers kommt auch in der jungen Zweiten Republik billig davon. [...] in den Volksgerichtsprozessen helfen ihnen Persilscheine der neugegründeten Parteien und kirchlichen Würdenträger." Die Nebeneinanderstellung der Aufnahmen von Spuren der Vergangenheit und Spielzeugen sagt aus, dass die Gründung der Zweiten Republik auf dem wackligen Grund einer unaufgearbeiteten Vergangenheit erfolgte. Mit der Integration von führenden Nationalsozialisten in die Reihen der großen Parteien ÖVP und SPÖ hat eine ehrliche Auseinandersetzung mit der Geschichte kaum Chancen. Die Aufnahmen des Kriegerdenkmals zeigen, dass es keinen Platz „für die Namen der Kriegsopfer aus den Lagern" gibt und dass in der 1978 veröffentlichten Ortschronik nichts über „die Schrecken von Weyer" erwähnt wird.

Ludwig Laher beendet den Essay mit einem Ereignis, das „Unruhe in der scheinbaren Idylle" gestiftet hat. Der Erzähler berichtet, dass 2000 – wenn auch „gegen erhebliche Widerstände in Teilen der Bevölkerung" – am Ortsrand eine Erinnerungsstätte errichtet wurde. Die Frage „Ist es nach sechzig Jahren überhaupt noch sinnvoll?" wird von dem daneben stehenden Überlebenden des Arbeitslagers bejaht. Ihm ist es wichtig, dass „die jungen Menschen sehen, was sich da abgespielt hat und was geschehen ist und was sie mit den Menschen gemacht haben". Lahers Film klagt den Umgang mit der Geschichte der Lager an, aber das Ende verweist auch auf eine Veränderung in der Gesellschaft und damit auf eine Hoffnung für die Zukunft.

Wie es war, ist und vielleicht sein könnte …

Erzählt Ludwig Laher über die Inhaftierung und die Ermordung der Sinti und Roma in *Herzfleischentartung*, so berichtet er in *Sinti ob der Enns. Wider die Zigeunerklischees* (2006) und *Ketani heißt miteinander. Sintiwirklichkeit statt Zigeunerklischees* (2006) über die Geschichte der Volksgruppe vor und während der Nazizeit und wirft einen Blick auf ihre Stellung in der österreichischen Gesellschaft von heute. Auch wenn der Filmessay mit einer Sendezeit von ungefähr 25 Minuten und die Kinodokumentation, die mit Rohmaterial verlängert wurde, sich in Aufbau und Reihenfolge des Präsentierten unterscheiden, verfolgen sie das gleiche Ziel: Laher will mit den Filmen seinen Landsleuten diese Volksgruppe näher bringen.

Beide Filme beginnen mit Stimmen und Aufnahmen von Sinti und Roma und Mehrheitsösterreichern, die einen kurzen Einblick in die Sprache, in die lange Geschichte und ins Leben der Volksgruppe in Oberösterreich geben. Laher stellt Erinnerungen von älteren Mehrheitsösterreichern denen von jungen Roma und Sinti gegenüber. Auf der einen Seite unterstreichen diese Erinnerungen, wie unterschiedlich die Beziehungen zwischen den Gruppen in der Vergangenheit waren. Während manche Begegnungen oberflächlich waren, lebten andere Mehrheitsösterreicher eng mit Sinti und Roma zusammen. Die Gegenüberstellung unterstreicht nicht nur die verschiedenen Wahrnehmungen der Mehrheit, sondern auch die Unterschiede zwischen den Generationen der Sinti und Roma. Während die Sinti und Roma früher Reisende, Pferdehändler und HausiererInnen waren, unterscheiden sich die jungen Sinti und Roma wenig von der Mehrheitsbevölkerung. Nach der Handelsakademie studiert Nicole Sevik Jus; Marcel Entner interessiert sich für Design; und Josefine Entner ist als Kauffrau tätig.

Laher verwebt Aussagen von Historikern mit denen von älteren Sinti und Roma, die einen Einblick in die jahrhundertelange Diskriminierung der Volksgruppe in Oberösterreich geben, und während der NS-Zeit in ihrer Ermordung gipfelte. Frauen, die in Ravensbrück und Auschwitz waren, erzählen von den vielen ermordeten Familienmitgliedern. In *Sinti* geht Laher nach diesem Themenkomplex zur Nachkriegszeit über, beginnend mit einem Dokument von 1948 zum „Zigeunerunwesen". Nach den häufigen Diskriminierungen von KZ-Überlebenden und den Bemühungen Gitta Martls um die österreichische Staatsbürgerschaft für ihre Mutter und andere Sinti und Roma, entstand 1998 der Verein Ketani, der zu einer wichtigen Stimme für die Volksgruppe in der Öffentlichkeit wurde. Der letzte Abschnitt in beiden Filmen zeigt Mitglieder des Vereins bei einer Feier.

Mit *Sinti ob der Enns* und *Ketani heißt miteinander* erfahren wir, wie es war und ist. Mitglieder der Gruppe erinnern sich an das Reisen mit den Pferden, bevor die Straßen asphaltiert wurden. Sie sind stolz auf ihre Kinder und Enkelkinder. Alle drei Generationen geben Beispiele davon, mit welchen Klischees sie durch die Mehrheitsbevölkerung in Verbindung gebracht werden und auf welch diskriminierende Art und Weise man mit ihnen umgeht. Wir sehen sie zu Hause, im Büro, vor ihren Wohnwagen, auf der Straße und im Auto. Auch wenn beide Filme von der dunklen Seite der Geschichte und den Vorurteilen erzählen, denen manche Sinti und Roma noch immer ausgesetzt sind, so sind sie doch zukunftsgerichtet und weisen darauf hin, wie es sein könnte. In seiner Schlussrede in der Dokumentation teilt uns der Erzähler Lahers Hoffnungen mit. Er spricht von dem Misstrauen der älteren Sinti und Roma, dass „jede Öffnung hin zur Mehrheitsbevölkerung von dieser in schlechten Zeiten erneut missbraucht werden könnte". Aber er ist vorsichtig optimistisch: „Vielleicht lässt sich ja diesmal der Teufelskreis durchbrechen." Dafür dankt er den am Film beteiligten Sinti und Roma. „Jene Sinti, die sich für diesen Film zur Verfügung gestellt haben, verzichten nobel auf Anklage und Aufrechnung und tragen so das Ihre dazu bei. Wenn wir in die Gesichter dieser Landsleute blicken, deren Vorfahren seit vielen Jahrhunderten mitten unter uns lebten, glücklich waren und unsäglich litten, müssen simple Ressentiments dem sogenannten Fremden gegenüber in sich zusammenfallen." Er plädiert gegen alte Anschauungen, die „wieder Konjunktur haben"… Wohin diese führen, deutet er an, wenn er Gitta Martl das letzte Wort gibt. Sie spricht von der Angst, welche die Mehrheit nicht verstehen kann: dass „eine gute Regierung über Nacht in ein totalitäres System" verändert werden könnte. Sie meint, „diese Ängste, die kann man uns einfach nicht nehmen". Die ZuschauerInnen dürfen diese Vergangenheit nicht vergessen und sollten versuchen die Ängste, die den MehrheitsösterreicherInnen fremd sind, zu verstehen, und daran arbeiten, sie abzubauen.

In diesem wie in allen seinen Filmen kämpft Ludwig Laher gegen einfache Antworten auf komplizierte Fragen.

Dreharbeiten im Jahr 2005

DVD zum Film *Ketani heißt miteinander* (2006)

Julia Danielczyk

„Wo sich alles aufhört, fängt alles an"
LUDWIG LAHERS HÖRSPIELE UND FEATURES AN DER GRENZE
ZWISCHEN FAKE UND FICTION

Wo Grenzen, Zäune und Mauern Menschen trennen, dort verbindet, konfrontiert und konterkariert Ludwig Lahers Literatur. Ob es die unsichtbare Grenze zwischen Fälschung und Wahrheit, die politisch-geographische Grenze zwischen Staaten und Nationen oder jene zwischen Spiel und Wirklichkeit ist, immer zeigen seine Texte – wie Vexierbilder –, was politische und ideologische Indoktrination, was Suggestion und was Erinnerung für unsere Wahrnehmung zu leisten imstande sind.

Mit den Worten „Wo sich alles aufhört, fängt alles an" nimmt Laher Bezug auf das Hauptwerk *Ethographia mundi* des Barockdichters Johannes Olorinus (1559–1622), in welchem dieser die Erde als eine Scheibe versteht, an deren Rand etwas Neues beginnt. Lahers Auseinandersetzung mit historischen Fälschungen, mit „echt" und „falsch" erscheint gerade heute, angesichts der Zunahme von Fake News bzw. ihrer enorm schnellen und schwer kontrollierbaren Verbreitung durch die digitalen Medien von neuer Relevanz. Lahers erzählerisches Verfahren, Facts und Fiction zu verbinden, sogenannte Faction zu verfassen (und bewusst zu überzeichnen), desavouiert sowohl politisch gezielt inszenierte Lügen als auch vereinfachende Zwischentöne, Zwischenbereiche, Kategorisierungen in schnelle Urteile.

An diesen – oft willkürlich gezogenen – Grenzen setzen Ludwig Lahers Hörspiele und Features sowohl thematisch als auch formalästhetisch an.

Zumeist wählt Laher dramaturgisch und inszenatorisch den Gestus des Originaltons, der – manchmal mit Schauspielern als O-Ton inszeniert, dann wieder in Interviews und Gesprächen im wirklichen O-Ton präsentiert – genau an (und mit) der feinen Linie zwischen Realität und Imagination spielt. In dem 1981 verfassten Essay *Grenze* beschreibt der Germanist und Historiker Laher sein Verständnis von Welt bzw. den grundlegenden Ausgangspunkt seiner literarischen Arbeit: Der Autor assoziiert seine Wahrnehmung von (politischer) Grenzziehung mit der Schlussszene aus Michelangelo Antonionis Film *Blow-up*, in der junge Leute mit imaginierten Rackets und Bällen Tennis spielen. Einbildung und Behauptungen schaffen Realitäten, resümiert Laher, egal wie absurd diese bei genauer Betrachtung sind. Und die Sprache leistet den realen Transformationsprozess.

Gezielt positioniert der Autor Aussagen und Meinungen, stellt diese einander gegenüber und schafft zugespitzte Inszenierungen, in welchen Vorurteile, gezielte oder auch plumpe Verschleierung sowie die Kraft der Lügensprache durch die dramaturgische Setzung entlarvt werden.

Das Verfahren, durch Rhythmisierung, durch den Einsatz dokumentarischer Klänge und aufgenommener Ereignisse Reportagen und Berichte mit Emotion aufzuladen, wurde in der Frühzeit des Radios als „Hörfilm" bezeichnet. „Medientechnisch orientierte sich die Begriffsverwendung an der (filmischen) Verfahrensweise der Montage" (Ehardt 2020), wobei diese featureartigen Beiträge in den 1930er Jahren häufig für propagandistische Zwecke eingesetzt wurden.

Lahers Hörbilder hingegen dienen vielmehr dazu, Verdrängtes und Verborgenes sichtbar zu machen. Er selbst beschreibt dieses Verfahren im Gespräch mit Klaus Zeyringer folgendermaßen:

> Mein Anspruch bei letzteren (Hörbildern, J. D.) etwa war immer, übers journalistische Reportieren hinauszugehen, genau zu komponieren, wenig Zwischentext von hoher Präzision einzufügen und ansonsten den Originalton (O-Ton) so zu montieren, dass viele Gesprächspartner einander die Stafette weiterreichen, obwohl sie an verschiedenen Orten aufgenommen wurden und einander wahrscheinlich nie begegnet sind. Inhaltlich ging es dabei um Themen, die mich persönlich angingen, eine Herausforderung darstellten.

In seinem ersten Hörbild *Tote Grenze* verfolgt Ludwig Laher die Frage nach der Grenze zwischen dem nördlichen Mühlviertel und der damaligen ČSSR, wobei bereits hier Grenze nicht nur konkret geographisch-politisch, sondern sehr wohl auch metaphorisch verstanden wird. „Gerade weil sie nicht existiert, ist die Mauer so hoch und so dick" (Laher 1994, S. 23).

Die Entwicklung in dieser Region beschäftigte den Linzer Laher viele Jahre. Im Interview mit Klaus Zeyringer findet die zwischen 1983 und 1991 gesendete Hörbildreihe Erwähnung:

> Ich stamme aus Linz, das gut 30 Kilometer von der realsozialistischen ČSSR entfernt lag. Schon als Halbwüchsiger fuhr ich mit dem Rad Richtung Grenze, fasziniert und abgestoßen zugleich von der Bereitschaft des Homo sapiens, derlei Unzumutbarkeiten einfach hinzunehmen. Als der Kalte Krieg und der Eiserne Vorhang selbstverständlich und scheinbar von ewiger Dauer waren, konfrontierte ich die Regierungen der ČSSR und Österreichs mit dem Anliegen, ein kleines Dorf zu beiden Seiten der Maltsch, das im tschechischen Teil seit 1947 unbewohnt verfiel, zu einem Kultur- und Begegnungszentrum zwischen den Hemisphären auszugestalten. Die Antwort aus Prag war übrigens ermutigender als jene rein formelle aus Wien. Mit dieser Utopie habe ich die vielfach resignierten Menschen der Region konfrontiert und ihnen so nicht nur Geschichten von der Vergangenheit und Gegenwart der Grenze entlockt, die bis in die Monarchie zurückreichten, sondern auch wunderbare Phantastereien, was so ein Begegnungszentrum für Zettwing/ Cetviny bedeuten könnte.

Dem Feature *Tote Grenze* (1983) – so wird die Region bezeichnet – stellt Ludwig Laher in einem sogenannten „Zwischentext" das dystopische Bild der atomaren Bedrohung voran. Eine Nuklearkatastrophe würde alles Leben vernichten, Fauna und Flora zerstören, prognostizieren die Schreckensszenarien, die von den Auswirkungen des Kalten Krieges bereits teilweise eingeholt wurden. Die Region um den Grenzfluss Maltsch – von den Russen als „Eldorado für Tiere und Pflanzen" bezeichnet – ist längst ausgestorben; einst blühende Dörfer liegen nun im Niemandsland.

> Eine unsichtbare Grenze trennt zwei Staaten, nichts als ein rot-weiß-roter Balken und ein Schild mit der Aufschrift: „Achtung, Staatsgrenze!" markieren eine unsichtbare Linie. [...] Absurd heißt widersinnig. Das Wort sagt nichts darüber aus, ob das Widersinnige erklärbar ist oder nicht, ob man es ernst nehmen muss oder nicht. Wem der Vergleich mit dem Inferno nach dem Atomkrieg und der Wildnis an dem Ort, wo vor wenigen Jahrzehnten noch ein blühendes Dorf stand, absurd erscheint, dem entgeht, dass die eigentliche Absurdität darin besteht, dass es möglich wird, was im Grunde niemand will und niemandem nützt. Ernst nehmen, meint mehr als den Satz: Das ist halt so. Um das Absurde zu überwinden, oder im glücklicheren Fall abzuwenden, müssen wir uns darauf einlassen, auch wenn es unangenehm ist, im Großen und im Kleinen. (Laher 1983)

Unkommentiert lässt Laher die BewohnerInnen von und über die Geschichte des Dorfes Zettwing/Cetviny erzählen. Wortwahl, Tonfall, Rede – ob fließend oder stockend, begeisternd oder aussparend – zeigen die verschiedenen Positionen auf. Erzählt werden persönliche Geschichten vom Leben an der „Toten Grenze", stockend und nur in Nebensätzen wird das NS-Regime angesprochen, dennoch ist deutlich hörbar, dass das friedliche Zusammenleben der Bevölkerungsgruppen mit der Machtübernahme durch die Nationalsozialisten ihr Ende gefunden hat: „Die Spannungen haben erst angefangen, als das alles gekommen ist, 1938. Das weiß man eh. […] Der Hitlerismus führte zum Krieg." Nur kryptisch wird die Verschleppung tschechischer Grenzbeamter und ihrer Familien durch sudetendeutsche Freikorps angedeutet.

Acht Jahre nach der Ausstrahlung von *Tote Grenze* und zwei Jahre nach dem Fall des Eisernen Vorhangs interviewte Laher abermals die BewohnerInnen an der nun offenen Grenze.

> In den Folgejahren habe ich mich in dieser losen Reihe, natürlich jenseits nostalgischer Verklärung, auch mit den Menschen beschäftigt, die als Deutsch, ja Mühlviertlerisch Sprechende in der ČSSR bleiben durften, weil sie entweder mit Tschechen verheiratet oder als Faschismusopfer anerkannt waren. Solche Leute die vergangenen fünfzig Jahre Revue passieren zu lassen, war unglaublich informativ, berührend und augenöffnend. Selbst den Klomuschelkaufräuschen und Fressorgien außer Rand und Band agierender österreichischer „Gäste" nach 1990 widmete ich teils aus dem Blickwinkel irritierter Einheimischer ein Hörbild. (Gespräch in diesem Band)

Das Feature mit dem Titel *Grenzerfahrung* zeigt ein deutlich anderes (Hör-) Bild. Während 1983 noch zaghaft und zurückhaltend der Nachbar beobachtet wurde, klingen nun offene Feindseligkeiten und Ressentiments an. Die Grenze ist durchlässig und damit sind es auch Angst, Neid und Missgunst. Alte nationalistische Parolen werden wieder gedroschen, offen wird über die Vertreibung der „Sudetendeutschen" im Jahr 1946 geschimpft[1], aber auch Roma und Sinti werden als „verantwortungslose Zigeuner" diffamiert. Den Vertriebenen und Verfolgten wird jegliche „Heimatverbundenheit" abgesprochen, über die systematische Ermordung der Roma und Sinti wird allerdings kein Wort verloren. Der NS-Diktion folgend sprechen manche Befragte über „die minderwertigen Zigeuner", zwischen Vogelgezwitscher und Traktorgeräuschen sind Zustimmungsbekundungen umstehender Personen zu vernehmen. Bewusst positioniert Laher brutale und niederträchtige Diffamierungen und setzt sie akustisch in ein scheinbar harmloses, geradezu idyllisches Umfeld. Der akustische Rahmen bildet einen krassen Kontrast und entlarvt scheinbar stumpfsinnige Geschichtslosigkeit als kalte Brutalität.

Im Gespräch mit Klaus Zeyringer betont Laher die Bedeutung und „Sorgfalt […] bis hin zum zeitintensiven Einfangen von Atmo für den Hintergrund, ob

---

1 Am 10. Mai 1945 kam die Rote Armee nach Zettwing. Die bisher deutsche Gemeindeverwaltung wurde den tschechischen Behörden übergeben. Der neue provisorische Bürgermeister Josef Chyle schützte jedoch die deutschsprachige Bevölkerung vor Übergriffen durch die „Revolutionsgarden". Etwa ein Drittel flüchtete meist zu Verwandten ins benachbarte Mühlviertel. In acht Transporten erfolgte dann 1946 die Ausweisung der zu staatenlos gewordenen Deutschen vor allem nach Süddeutschland. Manche landeten schließlich auch in Australien, Süd- und Nordamerika oder Schweden. Siehe: https://www.meinbezirk.at/freistadt/c-lokales/zettwing-und-seine-schicksalhafte-geschichte_a2202657

das nun gurgelnde Bachläufe, kaum hörbare Züge in der Ferne oder spezielle akustische Situationen, bedingt durch landschaftliche Gegebenheiten oder Bauwerke sein mochten".

In dem Feature *Grenzerfahrung* behandelt Ludwig Laher die verschiedenen Positionen pointierter, gewiss hatte sich das gesellschaftliche Leben auch zugespitzt. Die Stimmen sind weniger zurückhaltend, die Antworten kommen schneller, lauter, direkter; sowohl xenophobe und reaktionäre Wortmeldungen als auch offene, tolerante, den Dialog und echte Auseinandersetzung suchende.

Zu Beginn fokussiert Laher eine Haltung, die aggressiv „alte Schulden" gegenrechnet: 1945 aus dem tschechischen Gebiet vertriebene Österreicher verlangen nach 1989 ihren früheren Besitz zurück. Abgrenzung bedeutet nun – nach der Öffnung der Grenzen – Abwertung des Nachbarn. Lahers Hörbild kristallisiert die Idealisierung des Selbst sowie die Inszenierung von Fremd- und Feindbildern heraus: „Wir haben uns nie so benommen wie die Tschechen. Wir müssen für die paar Krowodn da unten in Kärnten die zweisprachigen Ortstafeln aufstellen" [sic]. Dass die Unrechtsherrschaft des Realsozialismus eine Folge der Unrechtsherrschaft des Nationalsozialismus war, bleibt hier (großteils) ungesehen, wird isoliert und entkoppelt betrachtet. Neu aufblühender Nationalismus, Ressentiments, Vorurteile gegen die tschechische Bevölkerung („Die haben das Arbeiten nicht gelernt!") werden Klischees vom österreichischen Wohlstand gegenübergestellt („Bei euch ist ja das Paradies!").

Am Ende des Features etabliert Laher die Vision eines versöhnlichen Zusammenlebens und bezieht sich auf bereits bestehende konstruktive Begegnungen. Kinder aus dem tschechischen Unterhaid korrespondieren mit Kindern aus dem österreichischen Leopoldschlag, Tschechen spielen mit Österreichern Fußball, und auch die Zollbeamten kooperieren.

Nach der Gegenüberstellung der verschiedenen Positionen lässt Laher das Feature mit den positiven Stimmen enden und eröffnet neue (Denk-)Räume. „Ich habe mich gefreut, als der Stacheldraht endlich weg war", bemerkt ein Mühlviertler erleichtert. „In Unterhaid haben sie eine viel modernere Schule, da können wir uns ein Beispiel nehmen. Die Kinder lernten sicher spielerisch Tschechisch", sagt eine Mutter. Auch werden Familiengeschichten neu betrachtet und teilweise erforscht, Dokumente von und über Groß- und Urgroßeltern gesucht und Spuren gefunden, die der Grenze, der eigenen Geschichte und der/dem Anderen neue Bedeutung geben. In wenigen, sehr genauen „Zwischenberichten" setzt Ludwig Laher die Zitate in den historisch-politischen Kontext, rückt so manche Aussage zurecht und formuliert eigene Utopien: „Im gemeinsamen Haus Europa Tür an Tür wohnen."

Auf die beiden Features folgte 1994 das Hörspiel *Warme Körper*, wofür Ludwig Laher als Schauplatz wieder einen Ort direkt an der Grenze zu Tschechien wählte. Er greift darin reale Probleme auf und verdichtet diese zu einer neuen Form. Während der Autor in den beiden letztgenannten Hörbildern Menschen aus der Region im O-Ton zu Wort kommen lässt, inszeniert er in *Warme Körper* authentische Töne und zeigt Auswirkungen eines schmalen, unsichtbaren Grates zwischen Lebensrealitäten und Möglichkeiten auf.

„Lahers Erkenntnisinteresse gilt dem einzelnen Subjekt in seiner/ihrer Individualität und zugleich den kollektiven Einbindungen, den vielfältigen Vernetzungen und Abhängigkeiten" (Müller). Dabei verarbeitet Ludwig Laher seine jahrelangen Beobachtungen zu einer fiktiven Geschichte, die

die sozioökonomisch schwierige Situation der verlassenen Dörfer behandelt. *Warme Körper* greift die Suche nach Initiativen auf, um den wirtschaftlich heruntergekommenen Grenzort zu beleben. Ein Regisseur namens Werner entwickelt die Idee, Szenen rund um illegale Grenzgänger in den Auen aufzuführen. Wie einst die Zöllner sitzen nun die Zuschauer spätabends mit Infrarotgeräten auf Hochständen und beobachten die grüne Grenze. Die Darsteller, die in den Rollen der Illegalen Flucht spielen, werden aufgrund ihrer Körperwärme erkannt. Aus den Städten und aus der Umgebung reist das Publikum an. Ihr Besuch belebt auch die heimische Gastronomie, vor allem der Alkoholkonsum steigt. Im Rausch verliert einer der Zuseher die Kontrolle über seine Emotionen, er kann Spiel und Wirklichkeit nicht mehr unterscheiden. Ausländerfeindlichkeit und sadistische Neugierde, wie schnell ein „warmer Körper" auskühlt, machen Schorsch Bogensperger zum Mörder.

Auch hier wendet Laher das Verfahren des dokumentarischen Erzählens an. Die Ereignisse werden retrospektiv von verschiedenen Figuren und aus verschiedenen Perspektiven berichtet. Das Hörspiel ist gleichsam ein Hörkrimi, der bis zum Schluss die Spannung hält, auch werden exakter Tathergang und Motiv erst am Ende aufgeklärt.

Dabei sprechen die SchauspielerInnen im österreichischen Dialekt, und die Tonmischung ist so gestaltet, dass man vermeint, ein Feature zu hören. In dieser Doku-Fake sind die Grenzen zwischen Wirklichkeit und Spiel verwischt. Wie in vielen seiner Arbeiten entlarvt Laher auch hier einerseits kurzsichtig gedachte individuelle, andererseits kühl kalkulierende kollektive Aktionen, deren gemeinsames Ziel die Verbesserung der Welt zu sein scheint bzw. im konkreten Fall die Vitalisierung der Region. Jahrzehntelang fortgeschriebene Vorurteile gegen Schmuggler und Flüchtlinge werden sichtbar gemacht, nun richten sie sich gegen Zuwanderer. Wie undifferenziert Wahrnehmung sein kann, welche Kraft Imagination hat, wie wenig die Vergangenheit vergangen ist, das zeigt der Moment auf, in welchem Spiel von Wirklichkeit nicht mehr unterschieden und eine Darstellerin getötet wird.

> Die Vergangenheit ist anschaulichst verlebendigt und Lahers dokumentierendes Erzählverfahren ist frisch wie eh und je. Sachlichkeit, Nüchternheit, Faktenreichtum und zugleich Empathie gegenüber den Opfern [...] sind Fundamente dieses Schreibens. [...] Lahers Empathie für das geschundene Individuum, die „Atrozitäten" der Täter, [...] spiegeln sich in seiner Stilistik wider, die sich nicht scheut, die eigene Getroffenheit und Empörung hin und wieder in sarkastischen Sätzen zu verdichten. Auch dies macht diese Lektüre packend und wäre ohne dieses Element defizient und kalt,

schreibt der Germanist Karl Müller über Lahers 2020 bei Czernin erschienenen Essay-Band *Schauplatzwunden*, und Müllers Befund lässt sich genauso gut für Lahers Hörspiele und -bilder anwenden.

Mit dem Zusammenspiel wirtschaftlicher und persönlicher Interessen, vermarktet unter dem Etikett des wohlmeinenden Wirkens für die Bevölkerung sowie für eine „gute Sache", beschäftigt sich Ludwig Laher in dem Hörspiel *Humanitatis causa* aus dem Jahr 2000. Mit den absurd klingenden Protestrufen „Nieder mit der Menschlichkeit!" startet das Hörspiel. Denn im Sinne der Menschlichkeit gibt die titelgebende Firma „Humanitatis causa" vor zu arbeiten.

Das Hörspiel erzählt von den Rechtfertigungsstrategien der Organisation, die sich auf Kommandoeinsätze und Luftangriffe gegen kriminelle Vereinigungen und Staaten spezialisiert hat. Die Firma bietet einen „Katalog des Schreckens" an, welcher mögliche Ziele für Bombenanschläge für zahlungskräftige Investoren auflistet und der für öffentliche Aufregung sorgt. Mit militärischen Dienstleistungen sollen etwa „südamerikanische Drogenkartelle ausgelöscht, fundamentalistische Sekten und arabische Öl-Potentaten gestürzt sowie Großgrundbesitzer im Amazonasgebiet an der Ausrottung ganzer Indianerstämme gehindert" werden. Da, wo der Staat (angeblich) versagt, wo das Vertrauen in die Regierung geschwächt ist, greift „Humanitatis causa" ein.

Das Hörspiel beginnt in jenem Augenblick, als mediale Vorwürfe eine Stellungnahme des Unternehmens nötig machen. Dabei fokussiert das Hörspiel relevante Fragen, inwiefern wissenschaftliche Erkenntnisse von korrupten Regierungen einverleibt und eingesetzt werden, was zu tun ist, wenn Staaten(-gemeinschaften) und Regierungen versagen, und wo es tatsächlich zivilgesellschaftliche Einflussnahme braucht. Was geschieht etwa im Jahr 2020 mit den geflüchteten Menschen in Lesbos und wie steht es wirklich um die humanitäre Hilfe in einem Europa, das die Würde des Menschen zur Maxime erhebt?

Ludwig Laher wählt für *Humanitatis causa* die Form der Berichterstattung. Im Rahmen einer Pressekonferenz setzen sich Repräsentanten des Unternehmens gegen die Medienkampagne zur Wehr: Der Geschäftsführer Dr. Reichers etwa rechtfertigt die (fragwürdigen) Ziele der Organisation im Sinne der Menschlichkeit, die Psychotherapeutin Dr. Ritter legitimiert die Methoden, indem sie mit Visionen und Utopien zur „Verbesserung der Welt" argumentiert und das Gefühl der Rache als basales menschliches Grundbedürfnis nennt sowie den „Kauf" eines Racheaktes als wichtige kathartische Maßnahme bezeichnet. Dr. Heinrich Kleist – auf dessen Namensgleichheit mit dem Dichter verwiesen wird, mit der Absicht, hehres Denken und Handeln zu assoziieren – erklärt als Finanzchef die hohen Kosten und spricht von einem ohnehin nur „sehr, sehr schmalen Konsumentensegment". Dass der wirtschaftliche Gewinn eines der Hauptziele der Firma darstellt, wird freilich hinter wohlmeinenden Behauptungen versteckt. Die Figur des Dr. Friedrich Kraus, Konsulent der Firma, begründet die Bedeutung des Unternehmens aus Sicht des Verhaltensforschers. Menschen werden als „Strecke" bezeichnet, ethnologisch betrachtet werden sie zur Jagdbeute.

Die Besetzung in der Realisierung (Otto Sander, Maria Bill, Fritz Egger u. a.) trifft den selbstzufriedenen Ton dieses eiskalten und gewinnorientierten Vorstandsgremiums punktgenau.

> Ich erinnere mich noch gut an die Sommer, in denen große bei den Salzburger Festspielen engagierte Schauspieler im Landesstudio Salzburg Hörspiele aufnahmen. Ich hatte etwa im Begleitbrief zu meinem Hörspielmanuskript *Humanitatis causa* im Jahr 2000 meine Vorstellungen für die männliche Hauptrolle umrissen – sehr deutscher, schnoddriger Ton, raumfüllend, selbstsicher – und freute mich sehr, als Otto Sander dafür engagiert wurde, der die Vorgaben auch wunderbar umsetzte. (Gespräch in diesem Band)

Laher legt die Gier und Brutalität hinter dem Vorwand des moralischen Anspruchs offen, zeigt selbstgerechte Borniertheit von Managern, Wissenschaftlern und Anwälten. Mit dem Argument, das Spannungsfeld der beiden Pole Kriegslust und Gewaltfreiheit (er sagt nicht Frieden) aufzulösen, etablieren die Figuren zugleich die plumpe Einteilung in die Kategorien Gut und Böse. Dr. Kraus: „Keine pazifistischen Träumereien mehr, aber auch kein blutrünstiges

Schlachten, und dafür eine globale Einigung auf Prinzipien, was gut ist und was schlecht. Und wer dagegen ist, wird bestraft, von der Weltpolizei." Zum (vermeintlichen) Zweck der humanitären Sache werden „Scheusale vernichtet" und eiskaltes Morden sowie sadistisches, verbrecherisches Handeln legitimiert.

Die politische Dimension und den gezielten Einsatz von Mitteln zur Täuschung hat Ludwig Laher bereits in seinem ersten Featurehörspiel *Das Linie-M-Märchen* aus dem Jahr 1994 erzähltechnisch raffiniert bearbeitet. Ein Jahr, nachdem der *Krone*-Journalist Richard Nimmerrichter seine Kolumne „Von den Gefahren des Fabulierens" veröffentlicht hatte, legt Laher perfide Strategien einer rechten Lügenmaschinerie offen.

Nimmerrichter, der unter dem Pseudonym Staberl antisemitische und die Massenvernichtung in der NS-Zeit verharmlosende Texte in der *Kronen-Zeitung* publizierte, nimmt in der genannten Kolumne Bezug auf Adolf Frohners Gemälde *Der russische General*, das eine besondere Gräueltat der Nazis im KZ Mauthausen darstellt. Das Bild dokumentiert den Tod des Generals Karbyschew, der – so wie etwa 200 russische Gefangene – im Februar 1945 nackt mit eiskaltem Wasser bespritzt wurde. Karbyschew und viele andere starben nach dieser Folter. Der Leserbrief eines Hobbymeteorologen zitiert die bei der ZAMG recherchierten Verhältnisse jener Tage, die „mildes Winterwetter in Mauthausen" meldete. Anhand dieses Details – aufgebauscht zur einzigen Wahrheit – stellt Nimmerrichter auch die Erinnerungen der Opfer in Frage, schlimmer noch, er deklariert sie als Lüge. Längst nachgewiesene Erkenntnisse über die psychischen Auswirkungen traumatisierender Erlebnisse sind ebenso ausgespart wie biographische Hintergründe des ehemaligen Wehrmachtssoldaten Nimmerrichter.

Mit dem scheinbar verharmlosenden Begriff des „Fabulierens" werden Opfer zu Lügnern erklärt, die sich in ihrer Erinnerung manches „einbilden". So zeigt Lahers Hörspiel die Viktimisierung der Opfer, also zusätzliche Stigmatisierung. Er enttarnt raffinierte Methoden der Verkehrung, die traumatische Erfahrungen als „erfunden", also als „falsch" hinstellen, um abzulenken, um Schuld zu leugnen. Dramaturgisch beginnt Laher sein „Featurehörspiel" mit einer Parabel, der angeblichen Erfindung der Linzer Straßenbahn Linie M.

Im Rahmen einer Radiosendung (der Autor reflektiert dabei auch das eigene Medium) präsentiert ein Hobbyhistoriker namens Bernhard Nowak sein Buch mit dem Titel *Linie M wie Märchen. Eine grüne Geschichtslüge*. Inhalt des Interviews ist die Infragestellung der Linzer Straßenbahnlinie M (die von 1919 bis 1968 in Betrieb war), deren Existenz der Autor zur Fälschung erklärt.

Laher arbeitet kaleidoskopartig mit mehrfachen Verkehrungen, um doppelte Böden sichtbar zu machen: Der Autor des Buches weicht den Fragen des Reporters aus, der dessen Rolle als Proponent der oberösterreichischen Autofahrerpartei anspricht, stellt sich vielmehr selbst als Opfer der Grünen dar. Absurde Behauptungen werden als faktenbasierte Wahrheit hingestellt: „Reporter: Was ist nun Ihre Wahrheit, oder in Ihren Augen die Wahrheit, wenn Sie so wollen?" (Laher 1994a, S. 111). Bernhard Nowaks „Thesen" (S. 112) richten sich klar gegen die Forderung nach umweltfreundlichen Verkehrsmitteln, für die die Straßenbahnlinie M symbolischen und Vorbildcharakter hat, vor allem aber richten sie sich gegen „die Linken". Nowak: „Ich sag's Ihnen ganz offen, daß die Verteufelung des Individualverkehrs, also der Versuch mit grünen Mäntelchen die Freiheit des einzelnen entscheidend zu beschneiden, meine Zustimmung nicht findet. Wir wissen ja, von wo aus die meisten der Grünbewegten sich früher bewegen haben lassen" (S. 118).

Laher thematisiert in dem Hörspiel aber auch die Frage nach der Verlässlichkeit von Erinnerung. Dazu wurden Linzer Passanten befragt, deren Aussagen als O-Töne ins Hörspiel eingebaut sind. Oft betonen die Befragten, „nicht mit Sicherheit sagen zu können, wo und wann die Straßenbahn eingesetzt war", oder „sich nur ganz schwer zu erinnern", um dann kurz darauf „hundertpro, hundertprozentig, also des is ganz sicher" zu antworten. Bedient wird das Spiel an der Grenze zwischen Erinnerung, Einbildung und Realität durch den Einsatz trivialer Elemente. Populäre Lieder und Schlager wie Karl Valentins *Lied vom Sonntag* (über die elektrische Straßenbahn) oder Rudolf Carls Schlager von der *Lieben kleinen Schaffnerin* sind weitere Elemente zur Verwischung der Grenze zwischen Fälschung und Wirklichkeit. Nach den Schlusszeilen des Schlagers, in welchen „die kleine berückende, fahrkartenzwickende Hand der lieben, kleinen Schaffnerin" geküsst wird, setzt der Reporter seine Fragen mit der Überleitung: „Das war also ein Ausflug in die gute alte Zeit, ins Jahr 1942" (S. 117) fort.

Zweiter Weltkrieg und Nazi-Terror werden vom Reporter schlicht ignoriert, Laher aber desavouiert das vorherrschende Gemütlichkeits- und Unterhaltungs-Diktat des Radiosenders. (Im Gespräch mit Klaus Zeyringer verweist er als kritischer Hörspielautor auf das systematische Ausdünnen der wenigen Sendeflächen für Literatur mit Musikeinschüben.)

Wie im Schlagertext dient auch im Radiointerview die Straßenbahn als Mittel zum Zweck, Hinter- und Beweggründe zu verschleiern. So verliert der Hobbyhistoriker die Contenance, als seine Behauptungen in Zweifel gezogen werden: „Die Zeiten sind jedenfalls vorbei, wo man die Leute für dumm verkaufen kann. In vielen Bereichen, auch und vor allem, was Zeitgeschichte angeht, muß in der Demokratie frei diskutiert werden können, da kann es Dokumente und Fotos und Filme und sogenannte Augenzeugen geben, soviel es will" (S. 122).

Nach der weiteren Musikeinspielung des Münchner Volkssängers Weiß Ferdl stellt der Sprecher das Buch *Historikerstreit und Geschichtsrevisionismus* des neonazistischen Publizisten und Politikers Rolf Kosiek vor, in welchem der Autor die Verbrechen der Nazis als kommunistische Geschichtsfälschung bezeichnet. Nun nimmt Laher ganz klar Bezug auf die systematische Methode von Holocaust-Leugnern, Niedertracht und Mord als Erfindungen zu diffamieren.

Wie im *Linie-M-Märchen* wählt Ludwig Laher für sein Hörspiel *Ultimative Annäherung* ebenfalls die Form der Radiosendung und reflektiert auch hier das eigene Medium. In der fiktiven Sendung *Gesprächsweise* interviewt ein Moderator namens Norbert Handler den Soziologen Dietmar Eibensteiner, der sein Buch mit dem Titel *Ultimative Annäherung* vorstellt. Damit ist dasselbe Setting wie beim *Linie-M-Märchen* etabliert. Auch hier rahmen Musikeinspielungen das Gespräch.

Der Autor des im Hörspiel präsentierten Buches stellt dem Interview eine Textpassage aus Karl Kraus' *Die letzten Tage der Menschheit* voran, in welcher das Thema, nämlich die Bedeutung von Ultimaten, auf satirische Weise angesprochen wird: „Das Ultimatum war prima! Endlich, endlich", sagt Graf Leopold Franz Rudolf Ernest Vinzenz Innocenz Maria. Und Baron Eduard Alois Josef Ottokar Ignazius Eusebius Maria repliziert: „wegen zwei Punkterln [im

Ultimatum] – wegen so einer Bagatell is der Weltkrieg ausgebrochen. Rasend komisch eigentlich. […] No das war ja von vornherein klar, daß sie das nicht annehmen wern" (Laher 2004/b, Ms., S. 2).

Laher bzw. seinem Protagonisten Dietmar Eibensteiner geht es um die Entlarvung der gesellschaftspolitischen Dimension von schönfärberischer Sprache. Der Soziologe Eibensteiner vertritt die These, dass wir in „einem Zeitalter der unerfüllbaren Ultimaten" leben, von denen alle Lebensbereiche betroffen sind. Eibensteiner bezieht sich auf Kraus, „der brillant den zugrundeliegenden Mechanismus" schildert. „Geh hin und sage der Welt, da torpediert wer durch sein Verhalten das große Ganze. Setze ihn zudem ins Unrecht, indem du ihm Bedingungen vorlegst […]. Die Bedingungen aber formuliere so, dass er nicht annehmen kann, will er nicht Harakiri begehen" (S. 4).

Ludwig Laher überprüft in seinem Hörspiel *Ultimative Annäherung* nicht nur das Schönfärberische der Sprache, die verlogen und mit eleganten Worten schlicht erpresserisches Verhalten verschleiert, er zeigt auch Erpressung unter dem Deckmantel moralischen Anspruchs. ArbeitnehmerInnen werden in freundlich klingenden Neologismen zu Lohndumping eingeladen. Stimmen sie nicht zu, droht ihnen nicht nur die Kündigung, sondern auch die Zuschreibung „moralische Minderwertigkeit", weil sie das „große Ganze" nicht berücksichtigen. Wo sich die Staatsmacht zurückzieht, ist jede Entscheidung moralisch aufgeladen.

Das Hörspiel zeigt Einfluss und Wechselwirkung der Weltpolitik auf das private Leben und variiert zugleich das Plädoyer des Interviewpartners für „gekonnte Inszenierungen der Verbrechen". Laher zeigt die Kraft der Lügensprache, verharmlosende Begriffe verschleiern brutale Machtstrategien und kapitalistische Interessen. Er arbeitet intertextuell, assoziiert seine literarischen Desavouierungsmanöver mit Textpassagen von Ödön von Horváth und Ausschnitten aus Karl Kraus' *Die letzten Tage der Menschheit*, zitiert Robert Musil und zeigt unter Bezugnahme auf deren literarische Auseinandersetzung mit Sprache die gewaltige Macht der schönen Worte sowie die Bösartigkeiten, die sich nicht selten unter ihrem Deckmantel verbergen.

Das Thema Täuschung in der Literatur bzw. Täuschung und Literaturbetrieb entwickelt Ludwig Laher in seinem Feature *Dr. Borneman und Mr. McCabe. Ein Leben in zwei Existenzen* weiter. In dem Hörbild geht er der „Doppelexistenz" des bekannten Sexualwissenschaftlers Ernest Borneman nach, der in seiner Zeit im Exil – von Borneman als „Vertriebenenexistenz" (Laher 1994/c) bezeichnet – literarisch zu schreiben begann. Der festen Überzeugung, dass das Kategorisierungsbedürfnis des deutschen Literaturbetriebs eine Karriere als Schriftsteller und zugleich Wissenschaftler nicht akzeptieren würde, beschloss Borneman, eine zweite Identität für seine schriftstellerische Karriere zu erfinden: Cameron McCabe nannte er sich als Romancier und inszenierte eine Biografie: „38 Jahre alt. Geboren in Glasgow, im neuen Land jenseits des Ozeans, ein Christ ohne Glauben und Unglauben, einheimisch und fremd zugleich, jetzt ein Mörder" (aus dem Roman *The Face on the Cutting-Room Floor*). McCabe ist seinem Buch Autor und Hauptfigur zugleich. Die neuartige, unkonventionelle „Doppelschachtelform" des 1937 erstmals erschienenen Textes faszinierte die Kritiker, das Buch feierte sagenhafte Erfolge und wurde von Anfang an als Klassiker des englischen Kriminalromans bewertet. Allein acht englische Taschenbuchausgaben und Übersetzungen in zahlreiche Sprachen bezeugen das Außergewöhnliche des Romans, das vor allem im Verschwimmen der Grenze von Fiktion und Realität sowohl formal als auch inhaltlich liegt (so lässt etwa der Autor Cameron McCabe seinen Protagonisten Cameron McCabe am Ende des Buches sterben).

An dem Punkt knüpft Ludwig Lahers Interesse an, der in seinem 1994 entstandenen Feature der Doppelexistenz auf den Grund geht. Noch ein Jahr zuvor war in London die Anthologie *The Pike Door Book of Crime Writing* erschienen, in welcher „die besten Kriminalgeschichten der Welt" veröffentlicht wurden. Neben Patricia Highsmith, Emile Zola, Umberto Eco, Ernest Hemingway taucht auch der Name Cameron McCabe auf. Nur ein Jahr später gestaltete Ludwig Laher sein Feature über die Doppelexistenz des Autors Borneman/McCabe, über starre Grenzen im Literaturbetrieb und Bornemans Selbstinszenierung.

„Wenn ein Mann, der einerseits ein akzeptierter Philosoph ist, zusätzlich Bühnenstücke schreibt, der würde automatisch in Deutschland als ein Scharlatan gelten." Mit dieser Annahme entschied sich Borneman, „zwei Leben zu führen, eines als Wissenschaftler, der Bücher in deutscher Sprache schreibt, und eines des recht bekannten englischen Autors, der sowohl Romane wie Bühnenstücke und Filme schreibt".

So feierte Ernest Borneman in der Rolle des Cameron McCabe jahrzehntelang Erfolge, mehr als 30 Jahre blieb die wahre Existenz des Autors geheim, erst 1974 wurde die Identität des mysteriösen Krimiautors entdeckt. Er selbst sagt über seine Arbeit und spezifisch über den Erfolgskrimi *The Face on the Cutting-Room Floor*, dass er sich ein System zurechtgelegt habe, welches gezielt mit den verschiedenen Ebenen der Entlarvung und Verschleierung spielt. So wie der Autor mit Illusionen spielt (etwa in der Erzählung über das Herausschneiden der Protagonistin aus dem Film im Buch) – wie „die russischen Püppchen, von denen eine in der anderen drinsteckt" (Min. 7) –, wie er die Rollen Autor und Protagonist, Täter und Opfer vertauscht, so thematisiert und variiert er auch die Möglichkeiten und Grenzen der Medien Buch und Film. Er stellt eine zwiespältige Welt dar, in der erfundene Figuren verschwinden und fiktive real werden, in der „alle Personen mindestens so viele Schwächen wie Stärken zeigen, die aber durch ungewöhnliche Leidenschaft miteinander verknüpft sind". Dabei wendet Ernest Borneman das Stilmittel der Montage an. „Die Montage besteht darin, dass ich etwas völlig Neutrales zeige und dann zu etwas anderem übergehe, das auch keinen besonderen Wert hat, und dass dann durch den Kontrast etwas Neues entsteht." Auch Laher thematisiert die Mittel der Montage und setzt sie gezielt ein; einmal – ähnlich wie Borneman – in seiner eigenen gestalterischen, literarischen Arbeit, ein anderes Mal als Thema in seiner konsequenten Auseinandersetzung mit den Verleugnungen von NS-Verbrechen. Bornemans Rückkehr nach Deutschland und seine Arbeit als Anthropologe und Sexualwissenschaftler bedeuteten eine klare Zäsur in seinem Selbstverständnis als Autor, der nun das belletristische Schreiben für immer beendete.

„Ich bin ein zu dualistischer Mensch", sagt Borneman über sich und argumentiert seine Abneigung gegen „diese unerträgliche Unschärfe, dieses dauernde Sich-Herausreden aus einer wirklich pertinenten Frage, das ich heute in der jüngeren französischen Philosophie finde, das ist für mich das wirklich proverbielle rote Tuch. Entweder man schreibt Belletristik oder man versucht zumindest, wissenschaftlich akkurat zu sein, aber diese verbrämte Mischung der beiden ist etwas für mich absolut Fürchterliches."

Es ist die Auseinandersetzung mit dem Disparaten und seinen Facetten, die diese beiden unterschiedlichen Autoren verbindet.

Seit 2012 hat Ludwig Laher kein Hörspiel und auch kein Feature mehr vorgelegt, im Gespräch mit Klaus Zeyringer spricht er das Thema an:

> Ich will nicht ausschließen, vielleicht doch noch einmal etwas im Bereich Radio oder Fernsehen zu machen, aber sehr wahrscheinlich ist es nicht. Bei meinen Büchern kann sich das Publikum verlassen, dass drinnen ist, was ich wollte, ohne jeden Abstrich, was Inhalt und Form betrifft. Das wäre in den audiovisuellen Medien kaum mehr der Fall.

Dabei würden die UrheberInnen der in den Social Media verbreiteten Fake News exakt jenes Figurenpersonal interessant ergänzen, das Ludwig Laher mit genauem Blick in seinen Hörspielen und Features auffächert und das „alle Fasern einer zeitgeschichtlich, anthropologisch und zugleich mitfühlenden LeserInnen-Existenz aufruft" (Müller).

Post Skriptum: Da der Verfasserin nicht alle Hörspiele und -bilder von Ludwig Laher zur Verfügung standen, behandelt vorliegender Beitrag nur eine Auswahl. Für die Übermittlung bzw. die Anfertigung der Kopien ist Ludwig Laher, Heinz Decker, Judith Raab und Kurt Reissnegger gedankt.

Franz Innerhofer, Ludwig Laher beim ersten österreichischen Schriftstellerkongress (1981)

Ursula Walch, O.P. Zier, Ludwig Laher, Gerhard Ruiss bei der Generalversammlung
der IG Autorinnen Autoren (2015)

Gerhard Ruiss

Aus einer anderen Welt
INTERESSEN- UND BERUFSPOLITIK ALS GESELLSCHAFTSPOLITISCHES
ENGAGEMENT

Es war nur eine relativ kurze Zeitspanne, in der sich der jetzige österreichische Literaturbetrieb entwickelte und Voraussetzungen entstanden, die heute von allen für selbstverständlich gehalten werden. In weniger als zwei Jahrzehnten wurden die wesentlichen Einrichtungen zur Gestaltung eines ebenso vielschichtigen wie vielfältigen literarischen Lebens in Österreich geschaffen. Große deutsche Verlage, Zeitungen und Rundfunkanstalten spielen zwar nach wie vor eine bedeutende, aber nicht mehr die alles entscheidende Rolle, Lesereisen sind nicht mehr allein auf Deutschland beschränkt, sondern auch innerhalb Österreichs möglich geworden, Buchpreise werden genauso in der Schweiz und in Österreich wie in Deutschland vergeben, und die Auszeichnung mit einem dieser Preise ist ebenso mit Büchern aus deutschen und Schweizer wie österreichischen Verlagen aussichtsreich.

Das war bis Ende der 1960er / Anfang der 1970er Jahre in Österreich erheblich anders, weder gab es nennenswerte verlegerische Aktivitäten noch ein literarisches Leben über vereinzelte Einrichtungen oder Initiativen hinaus. Ein einziger ständiger, 1961 gegründeter, in seinen Anfangsjahren auf alte Wertvorstellungen ausgerichteter Literaturveranstalter, die *Österreichische Gesellschaft für Literatur*, sollte alles leisten, was es an literarischen Veranstaltungstätigkeiten zu leisten gab, vom internationalen Austausch bis zur Präsentation sowohl der etablierten wie der neueren österreichischen Literatur. Für die Avantgarde stand darüber hinaus noch das 1959 gegründete *Forum Stadtpark* als Anlaufstelle zur Verfügung, das jedoch in erster Linie der bildenden Kunst und Wissenschaft und lediglich am Rand der Literatur gewidmet war, und gegen Ende der 1960er Jahre nahm das für neuere österreichische Literatur zugängliche *Literaturforum Leselampe* in Salzburg seine Veranstaltungstätigkeit auf.

Nicht einmal in den grundlegendsten Fragen bestand Einigkeit unter den Autorinnen und Autoren, und jenseits des „Guten Buchs", der für pädagogisch wertvoll erachteten Literatur, oder spärlicher Skandale wie der Dankesrede von Thomas Bernhard bei der Verleihung des kleinen österreichischen Staatspreises am 4. März 1968 und der „Schriftstellerkriege" zwischen den *PEN-* und den Anti-*PEN*-Autoren hatte die Literatur ebenso in der politischen wie in der medialen Wahrnehmung keinen Platz. Das änderte sich ab der ersten Regierung Kreiskys 1970/71 schlagartig, vom Ausmaß her zwar noch sehr bescheiden, von den Folgen dafür umso gravierender. Es kam zur Systematisierung von Förderungen und öffentlichen Bekanntmachungen sowie zu detaillierten Nachweisen der Verwendungszwecke und Angaben über die jeweiligen Empfängerinnen und Empfänger. Die Förderungsmaßnahmen beschränkten sich jedoch zunächst auf Ansätze und erreichten vorerst nur jene, die zu dieser Zeit entweder bereits zum etablierten Kulturbetrieb gehörten oder auf erste Erfolge verweisen konnten. Für Neuzugänge in der Literatur hieß es weiter warten, für sie änderte sich die Situation erkennbar erst ab Mitte der 1970er Jahre.

Vom Schreiben zur Selbstorganisation

Dass sich die Situation überhaupt änderte, ist einem Umstand zu verdanken, der in späteren Jahren wieder weitgehend aus dem Blickfeld verschwand, der Selbstorganisation, die eine jüngere und jüngste Generation von Neuzugängen in der Literatur für sich entdeckte. Ab den 1970er Jahren entstanden überall in Österreich Literaturgruppen, Literaturinitiativen, Literaturreihen, Literatur- und Kulturzeitschriften, Jahrbücher und Kleinverlage, die hauptsächlich von jüngeren Autorinnen und Autoren entwickelt und betrieben wurden, einer dritten in Erscheinung tretenden Generation von österreichischen Autorinnen und Autoren, die beides oder gleich überhaupt mehreres waren, Autorinnen und Autoren, Verlegerinnen und Verleger, Veranstalterinnen und Veranstalter und zahlreiches andere darüber hinaus.

Zum einen gab es die nach seiner Wiedergründung 1947 im österreichischen *PEN-Club* versammelten Autorinnen und Autoren, die teils schon vor dem Zweiten Weltkrieg literarisch aktiv waren, zum anderen die Autorinnen und Autoren, die nach 1945 ihre literarische Tätigkeit aufnahmen und sich 1973 als *Grazer Autorenversammlung* zum Gegenpol des österreichischen *PEN-Clubs* machten. In beiden Zusammenschlüssen gab es für jüngere Autorinnen und Autoren nur wenig Platz, im *PEN-Club* schon deshalb keinen, weil der Eintritt erst nach zwei Buchpublikationen oder vergleichbaren Veröffentlichungen möglich war, und die Autorinnen und Autoren der *Grazer Autorenversammlung* blieben in ihrer Konkurrenz zum österreichischen *PEN-Club* vorerst lieber unter sich. Zu einer größeren Öffnung der *GAV* gegenüber Neuzugängen in der Literatur kam es erst gegen Ende der 1970er Jahre.

Nennenswerte Präsentationsmöglichkeiten in Österreich bestanden, ausgenommen die von *PEN-Club*-Mitgliedern verwalteten wenigen Veröffentlichungs- und Sendeplätze, für die einen wie die anderen nicht, weder reichten sie für alle Autorinnen und Autoren des *PEN*, noch boten sich durch sie ständige Veröffentlichungsmöglichkeiten für die Autorinnen und Autoren außerhalb des *PEN-Clubs* an. Der einzige Verlag, in dem sich Autorinnen und Autoren der *GAV* in Österreich größere Publikationschancen ausrechnen konnten, bestand mit dem 1956 gegründeten Salzburger Residenz Verlag.

Vor diesem Hintergrund entstanden zahlreiche Publikationsorgane und Literaturgruppen, vor allem in den Bundesländern: Als Folge einer 1974 gegründeten „Offenen Gruppe für Literatur" in Salzburg 1975, das *Projekt IL* (Ihre Literatur), eine Publikationsplattform jüngerer und neuerer, überwiegend noch nicht oder wenig bekannter Salzburger Autorinnen und Autoren, und parallel dazu im selben Jahr die nicht von Autorinnen und Autoren selbstorganisierte Zeitschrift *Salz*, das Publikationsorgan des zu diesem Zeitpunkt bereits relativ renommierten, 1968 gegründeten Salzburger Literaturveranstalters *Literaturforum Leselampe*. Das *Projekt IL* existierte insgesamt fünf Jahre, im Dezember 1980 erschien es zum letzten Mal, die Literaturzeitschrift *Salz* besteht bis heute.

In der zweiten Ausgabe des *Projekt IL* von Mai/Juni 1975 taucht der Name Ludwig Laher mit einem Kurzstück das erste Mal auf. Es folgen in der Nummer 3 im selben Jahr zwei Prosaskizzen und ein erstes Gedicht und in der letzten Ausgabe dieses Jahres eine weitere Prosaskizze von ihm. Diese Veröffentlichungen setzen sich 1976 in drei Ausgaben und 1977 in vier Ausgaben mit weiteren szenischen Arbeiten und Kurzprosa und ab 1978 vermehrt mit seinen Gedichten fort, in jeweils drei Ausgaben von vier in den Jahren 1978 und 1979. Erst 1980 reißt sein Kontakt zum *Projekt IL* etwas ab, bei der Schlussausgabe ist er wieder dabei.

Bei der Zusammenstellung der letzten Ausgabe des Jahres 1976 tritt er zum ersten Mal als Redaktionsmitglied in Erscheinung und bleibt es bis Ende 1978. Zu diesem Zeitpunkt ändert sich der Charakter der Zeitschrift, und aus dem *Projekt IL* wird eine redaktionell von ihrer Herausgeberin, Christine Haidegger, betreute Publikation. Ludwig Laher ist ab diesem Zeitpunkt wieder „nur mehr" ihr Autor. Ein erstes Beispiel für seine später häufige, nicht nur allgemein, sondern viel konkreter angelegte politische Dichtung findet sich in der ersten Ausgabe, in der er nicht mehr als Redaktionsmitglied aufscheint, mit dem Zitat einer Zeitungsmeldung und einem dazu verfassten Gedicht.

Ludwig Laher ist bei seinem ersten öffentlichen Auftreten im Literaturbetrieb und seiner ersten Veröffentlichung eines literarischen Textes in einer Literaturzeitschrift 20 Jahre alt. Damit ist er einer der jüngsten Autoren der 1976 durchgeführten Untersuchung unter jungen österreichischen Autorinnen und Autoren über deren soziale, rechtliche und finanzielle Situation. Die Ergebnisse dieser Befragung und ihre Veröffentlichung in einer „Dokumentation zur Situation junger österreichischer Autoren" 1978 hatten zahlreiche Folgen. Zunächst zwei Tagungen in Mürzzuschlag „Die Lage der Schriftsteller in Österreich" 1979, die Tagung, bei der der „Erste österreichische Schriftstellerkongreß" beschlossen wurde, und zu „Literatur in den Massenmedien" 1980, und schließlich den „Ersten österreichischen Schriftstellerkongreß" 1981, der größten Versammlung von Schriftstellerinnen und Schriftstellern, die es in Österreich je gab, mit insgesamt 800 Teilnehmerinnen und Teilnehmern, größtenteils aus dem Bereich klassischer Literaturgattungen, aber ebenso aus den Bereichen Sachbuch, Hörfunk, Fernsehen, aus dem literarischen und publizistischen Umfeld sowie mit zahlreichen Vertreterinnen und Vertretern der Medien, öffentlichen Einrichtungen und der Regierung. Einer der am Kongress teilnehmenden Autoren war Ludwig Laher.

Der „Offenen Gruppe für Literatur" *Projekt IL* folgte 1980 die Gründung der *Salzburger Autorengruppe*, eine der Gründungen rund um den Schriftstellerkongress, deren Betreuung Ludwig Laher später übernahm, 1980 wird er überdies Mitglied in der *Grazer Autorenversammlung*.

Was sein organisatorisches Eintreten betrifft, sind von Ende der 1970er Jahre / Anfang der 1980er Jahre an die Weichen für ihn gestellt. 1982 wurde die *IG Autoren* reformiert und von einem Verbändeverband zu einem Mitgliederverband mit Bundesländer- und Verbandsdelegierten umgewandelt; 1983, im ersten Jahr des neuen Statuts, wird Ludwig Laher gemeinsam mit Christine Haidegger und O.P. Zier für das Bundesland Salzburg und die *Salzburger Autorengruppe* in die Generalversammlung der *IG Autorinnen Autoren* delegiert, in deren Vorstand er 1995, im Jahr des österreichischen EU-Beitritts, gewählt wird und dem er seither ohne Unterbrechung angehört, seit mittlerweile 25 Jahren.

Selbstorganisation und literarisches Schreiben haben sich in seinem Selbstverständnis als Autor von Anfang an nicht ausgeschlossen und ebenso nicht interessenpolitisches und gesellschaftspolitisches sowie sein später dazugekommenes bildungspolitisches Engagement, sie alle führen in seinem Autorenleben parallele Existenzen: „Ich habe mich nie aktiv für kulturpolitische Funktionen beworben. Sie sind immer eine Belastung für den Künstler, weil sie einerseits Kraft und Konzentration von einem Werk abziehen, andererseits sind sie allzu häufig ehrenamtlich, was sich finanziell bemerkbar macht" (Ludwig Laher, *Autorensolidarität 4/2015*).

Von der Selbstorganisation zur Berufspolitik

1980 war es noch alles andere als selbstverständlich für einen Autor, sich um berufspolitische Angelegenheiten zu kümmern. Für den *PEN-Club* waren sie nicht existent, alle diesbezüglichen Aktivitäten wurden Anfang 1971 in die von ihm ins Leben gerufene „Aktionsgemeinschaft Wiener Schriftstellerverbände" ausgelagert, aus der die *IG Autoren* hervorging, und auch in der *GAV* existierten sie nur in Form einer gewerkschaftlich orientierten Nische, die „Situationskollektiv" hieß und von Andreas Okopenko betreut und deren Arbeit später ebenfalls der *IG Autoren* zur weiteren Behandlung übertragen wurde. Die *IG Autoren* war der notwendige Kompromiss, um Unterstützungsleistungen wie den 1976 von ihr gegründeten „Sozialfonds für Schriftsteller" zu garantieren. Für diesen Zweck und ähnliche Aufgaben arbeiteten bereits damals die wichtigsten Repräsentantinnen und Repräsentanten des *PEN* und der *GAV* in der sich am 29. 6. 1971 als Verbändeverband vereinsrechtlich konstituierenden *IG Autoren* zusammen.

Für die einzelnen Autorinnen und Autoren stellte sich der Umgang mit beruflichen Angelegenheiten im eigenen Interesse nicht viel anders dar. Erich Fried zeigte sich bei der im Vorfeld des „Ersten österreichischen Schriftstellerkongresses" veranstalteten Wiener Tagung 1980 „Vom Schreiben und vom Lesen – Zur Lage der Schriftsteller in Österreich" über das berufspolitische Eigenengagement von Autorinnen und Autoren noch relativ befremdet, war aber schließlich beim nachfolgenden Schriftstellerkongress einer der engagiertesten Vertreter berufspolitischer Anliegen, was schon durch den Titel seiner Rede beim Schriftstellerkongress deutlich zum Ausdruck kam: „Die Freiheit zu sehen, wo man bleibt". Klar für ihn wie für die meisten gegen gesellschaftliche Missstände eintretenden Autorinnen und Autoren war, Autorinnen und Autoren engagierten sich gesellschaftspolitisch für andere, aber nicht berufspolitisch in eigener Sache, und wenn, dann hatte das nichts mit gesellschaftspolitischem Engagement zu tun. Das änderte sich erst mit dem Schriftstellerkongress und mit dem ebenso gesellschafts- wie berufspolitischen Eintreten der sich nach den *PEN*- und den *GAV*-Autorinnen und -Autoren neu etablierenden „dritten" Autorinnen- und Autorengeneration.

Ein neuer und anderer Umgang mit dem Schreiben und neuen und anderen als literarischen Medien

An die Arbeitsvorhaben Ludwig Lahers lassen sich verlässliche Maßstäbe anlegen. Bei der ersten systematischen Erfassung österreichischer Autorinnen und Autoren und Literatureinrichtungen im Handbuch *Literarisches Leben in Österreich* 1985 sind seine Tätigkeitsgebiete mit Literatur, Wissenschaft und Journalismus angegeben und die Sparten, in denen er literarisch tätig war und ist, mit: „Lyrik, Prosa, Satire/Glosse, Drama, Hörspiele/Features, Fernsehspiel/Drehbuch, Essay/Aufsatz und Übersetzungen". Man kann einen solchen umfangreichen Tätigkeitsbereich für ambitioniert, aber schwer einlösbar halten, für den konsequenten Arbeiter Ludwig Laher hat sich diese Frage aber nie gestellt. Ging das eine zu Ende, setzte er seine Arbeit woanders fort, hatte er das eine ausgereizt, begann er sich für das Nächste stärker zu interessieren. Nach dem Ende des *Projekt IL* als Veröffentlichungsorgan neuer Salzburger Literatur und Salzburger Autorinnen und Autoren 1980 setzte er einen Neuanfang im *Salz* und als Gastautor in den *Salzburger Nachrichten*. Seine politischen Texte werden konkreter und literarischer, seine literarischen Texte politischer und anlassbezogener. In der Nummer 24/1981 von *Salz* erscheint mit *Grenzen* eine für sein späteres dokumentarisch-literarisches Arbeiten typische erste Arbeitsprobe: „Daß man mit dem Kopf nicht durch die Wand kann, ist einzusehen. Aber warum sollte man nicht einen einfachen Schranken umgehen, der völlig sinnlos in der Landschaft steht? [...] Und dann gibt es jene Wege, wo sich überhaupt kein Schranken oder so befindet. Die sind ausnahmslos gesperrt."

Den *Grenzen* folgt in der Nr. 27/1982 ein satirischer Essay zum Kulturbetrieb, *Über den grünen Klee*: „Wer lobt, will was. Daß der Gelobte so bleibt wie bisher. Daß er in eine Richtung weitermacht, für deren Einschlagen er geliebt wird. Daß er dem Lobenden verpflichtet ist. Daß er sich mit einer Urkunde zufriedengibt für Leistungen, die der Laudatio nach nicht mit Gold aufzuwiegen sind. Lob ist ein Gnadenerweis." Und in der Nummer 31/1983 stellt er die *Salzburger Autorengruppe* mit einem kulturpolitischen Statement vor: „Vieles von dem, was wir wollen, haben wir noch nicht erreicht, da gibt es Durststrecken in unserem berufspolitischen Engagement und Enttäuschungen. Überwunden ist für viele unserer Kollegen allerdings die Vereinzelung des Schreibtischarbeiters in den Bereichen, wo gemeinschaftliches Vorgehen nottut. Schriftstellen muß und will jeder von uns weiter allein."

Die Texte Lahers gehören nicht mehr zur engagierten Literatur der Generationen vor ihm, weder der Aufarbeitungsliteratur noch der sozialkritischen Literatur, die wie der Antiheimatroman oder die Literatur zur Arbeitswelt auf die Abrechnung mit der Elterngeneration und Auseinandersetzung mit den Besitzverhältnissen fixiert waren. Sein Hauptinteresse gilt den in der engagierten Literatur früherer Jahre als Nebenwiderspruch kategorisierten Themen und Menschen, den Rechtlosen, den Außenseitern, den Hinterhöfen der Geschichte und Gegenwart. Seine Arbeiten befassen sich mit den und dem ganz oder fast Vergessenen ebenso wie den und dem Omnipräsenten, vor allem auch, um der Eindimensionalität der Augenblickswahrnehmungen einen geschichtsbewussteren Umgang mit Menschen, ihrer Existenz und ihrem Umfeld entgegenzusetzen.

So widmete er der Vielfachexistenz des schon in den 1990er Jahren wieder aus der öffentlichen Wahrnehmung verschwundenen, in den 1980er Jahren prominenten, Mitte der 1990er Jahre gestorbenen Sexualwissenschaftlers Ernest Borneman, der bis in die 1970er Jahre unter dem Pseudonym McCabe erfolgreicher englischsprachiger Buch- und Drehbuchautor und u. a. Entwickler des legendären „Beat Club" im deutschen Fernsehen war, eine Sendung in der Reihe *Tonspuren* und verschaffte den Gedichten des nur Eingeweihten – durch einen Roman von Laher 2003 über ihn – überhaupt noch bekannten Vormärz-Dichters Ferdinand Sauter, der sich sein Leben lang weigerte, ein Buch herauszubringen, 2017 eine Premiere im renommierten deutschen Wallstein Verlag. Eine der wenigen von Sauter zugelassenen Veröffentlichungen zu seinen „Lebzeiten" war eine von ihm selbst für sein Grab entworfene Inschrift: „Und der Mensch im Leichentuch / Bleibt ein zugeklapptes Buch". Einem weiteren Vergessenen wandte er sich in seinem Buch *Wolfgang Amadeus Mozart junior: Mozart Sohn sein* und in einem Fernsehporträt zu: Franz Xaver Mozart, der zur Nachfolge seines Vaters bestimmt, von seiner Mutter nach dem Tod des Vaters in Wolfgang Amadeus Mozart junior umbenannt wurde, und dessen eigene große musikalische Könnerschaft genauso zu seinen Lebzeiten wie heute durch die Bedeutung seines Vaters nie zur Geltung kam. Wie Namen Lebensräume prägen, ist ein anderes der wiederkehrenden Themen von Ludwig Laher, dem mehrere seiner Bücher gewidmet sind.

Eigenmanagement, Interessenselbstvertretung, Selbstrechtsbeistand

Ludwig Laher ist erst seit 1998 als freier Schriftsteller tätig, davor liegen rund zwanzig Jahre Unterrichtstätigkeit. Seine Veröffentlichungen sind daher in den 1980er Jahren überwiegend in Zeitungen und Zeitschriften zu finden und in von ihm gestalteten ORF-Beiträgen, Auftritte von ihm gibt es nur punktuell, dafür aber in umso außergewöhnlicheren Zusammenhängen. Einzigartig geblieben ist ein Tournee-Symposium von Autorinnen und Autoren der *Grazer Autorenversammlung* durch vier Bundesländer mit dem Titel „Wir sprechen uns noch – Sprache der Wende" 1988, bei dem Ludwig Laher sowohl Ko-Organisator als auch Vortragender war. In einer Mediencollage ging er auf den medialen Sprachgebrauch im Umgang mit Kunstschaffenden bei gesellschaftspolitischen Auseinandersetzungen ein bzw., wie sein Vortragstitel lautete, auf das „Gespeibsel legasthenischer Linkschaoten". An mehreren repräsentativen Orten in Linz, Salzburg, Dornbirn und Wien wie u. a. im Brucknerhaus und in der Wiener Secession wurden jeweils acht Referate zu Anzeichen für die Wende der Sprache gehalten. Dieses Symposium fand in zahlreichen Medien große Resonanz, was für ein Symposium ebenfalls eher ungewöhnlich ist.

Einen ersten Anlauf zu dieser Symposiums-Tournee gab es in Salzburg anlässlich des 49. Jahrestages der einzigen nationalsozialistischen Bücherverbrennung in Österreich beim „2. Salzburger Literaturfest" der *Salzburger Autorengruppe* am 30. April 1987, bei dem einerseits das literarische Leben in Salzburg zwischen 1933 und 1945 beleuchtet wurde, andererseits die Zensur künstlerischer Publizistik in der Gegenwart in Österreich sowie von Ludwig Laher die „Formen sprachlicher Diffamierung von österreichischen Schriftstellern in Zeitungen und Zeitschriften 1986". Weitere besondere Veranstaltungen in diesen Jahren waren die Podien der Enquete der *IG Autoren* „Literatur- und Kulturförderung in Österreich", die in allen österreichischen Bundesländern stattfanden, in Salzburg im Kulturgelände Nonntal am 7. 11. 1989, mit Ludwig Laher am Podium als einzigem Vertreter aus der Kunst für die *Salzburger Autorengruppe* und ansonsten nur Repräsentantinnen und Repräsentanten von Land und Stadt Salzburg sowie des ORF. Diese Enquete kann man durchaus als Vorläufer des rund zehn Jahre später entwickelten *Weißbuchs zur Reform der Kulturpolitik in Österreich* sehen, mit dem ebenfalls solche Podien in allen Bundesländern abgehalten wurden.

Einen größeren Aufwand als punktuelles Publizieren und Auftreten sowie die Betreuung der *Salzburger Autorengruppe* erlaubte die berufliche Ausgangssituation von Ludwig Laher in den 1980er Jahren häufig nicht. Zu einer auffälligen Änderung dieser Ausgangssituation kam es gegen Ende der 1980er Jahre mit seinem ihm schon 1981 im *Salzburger Tagblatt* zugeschriebenen Aufbruch in den literarischen Markt. Ab Ende der 1980er Jahre treffen die ersten Auszeichnungen ein und es häufen sich die ihm zuerkannten Stipendien, die seine zahlreichen Buchveröffentlichungen ab den 1990er Jahren vorankündigen. Er wird sowohl als Schriftsteller ausgezeichnet wie für seine

Arbeiten als literarischer Übersetzer mit Stipendien unterstützt, er wird genauso für sein politisches Engagement gewürdigt wie für die Qualität seiner literarischen Arbeit.

Drei Themen beherrschen neben den konkreten Anliegen in seinen jeweiligen Büchern durchgehend sein Schreiben: 1. der Faschismus und Nationalsozialismus in seinen historischen und heutigen Erscheinungsformen und, damit in Verbindung, der Umgang mit Menschenrechten, 2. das politische Verhältnis zu Kunst und Kultur und Kunst- und Kulturschaffenden und, davon abgeleitet, der Stellenwert der Kunst und Kultur und 3. Literatur und Sprache im schulischen und allgemeinen öffentlichen Gebrauch. Organisatorisch ging seine Tätigkeit immer weit über seine jeweiligen unmittelbaren oder größeren Umgebungen hinaus. So leitete er u. a. jahrelang das *European Council of Artists* und wurde damit zu einer zentralen Verbindungsstelle zwischen den österreichischen Kunst- und Kulturorganisationen und den im *Council of Artists* organisierten gleichartigen Einrichtungen auf europäischer Ebene, und er ist bis heute führend in der *Österreichischen UNESCO-Kommission* und bei der Umsetzung der „Konvention der UNESCO für kulturelle Vielfalt" in der zu diesem Zweck in der *Österreichischen UNESCO-Kommission* eingerichteten Arbeitsgemeinschaft aktiv.

Sein Ein- und Auftreten gegen faschistische Relikte und Wiederbelebungsversuche lässt sich durch zahlreiche seiner Gastkommentare relativ leicht mitverfolgen, ebenso seine Auseinandersetzungen mit den diversen Abschätzigkeiten der Politik gegenüber Kunst und Kultur; weniger leicht bis über weite Strecken überhaupt nicht kann man sein Engagement zum Umgang mit Literatur an Schulen und mit der Literatur im allgemeinen Sprachgebrauch nachvollziehen. Dabei hat sein Einsatz gerade in diesem Bereich seit der Rechtschreibreform 1996 zu zahlreichen Aktivitäten und Ergebnissen geführt, die ohne diesen seinen ständigen Aufwand seit nun fast schon 25 Jahren nicht zu verzeichnen wären.

Nach der Frontalopposition gegen die Ergebnisse der Rechtschreibreform, die den größten Schaden verhinderte, stellte sich die Frage nach einer dauerhaften Einwirkung auf alle damit zusammenhängenden Effekte. Die Protestarbeit war das eine, z. B. um die systematische Vernichtung literarischer Bücher in Schulbibliotheken wegen der in ihnen verwendeten alten Rechtschreibung zu verhindern, die Aufklärungsarbeit das andere, dass mit der Neuregelung der Rechtschreibung nicht gleichzeitig ein Recht auf Eingriffe in andere Schreibweisen in literarischen Texten besteht.

Mit einem erwirkten Erlass bei der Bildungsministerin konnte die Büchervernichtung gestoppt und mit einer vertraglichen Vereinbarung mit der *IG Autorinnen Autoren* zur Beachtung des Urheberpersönlichkeitsrechts der Individualschreibung die Grenze zur Einmischung der Rechtschreibreform in literarische Texte gezogen werden. In all diesen Fällen war die Nähe Ludwig Lahers zum Unterrichts- und Schulgeschehen auch nach Beendigung seiner Lehrtätigkeit ein großer Vorteil zur rechtzeitigen Verhinderung nicht wieder gutzumachender Schäden. Um weiteren Fehlentwicklungen vorzubeugen, wurde Ludwig Laher schließlich als Experte und Vertreter der *IG Autorinnen Autoren* zur Mitwirkung in den der zwischenstaatlichen Rechtschreibreformkommission im Jahr 2004 nachfolgenden Rechtschreibrat eingeladen, dem die Aufgabe zukommt, die Rechtschreibentwicklung zu beobachten und als oberste Instanz gegenüber Schreibempfehlungen zu fungieren.

Ebenfalls neu geregelt wurde ab 2009, ein paar Jahre nach der Rechtschreibreform, die zur Zentralmatura gemachte Reifeprüfung. Bereits sehr früh zeichnete sich die Nichtberücksichtigung literarischer Aufgaben in den Prüfungsthemen der Deutschmatura ab. Bei Bekanntwerden dieses Vorhabens schaltete Ludwig Laher die *IG Autorinnen Autoren* ein und es konnte nach einer ersten intensiven Verhandlungsrunde die gänzliche Ausblendung der Literatur aus den Maturathemen verhindert werden. Es folgten viele Jahre zäher Auseinandersetzungen, Zugeständnisse, die wieder zurückgenommen wurden, Reformen, die nicht zustande kamen, und Jahr für Jahr die Analyse von Ludwig Laher und die Kommentierung der jeweils aktuellen Aufgabenstellungen der schriftlichen Reifeprüfung in Deutsch durch die *IG Autorinnen Autoren*. Es gibt mittlerweile einen umfangreichen Katalog an von der *IG Autorinnen Autoren* erarbeiteten Maßnahmen, wie der Umgang mit Literatur, dem Buch und dem Lesen an Schulen grundlegend verbessert werden könnte. Ohne das Fach- und Insiderwissen Ludwig Lahers wäre diese Auseinandersetzung nicht mit der Punktgenauigkeit zu führen gewesen, in der sie in den letzten Jahren geführt wurde und wohl auch noch einige Zeit weitergeführt werden muss. Es geht längst nicht mehr nur um die Gestaltung der Deutsch-Zentralmatura, es geht um die Einschaltung oder Ausschaltung von Literatur, des Buchs und des Lesens im Unterricht und an den Schulen bzw. bereits in den vorschulischen Kinderbetreuungseinrichtungen.

Autor und Kultur-, Bildungs- und Medienpolitik-Zuständiger

Im Selbstverständnis Ludwig Lahers und in seinen Texten gibt es keine Trennung, da die Literatur, dort das Leben, da das gesellschaftspolitische Engagement, dort die interessenpolitischen Anliegen und bildungspolitischen Themen. Seine Außenseiter sind nicht im klassischen Sinn Verlierer, sie sind Verlorengehende und Verlorengegangene, auf sich selbst Gestellte, Einzelne gegenüber überwältigenden Mehrheiten, Verdrängte, Vergessene, sie sind eigentlich das, was mehrheitlich die Existenz von Autorinnen und Autoren ausmacht. Es ist ihm daher ein Leichtes, sich in einem Komitee gemeinsam mit anderen für z. B. den „Schweizanschwärzer" Jean Ziegler 1998 in der Kontroverse um dessen Aufdeckung des Raubgoldbesitzes in Schweizer Banken einzusetzen. Zwar kann Jean Ziegler, wie jeder andere Autor und jede andere Autorin, durchaus für sich selbst sprechen, aber er hätte aus einer Rechtfertigungshaltung heraus argumentieren müssen, die ein Unterstützungskomitee nicht notwendig hat. Das heißt in Bezug auf das über das Schreiben hinausgehende Handeln Ludwig Lahers, er war und ist jederzeit auch für spontane Initiativen und nicht allein für Funktionen von Dauer zu haben.

Sein Handeln als engagierter Autor geht weit über jenes übliche Maß hinaus, dass man als Autor oder Autorin in Salzburg ohnehin nicht an der einzigen nationalsozialistischen Bücherverbrennung in Österreich vorbeikommt oder in Oberösterreich nicht am Konzentrationslager Mauthausen und an seinen Nebenlagern sowie an der Euthanasie und in Wien nicht an der besonders gewalttätigen „Reichspogromnacht" 1938. Es manifestiert sich in zahlreichen kleineren, manchmal tagtäglichen Aktivitäten, die nur im unmittelbaren Handlungsbereich wahrgenommen werden, häufig aber wesentlich mehr Wirkung erzielen als die zumeist zu rein symbolischen Handlungen verkommenen großen Gesten. So konnte zum Beispiel 2020 auch durch seinen Einsatz die „Entsorgung" des

Mahnsteins, von der Stadt Braunau vor Adolf Hitlers Geburtshaus errichtet, ins Wiener Haus der Geschichte verhindert werden. Es geht ihm nicht um die Paukenschläge und die großen Zeichensetzungen, es geht ihm um Genauigkeit, Offenlegung, Erinnerung, Haltung, Verantwortung, um Lebensumgebungen und ihre Geschichte, die eigene und von anderen. Es geht ihm nicht um Dramatisierungen und die ohnehin bekannten großen Dimensionen, es geht ihm um die Zeichen im Alltäglichen, gleich um die nächste Ecke, Straßenbezeichnungsrelikte, sprachliche Wiederbetätigung, antisemitische Hintergründe, um versteckte, verdeckte Geschichte, die durch ihn ihr eigentliches unverklärtes Aussehen zurückbekommt.

Kenner und Experte

Es ist für Uneingeweihte sicher nicht auf den ersten Blick zu erkennen, ob wo aus einem Lied der Fahneneid der Hitlerjugend herausblitzt oder ob es sich nur um irgendein pathetisches nationalistisches Lied aus früherer Zeit handelt. Dazu muss man mehr als schulisches oder germanistisches Vorwissen mitbringen, dazu muss man über selbst recherchiertes Wissen verfügen. Genau das zeichnet ebenso die Kommentare wie die Romane Ludwig Lahers aus, sie basieren auf verlässlich recherchierten Fakten.

Man könnte auch sagen, es geht um Verankerung, nicht nur über etwas zu schreiben, sondern ebenso etwas dafür zu tun. Es ist für ihn selbstverständlich, sich für einen bzw. in einem örtlichen Gedenkverein zu engagieren, sogar in der Rolle seines Obmanns, oder für einen Verein wie *Ohrenschmaus* zur Propagierung von „Literatur von Menschen mit Lernbehinderung und Schreibtalent" als Juror zu fungieren. Womit er sich beschäftigt, gehört ebenso zu seinem Leben wie zu seinen Büchern.

Die Verschiedenartigkeit der Arbeiten Lahers hat es mit sich gebracht, dass er im Verlauf seiner kontinuierlichen Buchveröffentlichungen nie mit nur einem Verlag auskam. Bis 1998 erscheinen seine Einzelausgaben verstreut in Kleinverlagen, später, bis 2012 hauptsächlich im Innsbrucker Haymon Verlag und daneben im Klagenfurter Wieser Verlag, danach, bis 2017 im Göttinger Wallstein Verlag und nach 2017 vorerst in österreichischen Verlagen in Salzburg und Wien. Was bei Betrachtung seiner Interessengebiete auch vollkommen klar ist: Ein deutscher Verlag wird sich eher schwer tun, nur für Österreich relevante Themen zu verlegen, ein Verlag, der nie sprachwissenschaftliche Werke publiziert, wird keinen Platz für solche Titel in seinem Programm haben, und ein Verlag, der nicht auf Lyrik spezialisiert ist, wird nicht unbedingt einen neuen Autor mit einem Gedichtband als Erstlingswerk in sein Verlagsprogramm aufnehmen wollen, vielleicht noch mit einer „Erzählung", wie das mit seinem *Selbstakt vor der Staffelei* bei seinem ersten Buch im Haymon Verlag der Fall war, lieber aber immer mit einem Roman.

Insgesamt zwölf Bücher sind von Ludwig Laher zwischen 1998 und 2012 im Haymon Verlag erschienen. Schon vor *Herzfleischentartung* 2001, das sich zu einem Bestseller entwickelte, machte er mit einem literarischen Vorhaben auf sich aufmerksam, 1993 beim Ingeborg-Bachmann-Wettbewerb mit eben jener „Erzählung", die aber dann doch noch fünf Jahre auf ihre Veröffentlichung warten ließ. Sie gehört zu seiner ganz und gar außergewöhnlichen Roman-Trilogie dreier Vergessener, Außenseiter und Könner auf ihren Gebieten, des Malers Viktor Emil Janssen, des Musikers Wolfgang Amadeus Mozart Junior und des

Dichters Ferdinand Sauter. Mit *Herzfleischentartung* erreichte er schließlich eine Wahrnehmungsstufe, die literarischen Büchern nur selten zuteil wird, nämlich einerseits als Einzeltitel auf Wikipedia geführt und andererseits wegen seiner Quellengenauigkeit von geschichtswissenschaftlicher Seite aus zur Lektüre empfohlen zu werden.

2011 schaffte er es mit einem weiteren Titel bei Haymon, *Verfahren*, auf die Longlist des 2005 gegründeten Deutschen Buchpreises. *Verfahren* bildete den Abschluss einer Frauenporträttrilogie aus *Und nehmen was kommt* 2007, *Einleben* 2009 und eben *Verfahren* 2011. Nach 2012 trennten sich die Wege von Laher und Haymon. Laher sollte „aus Gründen der besseren Verkaufbarkeit" vom Belletristikprogramm des Verlages ins Sachbuchprogramm wechseln, was ein so elementar gegen die Konzeption seiner Romane gerichteter Vorschlag war, dass für ihn nur noch ein Verlagswechsel in Frage kam. Und weil kein Schluss eben nicht geht, endet seine Zusammenarbeit mit dem Haymon Verlag mit einem Band mit Essays und Geschichten mit dem Titel *Kein Schluß geht nicht*.

Unerschrocken eigenwillig oder eigenwillig unerschrocken waren seine schriftstellerischen und interessenpolitischen Anfänge und ist er auch über die Jahre geblieben, genauso in den Auseinandersetzungen mit dem damaligen Salzburger Bürgermeister Josef Dechant Anfang der 1990er Jahre über dessen Kulturverständnis und Subventionspolitik wie mit der oberösterreichischen Landesregierung 2020 über die vom glühenden Antisemiten Franz Stelzhamer stammenden Verse der oberösterreichischen Landeshymne des von ihm 1841 geschriebenen *Hoamatgsangs*, in dem sich zwar selbst kein Hinweis auf die antisemitische Haltung seines Verfassers findet, der aber Stelzhamer zu einem Repräsentanten des Landes macht.

Gerade in Österreich, wo alles durchfraktioniert und vieles im staatlichen und halbstaatlichen Besitz ist sowie parteipolitisch und/oder kammerstaatlich geregelt wird, dauerte es eine ganze Weile, bis die Unabhängigkeit der Interessenpolitik und gesellschaftspolitischen Positionen, wie sie von der *IG Autorinnen Autoren* in Anspruch genommen werden, politisch akzeptiert wurden und vor allem verstanden wurde, dass es gegenüber der *IG Autorinnen Autoren* nicht genügt, mit Verordnungspolitik zu regieren, sondern die Notwendigkeit besteht, Überzeugungsarbeit zu leisten. Ein typisches Beispiel dafür findet sich im Aufruf auf Flugblättern und auf Plakaten der *IG Autorinnen Autoren* 1993, bei Nichtberücksichtigung der Anliegen der Kunst und Kultur gegen einen Beitritt Österreichs zur EU zu stimmen. Bereits 1991 befasste sich Ludwig Laher kritisch mit dem österreichischen EU-Beitritt und dem Verhältnis der EU zur Demokratie, Kunst und Kultur und führte anhand eines damals gerade aktuellen Beispiels die Folgen eines sorglosen Umgangs mit dem Beitritt Österreichs zur EU drastisch vor Augen, und das immerhin im inoffiziellen Regierungsorgan der damals den Bundeskanzler stellenden SPÖ, der *Arbeiter Zeitung*.

Um der Überproduktion in der EU Herr zu werden, ereignete sich Folgendes (die DDR hatte soeben aufgehört, ein eigener Staat zu sein und wurde als Bestandteil der Bundesrepublik Deutschland Mitglied der EU): „Espenhain heißt der kleine Ort in Sachsen, wo wir Anfang Mai 1991 vorexerziert bekamen, daß die EG nicht nur Tausende Tonnen Lebensmittel vernichtet, um Preise zu halten und die Lager zu räumen. Auch das Leipziger Zentrallager für Bücher hat nunmehr neue Besitzer, etwa den Springer Verlag, und vor Espenhain liegen mindestens 800 Tonnen Bücher aus DDR-Produktion vergraben, neu, in

Originalverpackung, von Goethe bis Christoph Hein. Zweihundert Meter lang ist die Deponie, hundert breit, sieben tief. Und darüber liegt eine Schicht Erdäpfel, um den Verrottungsprozeß zu beschleunigen. Wenn nach der bevorstehenden Endzeit noch irgendetwas anfangen kann, werden, Pathos hin oder her, unter den Erdäpfeln in Espenhain ein paar Bücher ausgegraben werden, jedenfalls die plastikverschweißten" (Ludwig Laher, „Unter allen Erdäpfeln ist Ruh", *Arbeiter Zeitung*, 10./11. 8. 1991).

Wer interessenpolitisch von vornherein die schlechteren Karten hat, muss die besseren Argumente und den längeren Atem haben, das zieht sich durch die gesamte Berufs- und Interessenpolitik von Kunst- und Kulturorganisationen und steht gerade jetzt mit den Corona-Verordnungen wieder auf der Probe. Grenzziehungen, wann etwas aufhört Berufs- und Interessenpolitik zu sein und zur gesellschaftspolitischen Angelegenheit wird, sind selbst nach 50 Jahren Organisationsgeschichte der *IG Autorinnen Autoren* noch immer von Fall-zu-Fall-Entscheidungen. Sicher ist inzwischen aber, dass Berufs- und Interessenpolitik von Kunst- und Kulturschaffenden immer auch Gesellschaftspolitik ist.

Es ist daher alles andere als ein Zufall, dass ein Autor wie Ludwig Laher und die anderen Vorstandsmitglieder der *IG Autorinnen Autoren* weit über ein gewerkschaftliches Interesse hinaus zu Gemeinsamkeiten gefunden haben und sie gegenüber egal welchen Politikerinnen und Politikern und politischen Parteien entschieden und konsequent vertreten. Das hat mit Würde zu tun, mit Respekt, mit Gleichberechtigung, Gleichbehandlung, mit Selbstbestimmung, Selbstbehauptung, mit Menschenrechten, eben mit allem, womit die Menschheit zu tun hat. Also gibt es eigentlich keine Grenzen für berufs- und interessenpolitische Themen einer Autorinnen- und Autoreninteressenvertretung, nur die Konzentration darauf, in welcher Form sie sich einem Thema das nächste Mal stellt, per Verbandsbeschluss, Unterschriftenliste, Gastkommentar, öffentliche und nicht-öffentliche Schreiben an Zuständige und Verantwortliche, Behandlung in Veranstaltungen und essayistischen und literarischen Texten, weil nicht nur „kein Schluß nicht geht", sondern nichts zu sagen genauso nicht.

Standorte, Perspektiven, Ausblicke

Mehrere Faktoren bestimmen die Arbeiten Lahers: Wo er lebt, sieht er noch genauer hin, bis 1993 in Salzburg, danach in Oberösterreich und seit ein paar Jahren in Oberösterreich und in Wien. Wenn es um seine literarische Tätigkeit oder um schriftstellerisches Arbeiten überhaupt geht, kommt die Selbsterhaltungsfähigkeit vor der Unterstützungsnotwendigkeit. Und als dritter Faktor: Berufspolitisches Engagement und die eigene literarische Tätigkeit sind ein ständiger Grenzgang, was von jeweils einem das andere verdeckt oder verdrängt. Mit beidem präsent zu sein und zu bleiben ist eine eigene Meisterschaft, vor der die meisten Autorinnen und Autoren schon von vornherein zurückscheuen. In und mit der *IG Autorinnen Autoren* und für die Arbeit im Vorstand der *IG Autorinnen Autoren* ist es der Alltag.

Es gab und gibt in der *IG Autorinnen Autoren* ein unausgesprochen unverrückbares Prinzip, wer sie in einem Kollektivorgan oder in einer Einzelfunktion vertritt, muss vor allem oder zugleich auch Autor oder Autorin sein. Das hat in ihrer Geschichte den einen oder anderen Versuch zwar nicht gänzlich verhindern können, das eine oder andere Mal jemanden als Funktionär oder Funktionärin abzutun, wirksam werden konnte das aber angesichts der jeweiligen literarischen Leistungen nie. Ludwig Laher und die anderen Autorinnen und Autoren im Vorstand und Präsidium der *IG Autorinnen Autoren* vor ihm und jetzt sind der überzeugende Beweis, dass sich literarisches Arbeiten und berufspolitisches Engagement nicht ausschließen, sondern sich vielleicht sogar ergänzen und wechselseitig inspirieren und auf jeden Fall miteinander vereinbar sind. Die lange Zeit verdrängte Berufsgeschichte ebenso großer wie für ihre Rechte engagierter österreichischer Autorinnen und Autoren von Marie von Ebner-Eschenbach mit ihrem Verein der Schriftstellerinnen und Künstlerinnen 1885 bis zu Hugo von Hofmannsthal und Robert Musil mit dem Schutzverband deutscher Schriftsteller in Österreich in den 1920er Jahren und den Gründern der *IG Autoren*, Hilde Spiel und Milo Dor 1971, hat durch sie eine würdige Fortsetzung und in ihnen würdige Nachfolgerinnen und Nachfolger gefunden. Daran hatte und hat Ludwig Laher einen großen Anteil, von seiner Arbeit in der *Salzburger Autorengruppe* von 1980 an bis zu seiner Vorstandszugehörigkeit in der *IG Autorinnen Autoren* von 1995 bis heute, 2021.

Die Ausweitung der Tätigkeitsbereiche und Entstehung der Rückzugsbedürfnisse

Im Verlauf der Jahre kamen zu den Vielfachfunktionen von Autorinnen und Autoren zu Herausgeberschaften, Redakteurs- und Veranstaltertätigkeiten noch einige weitere ständige dazu, allen voran die Organisationsarbeit und Lehrtätigkeit von und in Schreibschulen und an Universitäten und die über die literarische Interessenvertretung hinausgehende nationale und internationale kulturelle Zusammenarbeit. In all diesen Zusammenhängen war und ist Ludwig Laher nach wie vor intensiv tätig, es gehört für ihn zum selbstverständlichen Erscheinungsbild eines zeitgenössischen Autors, wenngleich genau das eines der häufigsten Erfolgshemmnisse ist, sich nicht ausschließlich auf die Bewerbung des eigenen literarischen Schaffens zu beschränken, sondern sich um das literarische und gesellschaftliche Umfeld genauso zu kümmern. Dementsprechend bedauert er das Fehlen von Nachfolgerinnen und Nachfolgern in diesem Selbstverständnis von beruflicher schriftstellerischer Tätigkeit und lässt er gelegentlich sein Rückzugsbedürfnis aus einem sich ewig weiter fortsetzenden berufspolitischen Engagement durchschimmern: „Ich bedaure es, dass sich die meisten jüngeren Kolleginnen und Kollegen allzu oft damit begnügen, uns älteren anerkennend auf die Schulter zu klopfen, statt selbst den Staffelstab zu übernehmen und sich berufspolitisch eine Weile zu engagieren. Ich jedenfalls werde jetzt langsam den Rückzug antreten" (Ludwig Laher, *Autorensolidarität 4/2015*).

Dieser langsame Rückzug von ihm ist jetzt auch schon fünf Jahre ohne erkennbare Veränderung seines Engagements alt, und zwar mit ziemlicher Sicherheit deshalb, weil sich an den wesentlichen Ursachen für sein Engagement nichts geändert hat. Das hat einerseits mit den langwierigen Zeitverläufen von Verbesserungen im Kunst- und Kulturbereich zu tun und andererseits mit dem Niedergang der Kulturpolitik, die sich seit vielen Jahren nur noch darauf reduziert, wer das jeweils wohin wechselnde Kulturressort auf zumeist verlorenem Posten gerade innehat. Hinzu kommt, dass in politisch instabileren Zeiten es besonders schwer ist, alles hinter sich zu lassen und sich nur noch auf das eigene Schreiben zu beschränken oder alles ausschließlich zum Gegenstand von literarischen und essayistischen Texten zu machen. In solchen Zeiten geht es nicht ohne persönliche Präsenz bzw. ohne sich selbst hinzustellen und die Angelegenheiten, um die es geht, persönlich an Ort und Stelle zu vertreten. In Reden, Verhandlungen, Besprechungen, mit Vorträgen usw.

In zwei Tageszeitungen ist derzeit Ludwig Laher anlassabhängiger ständiger Kommentator, im *Standard* und in den *Oberösterreichischen Nachrichten*, in beiden Medien schreibt er zugleich seine in den 1970er Jahren in den Literaturzeitschriften *Projekt IL* und *Salz* und in den 1980er Jahren in den *Salzburger Nachrichten* in österreichischen Tageszeitungen begonnene Geschichte seiner Auseinandersetzung mit politisch und gesellschaftlich unhaltbaren Zuständen parallel zu seinen Büchern weiter und setzt er kontinuierlich, verlässlich und konsequent seine Lebenserzählung fort.

Ab dem 16. 3. 2020, der ersten kompletten Sperre des Kunst- und Kulturbetriebs und der Einschränkung des öffentlichen Lebens auf private persönliche und analoge und digitale mediale Kontakte zur Eindämmung der Verbreitung der Covid-19-Infektionen in Österreich, kam es nicht nur zu alle Autorinnen und Autoren betreffenden Einschnitten, sondern auch zu solchen, die weder einen virtuellen noch einen medialen Ersatz zulassen, wenn es z. B. wie bei Ludwig Laher um die Gedenkkultur geht, die an konkrete Schauplätze gebunden ist, oder wenn die bei zahlreichen seiner Bücher naheliegenden Begegnungen mit einem jungen und vor allem jugendlichen Publikum nicht jenseits des schulischen Geschehens stattfinden sollen.

Es geht in solchen Fällen weniger um einen wirtschaftlichen Nachteil als vielmehr um einen gesellschaftspolitischen: Verklärungen und Verschwörungstheorien nehmen zu, die Aufklärung nimmt ab. Konfrontationen werden schwerer, die Hürden für Widersprüche höher, die Zustimmungen zu Vereinfachungen mehr. Gegenstimmen gegen den Einklang und Anpassungsdruck, Einsprüche gegen Geschichtslügen, Tatsachenverfälschungen und Verhetzungen sind dringender notwendig denn je. An einen Rückzug aus dieser seiner Verantwortung und der von anderen ist für ihn nicht zu denken, egal wovon sich Ludwig Laher in Zukunft zurückzieht oder nicht.

Beispiele für Auswirkungen des Schreibens von Ludwig Laher im öffentlichen Raum:
Erinnerungsstätte St. Pantaleon (Ausschnitt der Plastik von Dieter Schmidt)
Stolperstein Josef Mayer in Neukirchen an der Enknach
Straßentafel Dr.-Josef-Neuwirth-Straße in Ried im Innkreis
Zusatztafel Stelzhamergasse, Wien Mitte

Bibliografie

WERKE VON LUDWIG LAHER

nicht alles fließt. Gedichte. FF & LM, Wien 1984.

Always beautiful. Grenada. Vorstellung eines Landes im Hinterhof der USA. Reiseprosa. Guthmann Peterson, Berlin, Wien, Mülheim/R. 1989.

Im Windschatten der Geschichte. Näherungen und Zuspitzungen. Essays. edition prolit, Salzburg 1994/a.

unerhörte gedichte. Grasl, Baden 1995.

Selbstakt vor der Staffelei. Erzählung. Haymon, Innsbruck 1998.

Wolfgang Amadeus junior: Mozart Sohn sein. Roman. Haymon, Innsbruck 1999.

Herzfleischentartung. Roman. Haymon, Innsbruck 2001.
(Taschenbuchausgaben: Deutscher Taschenbuch Verlag, München 2005/c; Haymon Taschenbuch, Innsbruck 2009)

Aufgeklappt. Roman. Haymon, Innsbruck 2003/a.

feuerstunde. gedichte. Wieser, Klagenfurt 2003/b.

Folgen. Roman. Haymon, Innsbruck 2005/a.

Quergasse. Essays und Skizzen. Wieser, Klagenfurt 2005/b.

Und nehmen was kommt. Roman. Haymon, Innsbruck 2007.
(Taschenbuchausgabe: Haymon Taschenbuch, Innsbruck 2011)

Ixbeliebige Wahr-Zeichen? Über Schriftsteller-„Hausorthographien" und amtliche Regel-Werke. Essay. StudienVerlag, Innsbruck 2008.

Einleben. Roman. Haymon, Innsbruck 2009.

Verfahren. Roman. Haymon, Innsbruck 2011.

Kein Schluß geht nicht. Prosa. Haymon, Innsbruck 2012.

Bitter. Roman. Wallstein, Göttingen 2014.

was hält mich. Gedichte. Wallstein, Göttingen 2015.

Überführungsstücke. Roman. Wallstein, Göttingen 2016.

Wo nur die Wiege stand. Über die Anziehungskraft früh verlassener Geburtsorte. Essay. Otto Müller Verlag, Salzburg, Wien 2019.

Schauplatzwunden. Über zwölf ungewollt verknüpfte Leben. Prosa. Czernin, Wien 2020.

als Herausgeber:

Der Genius loci überzieht die Stadt. Guthmann Peterson. Berlin, Wien, Mülheim/R. 1992.

Wolfgang Görtschacher (Hg.), Ludwig Laher (Hg.): *So also ist das. So That's What It's Like. Eine zweisprachige Anthologie britischer Gegenwartsliteratur.* Haymon, Innsbruck 2002.

Europa erlesen. Oberösterreich. Wieser, Klagenfurt 2004.

Uns hat es nicht geben sollen: Rosa Winter, Gitta und Nicole Martl. Drei Generationen Sinti-Frauen erzählen. Edition Geschichte der Heimat, Grünbach 2004/a.

Europa erlesen. Linz. Wieser, Klagenfurt 2008.

Hans Reichenfeld (Autor), Ludwig Laher (Hg. & Übers.); Katharina Laher (Übers.): *Bewegtes Exil. Erinnerungen an eine ungewisse Zukunft. Autobiographie nach Tagebuch-Aufzeichnungen.* Reihe: *Anders erinnern,* 4. Theodor Kramer Gesellschaft, Wien 2010.

Ferdinand Sauter: Durchgefühlt und ausgesagt. Werkauswahl. Wallstein, Göttingen 2017.

Filme:

Durst nach Widerstand. Kurzspielfilm. ORF 1995.

Wolfgang Amadeus junior. Filmessay. ORF 1999.

Herzfleischentartung. Filmessay. ORF 2001.

Sinti ob der Enns. Filmessay. ORF 2006.

Ketani heißt miteinander. Sintiwirklichkeiten statt Zigeunerklischees. Kinodokumentation. Ketani/ORF 2006.

Hörspiele:

Das Linie-M-Märchen. ORF 1994/b.

Warme Körper. ORF 1998.

Humanitatis causa. ORF 2000.

Ultimative Annäherung. ORF 2004/b.

Käfer mit dem Rücken zum Boden. ORF 2012.

Hörbilder (Auswahl):

Grenada ging den Dritten Weg. ORF 1983.

Tote Grenze. ORF 1983.

Der Weg ist schon das Ziel. ORF 1987.

30. April 1938. Der 50. Tag nach dem Einmarsch. ORF 1988 (Co-Autor).

Öffentliche Haltungsschäden. ORF 1989.

Wie schnell die Zeit vergeht. ORF 1990.

Grenzerfahrungen. ORF 1991.

Kein echter Tscheche bin ich nicht. ORF 1992.

Dr. Borneman und Mr. McCabe. ORF 1994/c.

Das kannst du vergessen. Regionale 12, Murau, Steiermark, 2012.

UNSELBSTÄNDIGE VERÖFFENTLICHUNGEN (Auswahl):

Zweite Chance? In: Magis. Wien, November 1974, S. 22–23.

Leben. In: Peter Paul Kaspar (Hg.): *junge texte junge graphik.* Wien o. J. (1974), S. 12.

Ein „Schöpferische-Pause"-Füller; Universalinterview (Worte folgen). In: Kontestation, 29. Jänner 1975. Innsbruck 1975, S. 29–30.

Credosum. In: Projekt-IL 2/75. Salzburg 1975.

Über meine Gänsehaut; Zukünftiges; halbmast. In: Projekt-IL 3/75. Salzburg 1975, S. 45–46.

Aus den Geschichten von ihm. In: Projekt-IL 4/75. Salzburg 1975, S. 45–47.

Über den Ostersonntag des Jahres eintausendneunhundertfünfundsiebzig. In: Kontestation, 9. Juni 1975. Innsbruck 1975, S. 28–30.

Mein buntes Fest. In: Projekt-IL 5/76. Salzburg 1976, S. 36–37.

Manches darüber [Ausschnitt]. In: Projekt-IL 6/76. Salzburg 1976, S. 21–26.

Das Ende einer Aufführung; Nichts den Heuhaufen zwischen zwei Bieren; „…wenn du morgen bei mir vorbeikommen könntest!"; Der, den sie nach drei Wochen…; Freilich. In: Die Rampe 1/77, Linz 1977, S. 192–199.

Ohne Bedeutung für ihn. In: Projekt-IL 11/77. Salzburg 1977, S. 19–23.

Schwarz-Weiß-Malerei; Bergen. In: Projekt-IL 12/77. Salzburg 1977, S. 41–44.

Was noch alles geschehen könnte [Ausschnitte]. In: Projekt-IL 13/78. Salzburg 1978, S. 55–56.

Manchmal trifft man; Ein Friseur gibt vor. In: Projekt-IL 14/78. Salzburg 1978, S. 23–24.

Idi reitet wieder (auf Puch); Betrachtungen zu einer Richtung des Kreislaufes. In: Projekt-IL 15/78. Salzburg 1978, S. 19–29.

Der 5. November 1978 oder: Als wir nein sagten. In: Projekt-IL 17/78. Salzburg 1978, S. 64–66.

Vom Wohlsein. In: Salzburger Volksblatt, 9. Juni 1978, S. 10.

Bergen; Über meine Gänsehaut; Ein Friseur gibt vor. In: orte 26/79. Zürich 1979, S. 25–26.

Denn nur dann. In: Projekt-IL 18/79. Salzburg 1979, S. 60–64.

dies irae; patridiotismus. In: Projekt-IL 21/80. Salzburg 1980, S. 62.

Reinkultur. In: Rolfrafael Schröer (Hg.): *Autoren-Patenschaften 2. Eine Anthologie junger Autoren.* Duisburg 1980, S. 91–103.

„Innere" und „äußere" Emigration in der österreichischen Literatur von 1800 bis zur Gegenwart. In: Restant VIII, 2/1980, S. 21–32 (gemeinsam mit Franz H. Kabelka).

Reinkultur [Ausschnitt]. In: Wespennest 41. Wien 1980, S. 42–44.

Mozarts Fahrlässigkeit. In: Projekt-IL 24/25/1980. Salzburg 1980, S. 141–144.

Grenzen. In: SALZ 24. Salzburg 1981, S. 6.

Die arme Frau Grubner im Pflegeheim. In: Salzburger Nachrichten, 7. März 1981.

Unsere Schulen. In: Wespennest 45. Wien 1982, S. 8.

Über den grünen Klee. In: SALZ 27. Salzburg 1982.

Gesellschaftliche Emanzipation und kulturelle Identität in Free Grenada. In: Englisch Amerikanische Studien 4/83. Münster 1983, S. 558–570.

Einkehr vor den Hügeln. In: SALZ 31. Salzburg 1983, S. 4.

„Brap! Dey take it again!" Grenada im Unterricht. In: Englisch Amerikanische Studien 4/84. Münster 1984, S. 642–648.

Einkehr vor den Hügeln. In: Arthur West (Hg.): *Linkes Wort für Österreich*. Wien 1985.

Die Zeit, in der wir gelebt werden. In: InN 4/1985. Innsbruck 1985, S. 28–29.

Ist es das? – Das ist es. Annäherungen an das literarische Leben. In: SALZ 44. Salzburg 1986, S. 8.

scheingefecht. In: Teddy Podgorski (Hg.): *Muskeln auf Papier*. Wien 1986, S. 22–23.

Wohl oder übel. In: Salzburger Nachrichten, 26. Juli 1986.

Gespeibsel legasthenischer Linkschaoten. Formen sprachlicher Diffamierung österreichischer Schriftsteller in Zeitungen und Zeitschriften 1986/87. In: SALZ 48. Salzburg 1987, S. 7–9.

theaterwelt; kontrolleure. In: ndl. neue deutsche literatur 9/87 (417. Heft). Berlin 1987, S. 149–150.

Statt in Andalusien oder: Mit Grenada war doch was. In: Die Rampe 1/88, Linz 1988, S. 69–87.

Distanz verlieren. Abstand gewinnen. Wahrnehmungen in der Stadt von früher. In: Facetten 88. Linz 1988, S. 22–25.

Rechtes Wort in rechter Zeit. Ein Dramolett in Versen. In: Prolit 4/1989. Salzburg 1989, S. 9–11.

Grenada: Kein Musterland. In: EPN. Entwicklungspolitische Nachrichten 12/89, S. 19.

tote grenze. In: Manfred Chobot, Gerald Jatzek (Hg.): *Erleichterung beim Zungezeigen. Lyrik gegen den Frust*. Wien 1989, S. 66.

Österreichische Journalisten über österreichische Schriftsteller. Kulturklimakatastrophen und die Folgen. In: Informationen zur Deutschdidaktik 2/89. Klagenfurt 1989, S. 63–70.

Always beautiful [Ausschnitt]. In: Prolit 5/1989. Salzburg 1989, S. 16–17.

Im Windschatten der Geschichte. In: Informationen zur Deutschdidaktik 3/1990. Klagenfurt 1990.

Yeti Duck. In: Gaismair Kalender 1990. Innsbruck 1990, S. 17.

Always beautiful [Ausschnitt]. In: Helene Hofmann, Hildemar Holl, Anton Thuswaldner (Hg.): *Salzburger Literaturhandbuch*. Salzburg 1990, S. 119–120.

Die neue Weltunordnung und ihre Einführung in die Zeitgeschichte. In: Salto 23/1991. Wien 1991, S. 19.

Einkehr vor den Hügeln. In: Griesmayr u.a. (Hg.): impulse 3. Lese- und Arbeitsbuch für die 7. Klasse AHS. Wien 1991, S. 54–55.

Vom Reisen in Schriftstellern. In: Salto, 19. Juli 1991, Wien 1991.

Unter allen Erdäpfeln ist Ruh. Schreiben im neuen Europa. In: Arbeiterzeitung (AZ), 10./11. August 1991, S. 36–37.

Franz Stelzhamer und der Riesenbandwurm. Eine Sau(g)erei. In: Morgenschtean. Die österreichische Dialektzeitschrift 9/91. Wien 1991.

Wie möchten Sie gegessen werden?; ein friseur gibt vor; Durst nach Widerstand. In: Salzburger Nachrichten, 6. Oktober 1992, Salzburger Wortwechsel, S. 3, S. 10, S. 11.

Stefan Zweig. Weltmeister und süßer Jude. In: Elisabethbühne Magazin 80/1991. Salzburg 1992.

Auf dem Weg in den dumpfen Schrei? Bemerkungen zu Heiner Müller. In: Elisabethbühne Magazin 81/92. Salzburg 1992, S. 16–17.

Der Mastodonbeobachter. Bemerkungen zu Derek Walcott. In: Salzburger Nachrichten, 23. Jänner 1993.

Selbstakt vor der Staffelei [Ausschnitt]. In: Hannes Hauser, Siegbert Metelko (Hg.): *Klagenfurter Texte. Ingeborg-Bachmann-Wettbewerb 1993*. München, Zürich 1993, S. 111–124.

Literaturnierpraxis. Kunstsport in Klagenfurt. In: Elisabethbühne Magazin 86/93. Salzburg 1993.

Die Medienöffentlichkeit für Gegenwartsliteratur als Voraussetzung des Literatur-unterrichts. In: Friedbert Aspetsberger (Hg.): *Neue Bärte für die Dichter? Studien zur österreichischen Gegenwartsliteratur.* Wien 1993, S. 48–60.

Nachwort. In: Jacob Ross: *Ein Lied für Simone.* Wien, Mülheim a. d. Ruhr 1993, S. 119–120.

Gemischtsprachige Gedichte: Deutsch/Englisch. Zugänge und Vorschläge zum Unter-richtsgebrauch. In: Informationen zur Deutschdidaktik 4/93. Klagenfurt 1993, S. 97–103.

Erweiterte Freisetzung; Die Kehrseite der Medaille oder Eine Vitrine aus dem Leben der Familie Breitenberger. In: Salzburger Autorengruppe (Hg.): *Angstzunehmen.* Salzburg 1993, S. 60–67.

Unter allen Erdäpfeln ist Ruh. Schreiben im neuen Europa. In: Prolit 8/1993. Salzburg 1993, S. 62–64.

Wo wir wohnen, ist der Broadway alt. Uwe Johnson und New York. In: Elisabethbühne Magazin 85/93. Salzburg 1993.

Im Windschatten der Geschichte. In: Gaismair Kalender 1993. Innsbruck 1993, S. 10.

„Die Vernachlässigung des Nationalen durch uns alle". Über den deutschen Erbfehler. In: Grazer Autorenversammlung/Sbg., Salzburger Autorengruppe (Hg.): *Sichten und Vernichten. Von der Kontinuität der Gewalt.* Wien 1994, S. 107–118.

Die Nabelschnur daheim begraben. Bemerkungen zu Jacob Ross. In: Elisabethbühne Magazin 89/94. Salzburg 1994.

„Fröhliche Negerlein auf den Fluren …" Über die Zeitlosigkeit Augustin Ableitners. In: FORVM 481–484. Wien 1994.

Phantastischer Alltag [Ausschnitt]. In: Die Rampe 3/94. Linz 1994, S. 119–124.

Das letzte Wort. In: Kunstfehler. Februar 1995, S. 15.

Verhexte Sandsäcke. In: Kunstfehler. März 1995, S. 15.

Vertagte Verjährung. In: Kunstfehler. April 1995, S. 17.

Lauschiger Großangriff auf dem Daten-Highway. In: Kunstfehler. Mai 1995, S. 19.

Apokalyptische Realutopie. In: Kunstfehler. Juni 1995, S. 23.

Sommerloch. In: Kunstfehler. August 1995, S. 23.

Du sollst Dir ein Bild wählen. In: Kunstfehler. September 1995, S. 19.

Wenn das so weitergeht, bleibe ich hier. Wie die rechten Zeiten sich in der öster-reichischen Literatur und manche Literaten sich in den rechten Zeiten zurechtfinden. In: Elisabethbühne Magazin 97/95. Salzburg 1995, S. 32–33.

Schulen: Was geplant ist … In: Kunstfehler. November/Dezember 1995, S. 23.

Wursteln oder managen? In: Kulturell 21/95, S. 23–24.

Dr. Borneman und Mr. McCabe. Bemerkungen zum Romancier E.B. In: Sigrid Standow (Hg.): *Ein lüderliches Leben. Portrait eines Unangepaßten. Festschrift für Ernest Borneman zum 80. Geburtstag.* Löhrbach o. J. (1995), S. 94–100.

Fragwürdig. In: SALZ 86. Salzburg 1996, S. 11.

Und die Muschel, die hat Zähne … In: Kunstfehler. Jänner/Februar 1996, S. 29.

Worauf wir stehen. In: Kunstfehler. März 1996, S. 5.

Republiksplitter oder Orden muß sein. In: Kunstfehler. April 1996, S. 5.

Plädoyer für den Kindesentzug. In: Kunstfehler. Mai 1996, S. 5.

Krummnußbaum disqualifiziert sich selbst. In: Kunstfehler. Juni 1996, S. 5.

Frau als Mann, Milch als Galle. Flüchtige Näherungen an Shakespeares Frauenbilder. In: Elisabethbühne Magazin 101/96. Salzburg 1996, S. 20–22.

Absturz. Ein dramatisches Diptychon. In: SALZ 84. Salzburg 1996, S. 25.

Eine Reise nach Jerichow. In: Die Rampe 3/97. Linz 1997, S. 27–37.

Mein Lieblingsschaffner. In: Salzburger Autorengruppe (Hg.): *Querzulesen.* Salzburg 1997, S. 143–147.

sprache und leben; unerhörtes gedicht; ist das. In: Salzburger Stadtwerke Report. Februar 1997, S. 30.

Mit dem ÖWB ins neue Jahr: Neger out, Künstler skurril. In: Der Standard, 2. Jänner 1999, S. 35.

Humanitatis Causa. In: Helmut Rizy (Hg.): *Verkehrte Welt.* Wien 1999, S. 57–64.

Hinausschwimmen oder Die Nabelschnur daheim begraben. Bemerkungen zu Derek Walcott und Jacob Ross. In: Walter Pilar (Hg.): *Dichter über Dichter.* Wien 1999, S. 256–265.

Vier Barbiegruppen und ein Krieg. In: Literatur und Kritik 335/336. Salzburg 1999, S. 16.

Franzas Fall – Das Männerbild bei Ingeborg Bachmann als Unterrichtsthema. In: Ingo Bieringer, Walter Buchacher, Edgar J. Forster (Hg.): *Männlichkeit und Gewalt.* Opladen 2000, S. 104–110.

Oberösterreichische Tuchenten. In: Josef Pühringer (Hg.): *Vom Land in der Mitte. Über Oberösterreich.* Linz 2000, S. 47–49.

salz in der suppe (aus: *stabreimanagrammgedichte*). In: SALZ 100. Salzburg 2000, S. 31.

Unter dem Lemma „mimosenhaft". In: Literatur und Kritik 343/344. Salzburg 2000, S. 99–101.

Die Kann-Rolle von Nizza. In: Der Standard, 8. Dezember 2000, S. 33.

Widerstandslose Auslöschung? In: SALZ 106/2001. Salzburg 2001, S. 48.

Wahre Zumutungen. Anmerkungen zum Umgang der neuen Machthaber in Österreich mit dem Wort und den Schriftstellern. In: Rubina Möhring (Hg.): *„Österreich allein zuhause". Politik, Medien und Justiz nach der politischen Wende.* Frankfurt am Main, London 2001, S. 89–94.

Thomas Bernhard und Österreichs Verhältnis zum geistigen Eigentumerl. In: SALZ 105. Salzburg 2001, S. 40.

Das Arbeitserziehungs- und Zigeuneranhaltelager Weyer-St. Pantaleon des Reichsgaues Oberdonau (1940–1941). In: Oberösterreichische Heimatblätter 1/2/2001, S. 53–65.

Karthago ante portas! In: Sylvia Treudl, Wolfgang Kühn (Hg.): *Mein Heil am Montag. Eine alltägliche Bestandsaufnahme.* Krems, Wien 2001, S. 107–114.

Auf in die Schlacht, Salzburg! In: SALZ 104. Salzburg 2001, S. 36.

Immer ist ein Wetter. In: Podium 121/122: *Wetterbericht.* St. Pölten 2001, S. 6–8.

Das Gleis. In: Jochen Jung (Hg.): *Kleine Fibel des Alltags.* Salzburg 2002, S. 45.

European Council of Artists – Europäischer Künstlerrat. In: Sabine Baumann: *Künstlervertretungen im 21. Jahrhundert.* Bundesakademie für kulturelle Bildung Wolfenbüttel. Wolfenbüttel 2002, S. 44–46.

Wolfgang Amadeus junior: Mozart Sohn sein [Ausschnitt]. In: *Dimensionen. Lernstationen 1. Lehrwerk Deutsch als Fremdsprache.* Ismaning 2002, S. 122.

Schon gar nicht mehr wahr? „Herzfleischentartung" – Ein Buch über Erinnerungskultur. In: Schulheft 106: *Die Mühen der Erinnerung.* Wien 2002, S. 123–131. (= Laher 2002)

Zu Arthur West und seinen privaten Protokollen. In: Arthur West: *Private Protokolle. Lyrik und Prosa.* Berlin 2002, S. 6.

Steffl zu Kirchschlag. Eine unendliche Geschichte. In: Literatur und Kritik 363/364. Salzburg 2002, S. 5–7.

Tagebuchaufzeichnungen. In: Podium 123/124: *Tagebuch. Schönheit muß leiden.* St. Pölten 2002, S. 6–50.

Kein wonnigliches Wasserlassen, kein schlechtes Österreich. Zur Editionsgeschichte der Gedichte Ferdinand Sauters; Zwischen Moder und Verwesung keuchen. Wieso mir bei der Rekonstruktion eines Ferdinand-Sauter-Dramas Thomas Bernhard eingefallen ist. In: SALZ 114. Salzburg 2003, S. 36–37, S. 43–49.

Kostümverleih, Schauspielerverleih, Arbeiterverleih. In: Oberösterreichische Nachrichten, 19. November 2003, S. 21.

Herzfleischentartung [Ausschnitt]. In: Beispiele 2003. Kulturpreise des Landes Oberösterreich, S. 29.

Steffl zu Kirchschlag; Mit einem Fuß bei den Tschechen. In: Rudolf Habringer, Walter Kohl, Andreas Weber (Hg.): *Hinter dem Niemandsland – wechselnd bis heiter. Böhmische und österreichische Geschichten.* Grünbach 2003, S. 139–145.

Ein Pflichterfüller der anderen Art. Bemerkungen zu Dr. Josef Neuwirth. In: Der Bundschuh 6, Heimatkundliches aus dem Inn- und Hausruckviertel. Ried 2003, S. 101–111.

Menschwerdung. Erster Teil. Neue Publikationen zu Franz Stelzhamer aus Anlaß seines 200. Geburtstages. In: Literatur und Kritik 371/372. Salzburg 2003, S. 88–89.

Eine kurze Bemerkung zur Unzeit. In: Podium 127/128: *Zeit.* St. Pölten 2003, S. 62.

Uns hat es nicht geben sollen. In: Schulheft 115/2004: *Hört uns zu! Roma, Sinti und ...*, S. 121–124.

feuerstunde. gedichte aus nah und inferno; auf biegen und brechen. Stabreim-anagrammgedichte; Zeitloser Herbst [Ausschnitt]. In: Passauer Pegasus. Zeitschrift für Literatur. Heft 41/2004, S. 29–32, S. 33–35, S. 36–40.

Die Irakkrise, Österreichs Lavieren und die Poesie. In: Posthof Magazin 195/2003, S. 3.

Zeitloser Herbst [Ausschnitt]. In: Podium 133/134: *Heureka. Der Moment der Erkenntnis.* St. Pölten 2004.

Infight im Kulturstaat. In: Der Standard, 16. November 2004, S. 31.

Warten, bis es gar ist (Manti. Teigtaschen mit Rindfleischfülle. Mit Elsa Taschajeva, Tschetschenien). In: Lucas Cejpek, Margret Kreidl (Hg.): *Der Geschmack der Fremde.* Wien 2004, S. 30–33.

manchmal, körpersprache, reaktion, wo ein wille. In: Manfred Chobot (Hg.): *Auslese. Gedichte aus 100 Bänden „Lyrik aus Österreich".* Baden 2004, S. 66–68.

Keine Säuberungen der Schulbibliotheken. In: Morgenschtean 7U/8U. Wien 2004, S. 10.

Ein Spielbericht. In: Valerie Besl, Michael Forcher (Hg.): *vonsinnen. ein österreichisches lesebuch.* Wien 2004, S. 64–66.

Vom Aussaugen und Kopfabschlagen. Ergänzende Bemerkungen zu Franz Stelzhamer. In: Literatur und Kritik 381/382. Salzburg 2004, S. 34–43.

Zeitloser Herbst (Beginn eines neuen Romans). In: Die Rampe 1/04. Linz 2004, S. 13–35.

Ist der wahre Charakter von Kunst und Kultur ihr Warencharakter? In: Posthof Magazin 217/2005, Linz 2005, S. 3.

Geist und Geistlosigkeit. Warum man Künstlern nur auf Augenhöhe begegnen kann. In: Salzburger Fenster, 10. Mai 2005.

Keine Säuberung der Schulbibliotheken. In: Morgenschtean. Die österreichische Dialektzeitschrift. Nummer 7U/8U/2005, S. 10.

Editorische Nachbemerkung. In: Josef Kemptner: *Landgänger von der See her.* Linz, Wien 2006, S. 93.

Niedriger Wanderer ich. Zu Max Riccabonas Übersetzungsversuchen aus dem Englischen. In: Johann Holzner, Barbara Hoiß (Hg.): *Max Riccabona. Bohemien – Schrift-steller – Zeitzeuge.* Innsbruck 2006, S. 181–190.

Ein blasser Auserwählter in einer übersichtlichen Welt. Thomas Sautners Romanversuch über die Jenischen. In: Literatur und Kritik 407/408. Salzburg 2006, S. 88–90.

Quergasse. In: Zwischenbilanz 2. *20 Jahre Linzer Frühling.* Linz, Wien 2006, S. 75–77.

Das Buch als Handelsgut, Schreiben als Dienstleistung. In: Lynkeus. Nr. 7/2006, S. 90–95.

Europa als Fallenstellerin? In: KUNSTfehler. Jahrgang 21, Nr. 9/2006, S. 5.

Zum Nachtmahl bei Hans. In: Posthof-Magazin 266/2007. Linz 2007, S. 3.

Das Provisorische hat noch immer kein Ende. Über Urzidil durch Österreich. In: Kraut-garten. Forum für junge Literatur. Nr. 51, Eupen 2007, S. 56–59.

Manfred Chobot und die Sprachwände. In: Wolfgang Müller-Funk, Karin Zogmayr (Hg.): *Chobot bleibt.* Weitra o. J. (2007), S. 246–248.

Unterwegs-Sein als Halt. In: Der Hammer. Die Zeitung der Alten Schmiede Nr. 97/09, Nr. 18/2007, S. 6–7.

Gedichte. In: Erika Kronabitter (Hg.): *Lyrik der Gegenwart. Feldkircher Lyrikpreis 2003–2007.* Wien 2008, S. 123–124.

Wo die kleinen Kerndlbachers und Rosenfels blieben. In: Waltraud Häupl: *Der organisierte Massenmord an Kindern und Jugendlichen in der Ostmark 1940–1945.* Wien, Köln, Weimar 2008, S. 243–245.

Hüum und Hottum. In: Der Standard, 12. Juli 2008, S. A12.

Bemerkungen zu den Hausorthographien von Schriftstellern. In: Krautgarten. Forum für junge Literatur Nr. 52. Eupen 2008, S. 66–69.

Geschliffen. In: *Salut für Franz-Leo Popp.* Wien 2008, S. 68–69.

Schein statt Sein in Marmor. Ein Salzburger Märchen. In: SALZ 132. Salzburg 2008, S. 32–34.

Die Ketani Kickers geigen auf. In: Michael John, Franz Steinmaßl (Hg.): *... wenn der Rasen brennt ... 100 Jahre Fußball in Oberösterreich.* Grünbach 2008, S. 436–439.

Folgen [Ausschnitt]. In: Gregor Gumpert, Ewald Tucai (Hg.): *Linz literarisch*. Weitra o. J. (2008), S. 105–113.

Rechtschreiben um jeden Preis? In: OPAC 01/09, S. 27.

What a time it was, what a long time "it was" has been. Über Jack Grunsky und Linz. In: Walter Kohl, Andreas Weber (Hg.): *Weg von Linz. Populärkultur in der Stahlstadt von den 50ern bis zur Gegenwart.* Steinmaßl 2009, S. 75–84.

Ein paar Sätze zu meinem Bild von G.T. In: *Festschrift Gunther Trübswasser.* Linz 2009, S. 42–45.

Vorwort. In: Hans Reichenfeld: *Bewegtes Exil. Erinnerungen an eine ungewisse Zukunft.* Wien 2009, S. 7–10.

Über Kehlmann, speckige Ledertaschen und die Piratenpartei. In: Posthof Magazin 253. Linz 2009, S. 3.

Ein Kilo Hackl um geschmalzene 57 Euro 50. In: SALZ 136. Salzburg 2009, S. 27.

Unumbringbares Judenvolk. Franz Stelzhamer & der Antisemitismus. In: Manfred Chobot (Hg.): *Genie und Arschloch. Licht- und Schattenseiten berühmter Persönlichkeiten.* Wien 2009, S. 195–209.

Franz Stelzhamer und der unumbringbare Riesenbandwurmfledermausmaushamster. Von den ausgeblendeten Abgründen einer Ikone. In: Alfred Pittertschatscher (Hg.): *Linz. Randgeschichten.* Wien 2009, S. 239–287.

leseerlebnis, hoch und heilig, mit zaudern und zagen. In: Wolfgang Platzer, Lojze Wieser (Hg.): *Europa erlesen: Alpen Adria.* Klagenfurt/Celovec 2009, S. 37, S. 213.

Singen im finsteren Wald. In: Der Standard, 11. Dezember 2009, S. 34.

Was ich lese. In: Die Presse, 6. Februar 2010, Spectrum, S. X.

Vorwort. In: Ursula Glaeser, Astrid Kury (Hg.): *Romale! Persönliches über Aufbruch, Kunst & Aktionismus.* Graz 2010, S. 5–6.

Ich habe unter euch gewohnt. In: Der Standard, 20. März 2010, S. A32.

Das Provisorische hat noch immer kein Ende [Ausschnitt]. In: Klaus Johann, Vera Schneider (Hg.): *HinterNational. Johannes Urzidil. Ein Lesebuch.* Potsdam 2010, S. 257.

Herzfleischentartung. In: Nicola Mitterer (Hg.): *Unterrichtshandbuch zur österreichischen Gegenwartsliteratur. 17 zeitgemäße Handreichungen.* Innsbruck 2010, S. 127–136.

Vom Kranken und Gesunden im Ungemach. In: SALZ 141. Salzburg 2010, S. 13–15.

Nicht dass, sondern wie wir uns erinnern, ist entscheidend. In: Berichte des Museumsvereines Judenburg 43. Judenburg 2010, S. 3–12.

Vorwort. In: Elfriede Grömer: *Bronzzeichn.* Ranshofen 2010, S. 10–11.

Vorlesenachlese. In: Jochen Jung, Christa Gürtler, Klaus Seufer-Wasserthal (Hg.): *Literaturfest Salzburg 2010.* Salzburg 2010, S. 16–18.

Das Zigeuneranhaltelager Weyer-St.Pantaleon. Zufälliges Zentrum der NS-Aussonderungspolitik im Gau Oberdonau. In: Florian Freund: *Oberösterreich und die Zigeuner. Politik gegen eine Minderheit im 19. und 20. Jahrhundert.* Linz 2010, S. 315–343.

Auferstandene Dominosteine. In: Belndorfer, Bolbecher, Roessler, Staud (Hg.): *Zwischenwelt 12: Subjekt des Erinnerns?* Klagenfurt/Celovec 2011, S. 203–209. (= Laher 2011a)

Was mir zehn Jahre nach seinem Tod zu Franz Innerhofer einfällt. In: SALZ 146. Salzburg 2011, S. 58–59.

Wieviel Mainstream verträgt die Schule? In: Der Standard, 15. April 2011, S. A32.

Mitten unter uns. Über die autochthone Minderheit der Sinti in Oberösterreich. In: *Der verschüttete Raum: Ein Erinnerungsort im Museum.* Linz 2011, S. 12–23.

Verfahren. Weibliches Organ. In: *Deutscher Buchpreis: Die Longlist 2011. Leseproben.* Frankfurt am Main 2011, S. 69–73.

Vom öffentlichen Interesse an einem (un-)geordneten Fremdenwesen. In: Posthof Magazin 270, Mai/Juni 2011. Linz 2011, S. 3.

Über den Erfolg meines Romans „Verfahren". In: asyl aktuell. Zeitschrift der asylkoordination österreich 3/2011, S. 12–13.

Ordentlich letal vergrämt. Wie Sprache das Übergeordnete erschreckend einfängt. In: Der Standard, 9. August 2011.

Biennal-Übersprung und andere Formen der Unwertschätzung von Literatur. In: Oberösterreichische Nachrichten, 14. November 2011, S. 21.

Wenn Genderchöre jubelnd Treue schwören. In: Der Standard, 22. November 2011, S. 27.

Weibliches Organ. In: *Vom Leuchtturm sehe ich das Meer. 25 Jahre Friedensbüro Salzburg.* Salzburg 2011, S. 71–78.

Bergschluß und Rapfel. In: SALZ 143. Salzburg 2011, S. 24–25.

Literatur im Dienst statt für sich. In: ide. Informationen zur Deutschdidaktik 4/12: Literaturgeschichte, S. 119–120.

Alte Wiener Heilkünste. Über Jura Soyfers alternative Geschichtsschreibung der Zukunft. In: Tarantel. Zeitschrift für Kultur von Unten. Nr. 9/2012, S. 32–33.

Die ÖBB und der dritte Mann. In: Der Standard, 3. Oktober 2012, S. 35.

Abenteuer Bahnfahren (2). In: Regionale Schienen 3/2012, S. 22–23.

Suchen an diesem Ort. Finden an diesem Ort? In: Jürgen Draschan, Bertlinde Vögel (Hg.): *Nachbeben. Japan erinnert.* Wien 2012, S. 91–101.

Hilda Maria Link. In: Peter Pirker, Anita Profunser (Hg.): *Aus dem Gedächtnis in die Erinnerung. Die Opfer des Nationalsozialismus im Oberen Drautal.* Klagenfurt 2012, S. 154–155.

Entwerter. In: Literatur und Kritik 465/466. Salzburg 2012, S. 34–36.

Herzfleischentartung [Ausschnitt]. In: Die Rampe 1/12. Linz 2012: *50 Jahre Landeskulturpreise für Literatur*, S. 105.

Abenteuer Bahnfahren (1). In: Regionale Schienen 1/2012.

Selbstakt vor der Staffelei [Ausschnitte]. In: Konstanze Fliedl, Wolf Rauchenbacher (Hg.): *Handbuch der Kunstzitate.* Berlin, Boston 2012. S. 489–490.

Abenteuer Bahnfahren (3). In: Regionale Schienen 2/2013, S. 16.

Das Arbeitserziehungs- und Zigeuneranhaltelager St. Pantaleon-Weyer im Oberinnviertel. In: Talk Together. Zeitung von und für MigrantInnen und Nicht-MigrantInnen Nr. 46, S. 16–17.

Freihandel und Kultur. Machtausbau der Großen. In: Kulturaustausch. Zeitschrift für internationale Perspektiven, IV/2013. Berlin 2013, S. 68.

Der alten Wiener Heilkünste. Über Jura Soyfers alternative Geschichtsschreibung der Zukunft. In: Christoph Kepplinger-Prinz (Hg.): *Ihr nennt uns Menschen? Wartet noch damit.* Wien 2013, S. 67–69.

Welche Reife prüft sie? und: Saskia funktioniert schlecht. In: Der Standard, 15. Dezember 2013, S. A12.

Vom hohen Ross des Ministeriums. In: Der Standard, 2. Jänner 2014, S. 23.

Abenteuer Bahnfahren (4). In: Regionale Schienen 4/2014.

ab und zu; spurenelemente von; nacht für nacht; ich nahm mein Gedicht. In: die horen. Zeitschrift für Literatur, Kunst und Kritik 256. Göttingen 2014, S. 50–61.

Sprachkunst studieren. In: news&science 38. Salzburg 2014, S. 61–63.

Die Leseschwäche der Staatsanwaltschaft. In: Der Standard, 1. August 2014, S. 32.

Falks Schweizer Messer. In: Christa Gürtler, Jochen Jung, Klaus Seufer-Wasserthal (Hg.): *21. bis 25. Mai 2014 Literaturfest Salzburg.* Salzburg 2014, S. 48–50.

Der bis jetzt unumbringbare Jude und sein zu gewinnender Kopf. Franz Stelzhamers Judenessay: Einmalige Entgleisung oder Spitze des Eisbergs. In: *Der Fall Franz Stelzhamer. Antisemitismus im 19. Jahrhundert.* Schriften zur Literatur und Sprache in Oberösterreich, Band 18. Linz 2014, S. 11–42.

Sind das noch die Meinen? In: *Hineinhorchen. Textreaktionen auf Bilder von Ottilie Großmayer.* Gmunden 2015, S. 16.

Erhobenen Auges nachdenken über Christine Haidegger. In: SALZ 161. Salzburg 2015, S. 17–19.

Regelrechtschreiben? Auszüge einer Untersuchung zur orthographischen Praxis österreichischer Autorinnen und Autoren. In: Autorensolidarität 2–3/15, S. 36–42.

Zentralmatura: Oberflächlich tief. In: Der Standard, 7. Mai 2015, S. 32.

wir spielen auf zeit. In: Die Presse, 27. Juni 2015, Spectrum, S. II.

Eine Stimme für das Rückgrat. In: Oberösterreichische Nachrichten, 25. Juli 2015, Magazin, S. 2.

Was fehlt Ihnen, was haben Sie zu viel? In: Peter Assmann (Hg.): *Schreiben, anders?* Linz 2015, S. 133–138.

Das Segment ‚Grenada' in meiner Bibliothek. In: *gesammelt, gelesen, gewidmet. Bücher aus Bibliotheken von Schreibenden*. Linz 2015, S. 38.

Großvaters Tremor und ich. In: Passauer Pegasus. Zeitschrift für Literatur 50/2015, S. 218–222.

auf freiem feld. In: Der Standard, 29. August 2015, S. A6.

Wunderwelten. In: Oberösterreichische Nachrichten, 4. September 2015, S. 6.

Von Asylbewerbern und Asylwerbern. In: Oberösterreichische Nachrichten, 9. Oktober 2015, S. 4.

Über Hans Reichenfelds (1923–2016) letzten Text. In: Literatur und Kritik 507/508. Salzburg 2016, S. 19.

Über alles lieber doch nicht. Tut mir leid! In: Edith Bernhofer, Tomas Friedmann, Robert Huez (Hg.): *Zwischen Schreiben und Lesen*. Wien 2016, S. 67–78.

Kundendesorientierte Post. In: Oberösterreichische Nachrichten, 15. Jänner 2016, S. 4.

Josef Mayer, ein Opfer des NS-Willkürstaates. In: Karl Schmitzberger (Hg.): *Neukirchner Zeitgeschichte 1933/1945*. Neukirchen a. d. Enknach 2016, S. 19–29.

Am zufälligen Ziel. In: Apropos. Die Salzburger Straßenzeitung, Nr. 149. Februar 2016, S. 22–23.

Ella und Lucie. In: die horen. Zeitschrift für Literatur, Kunst und Kritik 262: *Der Wundbrand der Wahrheit. Peter Weiss lesen*. Göttingen 2016, S. 176–180.

von unten. In: Landstrich 32. Eine Kulturzeitschrift. Brunnenthal 2016, S. 3.

Von welchem Salzburg reden wir? In: SALZ 163. Salzburg 2016, S. 39–41.

Ein zugeklapptes Buch aufklappen. Bemerkungen zu Ferdinand Sauter. In: Jochen Jung, Arno Kleibel (Hg.): *Menschen in Salzburg*. Salzburg 2016, S. 146–150.

Vom Durchschnittsbürger Josef Mayer lernen. In: Der Standard, 3. Jänner 2017, S. 31.

Herzfleischentartung [Ausschnitt]. In: Silvia Bengesser: *Literaturlandschaft Flachgau*. Salzburg 2017, S. 54–55.

Soll ICH der Staat sein? In: Oberösterreichische Nachrichten, 13. Oktober 2017, S. 4.

Meine erste Begegnung mit dem Funkhaus. In: Gerhard Ruiss, Ulrike Stecher (Hg.): *Funkhaus. Anthologie*. Wien 2017, S. 133–134.

Draufzahlen erster Klasse. In: FORUM MOBIL 03/2017, S. 34.

Wie man sich ein Bild macht: Von der Zuschreibung über das Aha-Erlebnis zur differenzierten Wahrnehmung. Ein Plädoyer für den Luxus genauen Hinschauens am Beispiel Roma und Sinti. In: Andrea Bramberger, Silvia Kronberger, Manfred Oberlechner (Hg.): *Bildung – Intersektionalität – Geschlecht*. Innsbruck, Wien, Bozen 2017, S. 123–139.

Wo nur die Wiege stand (Auszug). In: SALZ 174. Salzburg 2018, S. 48–50.

Komische Kugel. In: Oberösterreichische Nachrichten, 20. Jänner 2018, S. 4.

Burschenschafter – das noch größere Desaster. In: Der Standard, 26. Jänner 2018, S. 31.

Das löchrige Gedächtnis der Rieder Germanen. In: Der Standard, 8. Februar 2018, S. 31.

Von der Neutralisierung des öffentlich-rechtlichen Rundfunks. In: Oberösterreichische Nachrichten, 16. Juni 2018, S. 4.

Am 52. März zwischen Mars und Jupiter in Klagenfurt. In: DIE BRÜCKE, Nr. 7, Brückengeneration 5, Juni – Juli 2018: *wort.reise gen klagenfurt*. S. 25.

Sich ein falsches Symbolbild machen. In: Oberösterreichische Nachrichten, 31. August 2018, S. 6.

Ausgewogen. In: Der Standard, 6. Oktober 2018, S. A6.

Rechte Zeichen an der Wand lesen können. In: Der Standard, 22. Oktober 2018, S. 19.

Zeichen an der Wand – eine Zurechtrückung. In: Der Standard, 25. Oktober 2018, S. 42.

Jubelchöre. In: Monika Sommer, Heidemarie Uhl, Klaus Zeyringer (Hg.): *100 x Österreich. Neue Essays aus Literatur und Wissenschaft*. Wien 2018, S. 166–169.

Burschenschafter – das noch größere Desaster; Von der Neutralisierung des öffentlich-rechtlichen Rundfunks. In: Der Hammer. Die Zeitung der Alten Schmiede Nr. 97, 09.18 (*Seismographien. Autorinnen und Autoren zur aktuellen politischen Lage*), S. 6–7.

Ein Spielbericht. In: Wortwechsel. Deutsch für die Oberstufe 3. Linz 2018.

und alle schiffe brücken (für johannes jeep). In: Bloomsday 2018. Salzburg 2018, S. 8.

Etwas Besseres als den Tod finden. Versuch über das Exil als Schulthema am Beispiel der Bremer Stadtmusikanten. In: Manfred Oberlechner, Robert Obermair, Patrick Duval (Hg.): *Exil bildet – Leçons d'exil*. Frankfurt am Main 2018, S. 354–363.

„Ich will so lange leben, bis ich sterbe". Ein Vorwort. In: Ernst Schmiederer (Hg.): *Wir in Salzburg. Berichte aus Stadt und Land*. Wien 2018, S. 10–13.

Die Sicherstellung leben. In: Oberösterreichische Nachrichten, 18. März 2019, S. 3.

Hiniger als jede Mischung. In: Oberösterreichische Nachrichten, 24. April 2019, S. 13.

Bücherverbrennung. In: SALZ 178. Salzburg 2019, S. 32–34.

Einschüchtern und Abholen, Verbrennen und Vergessen. Rede am 81. Jahrestag der Bücherverbrennung. Ein österreichisches Sittenbild. In: Der Standard, 3./4. August 2019, S. 38.

Die blödeste Einstellung überhaupt. In: Oberösterreichische Nachrichten, 17. August 2019, S. 4.

Den saugenden Riesenbandwurm köpfen. In: Der Standard, 9. September 2019, S. 19.

Eine schwere und fatale Geburt. In: Oberösterreichische Nachrichten, 10. Dezember 2019, S. 4.

„Unter dem Einfluss starker Medikamente". In: Autorensolidarität 2–3/19, S. 20.

Verfahren [Ausschnitt]. In: Ulrike Arbter; Michael Auer: *Vielfach Deutsch 4, Leseheft*. Wien 2019, S. 37.

Die Literar-Mechana. In: *60 Jahre Literar-Mechana*. Wien 2019, S. 66.

Ein Spielbericht. In: *Kennwort Deutsch. Sprachbuch für die Kompetenzmodule an der BHS 3*. Linz 2019. S. 80–81.

Nachwort. Rosa Gitta Martl: Bleib stark. Wien 2019, S. 147–151.

Laudatio für Rosa Gitta Martl zum Roma-Literaturpreis des österreichischen PEN 2019. In: Die Rampe 1/20. Linz 2020, S. 136–139.

Von Brennberg nach Kirchberg. In: Das Bundwerk. Schriftenreihe des Innviertler Kulturkreises. Band 35. Munderfing 2020, S. 185–189.

Nach Wien mit offenen Augen. In: FORUM MOBIL 01/20, S. 26–27.

Nie wieder Aus-schwitz! In: Oberösterreichische Nachrichten, 2. Februar 2020, S. 24.

Braunau von Wien aus enthitlern. In: Der Standard, 8. Juni 2020, S. 15.

Was die Kunst alles nicht mehr dürfen soll. In: Oberösterreichische Nachrichten, 4. Juli 2020, S. 4.

Machen wir uns doch keinen Begriff davon! In: Oberösterreichische Nachrichten, 29. August 2020, S. 24.

Ich habe Glück gehabt. In: Oberösterreichische Nachrichten, 13. Oktober 2020, S. 4.

Bundeskanzler Kurz und die „Kulturverliebten". In: Der Standard, 3. November 2020, S. 26.

Bordelle, Theater, Paintballanlagen, Museen. In: Oberösterreichische Nachrichten, 7. November 2020, S. 4.

ein mindestabstand. In: Der Standard, 27. Februar 2021, Album, S. A8.

Den Stift nie ganz aus der Hand gegeben. In: Braunauer Warte am Inn, 11. März 2021, S. 2.

Angaben ohne Gewehr kontrollieren! In: Der Standard, 8. April 2021, S. 27.

Der Arbeiterzug aus Passau. In: Landstrich 37. Eine Kulturzeitschrift. Brunnenthal 2021, S. 5–6.

Reif für gestutzte Flügel. In: Der Standard, 27. Mai 2021, S. 31.

Überführungsstücke (Auszug). In: Galerie Herold (Hg.): Heini Linkshänder. Mit der Kraft des Armes. Hamburg 2021, S. 70–72.

Geschichtsvergessener Inhumanismus als politisches Programm. Wenn das Neutralitäts-gebot in der Schule zum Problem wird. In: Manfred Oberlechner, Patrick Duval (Hg.): *Neue Konzepte des Humanismus für die Schule von morgen. Redefining Humanism for Schools of Tomorrow. Redéfinir l'humanisme pour l'école de demain*. Frankfurt am Main 2021.

Anmerkung: Nicht inkludiert sind zahlreiche Publikationen in Radio und Fernsehen sowie solche in Fremdsprachen.

SEKUNDÄRLITERATUR (Auswahl)

Allgemein

Anonym: Das strahlende Lächeln eines Menschen mit Down-Syndrom ist allemal schöner als das computerbearbeitete Glanzportrait eines Models. Behinderte Menschen stellten einige Fragen an den Schriftsteller Ludwig Laher. In: behinderte menschen 2/2008, S. 77–79.

Anonym: „Man muss nur schauen". Dr. Ludwig Laher über die Disziplin, das Gespür sowie das Abspeisen mit Butterbroten. In: Tips Braunau, 16. Woche 2007, S. 2.

Bengesser, Silvia: Ludwig Laher. In: Silvia Bengesser: Literaturlandschaft Flachgau. Salzburg 2017, S. 53–55.

Ebner, Jakob: Wie sagt man in Österreich? Wörterbuch des österreichischen Deutsch. Mannheim, Wien, Zürich 2009.

Fischer, Manfred: „Mir gefällt die offene, weite Landschaft". In: Braunauer Warte, 6. März 2014.

Friedmann, Tomas; Fuschelberger, Peter; Nagenkögel, Petra (Hg.): salzburger literatouren. literarische wege durch stadt und land salzburg. Salzburg 2001, S. 303–304.

Gaspari, Walter: „Es geht um Selbstwertgefühl und Respekt" – Ein Interview mit dem oberösterreichischen Schriftsteller Ludwig Laher. In: Kultur. November 2008, S. 30–31.

Jensen, Nils: Aufgeklappt. In: Buchkultur 89A/2003, S. 14.

Klingenböck, Ursula: Geschichte(n) erzählen. Verfahren der Erinnerung bei Erich Hackl und Ludwig Laher. In: informationen zur deutschdidaktik (ide) 4/2011, S. 36–45.

Leininger, Kurt: Querdenker Ludwig Laher. In: Salzach-Inn-Nachrichten, 17. April 2013, S. 15.

Matras, Silvia: Über den Tellerrand schauen. In: Wiener Journal. Das Magazin der Wiener Zeitung. Nr. 49, 7. Dezember 2007, S. 12–15.

Mittermayer, Manfred: Laher, Ludwig. In: Salzburger Kulturlexikon, Salzburg 2019, S. 372–373.

Nachtmann, Sylvia: Wie konnte das so lange geschehen? Autor Ludwig Laher blickt zurück. In: SALZACHbrücke 2/2020, S. 28–29.

Nachtmann, Sylvia: „Es gibt so unglaublich viel zu erzählen." Porträt Ludwig Laher. In: SALZACHbrücke 6/2016, S. 30.

Nachtmann, Sylvia: Die Lust an der Wirklichkeit. In: Salzburger Nachrichten, 7./8. April 2007, S. 12.

Ó hAodha, Mícheál: An Interview with Austrian Novelist Ludwig Laher. In: Mícheál Ó hAodha: On the Margins of Memory, Cambridge 2007, S. 27–34.

Part, Matthias: Die Komposition einer Roman-Trilogie. In: kulturbericht oö, Mai 2011, S. 20.

Rottensteiner, Anna: Über Ludwig Laher. In: Die Rampe 1/04, Linz 2004, S. 9–11.

Scherr, Dieter: „Ich schreibe, seit ich schreiben kann". Zum 60. Geburtstag. Ludwig Laher im Gespräch. In: Autorensolidarität 4/2015, S. 22–25.

Steinbacher, Silvana: Der Spurensucher. In: Silvana Steinbacher: Zaungast. Begegnungen mit oberösterreichischen Autorinnen und Autoren. Klagenfurt/Celovec 2008, S. 224–236.

Seidl, Claudia: Grenzgänger. Ein Interview mit dem Autor/Lehrer Ludwig Laher zum Thema „Schule und Literatur". In: Buchkultur, September 1992, S. 15–17.

Stocker, Günther: Ludwig Laher. In: Stichwörter zur oberösterreichischen Literaturgeschichte. In: stifterhaus.at

Tauber, Reinhold: Über Personen, die sich den Autor ausgesucht haben. In: Oberösterreichische Nachrichten, 11. Dezember 1999.

Voglhuber, Daniel: „Wollte nie über Nazis schreiben". In: Kurier, 30. Oktober 2011, S. 4.

Wiplinger, Peter Paul: Laher, Ludwig. In: Schriftstellerbegegnungen 1960–2010. Klagenfurt, Wien 2010, S. 171–172.

Zeyringer, Klaus; Gollner, Helmut: Eine Literaturgeschichte. Österreich seit 1650. Innsbruck, Wien, Bozen 2012, S. 756–757.

Zeyringer, Klaus: Österreichische Literatur seit 1945. Innsbruck, Wien, Bozen 2008, S. 473–474.

nicht alles fließt

Möseneder, Sabine: Erwachen, um zu verändern. In: Salzburger Nachrichten, 12. Dezember 1984.

Always beautiful

Anonym: Das Schicksal einer Insel. In: Neue Vorarlberger Tageszeitung, 15. Juni 1989, S. 17.

Anonym: O.T. In: VOR Magazin, Mai 1990, S. 17.

Anonym (F.D.): „Always beautiful". In: PAZ 1/1990, S. 18.

Anonym: O.T. In: Salzburger Fenster, 5. Dezember 1989.

Mandorfer, Peter: Hinterfragter Karibiktraum. In: Volksstimme, Oktober 1989.

Prehsler, Herbert: US-Politik in Mittelamerika. In: akzente 1/1990, S. 35.

Schneider, Günter: Always beautiful. In: Monatszeitung, Dezember 1989, S. 79–80.

Tacke, Jürgen: Laher, Ludwig: Always beautiful. In: ekz-Informationsdienst 37–38/89.

Thuswaldner, Anton: Stets präsente Zeitgeschichte, Wunden, die sich nicht schließen. In: Salzburger Nachrichten, 21. Juni 1989, S. 7.

Der Genius loci überzieht die Stadt

Anonym: Ludwig Laher: Der genius loci überzieht die stadt. In: Buchkultur 6/1992, S. 26.

Anonym: Ludwig Laher (Hg.) „der genius loci überzieht die stadt". In: Pongauer Nachrichten, 1. Oktober 1992, S. XII.

Anonym: Ludwig Laher (Hrsg.): Der Genius Loci überzieht die Stadt. In: Oberwarter Zeitung, 23. Juni 1992, S. 48.

Klabacher, Heidemarie: „Goethe war der Indianer von Weimar" oder: Wie ergeht es dem Genie in der Kleinstadt? In: Salzburger Nachrichten, 19. November 1991, S. 7.

Part, Matthias: „Hoffentlich wird es nicht so schlimm wie es ist". In: Salto 27/92, S. 35.

Im Windschatten der Geschichte

Stiller-Reimpell, Anja: Zeitkritik aus zweierlei Blickwinkeln. In: Salzburger Nachrichten, 16. November 1994, S. 7.

unerhörte gedichte

Anonym: Ludwig Laher: „Unerhörte Gedichte". In: Salzburger Nachrichten, 13. Oktober 1995.

Groller, Jenö: Spröde Zeilen. In: Wiener Zeitung, 3. November 1995.

Popp, Fritz: Unerhörte Gedichte. In: Literatur und Kritik 303/304, Salzburg 1996, S. 95–97.

Selbstakt vor der Staffelei

Anonym (kaju): Bilder und Betrachtungen, Künste und Geschichten, Milieus und Studien. In: Frankfurter Allgemeine Zeitung, 23. Dezember 2003.

Anonym: Annäherung an die Biographie eines Künstlers. In: Berliner Lesezeichen, Oktober 1999, S. 37.

Anonym: Der leidende Künstler. In: Salzburger Nachrichten, 20./21. Juni 1998, Beilage, S. VIII.

Anonym: Schillerndes Selbstporträt. In: Buchkultur 5/1998, S. 30.

Anonym (sisch): Unglücklicher Künstler. In: Kulturell 35/1998, S. 47.

Auinger, Johann: Ruhe und Besonnenheit. In: Salzburger Nachrichten, 28. März 1998.

Blume, Anna: Ludwig Laher: Selbstakt vor der Staffelei. In: Blickpunkte III/1998, S. 69.

Butterweck, Hellmut: Ein Leben erzählt, aber nicht erfunden. In: Die Furche, 3. Dezember 1998, S. 21.

Fliedl, Konstanze: Handbuch der Kunstzitate, Band 2, Berlin – Boston, 2011, S. 489–490.

Fliedl, Konstanze: Spuren im Spiegel. In: Literatur und Kritik 325/326, Salzburg 1998, S. 85–86.

Giesen, Sebastian: Victor Emil Janssen: Selbstbildnis vor der Staffelei, Hamburg 2001, S. 6.

Kraus, Rudolf: Verkanntes Genie? In: Wiener Zeitung, 24. April 1998, S. 7.

Kraus, Rudolf: Literatur – vade me cum. Maria Enzersdorf 2006, S. 66.

Löhndorf, Marion: Zweifler und Zögerer. In: Neue Zürcher Zeitung, 7. Oktober 1998, S. 35.

Merck, Peter: Von einem, der will, daß etwas unauslöschlich ist. In: Wetzlarer Zeitung, 19. Mai 1998.

Sabin, Stefana: Mörderische Geschäfte in einem speziellen Revier. In: Frankfurter Allgemeine Zeitung, 17. Juli 1999.

Schönauer, Helmuth: Ludwig Laher: Selbstakt vor der Staffelei. In: literaturhaus.at, 29. März 1999.

Wolfgang Amadeus junior: Mozart Sohn sein

Anonym (X.C.): L'altre Wolfgang Amadeus Mozart. In: AVUI, 5. Mai 2003.

Anonym (feil): Aus dem Schatten des Übervaters treten. In: Österreich, 9. Dezember 2006, S. 10.

Anonym: Mozarts Sohn. In: Dolomiten Magazin, 4. August 2000.

Anonym: Wolfgang Amadeus junior – Mozarts Sohn. In: Täglich alles, 8. Mai 2000.

Anonym: Die Tragik eines unverschuldeten Schattendaseins. In: egotrip.de, November 1999.

Anonym: Wolfgang Amadeus junior: Mozart Sohn sein. In: Osttiroler Bote, 4. Jänner 2001.

Anonym (ml): Wolfgang Amadeus junior: Mozart Sohn sein. In: Hangar 21, September 2000.

Anonym: Pantaleoner Autor auf der Spur eines Vergessenen. In: Braunauer Rundschau, 26. August 1999.

Breidenbach, Heinrich: Wolfgang Amadeus junior. In: Salzburger Fenster 22/1999.

Döllgast, Theo: Keine Karriere, aber ein gutes, zufriedenes Leben. In: Die Furche, 2. Dezember 1999.

Hiltner-Hennenberg, Beate: Laher, Ludwig: Wolfgang Amadeus junior: Mozart Sohn sein. In: biblio.at, 25. Jänner 2001.

Kammerlander, Stefanie; Fuisz, Stefan: Fest-Zeit, Pannen, Mozarts Spuren. In: Tiroler Tegeszeitung, 6. Oktober 1999.

Klenner, Ulrich: „Im Schatten großer Männer". In: br-online.de, 11. Februar 2000.

Meléndez-Haddad, Pablo: El hijo de Mozart. In: ABC, 28. Dezember 2002, S. 32.

Russ, W.: Der andere Mozart. In: Oberösterreichische Nachrichten, 9. Dezember 2006.

Schmid, Manfred A.: Übergroßer Vater. In: Wiener Zeitung, 10./11. März 2000.

Schönauer, Helmuth: Väter und Söhne. In: ff – Das Südtiroler Wochenmagazin, 9. Dezember 1999, S. 49.

Schönauer, Helmuth: Mozarts 2. Auflage. In: Buchkultur, Februar/März 2000, S. 40.

Schönauer, Helmuth: Ludwig Laher: Wolfgang Amadeus junior: Mozart Sohn sein. In: literaturhaus.at, 3. November 1999.

Serner, Thomas: Die Verdoppelung der Identität. In: Kronen Zeitung Oberösterreich, 22. Jänner 2000, S. 25.

Stocker, Günther: Wer war Wolfgang Amadeus Mozart? In: Neue Zürcher Zeitung, 8. März 2000, S. 35.

Sturm, Helmut: Mächtiger Vater. In: Salzburger Nachrichten, 26. Februar 2000, S. VIII.

Sulzer, Balduin: O.T. In: Kronen Zeitung Oberösterreich, 9. Dezember 2006, S. 23.

Szeless, Georgina: Eine zweifellos ebenso begabte wie tragische Musikerfigur. In: Neues Volksblatt, 9. Dezember 2006, S. 22.

Tauber, Reinhold: Amadeus im Schatten von Amadeus. In: Oberösterreichische Nachrichten, 11. Dezember 1999.

Herzfleischentartung

Agthe, Kai: Das Lager Weyer. In: Ostthüringer Zeitung, 20. Oktober 2001.

Agthe, Kai: Das Lager bei St. Pantaleon. In: Ossietzky, 25. August 2001.

Anonym: Ludwig Laher, Heart Flesh Degeneration. In: Centre for Irish-German Studies News 8/2007, S. 10–11.

Anonym: Ludwig Laher Herzfleischentartung. In: Lübecker Stadtzeitung, 26. Juli 2005.

Anonym (smb): „Zeithistorische Authentizität". In: Der kleine Bund, 8. September 2001.

Anonym: „Zigeunerlager". In: Die Presse, 22/23. September 2001, Spectrum.

Anonym (B.R.): Feu le camp. In: Journal du medecin. 10. November 2006.

Anonym (gc): Wendehälse. In: ff – Das Südtiroler Wochenmagazin, 12. April 2001, S. 46.

Anonym: Un petit camp nazi. In: Actualite juive, 29. März 2007.

Anonym: Ludwig Laher: Herzfleischentartung. In: Bibliotheksnachrichten 2/01: Umschwiegene Orte. Salzburg 2001, S. 169 – 171.

Anonym: Gegen den Mantel des Schweigens. In: Pinzgauer Nachrichten, 22. März 2001.

Butterweck, Hellmut: Die vergessene Hölle von Weyer. In: Die Furche, 10. Mai 2004, S. 20.

Cuendet, Séverine: Entre docu et fiction. In: Courrier de Geneve, 23. Dezember 2006.

Deltin, Sophie: C´était la chair du coeur. In: Le Matricule des Anges 79, Jänner 2007.

Dimech, Anthony Zarb: ‚Normal' extermination of Gypsies in Austria. Ludwig Laher: Heart Flesh Degeneration. In: The Sunday Times (of Malta), 15. April 2007, S. 1.

Duswald, Fred: Recht gegen Regime. In: Die Aula. Mai 2007, S. 34–35.

Fugler, René: L'oubli des asociaux. In: Dernières Nouvelles d'Alsace (DNA), 26. November 2006.

Hauser, Andreas: Tod im Innviertel. In: ECHO, Mai 2001.

Hinck, Walter: Prügeln bis zum Tod. In: Frankfurter Allgemeine Zeitung, 25. Juli 2001.

Hoeren, Hans-Peter: „Mauthausen war nicht so schlimm wie Weyer". In: Passauer Neue Presse, 9. März 2005.

Kellermayr, Rudolf: Ludwig Laher: Herzfleischentartung. In: Bücherbord, 3/2001.

Klaus, Eric J.: Ludwig Laher, Heart Flesh Degeneration. In: Modern Austrian Literature 4/2007, S. 175–176.

Köfler, Gretl: Vergessliche Zeitgenossen. In: Tiroler Tageszeitung, 2./3./4. Juni 2001, Magazin.

Köhler, Susanne: Gegen das Vergessen. In: Südkurier, 6. September 2001.

Langston, Patrick: Decades later, poet's talent still shines. In: The Ottawa Citizen, 22. April 2005, S. D4.

Manguel, Alberto: Dans les faubourgs d'enfer. In: Ludwig Laher: Dégénérescence de la chair du coeur. Arles 2006, S. 231–234.

Mitgutsch, Anna: So genau hinschauen, dass es weh tut. In: Der Standard, 28. April 2001.

Moser, Gerhard: Ordentliche Beschäftigungspolitik. In: Literatur und Kritik 375/376, Salzburg 2001, S. 78–79.

Oggel, Ieteke: Travellers begin their BAs. In: Limerick Leader, 28. April 2007, S. 26.

Pittertschatscher, Alfred: Perfekt verkörperte Opferrolle. In: Kultur Oberösterreich 4/2002, S. 3.

Rolinek, Susanne; Lehner, Gerald; Strasser, Christian: St. Pantaleon-Weyer. Die dunkle Seite der Heimat. In: Rolinek, Lehner, Strasser: Im Schatten der Mozartkugel. Wien 2009, S. 228–231.

Rußegger, Arno: Ludwig Laher: Herzfleischentartung. In: literaturhaus.at, 24. April 2001.

Saalfeld, Lerke von: Ludwig Laher „Herzfleischentartung". In: swr2.de/buchtipp, 10. August 2001.

Schönauer, Helmuth: Stumme Auswege aus der Folter. In: Südtiroler Tageszeitung, 18. April 2001.

Schütte, Uwe: Prügeln bis zum Tod. In: Frankfurter Allgemeine Zeitung, 25. Juli 2001.

Stadler, Michael: Ein dunkles Kapitel heimischer Geschichte. In: Flachgauer Nachrichten, 19. April 2001, S. 12.

Sturm, Helmut: Erzogen im Lager. In: Salzburger Nachrichten, 31. März 2001, Beilage, S. VIII.

Tauber, Reinhold: Das Furchtbare ist nur mit Ironie zu bewältigen. In: Oberösterreichische Nachrichten, 29. März 2001.

Tebbutt, Susan: The Politicised Pastoral Idyll in Ludwig Laher's ‚Heimatroman' *Herzfleischentartung*. In: Julian Preece, Osman Durrani (Hg.): Cityscapes and Countryside in Contemporary German Literature. Oxford Bern Berlin etc. 2004, S. 291–306.

Treudl, Sylvia: Entartet. In: Buchkultur, Juni/Juli 2001, S. 32.

Trgovcic, Nevena: Trece izdanje „Proze kod Domenica". In: Regional Express, 11. Dezember 2007.

Vertlib, Vladimir: „Bei Bedarf an Bäume binden". In: Wiener Zeitung, 13./14. Juli 2001.

Wimmer, Marianne: Verdrängte Zeitgeschichte im Scharfrichterhaus. In: Passauer Neue Presse, 13. März 2004, S. 42.

Zeyringer, Klaus: Von Frankreich aus. In: Klaus Zeyringer (Hg.): Blicke von außen. Innsbruck 2003, S. 136.

Zintzen, Christiane: Im braunen Hinterland. In: Neue Zürcher Zeitung, 16. Mai 2001, S. 63.

So also ist das

Anonym: So that's what it's like. In: Faltblatt 9/2004, S. 7.

Ganglbauer, Horst Gerald: Wolfgang Görtschacher, Ludwig Laher (Eds.): So That's What It's Like. In: gangway.bizland.com, 18. Oktober 2002.

Koppenfels, Werner von: Zwischen Eros und Elegie. In: Neue Zürcher Zeitung, 1. Februar 2002, S. 75.

Sielaff, Volker: Wie es ist. In: Der Tagesspiegel, 9. Februar 2002, S. 28.

feuerstunde

Anonym: Hommage an einen fast Vergessenen. In: Braunauer Rundschau, 20. Februar 2003, S. 13.

Droschke, Martin: Aufgeblättert. In: Falter 09/03.

Moser, Samuel: Auf- und zugeklappt. In: Neue Zürcher Zeitung, 3. Juli 2003, S. 37.

Pichler, Christian: Verstreute Wortsplitter. In: Oberösterreichische Nachrichten, 8. März 2003, S. 11.

Russegger, Arno: Ludwig Laher: Aufgeklappt. In: literaturhaus.at, 18. September 2003.

Stockinger, Heide: Geradlinigkeit und Zielstrebigkeit der Worte. In: Kulturbericht Oberösterreich 11/2003.

Aufgeklappt

Agthe, Kai: Ein Rebell. In: Ostthüringer Zeitung, 5. April 2003.

Anonym: Ein „aufgeklapptes" Dichterleben. In: Tips Ried, 20. Woche 2004, S. 33.

Anonym: Spurensuche. In: Pinzgauer Nachrichten, 22. März 2003.

Anonym: Hommage an einen fast Vergessenen. In: Braunauer Rundschau, 20. Februar 2003, S. 13.

Conter, Claude D.: Ludwig Laher: Aufgeklappt. In: Deutsche Bücher 4/2003, S. 307–312.

Domsch, Sebastian: Lest einen anderen! In: Literatur und Kritik 375/376, Salzburg 2003, S. 87–88.

Dotzer, Sylvia: Der Riese von Wilten. In: Süddeutsche Zeitung, 22. Oktober 2003.

Fenk-Esterbauer, Jutta: Ein vergessener Autor. In: Donau Kurier, 28. Juni 2003.

Hackl, Wolfgang: Ludwig Laher Aufgeklappt. In: Wagnis 03/2004, S. 20–21.

Hess, Silvia: Anrührender Seiltanz auf der Lebenslinie. In: Aargauer Zeitung, 7. Mai 2003, S. 13.

Jensen, Nils: Aufgeklappt. In: Buchkultur Österreich Spezial 2003, S. 14.

Kospach, Julia: Der Zerrissene. In: Profil 15/2003, S. 135.

Kospach, Julia: Holla, holla, so geht's aber net. In: Berliner Zeitung, 5. Februar 2004.

Kospach, Julia: Einen vergessenen Dichter ins Licht gerückt. In: Der kleine Bund, 21. Juni 2003, S. 7.

Kucher, Primus-Heinz: Aufgeklappt. In: Nestroyana 23–25, 2003, S. 202–203.

Lehner, Josef: O.T. In: Oberösterreichische Rundschau, 29. April 2004.

Loimer, Hermann: Erinnerungen an Ferdinand Sauter. In: Mitteilungen der Gesellschaft für Salzburger Landeskunde 146. Salzburg 2006, S. 341–388.

Moser, Samuel: Auf- und zugeklappt. In: Neue Zürcher Zeitung, 3. Juli 2003, S. 37.

Pichler, Christian: Vagabund & Lautpoet. In: Oberösterreichische Nachrichten, 3. Juli 2003, S. 7.

Rammer, Stefan: Dem Vergessen entreißen. In: Passauer Neue Presse, 2. März 2004.

Renhardt, Maria: Verkauft's mei G'wand, i fahr' in'n Himmel! In: Die Furche, 4. September 2003, S. 18.

Russegger, Arno: Ludwig Laher: Aufgeklappt. In: literaturhaus.at, 18. September 2003.

Schönauer, Helmuth: Offen gelegt. In: Buchkultur, April/Mai 2003, S. 38.

Schütte, Uwe: Sauter sein Dichter. In: Frankfurter Rundschau, 22. Mai 2003.

Schütte, Uwe: Biografie in Bruchstücken. In: Wiener Zeitung, 4./5. April 2003.

Stockinger, Heide: Geradlinigkeit und Zielstrebigkeit der Worte. In: Kulturbericht Oberösterreich 11/2003.

Sturm, Helmut: Notwendige Lektüre. In: Salzburger Nachrichten, 29. März 2003, Lebensart, S. VII.

Weingartner, Christian: Laher klappt auf. In: Flachgauer Nachrichten, 13. März 2003, S. 8.

Oberösterreich

Anonym: Europa erlesen Oberösterreich. In: Neues Volksblatt, 30. Dezember 2004.

Anonym: Literarische Zeitreise durch Oberösterreich. In: Kulturbericht Oberösterreich, Dezember 2004.

Lehner, Josef: Literarisch. In: Linzer Rundschau, 22. Dezember 2004, S. 20.

Uns hat es nicht geben sollen

Anonym (u.k.): „Uns hat es gegeben. Aber es hat uns nicht geben sollen". In: Neues Volksblatt, 21. Oktober 2004, S. 24.

Anonym: „Ein Sackerl unbenutzter Geigensaiten". In: Tips Braunau, 51. Woche 2004, S. 14.

Doppelbauer, Max: Uns hat es nicht geben sollen. In: Europa Ethnica 1 – 2/2008.

Eulberg, Rafaela: Drei Sintizza erzählen. In: schlangenbrut, Februar 2005, S. 46.

Gamsjäger, Hans-Peter: Drei Generationen Sinti-Frauen erzählen. In: Braunauer Rundschau, 26. August 2004, S. 22.

Kain, Eugenie: Blinde Flecken. In: Café KPÖ, 4. Jänner 2005, S. 10.

Lehner, Josef: Berührend. In: Linzer Rundschau, 22. Dezember 2004, S. 20.

Mitgutsch, Anna: Uns hat es nicht geben sollen. In: Literatur und Kritik 389/390. Salzburg 2004, S. 83 – 84.

Neuhold, Thomas: Wiederentdeckte Geschichte der Roma und Sinti. In: Der Standard, 17. Dezember 2004.

Osel, Johann: „Die Leute müssen wissen, was wir mitgemacht haben". In: Passauer Neue Presse, 16. April 2005.

Thuswaldner, Anton: Uns hat es nicht geben sollen. In: Salzburger Nachrichten, 25. September 2004, S. VI.

Folgen

Angelberger, Barbara: Ludwig Laher: Folgen. In: literaturhaus.at, 13. Juli 2005.

Anonym: Kindheits-Geschichte einfühlsam erzählt. In: Braunauer Rundschau, 17. Februar 2005, S. 20.

Dorfi, Gerhard: Ludwig Laher. In: Der Standard, 4. April 2005, S. 23.

Gauß, Karl-Markus: Jenseits der Anklage. In: Neue Zürcher Zeitung, 5. Juli 2005, S. 35.

Schütte, Uwe: Brief an den Vater. In: Wiener Zeitung, 1. April 2005, S. 11.

Schwens-Harrant, Brigitte: Fußwaschung. In: Die Presse, 4. Juni 2005, S. IX.

Streitler-Kastberger, Nicole: Father and Son. In: Falter 11/05, Buchbeilage, S. 19 – 20.

Wagner, Walter: Anrufung des Vaters. In: Literatur und Kritik 397/398, Salzburg 2005, S. 95 – 97.

Quergasse

Anonym: Quergasse. In: Buchkultur Österreich Spezial 2005.

Ecker, Gerald: Waches Interesse und genaues Hinschauen. In: Tips Braunau, 41. Woche 2005, S. 14.

Jandl, Paul: Gegen den Strich. In: Neue Zürcher Zeitung, 3. Jänner 2006, S. 26.

Schacherreiter, Christian: Wer kennt schon die Quergasse? In: Oberösterreichische Nachrichten, 28. September 2005, S. 19.

Und nehmen was kommt

Ahrens, Thomas: And Take What Comes by Ludwig Laher. In: Journal of Austrian Studies 1/2015, S. 163–165.

Alexander, Leo: Ethno-Literatur. In: Rheinischer Merkur, 19. Juli 2007.

Anonym (ds): Weg aus dem Elend. In: Münchner Merkur, 9./10. Juni 2007.

Anonym: Geschichte einer Roma. In: Brigitte 14/2007.

Anonym (mz): Bericht einer Verfemten. In: St. Galler Tagblatt, 23. Jänner 2007.

Anonym: Neuer Roman von Ludwig Laher. In: orf.at, 6. März 2007.

Anonym (u.k.): Mitten im neuen Europa und doch an seinem Rand. In: Neues Volksblatt, 22. März 2007, S. 21.

Anonym (u.st.): Albtraum Leben. In: Tiroler Tageszeitung, 18. April 2007.

Anonym (ede): Stufen eines Abstiegs – und Schubumkehr. In: Initiative Minderheiten 64/2007.

Anonym: Und nehmen was kommt. In: Tips Braunau, 14. Woche 2007, S. 2.

Benedik, Stefan: Define the migrant, imagine the menace. In: Helmut Konrad, Stefan Benedik (Hg.): Mapping Contemporary History II. Wien – Köln – Weimar 2010, S. 159–178.

Benedik, Stefan: On the streets and in the bed. Gendered and sexualised narratives in popular perceptions of Romani migrations within Eastern and Central Europe. In: Romani mobilities in Europe. Oxford 2010, S. 11–19.

Jandl, Paul: Nehmen, was kommt. In: Neue Zürcher Zeitung, 5. Dezember 2007, S. 54.

Kluy, Alexander: Das Schicksal der Unberührbaren. In: Buchkultur, August/September 2007, S. 28.

Kospach, Julia: Nehmen, was kommt. In: Berliner Zeitung, 10./11. November 2007, Magazin, S. 3.

Kospach, Julia: Zum Beispiel Monika. In: Falter 45/07, S. 12–15.

Kospach, Julia: Was ich will. In: Welt der Frau, Februar 2008.

Kospach, Julia: Aus dem Sumpf gezogen. In: Österreich, 7. Juli 2007, Österreich, S. 10–11.

Kraus, Rudolf: Und nehmen was kommt. In: Bücherschau 2/2007, S. 26.

Krutter, Sabine: Ludwig Laher: Und nehmen was kommt. In: biblio.at

Landerl, Peter: Ludwig Laher: Und nehmen was kommt. In: literaturhaus.at, 11. April 2007.

Pisa, Peter: Stinknormales Leben ist wie Hollywood. In: Kurier, 6. September 2007.

Rademacher, Christina: Mädchen als Sexobjekt verwertet. In: Salzburger Nachrichten, 15. März 2007, S. 14.

Rammer, Stefan: Wohlstandsverlierer. In: Passauer Neue Presse, 31. Juli 2007.

Rohrhofer-Meinhart, Georgia: Was kommt? In: Kulturbericht Oberösterreich, Mai 2007, S. 14.

Schacherreiter, Christian: Radikale Intimität. In: Oberösterreichische Nachrichten, 20. März 2007, S. 21.

Schönauer, Helmuth: Ludwig Laher, Und nehmen was kommt. In: lesen.tibs.at, 12. April 2007.

Schreiber, Ewald: Fremdkörper mit Eigensinn. In: Der Standard, 12. Mai 2007.

Schütte, Uwe: Soziale Tristesse. Ludwig Lahers Antibildungsroman. In: Wiener Zeitung, 12. Mai 2007.

Tebbutt, Susan: Und nehmen was kommt. In: Modern Austrian Literature 2/2008, S. 119–121.

Zeillinger, Gerhard: Bildungsroman der anderen Art. Ludwig Lahers dokumentarischer Text „Und nehmen was kommt". In: Literatur und Kritik 419/420. Salzburg 2007, S. 86–88.

Ixbeliebige Wahr-Zeichen?

Anonym: Ixbeliebige Wahr-Zeichen? In: Kulturmonat, Dezember 2008, S. 37.

Anonym: Wie schreibt man recht? In: Tips Braunau, 34. Woche 2008, S. 11.

Chobot, Manfred: Ixbeliebig oder iksbeliebig? In: fixpoetry.com, 1. November 2008.

Jelinek, Elfriede: Die geretteten Zeichen. In: Ludwig Laher: Ixbeliebige Wahr-Zeichen. Innsbruck 2008, S. 9–11.

Ribarich, Vera: Schön sprechen, recht schreiben. In: Universitas 2/09, S. 28–30.

Riegler, Roxane: Ludwig Laher, Ixbeliebige Wahr-Zeichen? In: Modern Austrian Literature 1/2010, S. 122–124.

Schlichtherle, Andreas: Ixbeliebige Wahr-Zeichen? In: Tiroler Schule 4/09, S. 50.

Schönauer, Helmuth: Ludwig Laher, Ixbeliebige Wahr-Zeichen? In: lesen.tibs.at, 28. Oktober 2008.

Thuswaldner, Anton: Ärger über das amtliche Rechtschreiben. In: Salzburger Nachrichten, 17. November 2008, S. 10.

Linz

Anonym: Gespräch mit dem Herausgeber. Alfred Pittertschatscher über „Linz. Randgeschichten". In: orf.at, 21. März 2009.

Schacherreiter, Christian: Literarische Führung. In: Oberösterreichische Nachrichten, 11. Februar 2009.

Einleben

Angelberger, Barbara: Ludwig Laher: Einleben. In: literaturhaus.at, 3. November 2011.

Anglberger, Beate: Einleben. In: SALZACHbrücke 5/09, S. 36.

Anonym: Einleben. In: Buchkultur Österreich Spezial 2009, S. 31.

Anonym (kb): Ein Leben mit dem Down-Syndrom. In: Reichenhaller Tagblatt, 19./20. Februar 2011, S. 4.

Anonym: Einleben. In: monat, März 2010, S. 11.

Delahhaij, Miel: Einleben. In: behinderte menschen 2/2010. Graz 2010, S. 103.

Ecker, Gerald: Ludwig Laher erzählt in „Einleben" von einem etwas anderen Kind. In: Tips Braunau, 42. Woche 2009, S. 8.

Gollner, Helmut: Steffi gewinnt, und der Hund isst den Keks. In: Falter 42/2009, S. 24.

Kospach, Julia: Das Baby mit schrägen Augen. In: Die Presse, 16. Jänner 2010, S. X.

Kreuzwieser, Markus: Behutsames Einleben einer Mutter. In: Oberösterreichische Nachrichten, 12. Oktober 2009, S. 21.

Krutter, Sabine: Laher, Ludwig: Einleben. In: Bibliotheksnachrichten 3/2010, S. 136.

Meindl, Dominika: Ludwig Laher: Einleben. Kulturbericht Oberösterreich 3/2010, S. 14.

Poschmann-Reichenau, Gerda: Jenseits von Betroffenheitsliteratur. In: Südostbayerische Rundschau, 30. März 2010, S. 24.

Rademacher, Christina: Vom Elefantenrücken aus die Welt erobern. In: Salzburger Nachrichten, 9. September 2009.

Rammer, Stefan: Johanna ist anders, aber sie liebt das Leben. In: Passauer Neue Presse, 27. Februar 2010.

Repolust, Christina: Besonders und anders. In: Bibliotheksnachrichten 4/2009, S. 644–646.

Verfahren

Angerer, Peter: Die Wahrheit und nichts als die Wahrheit. In: Tiroler Tageszeitung, 20. April 2011, S. 21.

Anonym (ast): Verfahren. In: Journal Frankfurt 10/11, S. 73.

Anonym: Asyldebatte. In: Buchkultur April/Mai 2011, S. 40.

Anonym (ax): Asyl-Verweigerung. In: Wiener Zeitung, 16./17. April 2011, S. 9.

Anonym (HF): Verfahren. In: asyl aktuell 1/2011, S. 45.

Anonym (u.k.): Schreiben gegen das Unrecht. In: Neues Volksblatt, 28. April 2011, S. 25.

Anonym: Vom Asyl(un)recht. In: Pinzgauer Nachrichten, 24. März 2011, S. X.

Anonym: Über die Tragik des Asylrechts und die Fallstricke der Justiz. In: Tips Braunau, 13. Woche 2011, S. 14.

Disoski, Meri: Auf Abruf existieren. In: Der Standard, 8. April 2011.

Fischer, Gero: Integration ist keine Welcome-Party. In: Český lid 1/2017, S. 113–142.

Fischer, Manfred: Verfahren – Ein Roman von Ludwig Laher am Puls der Zeit. In: Warte am Inn, 3. März 2011, S. 16.

Gilli, Sebastian: Das Leben ist ein Kampf. In: Der Standard, 26./27. März 2011, Album, S. A10.

Huber-Lang, Wolfgang: Der Roman zur Asyldebatte: „Verfahren" von Ludwig Laher. In: APA, 25. Februar 2011.

Kepplinger, Christoph: Eine Flucht ohne Ende. In: Volksstimme. April 2011, S. 48–50.

Klenk, Florian: Tatort Asylgerichtshof. In: Falter 20/11, 18. Mai 2011, S. 17.

Langwallner, Hans: Von Verfolgung, Flucht und Verrat. In: Kronen Zeitung,
3. April 2011, S. 43.

Pernkopf, David: Moos zwischen den Zehen vom langen Warten. In: DrehPunktKultur,
5. August 2011.

Polt-Heinzl, Evelyne: Recherche und Fiktionalisierung. In: Literatur und Kritik 453/454,
Salzburg 2011, S. 88–90.

Rademacher, Christina: Von den Fallstricken des Asylrechts. In: Salzburger Nachrichten,
24. Februar 2011, S. 12.

Schacherreiter, Christian: Ein verfahrenes Verfahren. In: Oberösterreichische Nachrichten, 30. März 2011, S. 25.

Schönauer, Helmuth: Ludwig Laher, Verfahren. In: lesen.tibs.at, 24. Mai 2011.

Schuchter, Bernd: In Österreich kein Österreicher sein. In: literaturhaus.at, 8. März 2011.

Tauber, Reinhold: Dieses böse Jüngste Gericht. In: Oberösterreichische Nachrichten,
11. November 2011, S. 8.

Zeillinger, Gerhard: Es ist ein fremdes Land. In: Die Presse, 27./28. Mai 2011, Spectrum, S. IX.

Ziegler, Mathias: In der Asylfalle. In: Wiener Zeitung, 9. September 2011.

Kein Schluß geht nicht

Anonym: Kein Schluß geht nicht. In: Salzburger Nachrichten, 20. September 2012.

Dorfi, Gerhard: Liebe und andere Kurzschlüsse. In: Der Standard, 2. Oktober 2012.

Huber, Marina: „Sprache ist für mich ein Werkzeug. Mit ihrer Hilfe schaffe ich Welten."
In: Braunauer Warte am Inn, 15. November 2012.

Huber-Lang, Wolfgang: Zwischen Türschloss und Luftschloss. In: Neues Volksblatt,
20. Dezember 2012.

Raab, Judith: Literarische Neuerscheinungen aus Österreich. „Kein Schluß geht nicht".
Erzähltes und Reflektiertes. In: orf.at, 5. Oktober 2012.

Schönauer, Helmuth: Schwankungsgrad. In: Buchkultur, Februar/März 2013, S. 34.

Schönauer, Helmuth: Ludwig Laher, Kein Schluß geht nicht. In: lesen.tibs.at,
15. November 2012.

Bitter

Buttenhauser, Karin: Wer war der Täter? In: Pinzgauer Nachrichten, 24. März 2016,
Seite IX.

Ernst, Daniel: NS-Kriegsverbrecher. In: analyse & kritik, 18. März 2014.

Fasthuber, Sebastian: Fritz Bitter, das war Ihr Leben! In: Falter 11/14, S. 13.

Gansinger, Ernst: Bitter ist die Wahrheit. In: Kirchenzeitung Diözese Linz, 9. März 2014, S. 27.

Gösweiner, Friederike: Ludwig Laher: Bitter. In: literaturhaus.at, Februar 2014.

Hell, Cornelius: Was haften blieb. In: Die Presse. 15. Februar 2014, S. VI.

Huber-Lang, Wolfgang: Exemplarische Täterbiographie: Ludwig Lahers Roman
„Bitter". In: Neues Volksblatt, 14. Februar 2014.

Kleinrath, Josef: Bittere Einblicke. In: Niederösterreichische Nachrichten,
24. Februar 2014, S. 47.

Kluy, Alexander: Bitter. In: Literatur und Kritik 487/488. Salzburg 2014, S. 78–80.

Krendl, Karl: Laher, Ludwig: Bitter. In: Bibliotheksnachrichten 2014/2, S. 328.

Nilius, Klaus: Gegen das Verfaulen. In: Ossietzky 17/2014, 14. August 2014, S. 591–593.

Part, Matthias: Der Fall „Bitter" hat System. In: kulturbericht oö, März 2014, S. 25.

Pierach, Christiane: Der Sturmbannführer und seine Chuzpe. In: Passauer Neue Presse,
30. Jänner 2015.

Pfohlmann, Oliver: Postumer Prozess. In: Neue Zürcher Zeitung, 4. November 2014, S. 23.

Pfohlmann, Oliver: Posthumer Prozess. In: Landshuter Zeitung, Magazin am
Wochenende, 13. Dezember 2014.

Rammer, Stefan: Ein Massenmörder, der friedlich starb. In: Passauer Neue Presse,
19. Jänner 2015, S. 6.

Schacherreiter, Christian: Ein schrecklich normaler Nationalsozialist. In: Oberösterreichische Nachrichten, 4. März 2014, S. 14.

Schaefer, Thomas: Bitter. In: konkret 4/2014. Hamburg 2014, S. 56.

Schönauer, Helmuth: Vom Kitt des gezielten Schweigens. In: Der Standard, 19./20. Juli 2014, Album, S. A8.

Schönauer, Helmuth: Bitter. In: Südtiroler Tageszeitung, 30. März 2014.

Thuswaldner, Anton: Ein Schmarotzer der Gewalt. In: Salzburger Nachrichten, 7. Februar 2014, S. 9.

Wirthensohn, Andreas: Schmerzliche Illustration. In: Wiener Zeitung, 19./20. April 2014, S. 11.

Wirthensohn, Andreas: Im Dienst der Vernichtung. In: Passauer Neue Presse, 24. Juni 2014.

Zeyringer, Klaus: Paroli bieten. In: Volltext 3/2014, S. 10–11.

was hält mich

Anonym: Ludwig Laher: was hält mich. In: Empfehlungsliste Evangelischer Buchpreis 2016.

Dirmaier, Valentina: Autor Ludwig Laher begibt sich auf Gedankenreise und dichtet. In: Braunauer Warte, 3. September 2015.

Janacs, Christoph: Bessere Seiten. In: Literatur und Kritik 501/502, Salzburg 2016, S. 97–98.

Meindl, Dominika: Ludwig Laher: was hält mich. In: kulturbericht oö, 03/2016, S. 14.

Rammer, Stefan: Lyrik als Sehhilfe für den Alltag. In: Passauer Neue Presse, 5. November 2015, S. 14.

Reiter, Sabrina: „Was hält mich“: stille Gedichte eines wachen Zeitgenossen. In: Tips Braunau, 35. Woche/2015, S. 8.

Russwurm-Biro, Gabriele: „wir spielen auf zeit“ – Ludwig Lahers Lyrik. In: literatur. report, 20. Juni 2016.

Schacherreiter, Christian: Was uns hält – oder auch nicht. In: Oberösterreichische Nachrichten, 13. November 2015, S. 16.

Sturm, Helmut: Kein schwacher Trost. In: literaturkritik.de, 30. März 2016.

Überführungsstücke

Anonym: Bayerischer Herr Karl im Archiv bei den Mordgeräten. In: Salzburger Nachrichten, 9. August 2016, S. 9.

Anonym: Überführungsstücke. In: Buchkultur 168A/2016, S. 15.

Anonym: Ein bayerischer Tausendsassa: sprachgewandt und künstlerisch. In: Tips Braunau, 34. Woche 2016, S. 6.

Ertl, Katharina: Was vom Verbrechen übrigblieb. In: Südostbayerische Rundschau, 19. Oktober 2016, S. 10.

Hirsch, Anja: Ein Monolog verpasst sein Publikum. In: Frankfurter Allgemeine Zeitung, 17. August 2016.

Huber-Lang, Wolfgang: Besuch im Archiv des Unrechts. Ludwig Lahers „Überführungsstücke“. In: Tiroler Tageszeitung, 4. August 2016.

Kainzner, Ingrid: Laher, Ludwig: Überführungsstücke. In: bibliotheksnachrichten 2016/4, S. 739–740.

Mayrböck, Martina: „Eine Asservatenkammer ist wahre Schatzkammer“. In: Oberösterreichische Nachrichten, 19. August 2016, S. 13.

Meindl, Dominika: Männerliteratur. In: kulturbericht oö 03/2017, S. 13.

Nachtmann, Sylvia: Überführungsstücke. In: SALZACHbrücke 6/2016, S. 72.

Oberreither, Bernhard: Glücksfall der Literatur: ein zufriedener Held. In: Literatur und Kritik 511/512, Salzburg 2017, S. 83–85.

Rammer, Stefan: In ungeahnten Räumen. In: Passauer Neue Presse, 27. September 2016.

Schacherreiter, Christian: Der Herr der dunklen Dinge in der Asservatenkammer. In: Oberösterreichische Nachrichten, 12. August 2016, S. 28.

Schönauer, Helmuth: Ludwig Laher, Überführungsstücke. In: lesen.tibs.at, 11. August 2016.

Villachica, Jeannette: Beamter mit blühender Fantasie. In: Wiener Zeitung, 25. September 2016.

Wurmitzer, Michael: Ludwig Lahers „Überführungsstücke“: Von Beweiswert und Erzählwert. In: Der Standard, 17./18. Dezember 2016, Album, S. A5.

Durchgefühlt und ausgesagt

Anonym (lc): Literarischer Genuss von Weltrang, aber mit heimischen Wurzeln.
In: Südostbayerische Rundschau, 30. November 2017, S. 32.

Anonym: Durchgefühlt und ausgesagt: Ausgewählte Werke. In: Buchkultur Thema,
Sonderheft Herbst 2018, S. 26.

Anonym: Sauter im Original. In: Pongauer Nachrichten, 21. September 2017, S. 14.

Anonym: Laher vereint ausgewählte Werke des Volksdichters Ferdinand Sauter.
In: Tips Braunau, 39. Woche 2017, S. 15.

Kainberger, Hedwig: Die Ehre Ferdinand Sauters ist zu retten. In: Salzburger Nachrichten, 21. November 2017, S. 7.

Michler, Werner: Ludwig Laher entdeckt den Autor neu. In: Literatur und Kritik
523/524, Salzburg 2018, S. 63–67.

Poschmann-Reichenau, Gerda: Auf den Spuren des Dichters Ferdinand Sauter.
In: Passauer Neue Presse, 17. November 2017.

Schacherreiter, Christian: Stifterhaus: Laher präsentiert seine Sauter-Werkschau.
In: Oberösterreichische Nachrichten, 23. Oktober 2017, S. 15.

Schönauer, Helmuth: Ferdinand Sauter, Durchgefühlt und ausgesagt. In: lesen.tibs.at,
11. Dezember 2019.

Thuswaldner, Anton: Sauter, Kjaerstad und von Becker. In: Salzburger Nachrichten,
22. April 2018.

Zeyringer, Klaus: Ungebunden, unangepasst und die Freiheit liebend. In: Der Standard,
2. Dezember 2017, Album, Seite A5.

Wo nur die Wiege stand

Anonym (str): Blick in früh verlassene Windelhäuser. In: Tiroler Tageszeitung,
2. September 2019.

Anonym: Frühlingslektüre. In: Oberösterreich Magazin 2/2019, S. 45.

Brandl, Lukas: Wo nur die Wiege stand. In: Literatur und Kritik 535/536, Salzburg 2019,
S. 74–76.

Gmünder, Stefan: Ludwig Laher über die Aura prominenter Geburtsorte. In:
Der Standard, 31. Juli 2019, S. 22.

Horn, Walter: Wie „Windelorte" mit ihren Prominenten umgehen. In: Tips Ried,
15. Oktober 2019.

Kanold, Jürgen: Nur mal kurz gewickelt. In: Südwest Presse, 26. Februar 2019, S. 23.

Krennmayr, Barbara: Windelorte. In: kulturbericht oö, 3/2019, S. 14.

Paterno, Wolfgang. Ortswechselbäder. In: Profil 9/2019. S. 80–83.

Perisutti, Tina: Besondere Aura, stinkende Windeln. In: Kronen Zeitung Kärnten,
6. Mai 2019.

Pölsler, Gerlinde: Wo nur die Wiege stand. In: Falter 20/19, S. 34.

Rammer, Stefan: Blick in früh verlassene „Windelhäuser". In: Passauer Neue Presse,
2. September 2019.

Repolust, Christina: Das erste Zuhause. In: Welt der Frauen 02/19.

Ruess, Roland: Aura der Windelorte. In: Kronen Zeitung Salzburg, 2. März 2019, S. 48.

Schacherreiter, Christian: Wo Hitler und Bach in die Windeln machten. In: Oberösterreichische Nachrichten, 2. März 2019, S. 9.

Tarabic, Omer: Die Aura von Geburtsorten. In: Tips Schärding, 5. April 2019.

Thuswaldner, Anton: Geburtshäuser tragen Aura. In: Salzburger Nachrichten,
26. Februar 2019, S. 8.

Schauplatzwunden

Anonym: Die Kontinuitäten eines Unrechtsregimes. In: Vorarlberger Nachrichten,
3. Oktober 2020.

Anonym (lmv): Ludwig Laher, Schauplatzwunden. In: bmeia.gv.at, Kaffeehaus
Feuilleton, 28. November 2020.

Fischer, Manfred: „Dutzende Nachkommen wandten sich an mich". In: Braunauer
Warte, 17. September 2020, S. 9.

Guyton, Patrick: Diese zwölf Menschen gab es. In: Frankfurter Rundschau, 5. Oktober 2020.

Guyton, Patrick: Zwölf Leben. In: taz, 19. September 2020, S. 15.

Hanner, Petra: Ein Schicksal aus Kollerschlag: Neues Buch erzählt von zwölf verknüpften Leben. In: Tips Rohrbach, 12. September 2020.

Huber-Lang, Wolfgang: Offene „Schauplatzwunden". Ludwig Laher über Opfer, Täter und Zeugen. In: oe24, 1. Oktober 2020.

Melichar, Bernd: Märchen und Alpträume. In: Kleine Zeitung, 11. Oktober 2020.

Müller, Karl: Die Mittuer und die Nutznießer. In: Die Presse, 3. Oktober 2020.

Müller, Karl: Erinnerungsarbeit. In: literaturkritik.de, 28. 10. 2020.

Pfoser, Alfred: Zur falschen Zeit am falschen Ort. In: Falter 43/20, S. 15.

Pichler, Christian: Konturen der Opfer und Täter. In: Oberösterreichisches Volksblatt, 21. Oktober 2020.

Pisa, Peter: Das Leid und das Dings verstecken. In: Kurier, 5. Dezember 2020.

Rammer, Stefan: Im Herz der Finsternis. In: Passauer Neue Presse, 29. Dezember 2020, S. 24.

Schacherreiter, Christian: „Schauplatzwunden": Nazischlächter und ihre Opfer. In: Oberösterreichische Nachrichten, 31. Oktober 2020.

Scholl, Sabine: Nichts ist vergangen. In: Literatenfunk, 19. Oktober 2020.

Scholl, Sabine: Ludwig Laher „Schauplatzwunden". In: mojoreads.de, 28. Oktober 2020.

Senzenberger, Theresa: Schauplatzwunden: Über zwölf Leben – verknüpft mit St. Pantaleon. In: Tips Braunau, 17. September 2020.

Sturm, Helmut: Ludwig Laher: Schauplatzwunden. In: literaturhaus.at, 8. Oktober 2020.

Thuswaldner, Anton: Opfer und Täter auf gleichen Wegen. In: Salzburger Nachrichten, 2. Oktober 2020, S. 8.

Weiss, Alexia: Reise in die Vergangenheit von St. Pantaleon – Weyer. In: wina. Das jüdische Stadtmagazin, 5. Jänner 2021.

Wurmitzer, Michael: Ludwig Lahers „Schauplatzwunden": Zwölf grausame Berichte. In: Der Standard, 12./13. Dezember 2020.

Nicht inkludiert sind grundsätzlich Beiträge über Ludwig Laher, die ausschließlich in Radio oder Fernsehen publiziert wurden.

Weitere in den Beiträgen des vorliegenden Bandes zitierte Werke

Thomas **Baumann**: *Gleichmacher Corona? Die Pandemie verschärft soziale Ungleichheit und lässt den allgegenwärtigen Antiziganismus noch deutlicher zu Tage treten.* In: newess. Heidelberg: Dokumentations- und Kulturzentrum Deutscher Sinti und Roma, Zentralrat Deutscher Sinti und Roma 2020, S. 4–10.

Eva **Binder** et al. (Hg.): *Opfernarrative in transnationalen Kontexten.* Berlin, Boston: De Gruyter 2020. DOI: https://doi.org/10.1515/9783110693461

Aus der Erklärung des österreichischen Bundeskanzlers Franz Vranitzky vor dem Nationalrat am 8. Juli 1991. In: Gerhard **Botz**, Gerald **Sprengnagel** (Hg.): *Kontroversen um Österreichs Zeitgeschichte. Verdrängte Vergangenheit, Österreichidentität, Waldheim und die Historiker.* 2. erw. Aufl., Frankfurt/Main, New York: Campus Verlag 2008, S. 645–647.

José Jorge de **Carvalho**: Transculturality and the Meeting of Knowledges. In: Ursula Hemetek et al. (Hg.): *Transkulturelle Erkundungen. Wissenschaftlich-künstlerische Perspektiven.* Wien: Böhlau 2019, S. 79–94. DOI: https://www.vr-elibrary.de/doi/pdf/10.7767/9783205232704

Sigrid **Chamberlain**: *Adolf Hitler, die deutsche Mutter und ihr erstes Kind. Über zwei NS-Erziehungsbücher.* Gießen: Psychosozial-Verlag 2016.

Ágnes **Daróczi**: *An Introduction to the Third Exhibition.* In: Roma Képzőművészek III. Országos Kiállítása 2000. The 3rd National Exhibition of Roma Artists in Hungary. Budapest: Hungarian Cultural Institute 2000.

Dokumentationsarchiv des österreichischen Widerstandes (Hg.): *Widerstand und Verfolgung in Oberösterreich 1934–1945.* Band 2. Wien: Österreichischer Bundesverlag 1982.

Hilde **Domin**: *Wozu Lyrik heute.* Frankfurt/Main: Fischer Taschenbuch 1993.

Duden. Mannheim u.a.: Duden Verlag 1989.

Christine **Ehardt**: *(Radio-) Ästhetik als Programm und Propaganda. „Lebendige"
Radioberichterstattung als Erfolgskonzept des Radios der frühen 1930er Jahre in Österreich.* Vortrag beim Symposium „Hearing is Believing.", 27.11.2020.

Christine **Ehardt**: *Radiobilder. Eine Kulturgeschichte des Radios in Österreich.*
Göttingen: V&R unipress 2020.

Siegwald **Ganglmair**: *Das „Arbeitserziehungslager" Weyer im Bezirk Braunau am
Inn 1940–1941. Ein Betrag zur Zeitgeschichte Oberösterreichs.* In: Oberösterreichische
Heimatblätter 1/1983, S.69–73.

Miriam **Gebhardt**: *Die Angst vor dem kindlichen Tyrannen. Eine Geschichte der
Erziehung im 20. Jahrhundert.* München: Deutsche Verlagsanstalt 2021.

Durs **Grünbein**: *Gedicht und Geheimnis.* Frankfurt/Main: Suhrkamp 2007.

Johanna **Haarer**: *Die deutsche Mutter und ihr erstes Kind.* München, Berlin: Lehmann
Verlag 1934.

Ursula **Hemetek**: *Von der ethnomusikologischen Minderheitenforschung zur uni-
versitären Diversitätsstrategie – bildungspolitische Aspekte.* In: Ursula Hemetek et al.
(Hg.): *Transkulturelle Erkundungen. Wissenschaftlich-künstlerische Perspektiven.* Wien:
Böhlau 2019, S.95–112. DOI: https://www.vr-elibrary.de/doi/pdf/10.7767/9783205232704

Erich **Hackl**: *Geschichte erzählen? Paraphrasen zur Arbeit des Chronisten.* In: Johann
Holzner, Wolfgang Wiesmüller (Hg.): *Ästhetik der Geschichte* (Innsbrucker Beiträge zur
Kulturwissenschaft: Germanistische Reihe 54). Innsbruck 1995, S.163–183.

Adolf **Hitler**: *Mein Kampf.* Einbändige Volksausgabe. München: Franz-Eher-Verlag 1937.

Philipp **Lopate**: *In Search of the Centaur: The Essay-Film.* In: *The Threepenny Review* 48
(Winter 1992), S.19–22.

Andreas **Maislinger**: *Ergänzung einer Ortschronik. „Arbeitserziehungslager" und „Zi-
geunersammellager" Weyer (Innviertel).* In: Österreich in Geschichte und Literatur (mit
Geographie). Nr. 3/4/1988, S.174–181.

Gitta **Martl**: *I dai anirs i Tschawes. / Die Mutter holte Tschawo nach.* In: Ludwig Laher
(Hg.): *Europa erlesen: Linz,* Klagenfurt/Celovec: Wieser 2008, S.166–170.

Nicole **Martl**: *Meine Wege ...* In: Laher 2004/a, S.137–151.

Rosa Gitta **Martl**: *Bleib stark.* Wien: Erhard Löcker Verlag 2019.

Karl **Müller**: *Erinnerungsarbeit. Ludwig Laher erzählt in „Schauplatzwunden" vom
Grauen der NS-Zeit.* In: https://literaturkritik.de/laher-schauplatzwunden-es-fehlt-noch-
ein-titel-und-ein-untertitel-haetten-sie-einen-vorschlag,27229.html

Martin **Pollack**: *Kontaminierte Landschaften.* St. Pölten, Wien: Residenz 2014.

Herbert **Renz-Polster**: *Erziehung prägt Gesinnung. Wie der weltweite Rechtsruck
entstehen konnte – und wie wir ihn aufhalten können.* München: Kösel 2019.

Barbara **Schneider**: *Die Höhere Schule im Nationalsozialismus. Zur Ideologisierung von
Bildung und Erziehung.* Köln, Weimar, Wien: Böhlau 2000.

Erika **Thurner**: *Roma, Sinti und Jenische in Österreich. Die langen Schatten des
(Ver)Schweigens.* In: *Gaismair-Jahrbuch 2012. Demokratie – Erinnerung – Kritik.*
Innsbruck, Wien, Bozen: Studienverlag 2011, S.97–105.

Erika **Thurner**: *Roma in Österreich, österreichische Roma-Politiken. Weichenstellungen
in der Zweiten Republik.* In: Andrea Härle et al. (Hg.): *Romane Thana. Orte der Roma
und Sinti.* Katalog zur Ausstellung im Wien-Museum. Wien: Czernin 2015, S.51–55.

Erika **Thurner**: *Die Jenischen – bald österreichische Volksgruppe? Erfahrungen aus
dem Anerkennungsprozess der Roma.* In: Elisabeth Hussl/Martin Haselwanter/Horst
Schreiber (Hg.): *Gaismair-Jahrbuch 2021. Ohne Maske.* Innsbruck/Wien: Studienverlag
2020, S.89–95.

Heidemarie **Uhl**: *Transformation des österreichischen Gedächtnisses. Geschichtspolitik
und Denkmalkultur in der Zweiten Republik.* In: Ulf Brunnbauer (Hg.): *Eiszeit der
Erinnerung. Vom Vergessen der eigenen Schuld.* Wien: Promedia 1999, S.49–64.

Heidemarie **Uhl**: *Das „erste Opfer". Der österreichische Opfermythos und seine Trans-
formationen in der Zweiten Republik.* In: ÖZP 30 (2001) H.1, S.19–34.

Unabhängige Kommission Antiziganismus. Bundesministerium des Innern,
für Bau und Heimat. [https://www.bmi.bund.de/DE/themen/heimat-integration/
gesellschaftlicher-zusammenhalt/unabhaengige-kommission-antiziganismus/
unabhaengige-kommission-antiziganismus-node.html], eingesehen 8.12.2020.

www.lager-weyer.at

Beiträgerinnen, Beiträger

Julia Danielczyk, geb. 1972 in Wels, Mitarbeiterin am Oberösterreichischen Literaturarchiv, stv. Leiterin der Handschriftensammlung der Wienbibliothek, seit 2013 Leiterin des Literaturreferates der Kulturabteilung der Stadt Wien. Gastdozentin und Lehrbeauftragte, Beiträge in *Salzburger Nachrichten*, *Furche*, *morgen* u. a. Publikationen zur österreichischen Literatur- und Theatergeschichte, zum Gegenwartstheater, zu Buch- und Medienwissenschaft sowie zu den Schnittstellen Literatur/Film/Theater.

Beate Eder-Jordan, Universitätsassistentin am Institut für Vergleichende Literaturwissenschaft der Universität Innsbruck. In Zusammenarbeit mit der Linguistin Petra Cech kuratierte sie den Archivbereich Literatur von „RomArchive – Digitales Archiv der Sinti und Roma".

Petra Ganglbauer, geb. 1958 in Graz, lebt in Wien und im Burgenland. Autorin, Radiokünstlerin, Schreibpädagogin. Zuletzt: Textpart für *Bleib mir vom Leibe* (Uraufführung OHO, Oberwart, 14. 8. 2020); *Radix Radices*. Hörstück (ORF Kunstradio, 2020); *Gefeuerte Sätze*. Gedichte (Limbus 2019).

Karl-Markus Gauß, geb. 1954, Schriftsteller und Herausgeber der Zeitschrift *Literatur und Kritik*. Nach einer Jugend, die er ehrlos mit Fußballspielen, Schmähführen und Beleidigtsein herumgebracht hat, ist er mit dem festen Vorsatz in die Welt der Literatur eingetreten, diese zu beherrschen. Er hat in den letzten Jahren viele Bände mit Reisereportagen und Journalen, aber auch mit anderer erzählender und reflexiver Prosa veröffentlicht. Er lebt in Salzburg.

Heimo Halbrainer, Historiker in Graz, Leiter von CLIO und wissenschaftlicher Mitarbeiter am Centrum für Jüdische Studien der Universität Graz. Forschungsschwerpunkte und Publikationen zu den Themen NS-Herrschaft, Widerstand und Verfolgung während der NS-Zeit, jüdische Regionalgeschichte sowie dem Umgang mit der NS-Zeit nach 1945 (Erinnerungskultur und Justizgeschichte).

Lydia Mischkulnig, geb. in Klagenfurt. Lebt in Wien. Studierte Bühnenbild, Drehbuch und Produktion. Kolumnistin (*Die Furche*), Essayistin zum Thema Kunst und Kultur. Gastprofessorin an ausländischen Universitäten. Tutorin literarischer Schreibseminare. Herausgeberin der Reihe „Nadelstiche". Autorin pur. 2017 Johann-Beer-Preis; 2017 Veza-Canetti-Preis; 2020 Würdigungspreis des Landes Kärnten. Zuletzt erschienen: *Die Paradiesmaschine*. Erzählungen (Haymon 2016); *Die Richterin*. Roman (Haymon 2020).

Gerhard Ruiss, geb. 1951 in Ziersdorf/NÖ, Autor, Musiker, Geschäftsführer der IG Autorinnen Autoren. Literarische Veröffentlichung zuletzt: *Lieber, Liebste, Liebes, Liebstes. Andichtungen* (Literaturedition Niederösterreich 2021). Auszeichnungen: Würdigungspreis des Landes NÖ für Literatur 2016; H.C.-Artmann-Preis für Lyrik 2020.

Georg Schöller-Petz, geb. 1977 in Wien, aufgewachsen in der Oststeiermark, Dr. phil., unterrichtet neben der Tätigkeit als Autor am Gymnasium Hartberg, arbeitet für die Literaturwerkstatt Graz und die Zeitschrift *Lichtungen*. Zuletzt: *Millefleurs*. Roman (Leykam 2014); *Der Hundekönig*. Erzählungen (Leykam 2019).

Brigitte Schröder, geb. 1954, Studium der Germanistik und Geschichte, AHS-Lehrerin, Supervisorin und Organisationsberaterin in Non-Profit-Organisationen. Gründungsmitglied und Leiterin des Bundeszentrums ÖZEPS (Österreichisches Zentrum für Persönlichkeitsbildung und soziales Lernen), leidenschaftlich Lernende.

Cordula Simon, geb. 1986 in Graz, bis 2011 Studium der deutschen und russischen Philologie sowie Gender Studies in Graz und Odessa und Mitarbeiterin der Jugend-Literatur-Werkstatt Graz. Seither freie Autorin. Zuletzt: *Der Neubauer*. Roman (Residenz 2018).

Jacqueline Vansant, Prof. Emerita für Germanistik, University of Michigan-Dearborn (USA). Publ.: *Against the Horizon: Feminism and Postwar Austrian Women Writers* (Greenwood Press 1988); *Reclaiming 'Heimat': Trauma and Mourning in Memoirs by Jewish Austrian Réemigrés* (Wayne State UP 2001); *Austria, Made in Hollywood* (Camden House 2019).

Klaus Zeyringer, Prof. Emeritus für Germanistik in Angers (Frankreich), Publizist. Zuletzt: *Eine Literaturgeschichte: Österreich seit 1650* (Haymon 2012; mit H. Gollner); *Fußball. Eine Kulturgeschichte* (S. Fischer 2014; erweitert im Tb 2016); *Olympische Spiele. Eine Kulturgeschichte von 1896 bis heute*. Bd. 1: Sommer (S. Fischer 2016); Bd. 2: Winter (S. Fischer 2018); *Das wunde Leder* (Suhrkamp 2018; mit Stefan Gmünder); *Schwarzbuch Sport* (Springer 2021).

Ludwig Laher (2012)
Ludwig Laher (2016)

Bildnachweise

Titelfoto
Ludwig Laher, 2018 [Literaturhaus Innsbruck]

Seite 17
Vier frühe Werke (1963–1964) [Ludwig Laher]
Die Schwäne (aus dem Heft „Gedichte", verfasst 1963 mit sieben Jahren) [Ludwig Laher]

Seite 20
Eine Auswahl von Ludwig Lahers Buchpublikationen [Ludwig Laher]
Eine Auswahl von Übersetzungen der Bücher Ludwig Lahers [Ludwig Laher]

Seite 72
Ludwig Laher (Helga Laher-Reuer, Mischtechnik, 1991) [Ludwig Laher]
Ludwig Laher (Helga Laher-Reuer, Zeichnung, 2020) [Ludwig Laher]

Seite 77
Erinnerungsstücke [Ludwig Laher]
Aus dem Notizbuch Ludwig Lahers für den Lyrikband „was hält mich" (2015) [Ludwig Laher]

Seite 91
Ludwig Laher (1956) [privat]
Ludwig Laher (1957) [privat]

Seite 101
Ludwig Laher (1974) [privat]
Ludwig Laher (1977) [privat]

Seite 110
Ludwig Laher (2001) [Helga Laher-Reuer]
Ludwig Laher (2002) [Helga Laher-Reuer]

Seite 120
Ludwig Laher (2006) [Helga Laher-Reuer]
Ludwig Laher (2008) [Reinhard Winkler]

Seite 125
Freiluftlesung am Wolfgangsee (2011) [Martin Hebertshuber]
Lesung im Literaturhaus Salzburg (2015) [Helga Laher-Reuer]

Seite 134
Ludwig Laher in einem ausrangierten Eisenbahnwaggon (2014) [Helga Laher-Reuer]
Ludwig Laher im Video in einer Ausstellung des Linzer Schlossmuseums (2017) [Ludwig Laher]

Seite 145
Dreharbeiten im Jahr 2005 [Inge Widauer]
DVD zum Film „Ketani heißt miteinander" (2006) [Ludwig Laher]

Seite 157
Franz Innerhofer, Ludwig Laher beim ersten österreichischen Schriftstellerkongress (1981)
[© Literaturhaus Wien/Dokumentationsstelle für neuere österreichische Literatur/Sammlung H. Heide]
Ursula Walch, O.P. Zier, Ludwig Laher, Gerhard Ruiss bei der Generalversammlung der IG Autorinnen Autoren (2015) [Dieter Sperr]

Seite 171
Beispiele für Auswirkungen des Schreibens von Ludwig Laher im öffentlichen Raum:
Erinnerungsstätte St. Pantaleon (Ausschnitt der Plastik von Dieter Schmidt) [Karl Traintinger]
Stolperstein Josef Mayer in Neukirchen an der Enknach [Karl Schmitzberger]
Straßentafel Dr.-Josef-Neuwirth-Straße in Ried im Innkreis [Gottfried Gansinger]
Zusatztafel Stelzhamergasse, Wien Mitte [Roman Gerold]

Seite 197
Ludwig Laher (2012) [Katharina Laher]
Ludwig Laher (2016) [Barbara Hohenwallner]

Seite 200
Ludwig Laher vor einer Porträtzeichnung Helga Laher-Reuers (2021) [Helga Laher-Reuer]

Vor einer Porträtzeichnung Helga Laher-Reuers (2021)